大学赤本シリーズ

411

明治大学

情報コミュニケーション学部
−学部別入試

教学社

は し が き

おかげさまで，大学入試の「赤本」は，今年で創刊 70 周年を迎えました。

これまで，入試問題や資料をご提供いただいた大学関係者各位，掲載許可をいただいた著作権者の皆様，各科目の解答や対策の執筆にあたられた先生方，そして，赤本を使用してくださったすべての読者の皆様に，厚く御礼を申し上げます。

以下に，創刊初期の「赤本」のはしがきを引用します。これからも引き続き，受験生の目標の達成や，夢の実現を応援してまいります。

本書を活用して，入試本番では持てる力を存分に発揮されることを心より願っています。

編者しるす

＊　＊　＊

学問の塔にあこがれのまなざしをもって，それぞれの志望する大学の門をたたかんとしている受験生諸君！　人間として生まれてきた私たちは，自己の欲するままに，美しく，強く，そして何よりも人間らしく生きることをねがっている。しかし，一朝一夕にして，この純粋なのぞみが達せられることはない。私たちの行く手には，絶えずさまざまな試練がまちかまえている。この試練を克服していくところに，私たちのねがう真に人間的な世界がはじめて開かれてくるのである。

人生最初の最大の試練として，諸君の眼前に大学入試がある。この大学入試は，精神的にも身体的にも，大きな苦痛を感ぜしめるであろう。あるスポーツに熟達するには，たゆみなき，はげしい練習を積み重ねることが必要であるように，私たちは，計画的・持続的な努力を払うことによって，この試練を克服し，次の一歩を踏みだすことができる。厳しい試練を経たのちに，はじめて満足すべき成果を獲得できるのである。

本書は最近の入学試験の問題に，それぞれ解答を付し，さらに問題をふかく分析することによって，その大学独特の傾向や対策をさぐろうとした。本書を一般の参考書とあわせて使用し，まとはずれのない，効果的な受験勉強をされるよう期待したい。

（昭和 35 年版「赤本」はしがきより）

挑む人の、いちばんの味方

1954年に大学入試の過去問題集を刊行してから70年。赤本は大学に入りたいと思う受験生を応援しつづけてきました。これからも，苦しいとき落ち込むときにそばで支える存在でいたいと思います。

そして，勉強をすること，自分で道を決めること，努力が実ること，これらの喜びを読者の皆さんが感じることができるよう，伴走をつづけます。

そもそも赤本とは…

受験生のための大学入試の過去問題集！

70年の歴史を誇る赤本は，500点を超える刊行点数で全都道府県の370大学以上を網羅しており，過去問の代名詞として受験生の必須アイテムとなっています。

なぜ受験に過去問が必要なのか？

大学入試は大学によって問題形式や頻出分野が大きく異なるからです。

赤本の掲載内容

傾向と対策

これまでの出題内容から，問題の「**傾向**」を分析し，来年度の入試に向けて具体的な「**対策**」の方法を紹介しています。

問題編・解答編

- 年度ごとに問題とその解答を掲載しています。
- 「**問題編**」ではその年度の試験概要を確認したうえで，実際に出題された過去問に取り組むことができます。
- 「**解答編**」には高校・予備校の先生方による解答が載っています。

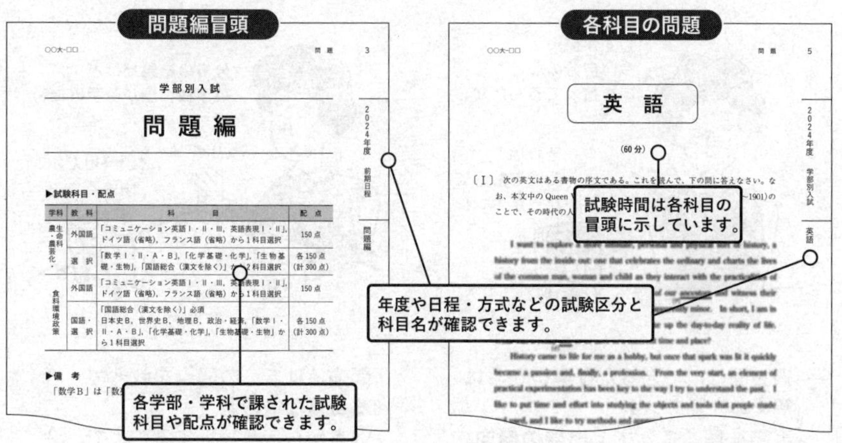

他にも，大学の基本情報や，先輩受験生の合格体験記，在学生からのメッセージなどが載っていることがあります。

掲載内容について

著作権上の理由やその他編集上の都合により問題や解答の一部を割愛している場合があります。
なお，指定校推薦入試，社会人入試，編入学試験，帰国生入試などの特別入試，英語以外の外国語科目，商業・工業科目は，原則として掲載しておりません。また試験科目は変更される場合がありますので，あらかじめご了承ください。

受験勉強は

過去問に始まり，

STEP 1

なにはともあれ

まずは解いてみる

しずかに…
今，自分の心と
向き合ってるんだから
ムーン
それは
問題を解いて
からだホン!

過去問は，**できるだけ早いうちに解く**のがオススメ！
実際に解くことで，**出題の傾向，問題のレベル，今の自分の実力**がつかめます。

STEP 2

じっくり具体的に

弱点を分析する

間違いは自分の弱点を教えてくれる**貴重な情報源**。
弱点から自己分析することで，**今の自分に足りない力や苦手な分野**が見えてくるはず！

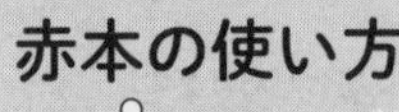

合格者があかす
赤本の使い方

傾向と対策を熟読
(Fさん／国立大合格)

大学の出題傾向を調べるために，赤本に載っている「傾向と対策」を熟読しました。

繰り返し解く
(Tさん／国立大合格)

1周目は問題のレベル確認，2周目は苦手や頻出分野の確認に，3周目は合格点を目指して，と過去問は繰り返し解くことが大切です。

過去問に終わる。

STEP 3

苦手分野の重点対策

参考書や問題集を活用して，苦手分野の**重点対策**をしていきます。**過去問を指針**に，合格へ向けた具体的な学習計画を立てましょう！

STEP 1 ▶ 2 ▶ 3

サイクルが大事！

実践を繰り返す

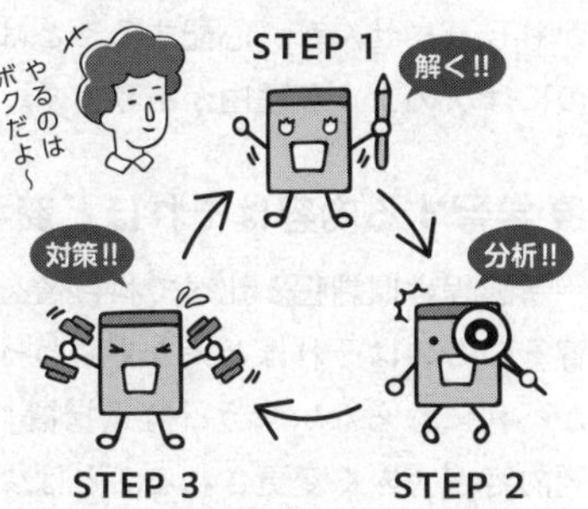

STEP 1～3を繰り返し，実力アップにつなげましょう！**出題形式に慣れること**や，**時間配分を考えること**も大切です。

目標点を決める
（Yさん／私立大合格）
赤本によっては合格者最低点が載っているので，それを見て目標点を決めるのもよいです。

時間配分を確認
（Kさん／私立大学合格）
赤本は時間配分や解く順番を決めるために使いました。

添削してもらう
（Sさん／私立大学合格）
記述式の問題は先生に添削してもらうことで自分の弱点に気づけると思います。

新課程入試 Q&A

2022年度から新しい学習指導要領（新課程）での授業が始まり，2025年度の入試は，新課程に基づいて行われる最初の入試となります。ここでは，赤本での新課程入試の対策について，よくある疑問にお答えします。

Q1. 赤本は新課程入試の対策に使えますか？

A. もちろん使えます！

OK

旧課程入試の過去問が新課程入試の対策に役に立つのか疑問に思う人もいるかもしれませんが，心配することはありません。旧課程入試の過去問が役立つのには次のような理由があります。

● 学習する内容はそれほど変わらない

新課程は旧課程と比べて科目名を中心とした変更はありますが，学習する内容そのものはそれほど大きく変わっていません。また，多くの大学で，既卒生が不利にならないよう「経過措置」がとられます（Ｑ３参照）。したがって，出題内容が大きく変更されることは少ないとみられます。

● 大学ごとに出題の特徴がある

これまでに課程が変わったときも，各大学の出題の特徴は大きく変わらないことがほとんどでした。入試問題は各大学のアドミッション・ポリシーに沿って出題されており，過去問にはその特徴がよく表れています。過去問を研究してその大学に特有の傾向をつかめば，最適な対策をとることができます。

出題の特徴の例	・英作文問題の出題の有無 ・論述問題の出題（字数制限の有無や長さ） ・計算過程の記述の有無

新課程入試の対策も，赤本で過去問に取り組むところから始めましょう。

Q2. 赤本を使う上での注意点はありますか？

A. 志望大学の入試科目を確認しましょう。

過去問を解く前に，過去の出題科目（問題編冒頭の表）と 2025 年度の募集要項とを比べて，課される内容に変更がないかを確認しましょう。ポイントは以下のとおりです。科目名が変わっていても，実際は旧課程の内容とほとんど同様のものもあります。

英語・国語	科目名は変更されているが，実質的には変更なし。 ▶▶ **ただし，リスニングや古文・漢文の有無は要確認。**
地歴	科目名が変更され，「歴史総合」「地理総合」が新設。 ▶▶ **新設科目の有無に注意。ただし，「経過措置」（Q3参照）により内容は大きく変わらないことも多い。**
公民	「現代社会」が廃止され，「公共」が新設。 ▶▶ **「公共」は実質的には「現代社会」と大きく変わらない。**
数学	科目が再編され，「数学 C」が新設。 ▶▶ **「数学」全体としての内容は大きく変わらないが，出題科目と単元の変更に注意。**
理科	科目名も学習内容も大きな変更なし。

数学については，科目名だけでなく，どの単元が含まれているかも確認が必要です。例えば，出題科目が次のように変わったとします。

旧課程	「数学Ⅰ・数学Ⅱ・数学A・数学B（数列・ベクトル）」
新課程	「数学Ⅰ・数学Ⅱ・数学A・**数学B（数列）・数学C（ベクトル）**」

この場合，新課程では「数学C」が増えていますが，単元は「ベクトル」のみのため，実質的には旧課程とほぼ同じであり，過去問をそのまま役立てることができます。

Q3.「経過措置」とは何ですか？

A. 既卒の旧課程履修者への対応です。

多くの大学では，既卒の旧課程履修者が不利にならないように，出題において「経過措置」が実施されます。措置の有無や内容は大学によって異なるので，募集要項や大学のウェブサイトなどで確認しておきましょう。

◯旧課程履修者への経過措置の例

- 旧課程履修者にも配慮した出題を行う。
- 新・旧課程の共通の範囲から出題する。
- 新課程と旧課程の共通の内容を出題し，共通範囲のみでの出題が困難な場合は，旧課程の範囲からの問題を用意し，選択解答とする。

例えば，地歴の出題科目が次のように変わったとします。

旧課程	「日本史 B」「世界史 B」から１科目選択
新課程	「**歴史総合**，日本史探究」「**歴史総合**，世界史探究」から１科目選択※ ※旧課程履修者に不利益が生じることのないように配慮する。

「歴史総合」は新課程で新設された科目で，旧課程履修者には見慣れないものですが，上記のような経過措置がとられた場合，新課程入試でも旧課程と同様の学習内容で受験することができます。

要チェックだホン

新課程の情報は WEB もチェック！
より詳しい解説が赤本ウェブサイトで見られます。
https://akahon.net/shinkatei/

科目名が変更される教科・科目

	旧課程	新課程
国語	国語総合 国語表現 現代文A 現代文B 古典A 古典B	現代の国語 言語文化 論理国語 文学国語 国語表現 古典探究
地歴	日本史A 日本史B 世界史A 世界史B 地理A 地理B	歴史総合 日本史探究 世界史探究 地理総合 地理探究
公民	現代社会 倫理 政治・経済	公共 倫理 政治・経済
数学	数学Ⅰ 数学Ⅱ 数学Ⅲ 数学A 数学B 数学活用	数学Ⅰ 数学Ⅱ 数学Ⅲ 数学A 数学B 数学C
外国語	コミュニケーション英語基礎 コミュニケーション英語Ⅰ コミュニケーション英語Ⅱ コミュニケーション英語Ⅲ 英語表現Ⅰ 英語表現Ⅱ 英語会話	英語コミュニケーションⅠ 英語コミュニケーションⅡ 英語コミュニケーションⅢ 論理・表現Ⅰ 論理・表現Ⅱ 論理・表現Ⅲ
情報	社会と情報 情報の科学	情報Ⅰ 情報Ⅱ

目　次

解答用紙は，赤本オンラインに掲載しています。

https://akahon.net/kkm/mej/index.html

※掲載内容は，予告なしに変更・中止する場合があります。

基本情報

沿革

1881（明治 14）	明治法律学校開校
1903（明治 36）	専門学校令により明治大学と改称
1904（明治 37）	学則改正により法学部・政学部・文学部・商学部を設置
1920（大正 9）	大学令により明治大学設立認可
1949（昭和 24）	新制明治大学設置認可。法学部・商学部・政治経済学部・文学部・工学部・農学部を置く
1953（昭和 28）	経営学部設置
1989（平成元年）	工学部を理工学部に改組
2004（平成 16）	情報コミュニケーション学部設置
2008（平成 20）	国際日本学部設置
2013（平成 25）	総合数理学部設置
2021（令和 3）	創立 140 周年

大学マーク

明治大学には，「伝統を受け継ぎ，新世紀に向けて大きく飛躍・上昇する明治大学」をイメージした大学マークがあります。この大学マークのコンセプトは，明治大学の「M」をモチーフとして，21 世紀に向けて明治大学が「限りなく飛翔する」イメージ，シンプルなデザインによる「親しみやすさ」，斬新な切り口による「未来へのメッセージ」を伝えています。

学部・学科の構成

大　学

●**法学部**　1・2 年：和泉キャンパス／3・4 年：駿河台キャンパス

法律学科（ビジネスローコース，国際関係法コース，法と情報コース，公共法務コース，法曹コース）

●**商学部**　1・2 年：和泉キャンパス／3・4 年：駿河台キャンパス

商学科（アプライド・エコノミクスコース，マーケティングコース，ファイナンス＆インシュアランスコース，グローバル・ビジネスコース，マネジメントコース，アカウンティングコース，クリエイティブ・ビジネスコース）

●**政治経済学部**　1・2 年：和泉キャンパス／3・4 年：駿河台キャンパス

政治学科

経済学科

地域行政学科

●**文学部**　1・2 年：和泉キャンパス／3・4 年：駿河台キャンパス

文学科（日本文学専攻，英米文学専攻，ドイツ文学専攻，フランス文学専攻，演劇学専攻，文芸メディア専攻）

史学地理学科（日本史学専攻，アジア史専攻，西洋史学専攻，考古学専攻，地理学専攻）

心理社会学科（臨床心理学専攻，現代社会学専攻，哲学専攻）

●理工学部　生田キャンパス

電気電子生命学科（電気電子工学専攻，生命理工学専攻）

機械工学科

機械情報工学科

建築学科

応用化学科

情報科学科

数学科

物理学科

●農学部　生田キャンパス

農学科

農芸化学科

生命科学科

食料環境政策学科

●経営学部　1・2年：和泉キャンパス／3・4年：駿河台キャンパス

経営学科

会計学科

公共経営学科

（備考）学部一括入試により，2年次から学科に所属となる。

●情報コミュニケーション学部　1・2年：和泉キャンパス／3・4年：駿河台キャンパス

情報コミュニケーション学科

●国際日本学部　中野キャンパス

国際日本学科

●総合数理学部　中野キャンパス

現象数理学科

先端メディアサイエンス学科

ネットワークデザイン学科

大学院

法学研究科 / 商学研究科 / 政治経済学研究科 / 経営学研究科 / 文学研究科 / 理工学研究科 / 農学研究科 / 情報コミュニケーション研究科 / 教養デザイン研究科 / 先端数理科学研究科 / 国際日本学研究科 / グローバル・ガバナンス研究科 / 法務研究科（法科大学院）/ ガバナンス研究科（公共政策大学院）/ グローバル・ビジネス研究科（ビジネススクール）/ 会計専門職研究科（会計大学院）

（注）学部・学科・専攻および大学院に関する情報は 2024 年 4 月時点のものです。

大学所在地

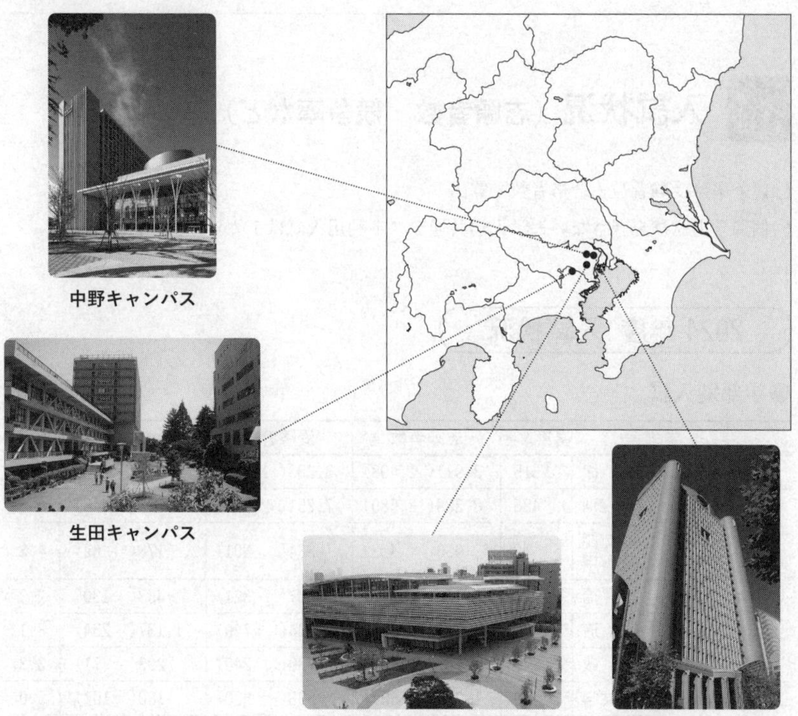

駿河台キャンパス　〒101-8301　東京都千代田区神田駿河台 1-1
和泉キャンパス　〒168-8555　東京都杉並区永福 1-9-1
生田キャンパス　〒214-8571　神奈川県川崎市多摩区東三田 1-1-1
中野キャンパス　〒164-8525　東京都中野区中野 4-21-1

入試データ

入試状況（志願者数・競争率など）

○競争率は受験者数÷合格者数で算出。

○個別学力試験を課さない大学入学共通テスト利用入試は1カ年分のみ掲載。

2024年度 入試状況

●学部別入試

（ ）内は女子内数

学部・学科等			募集人員	志願者数	受験者数	合格者数	競争率
法	法律		315	3,971(1,498)	3,283(1,229)	771(256)	4.3
商	学部別		485	8,289(2,589)	7,251(2,278)	1,301(346)	5.6
	英語4技能試験利用		15	950(402)	834(351)	173(62)	4.8
政治経済	政治		105	1,132(346)	1,057(321)	453(130)	2.3
	経済		290	3,779(785)	3,564(740)	1,137(234)	3.1
	地域行政		70	769(249)	730(240)	223(71)	3.3
文	文	日本文学	70	1,018(587)	896(520)	180(107)	5.0
		英米文学	68	912(440)	833(402)	182(79)	4.6
		ドイツ文学	23	393(177)	359(166)	67(30)	5.4
		フランス文学	24	297(151)	270(139)	62(31)	4.4
		演劇学	29	245(191)	213(167)	44(35)	4.8
		文芸メディア	43	617(388)	547(347)	105(58)	5.2
	史学地理	日本史学	51	760(250)	683(229)	138(42)	4.9
		アジア史	20	282(115)	249(103)	51(22)	4.9
		西洋史学	32	452(163)	392(143)	69(23)	5.7
		考古学	24	358(133)	321(115)	57(13)	5.6
		地理学	27	318(72)	279(63)	55(13)	5.1
	心理社会	臨床心理学	24	524(337)	460(288)	58(38)	7.9
		現代社会学	26	606(361)	534(318)	96(53)	5.6
		哲学	20	279(110)	239(94)	48(17)	5.0

（表つづく）

学部・学科等		募集人員	志願者数	受験者数	合格者数	競争率
理工	電気電子生命 電気電子工学	80	835(62)	795(59)	308(28)	2.6
	電気電子生命 生命理工学	27	406(131)	382(125)	123(37)	3.1
	機械工	75	1,784(137)	1,715(128)	413(37)	4.2
	機械情報工	66	754(76)	719(73)	276(27)	2.6
	建築	88	1,542(465)	1,473(448)	340(105)	4.3
	応用化	60	1,509(465)	1,442(442)	472(126)	3.1
	情報科	65	1,853(238)	1,745(222)	418(43)	4.2
	数	32	556(56)	529(52)	192(11)	2.8
	物理	35	908(111)	867(103)	273(22)	3.2
農	農	90	1,240(426)	1,049(351)	266(98)	3.9
	農芸化	84	1,037(647)	860(527)	201(116)	4.3
	生命科	92	1,316(630)	1,060(494)	257(113)	4.1
	食料環境政策	79	1,158(470)	1,037(414)	186(89)	5.6
経営	3科目	342	7,211(2,169)	6,938(2,088)	1,457(404)	4.8
	英語4技能試験活用	40	248(105)	240(100)	64(27)	3.8
情報コミュニケーション	情報コミュニケーション	357	5,014(2,249)	4,855(2,189)	971(422)	5.0
国際日本	3科目	130	2,182(1,389)	2,105(1,347)	554(341)	3.8
	英語4技能試験活用	100	1,079(687)	1,051(669)	536(346)	2.0
総合数理	現象数理	35	678(103)	579(95)	99(11)	5.8
	先端メディアサイエンス	51	931(269)	792(232)	128(36)	6.2
	ネットワークデザイン	27	359(58)	292(47)	62(10)	4.7
合計		3,716	58,551(20,287)	53,519(18,458)	12,866(4,109)	—

（備考）数値には追加合格・補欠合格（農学部のみ）を含む。

●全学部統一入試

( )内は女子内数

学部・学科等			募集人員	志願者数	受験者数	合格者数	競争率
法	法律		115	2,343(894)	2,237(849)	570(208)	3.9
商	商		80	2,310(832)	2,232(808)	349(113)	6.4
政治経済	政治		20	523(172)	502(162)	117(32)	4.3
	経済		50	1,517(335)	1,447(319)	316(59)	4.6
	地域行政		20	495(157)	480(154)	82(23)	5.9
文	文	日本文学	16	409(234)	387(221)	77(46)	5.0
		英米文学	18	441(236)	430(229)	92(37)	4.7
		ドイツ文学	7	125(56)	122(55)	22(10)	5.5
		フランス文学	8	181(85)	169(82)	37(20)	4.6
		演劇学	8	155(124)	150(120)	26(18)	5.8
		文芸メディア	7	268(170)	254(161)	45(25)	5.6
	史学地理	日本史学	15	318(102)	310(99)	66(18)	4.7
		アジア史	6	129(60)	121(58)	24(9)	5.0
		西洋史学	8	232(89)	220(84)	52(17)	4.2
		考古学	7	162(63)	159(63)	29(12)	5.5
		地理学	11	191(48)	186(45)	49(8)	3.8
	心理社会	臨床心理学	11	285(199)	275(193)	42(28)	6.5
		現代社会学	10	371(241)	356(233)	57(32)	6.2
		哲学	8	144(56)	131(53)	35(12)	3.7
理工	電気電子生命	電気電子工学	20	283(28)	263(27)	104(13)	2.5
		生命理工学	10	174(61)	165(59)	67(22)	2.5
	機械工		12	514(35)	451(31)	100(5)	4.5
	機械情報工		17	302(32)	278(28)	99(9)	2.8
	建築		19	513(161)	477(147)	108(35)	4.4
	応用化		12	314(96)	280(84)	92(15)	3.0
	情報科		12	543(84)	495(79)	93(10)	5.3
	数		10	181(26)	172(23)	49(3)	3.5
	物理		5	185(25)	165(22)	51(6)	3.2

(表つづく)

学部・学科等			募集人員	志願者数	受験者数	合格者数	競争率
農	3科目	農	15	501(174)	464(165)	95(38)	4.9
		農芸化	15	399(269)	384(260)	78(49)	4.9
		生命科	10	423(209)	398(196)	74(35)	5.4
		食料環境政策	5	254(106)	241(104)	56(23)	4.3
	英語4技能3科目	農	5	148(67)	140(65)	29(14)	4.8
		農芸化	5	172(121)	167(118)	27(18)	6.2
		生命科	5	171(93)	164(88)	32(17)	5.1
		食料環境政策	3	178(95)	173(93)	28(12)	6.2
経営	3科目		27	1,505(521)	1,454(503)	134(40)	10.9
	英語4技能3科目		3	517(234)	506(228)	55(19)	9.2
情報コミュニケーション	情報コミュニケーション		25	1,469(706)	1,424(684)	166(70)	8.6
国際日本	3科目		10	680(415)	662(401)	59(29)	11.2
	英語4技能3科目		18	774(494)	759(482)	117(64)	6.5
総合数理	3科目	現象数理	4	78(13)	73(12)	8(1)	9.1
		先端メディアサイエンス	2	65(24)	54(22)	2(0)	27.0
	4科目	現象数理	12	207(38)	201(37)	43(4)	4.7
		先端メディアサイエンス	15	326(107)	308(102)	63(10)	4.9
		ネットワークデザイン	26	293(51)	277(46)	82(5)	3.4
	英語4技能4科目	現象数理	1	79(17)	76(16)	12(1)	6.3
		先端メディアサイエンス	2	101(37)	95(35)	18(6)	5.3
		ネットワークデザイン	1	90(15)	87(15)	14(1)	6.2
合計			751	22,038(8,507)	21,021(8,160)	4,042(1,301)	—

●大学入学共通テスト利用入試

(　)内は女子内数

学部・方式・学科等					募集人員	志願者数	受験者数	合格者数	競争率
前期日程	法	3科目	法律		60	2,367(1,017)	2,364(1,016)	927(445)	2.6
		4科目	法律		40	582(251)	581(250)	318(155)	1.8
		5科目	法律		40	1,776(631)	1,774(630)	990(365)	1.8
	商	4科目	商		50	542(203)	539(203)	193(70)	2.8
		5科目	商		45	371(124)	370(123)	147(59)	2.5
		6科目	商		30	1,041(319)	1,037(317)	412(140)	2.5
	政治経済	3科目	政治		8	343(121)	342(121)	80(33)	4.3
			経済		15	640(164)	638(163)	103(28)	6.2
		7科目	政治		15	295(93)	293(92)	165(62)	1.8
			経済		50	1,487(284)	1,469(282)	720(145)	2.0
			地域行政		12	201(68)	199(68)	78(28)	2.6
	文	3科目	文	日本文学	7	434(279)	433(278)	72(49)	6.0
				英米文学	6	235(121)	234(120)	49(24)	4.8
				ドイツ文学	3	78(46)	77(45)	18(10)	4.3
				フランス文学	2	53(26)	52(26)	12(5)	4.3
				演劇学	3	133(101)	133(101)	28(20)	4.8
				文芸メディア	5	250(162)	250(162)	54(37)	4.6
			史学地理	日本史学	6	281(94)	281(94)	54(16)	5.2
				アジア史	3	134(53)	131(52)	27(17)	4.9
				西洋史学	4	213(88)	213(88)	53(18)	4.0
				考古学	4	164(81)	164(81)	32(20)	5.1
				地理学	4	150(39)	150(39)	34(12)	4.4
			心理社会	臨床心理学	4	194(138)	192(136)	36(31)	5.3
				現代社会学	3	246(147)	245(147)	35(25)	7.0
				哲学	4	153(74)	153(74)	37(18)	4.1
		5科目	文	日本文学	3	57(24)	57(24)	20(5)	2.9
				英米文学	3	28(12)	28(12)	14(6)	2.0
				ドイツ文学	2	25(13)	25(13)	6(2)	4.2
				フランス文学	1	6(2)	6(2)	3(0)	2.0
				演劇学	1	15(13)	15(13)	2(2)	7.5
				文芸メディア	2	26(17)	26(17)	11(7)	2.4
			史学地理	日本史学	4	74(18)	74(18)	21(2)	3.5
				アジア史	2	27(7)	26(7)	10(1)	2.6
				西洋史学	1	51(14)	51(14)	10(2)	5.1
				考古学	1	22(6)	22(6)	6(2)	3.7
				地理学	1	55(13)	54(12)	10(3)	5.4

(表つづく)

日程	学部	方式	学科等	募集人員	志願者数	受験者数	合格者数	競争率
前期日程	文	5科目	心理社会 臨床心理学	2	72(42)	71(42)	10(8)	7.1
前期日程	文	5科目	心理社会 現代社会学	2	81(53)	81(53)	20(16)	4.1
前期日程	文	5科目	心理社会 哲学	2	46(18)	46(18)	15(6)	3.1
前期日程	理工	3教科	電気電子生命 電気電子工学	9	297(25)	297(25)	122(10)	2.4
前期日程	理工	3教科	電気電子生命 生命理工学	3	259(74)	258(73)	78(21)	3.3
前期日程	理工	3教科	機械工	5	804(70)	802(70)	221(22)	3.6
前期日程	理工	3教科	機械情報工	6	460(61)	460(61)	168(20)	2.7
前期日程	理工	3教科	情報科	7	784(100)	783(100)	211(21)	3.7
前期日程	理工	4教科	電気電子生命 電気電子工学	5	163(28)	163(28)	69(11)	2.4
前期日程	理工	4教科	電気電子生命 生命理工学	2	200(89)	200(89)	71(35)	2.8
前期日程	理工	4教科	機械工	7	639(109)	636(109)	219(46)	2.9
前期日程	理工	4教科	建築	12	793(292)	792(292)	175(66)	4.5
前期日程	理工	4教科	応用化	7	762(250)	759(249)	203(76)	3.7
前期日程	理工	4教科	情報科	7	589(115)	586(115)	171(27)	3.4
前期日程	理工	4教科	数	6	294(44)	293(44)	136(19)	2.2
前期日程	理工	4教科	物理	6	573(93)	571(91)	210(35)	2.7
前期日程	農		農	12	644(248)	631(245)	192(70)	3.3
前期日程	農		農芸化	12	529(359)	526(357)	186(131)	2.8
前期日程	農		生命科	15	851(427)	839(425)	331(184)	2.5
前期日程	農		食料環境政策	16	446(199)	442(198)	157(78)	2.8
前期日程	経営	3科目		25	1,468(540)	1,460(539)	300(128)	4.9
前期日程	経営	4科目		25	531(187)	531(187)	171(61)	3.1
前期日程	情報コミュニケーション	3科目	情報コミュニケーション	30	1,362(648)	1,344(638)	244(127)	5.5
前期日程	情報コミュニケーション	6科目	情報コミュニケーション	10	449(177)	449(177)	161(65)	2.8
前期日程	国際日本	3科目	国際日本	20	1,277(813)	1,275(812)	350(217)	3.6
前期日程	国際日本	5科目	国際日本	10	313(195)	312(195)	184(119)	1.7
前期日程	総合数理		現象数理	7	167(31)	167(31)	55(8)	3.0
前期日程	総合数理		先端メディアサイエンス	10	278(95)	273(92)	68(21)	4.0
前期日程	総合数理		ネットワークデザイン	4	183(48)	180(47)	54(18)	3.3

（表つづく）

学部・方式・学科等			募集人員	志願者数	受験者数	合格者数	競争率
後期日程	商	商	30	138(46)	134(45)	43(13)	3.1
	理工	電気電子生命 電気電子工学	3	72(11)	72(11)	32(4)	2.3
		電気電子生命 生命理工学	2	30(12)	29(12)	14(6)	2.1
		機械情報工	3	45(7)	45(7)	23(4)	2.0
		建築	2	46(18)	46(18)	17(4)	2.7
		応用化	2	23(12)	23(12)	5(2)	4.6
		情報科	2	55(6)	55(6)	23(2)	2.4
		数	2	22(6)	22(6)	4(2)	5.5
		物理	2	22(1)	22(1)	3(0)	7.3
	総合数理	現象数理	1	15(4)	14(4)	3(1)	4.7
		先端メディアサイエンス	1	20(5)	20(5)	5(0)	4.0
		ネットワークデザイン	1	19(9)	19(9)	3(2)	6.3
合計			779	28,570(10,430)	28,426(10,384)	9,514(3,570)	—

2023 年度 入試状況

●学部別入試

(　)内は女子内数

学部・学科等			募集人員	志願者数	受験者数	合格者数	競争率
法	法律		375	4,325(1,510)	3,637(1,254)	1,027(342)	3.5
商	学部別		485	8,504(2,660)	7,481(2,322)	1,513(433)	4.9
商	英語4技能試験利用		15	936(409)	808(352)	151(64)	5.4
政治経済	政治		105	1,642(498)	1,540(466)	450(138)	3.4
政治経済	経済		290	4,418(927)	4,204(879)	1,204(225)	3.5
政治経済	地域行政		70	534(174)	511(170)	160(49)	3.2
文	文	日本文学	70	1,062(591)	947(515)	203(111)	4.7
文	文	英米文学	68	822(400)	721(360)	220(100)	3.3
文	文	ドイツ文学	23	305(139)	283(127)	87(35)	3.3
文	文	フランス文学	24	291(163)	268(149)	55(32)	4.9
文	文	演劇学	29	275(214)	245(189)	54(40)	4.5
文	文	文芸メディア	43	719(428)	639(382)	123(73)	5.2
文	史学地理	日本史学	51	679(225)	610(191)	154(45)	4.0
文	史学地理	アジア史	20	201(77)	171(65)	55(21)	3.1
文	史学地理	西洋史学	32	479(174)	409(148)	93(37)	4.4
文	史学地理	考古学	24	254(89)	220(78)	64(21)	3.4
文	史学地理	地理学	27	268(62)	229(48)	68(14)	3.4
文	心理社会	臨床心理学	24	592(373)	528(337)	61(40)	8.7
文	心理社会	現代社会学	26	594(352)	518(308)	111(69)	4.7
文	心理社会	哲学	20	312(122)	266(103)	67(21)	4.0
理工	電気電子生命	電気電子工学	80	817(59)	772(54)	289(23)	2.7
理工	電気電子生命	生命理工学	27	360(96)	331(85)	120(37)	2.8
理工	機械工		75	1,291(81)	1,239(76)	463(26)	2.7
理工	機械情報工		66	847(91)	799(83)	250(29)	3.2
理工	建築		88	1,521(437)	1,447(421)	332(104)	4.4
理工	応用化		60	1,350(399)	1,293(381)	495(167)	2.6
理工	情報科		65	1,853(172)	1,752(161)	374(32)	4.7
理工	数		32	519(67)	484(62)	178(21)	2.7
理工	物理		35	789(95)	740(85)	276(29)	2.7

（表つづく）

<table>
<tr><th colspan="3">学部・学科等</th><th>募集人員</th><th>志願者数</th><th>受験者数</th><th>合格者数</th><th>競争率</th></tr>
<tr><td rowspan="4">農</td><td colspan="2">農</td><td>90</td><td>1,136(425)</td><td>912(334)</td><td>275(120)</td><td>3.3</td></tr>
<tr><td colspan="2">農芸化</td><td>84</td><td>929(580)</td><td>773(482)</td><td>232(157)</td><td>3.3</td></tr>
<tr><td colspan="2">生命科</td><td>92</td><td>1,381(655)</td><td>1,123(531)</td><td>304(154)</td><td>3.7</td></tr>
<tr><td colspan="2">食料環境政策</td><td>79</td><td>1,106(425)</td><td>1,008(378)</td><td>217(76)</td><td>4.6</td></tr>
<tr><td rowspan="6">経営</td><td rowspan="3">3科目</td><td>経営</td><td rowspan="3">342</td><td rowspan="3">7,428(2,264)</td><td rowspan="3">7,165(2,191)</td><td rowspan="3">1,772(526)</td><td rowspan="3">4.0</td></tr>
<tr><td>会計</td></tr>
<tr><td>公共経営</td></tr>
<tr><td rowspan="3">英語4技能試験活用</td><td>経営</td><td rowspan="3">40</td><td rowspan="3">320(146)</td><td rowspan="3">309(139)</td><td rowspan="3">68(34)</td><td rowspan="3">4.5</td></tr>
<tr><td>会計</td></tr>
<tr><td>公共経営</td></tr>
<tr><td>情報コミュニケーション</td><td colspan="2">情報コミュニケーション</td><td>372</td><td>4,878(2,129)</td><td>4,741(2,075)</td><td>1,005(441)</td><td>4.7</td></tr>
<tr><td rowspan="2">国際日本</td><td colspan="2">3科目</td><td>130</td><td>2,418(1,503)</td><td>2,332(1,449)</td><td>589(372)</td><td>4.0</td></tr>
<tr><td colspan="2">英語4技能試験活用</td><td>100</td><td>1,225(795)</td><td>1,198(778)</td><td>592(387)</td><td>2.0</td></tr>
<tr><td rowspan="3">総合数理</td><td colspan="2">現象数理</td><td>35</td><td>690(115)</td><td>554(91)</td><td>95(18)</td><td>5.8</td></tr>
<tr><td colspan="2">先端メディアサイエンス</td><td>51</td><td>952(245)</td><td>813(214)</td><td>108(23)</td><td>7.5</td></tr>
<tr><td colspan="2">ネットワークデザイン</td><td>28</td><td>521(80)</td><td>416(59)</td><td>31(4)</td><td>13.4</td></tr>
<tr><td colspan="3">合計</td><td>3,792</td><td>59,543(20,446)</td><td>54,436(18,572)</td><td>13,985(4,690)</td><td>—</td></tr>
</table>

（備考）数値には追加合格・補欠合格（農学部のみ）・特別措置を含む。

●全学部統一入試

( )内は女子内数

学部・学科等			募集人員	志願者数	受験者数	合格者数	競争率
法*	法律		115	2,620(1,011)	2,489(966)	577(217)	4.3
商*	商		80	1,834(632)	1,764(661)	348(116)	5.1
政治経済*	政治		20	467(156)	445(148)	109(36)	4.1
	経済		50	1,281(320)	1,204(303)	263(77)	4.6
	地域行政		20	251(76)	244(73)	60(18)	4.1
文	文	日本文学	16	346(185)	328(172)	71(44)	4.6
		英米文学	18	458(257)	440(248)	108(57)	4.1
		ドイツ文学	7	109(58)	108(58)	30(17)	3.6
		フランス文学	8	138(72)	134(70)	36(19)	3.7
		演劇学	8	180(144)	176(140)	32(23)	5.5
		文芸メディア	7	334(212)	320(204)	58(36)	5.5
	史学地理	日本史学	15	300(102)	292(98)	68(29)	4.3
		アジア史	6	110(49)	109(48)	28(14)	3.9
		西洋史学	8	206(69)	200(67)	64(17)	3.1
		考古学	7	97(37)	93(37)	19(6)	4.9
		地理学	11	141(42)	136(40)	40(11)	3.4
	心理社会	臨床心理学	11	333(210)	324(203)	41(25)	7.9
		現代社会学	10	309(201)	300(196)	75(56)	4.0
		哲学	8	151(57)	147(57)	39(13)	3.8
理工*	電気電子生命	電気電子工学	20	307(22)	281(18)	109(10)	2.6
		生命理工学	10	201(59)	188(56)	71(20)	2.6
	機械工		12	418(35)	362(29)	130(13)	2.8
	機械情報工		17	344(34)	320(29)	113(10)	2.8
	建築		19	489(163)	447(147)	110(39)	4.1
	応用化		12	374(126)	350(119)	110(46)	3.2
	情報科		12	636(90)	585(85)	107(21)	5.5
	数		10	161(19)	151(19)	60(7)	2.5
	物理		5	138(9)	118(6)	41(0)	2.9

（表つづく）

<table>
<tr><th colspan="3">学部・学科等</th><th>募集人員</th><th>志願者数</th><th>受験者数</th><th>合格者数</th><th>競争率</th></tr>
<tr><td rowspan="8">農</td><td rowspan="4">3科目</td><td>農</td><td>15</td><td>378(157)</td><td>346(146)</td><td>86(35)</td><td>4.0</td></tr>
<tr><td>農芸化</td><td>15</td><td>290(195)</td><td>274(183)</td><td>63(41)</td><td>4.3</td></tr>
<tr><td>生命科</td><td>10</td><td>387(172)</td><td>358(162)</td><td>69(35)</td><td>5.2</td></tr>
<tr><td>食料環境政策</td><td>5</td><td>218(110)</td><td>210(107)</td><td>32(17)</td><td>6.6</td></tr>
<tr><td rowspan="4">英語4技能3科目</td><td>農</td><td>5</td><td>166(83)</td><td>159(80)</td><td>22(10)</td><td>7.2</td></tr>
<tr><td>農芸化</td><td>5</td><td>164(115)</td><td>161(115)</td><td>28(21)</td><td>5.8</td></tr>
<tr><td>生命科</td><td>5</td><td>162(81)</td><td>153(76)</td><td>21(9)</td><td>7.3</td></tr>
<tr><td>食料環境政策</td><td>3</td><td>166(82)</td><td>163(81)</td><td>24(13)</td><td>6.8</td></tr>
<tr><td rowspan="6">経営*</td><td rowspan="3">3科目</td><td>経営</td><td rowspan="3">27</td><td rowspan="3">1,388(471)</td><td rowspan="3">1,343(459)</td><td rowspan="3">134(34)</td><td rowspan="3">10.0</td></tr>
<tr><td>会計</td></tr>
<tr><td>公共経営</td></tr>
<tr><td rowspan="3">英語4技能3科目</td><td>経営</td><td rowspan="3">3</td><td rowspan="3">623(271)</td><td rowspan="3">605(265)</td><td rowspan="3">48(17)</td><td rowspan="3">12.6</td></tr>
<tr><td>会計</td></tr>
<tr><td>公共経営</td></tr>
<tr><td>情報コミュニケーション</td><td colspan="2">情報コミュニケーション</td><td>25</td><td>1,298(652)</td><td>1,260(640)</td><td>170(91)</td><td>7.4</td></tr>
<tr><td rowspan="2">国際日本</td><td colspan="2">3科目</td><td>10</td><td>679(433)</td><td>661(420)</td><td>62(39)</td><td>10.7</td></tr>
<tr><td colspan="2">英語4技能3科目</td><td>18</td><td>815(530)</td><td>798(520)</td><td>123(73)</td><td>6.5</td></tr>
<tr><td rowspan="8">総合数理*</td><td rowspan="2">3科目</td><td>現象数理</td><td>4</td><td>71(15)</td><td>68(15)</td><td>12(1)</td><td>5.7</td></tr>
<tr><td>先端メディアサイエンス</td><td>3</td><td>64(16)</td><td>55(15)</td><td>4(1)</td><td>13.8</td></tr>
<tr><td rowspan="3">4科目</td><td>現象数理</td><td>12</td><td>199(29)</td><td>194(28)</td><td>58(9)</td><td>3.3</td></tr>
<tr><td>先端メディアサイエンス</td><td>20</td><td>400(113)</td><td>385(110)</td><td>53(9)</td><td>7.3</td></tr>
<tr><td>ネットワークデザイン</td><td>27</td><td>282(54)</td><td>267(51)</td><td>85(17)</td><td>3.1</td></tr>
<tr><td rowspan="3">英語4技能4科目</td><td>現象数理</td><td>1</td><td>63(8)</td><td>61(8)</td><td>15(3)</td><td>4.1</td></tr>
<tr><td>先端メディアサイエンス</td><td>2</td><td>122(37)</td><td>117(36)</td><td>13(2)</td><td>9.0</td></tr>
<tr><td>ネットワークデザイン</td><td>1</td><td>47(9)</td><td>45(8)</td><td>15(0)</td><td>3.0</td></tr>
<tr><td colspan="3">合計</td><td>758</td><td>20,715(8,080)</td><td>19,738(7,772)</td><td>4,054(1,474)</td><td>—</td></tr>
</table>

(備考)

- ＊印の学部の数値には，追加合格・特別措置を含む。
- 農学部は補欠合格を含む。

2022 年度 入試状況

●学部別入試

(　)内は女子内数

学部	学科等		募集人員	志願者数	受験者数	合格者数	競争率
法	法律		375	4,739(1,582)	3,996(1,312)	844(303)	4.7
商	学部別		485	7,568(2,246)	6,664(1,954)	1,628(468)	4.1
	英語4技能試験利用		15	910(425)	798(365)	150(60)	5.3
政治経済	政治		105	1,377(427)	1,284(391)	508(172)	2.5
	経済		290	3,685(685)	3,490(648)	1,329(252)	2.6
	地域行政		70	632(201)	598(189)	189(56)	3.2
文	文	日本文学	70	994(550)	889(492)	216(126)	4.1
		英米文学	68	736(355)	660(317)	210(105)	3.1
		ドイツ文学	23	355(160)	319(146)	85(44)	3.8
		フランス文学	24	325(183)	295(167)	76(45)	3.9
		演劇学	29	317(238)	270(201)	56(40)	4.8
		文芸メディア	43	694(435)	621(394)	138(96)	4.5
	史学地理	日本史学	51	753(232)	672(205)	134(32)	5.0
		アジア史	20	218(81)	187(66)	63(14)	3.0
		西洋史学	32	458(138)	384(108)	98(27)	3.9
		考古学	24	277(100)	242(84)	63(16)	3.8
		地理学	27	312(77)	273(63)	71(15)	3.8
	心理社会	臨床心理学	24	588(363)	512(315)	90(56)	5.7
		現代社会学	26	588(337)	517(298)	108(64)	4.8
		哲学	20	288(114)	251(97)	62(21)	4.0
理工	電気電子生命	電気電子工学	80	1,079(74)	1,028(69)	320(18)	3.2
		生命理工学	27	316(83)	295(77)	131(36)	2.3
	機械工		75	1,377(109)	1,305(103)	480(44)	2.7
	機械情報工		66	706(50)	671(48)	274(19)	2.4
	建築		88	1,669(501)	1,597(482)	326(105)	4.9
	応用化		60	1,259(330)	1,204(316)	472(129)	2.6
	情報科		65	1,706(175)	1,621(168)	375(28)	4.3
	数		32	394(42)	373(39)	155(14)	2.4
	物理		35	673(64)	637(58)	253(18)	2.5

(表つづく)

<table>
<tr><th colspan="3">学部・学科等</th><th>募集人員</th><th>志願者数</th><th>受験者数</th><th>合格者数</th><th>競争率</th></tr>
<tr><td rowspan="4">農</td><td colspan="2">農</td><td>90</td><td>1,132(406)</td><td>942(323)</td><td>297(110)</td><td>3.2</td></tr>
<tr><td colspan="2">農芸化</td><td>90</td><td>852(524)</td><td>698(420)</td><td>250(166)</td><td>2.8</td></tr>
<tr><td colspan="2">生命科</td><td>92</td><td>1,081(467)</td><td>916(404)</td><td>306(133)</td><td>3.0</td></tr>
<tr><td colspan="2">食料環境政策</td><td>79</td><td>1,108(430)</td><td>996(376)</td><td>211(91)</td><td>4.7</td></tr>
<tr><td rowspan="6">経営</td><td rowspan="3">3科目</td><td>経営</td><td rowspan="3">342</td><td rowspan="3">6,316(1,781)</td><td rowspan="3">6,041(1,693)</td><td rowspan="3">1,638(435)</td><td rowspan="3">3.7</td></tr>
<tr><td>会計</td></tr>
<tr><td>公共経営</td></tr>
<tr><td rowspan="3">英語4技能試験活用</td><td>経営</td><td rowspan="3">40</td><td rowspan="3">337(135)</td><td rowspan="3">327(129)</td><td rowspan="3">96(34)</td><td rowspan="3">3.4</td></tr>
<tr><td>会計</td></tr>
<tr><td>公共経営</td></tr>
<tr><td>情報コミュニケーション</td><td colspan="2">情報コミュニケーション</td><td>392</td><td>4,887(2,143)</td><td>4,741(2,100)</td><td>1,078(460)</td><td>4.4</td></tr>
<tr><td rowspan="2">国際日本</td><td colspan="2">3科目</td><td>130</td><td>2,420(1,525)</td><td>2,335(1,475)</td><td>681(441)</td><td>3.4</td></tr>
<tr><td colspan="2">英語4技能試験活用</td><td>100</td><td>1,516(992)</td><td>1,476(962)</td><td>664(421)</td><td>2.2</td></tr>
<tr><td rowspan="3">総合数理</td><td colspan="2">現象数理</td><td>35</td><td>717(132)</td><td>574(107)</td><td>97(13)</td><td>5.9</td></tr>
<tr><td colspan="2">先端メディアサイエンス</td><td>51</td><td>889(216)</td><td>749(173)</td><td>101(14)</td><td>7.4</td></tr>
<tr><td colspan="2">ネットワークデザイン</td><td>28</td><td>494(74)</td><td>414(62)</td><td>55(5)</td><td>7.5</td></tr>
<tr><td colspan="3">合計</td><td>3,818</td><td>56,742(19,182)</td><td>51,862(17,396)</td><td>14,378(4,746)</td><td>—</td></tr>
</table>

(備考) 数値には追加合格・補欠合格・特別措置を含む。

●全学部統一入試

(　)内は女子内数

学部・学科等			募集人員	志願者数	受験者数	合格者数	競争率
法	法律		115	2,348(818)	2,224(772)	687(215)	3.2
商	商		80	1,674(569)	1,607(546)	332(109)	4.8
政治経済	政治		20	427(134)	407(128)	101(33)	4.0
	経済		50	1,399(316)	1,330(291)	253(55)	5.3
	地域行政		20	458(154)	443(149)	68(29)	6.5
文	文	日本文学	16	356(196)	343(190)	70(42)	4.9
		英米文学	18	281(165)	272(158)	93(55)	2.9
		ドイツ文学	7	118(56)	113(54)	24(12)	4.7
		フランス文学	8	201(113)	191(104)	39(17)	4.9
		演劇学	8	152(115)	145(109)	40(29)	3.6
		文芸メディア	7	279(187)	265(180)	61(38)	4.3
	史学地理	日本史学	15	325(102)	314(98)	78(27)	4.0
		アジア史	6	82(30)	78(29)	30(17)	2.6
		西洋史学	8	176(62)	171(60)	43(15)	4.0
		考古学	6	133(51)	128(50)	30(10)	4.3
		地理学	11	236(58)	231(56)	40(12)	5.8
	心理社会	臨床心理学	11	313(200)	302(192)	63(39)	4.8
		現代社会学	10	296(184)	287(181)	55(29)	5.2
		哲学	8	140(50)	133(47)	30(8)	4.4
理工	電気電子生命	電気電子工学	20	404(24)	366(24)	120(13)	3.1
		生命理工学	10	153(55)	141(50)	55(19)	2.6
	機械工		12	347(28)	318(23)	109(11)	2.9
	機械情報工		17	289(26)	270(24)	96(9)	2.8
	建築		19	514(152)	473(144)	99(33)	4.8
	応用化		12	327(103)	306(97)	105(44)	2.9
	情報科		12	532(69)	482(63)	76(11)	6.3
	数		10	158(20)	149(19)	52(6)	2.9
	物理		5	189(18)	177(17)	52(1)	3.4

(表つづく)

学部・学科等			募集人員	志願者数	受験者数	合格者数	競争率
農	3科目	農	15	411(163)	385(149)	90(41)	4.3
		農芸化	15	336(222)	314(211)	62(44)	5.1
		生命科	10	341(133)	311(127)	58(23)	5.4
		食料環境政策	5	245(103)	239(98)	34(15)	7.0
	英語4技能3科目	農	5	119(52)	114(50)	25(9)	4.6
		農芸化	5	163(116)	156(110)	31(23)	5.0
		生命科	5	142(76)	135(75)	21(16)	6.4
		食料環境政策	3	196(106)	190(103)	22(14)	8.6
経営	3科目	経営	27	833(282)	792(265)	158(54)	5.0
		会計					
		公共経営					
	英語4技能3科目	経営	3	480(202)	461(194)	59(20)	7.8
		会計					
		公共経営					
情報コミュニケーション	情報コミュニケーション		25	1,204(615)	1,154(595)	151(83)	7.6
国際日本	3科目		10	750(474)	722(454)	60(29)	12.0
	英語4技能3科目		18	940(596)	915(578)	120(71)	7.6
総合数理	3科目	現象数理	4	63(19)	57(17)	13(1)	4.4
		先端メディアサイエンス	4	58(29)	53(28)	5(3)	10.6
	4科目	現象数理	12	174(37)	166(36)	56(12)	3.0
		先端メディアサイエンス	20	332(92)	313(89)	57(14)	5.5
		ネットワークデザイン	27	265(44)	249(42)	77(21)	3.2
	英語4技能4科目	現象数理	1	52(11)	51(11)	14(5)	3.6
		先端メディアサイエンス	2	99(32)	96(31)	11(3)	8.7
		ネットワークデザイン	1	76(20)	72(18)	5(1)	14.4
合計			758	19,586(7,479)	18,611(7,136)	4,030(1,440)	—

（備考）数値には特別措置を含む。

合格最低点（学部別・全学部統一入試）

2024 年度 合格最低点

●学部別入試

学部・学科等			満点	合格最低点	合格最低得点率
法	法律		350	241	68.9
商	学部別		350	241	68.9
	英語4技能試験利用		550	378	68.7
政治経済	政治		350	237	67.7
	経済		350	242	69.1
	地域行政		350	235	67.1
文	文	日本文学	300	209	69.7
		英米文学	300	207	69.0
		ドイツ文学	300	196	65.3
		フランス文学	300	195	65.0
		演劇学	300	201	67.0
		文芸メディア	300	212	70.7
	史学地理	日本史学	300	216	72.0
		アジア史	300	207	69.0
		西洋史学	300	214	71.3
		考古学	300	211	70.3
		地理学	300	208	69.3
	心理社会	臨床心理学	300	216	72.0
		現代社会学	300	214	71.3
		哲学	300	205	68.3

（表つづく）

学部・学科等			満点	合格最低点	合格最低得点率
理工	電気電子生命	電気電子工学	360	243	67.5
		生命理工学	360	257	71.4
		機械工	360	269	74.7
		機械情報工	360	252	70.0
		建築	360	274	76.1
		応用化	360	266	73.9
		情報科	360	275	76.4
		数	360	255	70.8
		物理	360	276	76.7
農		農	450	317	70.4
		農芸化	450	318	70.7
		生命科	450	320	71.1
		食料環境政策	450	328	72.9
経営	3科目	経営	350	231	66.0
		会計			
		公共経営			
	英語4技能試験活用	経営	230	128	55.7
		会計			
		公共経営			
情報コミュニケーション		情報コミュニケーション	300	189	63.0
国際日本		3科目	450	332	73.8
		英語4技能試験活用	250	170	68.0
総合数理		現象数理	320	192	60.0
		先端メディアサイエンス	320	190	59.4
		ネットワークデザイン	320	173	54.1

●全学部統一入試

学部・学科等			満点	合格最低点	合格最低得点率
法	法律		300	197	65.7
商	商		450	304	67.6
政治経済	政治		350	238	68.0
	経済		350	232	66.3
	地域行政		350	232	66.3
文	文	日本文学	300	202	67.3
		英米文学	300	195	65.0
		ドイツ文学	300	191	63.7
		フランス文学	300	192	64.0
		演劇学	300	196	65.3
		文芸メディア	300	210	70.0
	史学地理	日本史学	300	205	68.3
		アジア史	300	199	66.3
		西洋史学	300	207	69.0
		考古学	300	201	67.0
		地理学	300	197	65.7
	心理社会	臨床心理学	300	201	67.0
		現代社会学	300	206	68.7
		哲学	300	200	66.7
理工	電気電子生命	電気電子工学	400	234	58.5
		生命理工学	400	247	61.8
	機械工		400	260	65.0
	機械情報工		400	243	60.8
	建築		400	264	66.0
	応用化		400	257	64.3
	情報科		400	280	70.0
	数		400	243	60.8
	物理		400	255	63.8

（表つづく）

学部・学科等			満点	合格最低点	合格最低得点率
農	3科目	農	300	184	61.3
		農芸化	300	187	62.3
		生命科	300	195	65.0
		食料環境政策	300	192	64.0
	英語4技能3科目	農	300	231	77.0
		農芸化	300	227	75.7
		生命科	300	225	75.0
		食料環境政策	300	231	77.0
経営	3科目	経営	350	244	69.7
		会計			
		公共経営			
	英語4技能3科目	経営	350	292	83.4
		会計			
		公共経営			
情報コミュニケーション	情報コミュニケーション		350	240	68.6
国際日本	3科目		400	285	71.3
	英語4技能3科目		400	343	85.8
総合数理	3科目	現象数理	400	266	66.5
		先端メディアサイエンス	400	274	68.5
	4科目	現象数理	500	317	63.4
		先端メディアサイエンス	500	333	66.6
		ネットワークデザイン	500	297	59.4
	英語4技能4科目	現象数理	400	297	74.3
		先端メディアサイエンス	400	305	76.3
		ネットワークデザイン	400	294	73.5

2023 年度　合格最低点

●学部別入試

学部・学科等			満点	合格最低点	合格最低得点率
法		法律	350	222	63.4
商		学部別	350	238	68.0
商		英語4技能試験利用	550	388	70.5
政治経済		政治	350	240	68.6
政治経済		経済	350	233	66.6
政治経済		地域行政	350	227	64.9
文	文	日本文学	300	209	69.7
文	文	英米文学	300	201	67.0
文	文	ドイツ文学	300	196	65.3
文	文	フランス文学	300	198	66.0
文	文	演劇学	300	204	68.0
文	文	文芸メディア	300	213	71.0
文	史学地理	日本史学	300	211	70.3
文	史学地理	アジア史	300	202	67.3
文	史学地理	西洋史学	300	211	70.3
文	史学地理	考古学	300	200	66.7
文	史学地理	地理学	300	200	66.7
文	心理社会	臨床心理学	300	216	72.0
文	心理社会	現代社会学	300	214	71.3
文	心理社会	哲学	300	211	70.3
理工	電気電子生命	電気電子工学	360	233	64.7
理工	電気電子生命	生命理工学	360	243	67.5
理工		機械工	360	236	65.6
理工		機械情報工	360	245	68.1
理工		建築	360	257	71.4
理工		応用化	360	244	67.8
理工		情報科	360	259	71.9
理工		数	360	235	65.3
理工		物理	360	247	68.6

（表つづく）

<table>
<tr><th colspan="3">学部・学科等</th><th>満点</th><th>合格最低点</th><th>合格最低
得点率</th></tr>
<tr><td rowspan="4">農</td><td colspan="2">農</td><td>450</td><td>263</td><td>58.4</td></tr>
<tr><td colspan="2">農芸化</td><td>450</td><td>263</td><td>58.4</td></tr>
<tr><td colspan="2">生命科</td><td>450</td><td>268</td><td>59.6</td></tr>
<tr><td colspan="2">食料環境政策</td><td>450</td><td>300</td><td>66.7</td></tr>
<tr><td rowspan="6">経営</td><td rowspan="3">3科目</td><td>経営</td><td rowspan="3">350</td><td rowspan="3">211</td><td rowspan="3">60.3</td></tr>
<tr><td>会計</td></tr>
<tr><td>公共経営</td></tr>
<tr><td rowspan="3">英語4技能試験活用</td><td>経営</td><td rowspan="3">230</td><td rowspan="3">128</td><td rowspan="3">55.7</td></tr>
<tr><td>会計</td></tr>
<tr><td>公共経営</td></tr>
<tr><td>情報コミュニケーション</td><td colspan="2">情報コミュニケーション</td><td>300</td><td>203</td><td>67.7</td></tr>
<tr><td rowspan="2">国際日本</td><td colspan="2">3科目</td><td>450</td><td>354</td><td>78.7</td></tr>
<tr><td colspan="2">英語4技能試験活用</td><td>250</td><td>186</td><td>74.4</td></tr>
<tr><td rowspan="3">総合数理</td><td colspan="2">現象数理</td><td>320</td><td>228</td><td>71.3</td></tr>
<tr><td colspan="2">先端メディアサイエンス</td><td>320</td><td>238</td><td>74.4</td></tr>
<tr><td colspan="2">ネットワークデザイン</td><td>320</td><td>235</td><td>73.4</td></tr>
</table>

●全学部統一入試

学部・学科等			満点	合格最低点	合格最低得点率
法	法律		300	211	70.3
商	商		450	312	69.3
政治経済	政治		350	251	71.7
	経済		350	243	69.4
	地域行政		350	234	66.9
文	文	日本文学	300	212	70.7
		英米文学	300	206	68.7
		ドイツ文学	300	209	69.7
		フランス文学	300	202	67.3
		演劇学	300	207	69.0
		文芸メディア	300	218	72.7
	史学地理	日本史学	300	211	70.3
		アジア史	300	209	69.7
		西洋史学	300	214	71.3
		考古学	300	205	68.3
		地理学	300	205	68.3
	心理社会	臨床心理学	300	218	72.7
		現代社会学	300	207	69.0
		哲学	300	215	71.7
理工	電気電子生命	電気電子工学	400	237	59.3
		生命理工学	400	249	62.3
	機械工		400	246	61.5
	機械情報工		400	250	62.5
	建築		400	269	67.3
	応用化		400	270	67.5
	情報科		400	284	71.0
	数		400	234	58.5
	物理		400	248	62.0

（表つづく）

<table>
<tr><th colspan="3">学部・学科等</th><th>満点</th><th>合格最低点</th><th>合格最低
得点率</th></tr>
<tr><td rowspan="8">農</td><td rowspan="4">3科目</td><td>農</td><td>300</td><td>190</td><td>63.3</td></tr>
<tr><td>農芸化</td><td>300</td><td>198</td><td>66.0</td></tr>
<tr><td>生命科</td><td>300</td><td>196</td><td>65.3</td></tr>
<tr><td>食料環境政策</td><td>300</td><td>208</td><td>69.3</td></tr>
<tr><td rowspan="4">英語4技能3科目</td><td>農</td><td>300</td><td>241</td><td>80.3</td></tr>
<tr><td>農芸化</td><td>300</td><td>233</td><td>77.7</td></tr>
<tr><td>生命科</td><td>300</td><td>241</td><td>80.3</td></tr>
<tr><td>食料環境政策</td><td>300</td><td>241</td><td>80.3</td></tr>
<tr><td rowspan="6">経営</td><td rowspan="3">3科目</td><td>経営</td><td rowspan="3">350</td><td rowspan="3">258</td><td rowspan="3">73.7</td></tr>
<tr><td>会計</td></tr>
<tr><td>公共経営</td></tr>
<tr><td rowspan="3">英語4技能3科目</td><td>経営</td><td rowspan="3">350</td><td rowspan="3">310</td><td rowspan="3">88.6</td></tr>
<tr><td>会計</td></tr>
<tr><td>公共経営</td></tr>
<tr><td>情報コミュニケーション</td><td colspan="2">情報コミュニケーション</td><td>350</td><td>250</td><td>71.4</td></tr>
<tr><td rowspan="2">国際日本</td><td colspan="2">3科目</td><td>400</td><td>300</td><td>75.0</td></tr>
<tr><td colspan="2">英語4技能3科目</td><td>400</td><td>353</td><td>88.3</td></tr>
<tr><td rowspan="8">総合数理</td><td rowspan="2">3科目</td><td>現象数理</td><td>400</td><td>250</td><td>62.5</td></tr>
<tr><td>先端メディアサイエンス</td><td>400</td><td>287</td><td>71.8</td></tr>
<tr><td rowspan="3">4科目</td><td>現象数理</td><td>500</td><td>303</td><td>60.6</td></tr>
<tr><td>先端メディアサイエンス</td><td>500</td><td>350</td><td>70.0</td></tr>
<tr><td>ネットワークデザイン</td><td>500</td><td>301</td><td>60.2</td></tr>
<tr><td rowspan="3">英語4技能4科目</td><td>現象数理</td><td>400</td><td>291</td><td>72.8</td></tr>
<tr><td>先端メディアサイエンス</td><td>400</td><td>314</td><td>78.5</td></tr>
<tr><td>ネットワークデザイン</td><td>400</td><td>275</td><td>68.8</td></tr>
</table>

2022 年度 合格最低点

●学部別入試

学部・学科等			満点	合格最低点	合格最低得点率
法	法律		350	238	68.0
商	学部別		350	243	69.4
商	英語 4 技能試験利用		550	401	72.9
政治経済	政治		350	221	63.1
政治経済	経済		350	216	61.7
政治経済	地域行政		350	217	62.0
文	文	日本文学	300	183	61.0
文	文	英米文学	300	177	59.0
文	文	ドイツ文学	300	176	58.7
文	文	フランス文学	300	174	58.0
文	文	演劇学	300	182	60.7
文	文	文芸メディア	300	187	62.3
文	史学地理	日本史学	300	190	63.3
文	史学地理	アジア史	300	184	61.3
文	史学地理	西洋史学	300	194	64.7
文	史学地理	考古学	300	178	59.3
文	史学地理	地理学	300	183	61.0
文	心理社会	臨床心理学	300	184	61.3
文	心理社会	現代社会学	300	192	64.0
文	心理社会	哲学	300	186	62.0
理工	電気電子生命	電気電子工学	360	246	68.3
理工	電気電子生命	生命理工学	360	236	65.6
理工	機械工		360	248	68.9
理工	機械情報工		360	241	66.9
理工	建築		360	265	73.6
理工	応用化		360	240	66.7
理工	情報科		360	261	72.5
理工	数		360	239	66.4
理工	物理		360	255	70.8

（表つづく）

学部・学科等			満点	合格最低点	合格最低得点率
農		農	450	257	57.1
		農芸化	450	257	57.1
		生命科	450	262	58.2
		食料環境政策	450	295	65.6
経営	3科目	経営	350	225	64.3
		会計			
		公共経営			
	英語4技能試験活用	経営	230	132	57.4
		会計			
		公共経営			
情報コミュニケーション		情報コミュニケーション	300	187	62.3
国際日本		3科目	450	338	75.1
		英語4技能試験活用	250	173	69.2
総合数理		現象数理	320	191	59.7
		先端メディアサイエンス	320	195	60.9
		ネットワークデザイン	320	181	56.6

●全学部統一入試

学部・学科等			満点	合格最低点	合格最低得点率
法	法律		300	222	74.0
商	商		450	350	77.8
政治経済	政治		350	275	78.6
	経済		350	274	78.3
	地域行政		350	268	76.6
文	文	日本文学	300	226	75.3
		英米文学	300	216	72.0
		ドイツ文学	300	221	73.7
		フランス文学	300	218	72.7
		演劇学	300	219	73.0
		文芸メディア	300	230	76.7
	史学地理	日本史学	300	231	77.0
		アジア史	300	222	74.0
		西洋史学	300	227	75.7
		考古学	300	224	74.7
		地理学	300	225	75.0
	心理社会	臨床心理学	300	224	74.7
		現代社会学	300	230	76.7
		哲学	300	224	74.7
理工	電気電子生命	電気電子工学	400	280	70.0
		生命理工学	400	276	69.0
	機械工		400	286	71.5
	機械情報工		400	286	71.5
	建築		400	302	75.5
	応用化		400	290	72.5
	情報科		400	321	80.3
	数		400	293	73.3
	物理		400	299	74.8

（表つづく）

<table>
<tr><th colspan="3">学部・学科等</th><th>満点</th><th>合格最低点</th><th>合格最低得点率</th></tr>
<tr><td rowspan="8">農</td><td rowspan="4">3科目</td><td>農</td><td>300</td><td>219</td><td>73.0</td></tr>
<tr><td>農芸化</td><td>300</td><td>225</td><td>75.0</td></tr>
<tr><td>生命科</td><td>300</td><td>228</td><td>76.0</td></tr>
<tr><td>食料環境政策</td><td>300</td><td>230</td><td>76.7</td></tr>
<tr><td rowspan="4">英語4技能3科目</td><td>農</td><td>300</td><td>232</td><td>77.3</td></tr>
<tr><td>農芸化</td><td>300</td><td>243</td><td>81.0</td></tr>
<tr><td>生命科</td><td>300</td><td>250</td><td>83.3</td></tr>
<tr><td>食料環境政策</td><td>300</td><td>250</td><td>83.3</td></tr>
<tr><td rowspan="6">経営</td><td rowspan="3">3科目</td><td>経営</td><td rowspan="3">350</td><td rowspan="3">264</td><td rowspan="3">75.4</td></tr>
<tr><td>会計</td></tr>
<tr><td>公共経営</td></tr>
<tr><td rowspan="3">英語4技能3科目</td><td>経営</td><td rowspan="3">350</td><td rowspan="3">303</td><td rowspan="3">86.6</td></tr>
<tr><td>会計</td></tr>
<tr><td>公共経営</td></tr>
<tr><td>情報コミュニケーション</td><td colspan="2">情報コミュニケーション</td><td>350</td><td>274</td><td>78.3</td></tr>
<tr><td rowspan="2">国際日本</td><td colspan="2">3科目</td><td>400</td><td>326</td><td>81.5</td></tr>
<tr><td colspan="2">英語4技能3科目</td><td>400</td><td>353</td><td>88.3</td></tr>
<tr><td rowspan="8">総合数理</td><td rowspan="2">3科目</td><td>現象数理</td><td>400</td><td>270</td><td>67.5</td></tr>
<tr><td>先端メディアサイエンス</td><td>400</td><td>300</td><td>75.0</td></tr>
<tr><td rowspan="3">4科目</td><td>現象数理</td><td>500</td><td>363</td><td>72.6</td></tr>
<tr><td>先端メディアサイエンス</td><td>500</td><td>383</td><td>76.6</td></tr>
<tr><td>ネットワークデザイン</td><td>500</td><td>344</td><td>68.8</td></tr>
<tr><td rowspan="3">英語4技能4科目</td><td>現象数理</td><td>400</td><td>318</td><td>79.5</td></tr>
<tr><td>先端メディアサイエンス</td><td>400</td><td>330</td><td>82.5</td></tr>
<tr><td>ネットワークデザイン</td><td>400</td><td>324</td><td>81.0</td></tr>
</table>

募集要項（出願書類）の入手方法

一般選抜（学部別入試・全学部統一入試・大学入学共通テスト利用入試）はWeb出願となっており，パソコン・スマートフォン・タブレットから出願できます。詳細は一般選抜要項（大学ホームページにて11月上旬公開予定）をご確認ください。

問い合わせ先

明治大学　入学センター事務室
〒101-8301　東京都千代田区神田駿河台1-1
月曜～金曜：9：00～11：30，12：30～17：00
土　　　曜：9：00～12：00
日曜・祝日：休　業
TEL　03-3296-4138
https://www.meiji.ac.jp/

明治大学のテレメールによる資料請求方法

スマートフォンから　QRコードからアクセスしガイダンスに従ってご請求ください。
パソコンから　教学社 赤本ウェブサイト(akahon.net)から請求できます。

合格体験記 募集

2025 年春に入学される方を対象に，本大学の「合格体験記」を募集します。お寄せいただいた合格体験記は，編集部で選考の上，小社刊行物やウェブサイト等に掲載いたします。お寄せいただいた方には小社規定の謝礼を進呈いたしますので，ふるってご応募ください。

応募方法

下記 URL または QR コードより応募サイトにアクセスできます。
ウェブフォームに必要事項をご記入の上，ご応募ください。
折り返し執筆要領をメールにてお送りします。

※入学が決まっている一大学のみ応募できます。

☞ http://akahon.net/exp/

応募の締め切り

総合型選抜・学校推薦型選抜 ………… 2025年 2月 23日
私立大学の一般選抜 ………… 2025年 3月 10日
国公立大学の一般選抜 ………… 2025年 3月 24日

受験にまつわる川柳を募集します。
入選者には賞品を進呈！
ふるってご応募ください。

応募方法　http://akahon.net/senryu/　にアクセス！☞

気になること、聞いてみました！

在学生メッセージ

大学ってどんなところ？ 大学生活ってどんな感じ？
ちょっと気になることを，在学生に聞いてみました。

以下の内容は 2020〜2023 年度入学生のアンケート回答に基づくものです。ここで触れられている内容は今後変更となる場合もありますのでご注意ください。

メッセージを書いてくれた先輩 ［商学部］N.S. さん A.N. さん ［政治経済学部］R.S. さん ［文学部］R.Y. さん ［経営学部］M.H. さん ［情報コミュニケーション学部］I.M. さん

Message from current students

大学生になったと実感！

自由になったのと引き換えに，負わなければならない責任が重くなりました。例えば，大学では高校のように決められた時間割をこなすということはなくなり，自分が受けたい授業を選んで時間割を組むことができるようになります。時間割は細かいルールに従って各々で組むため，さまざまなトラブルが発生することもありますが，その責任は学生個人にあり，大学が助けてくれることはありません。大学に入ってから，高校までの手厚い支援のありがたみに気づきました。（N.S. さん／商）

自由な時間が増えたことです。それによって遊びに行ったりバイトをしたりとやりたいことができるようになりました。その反面，自由なので生活が堕落してしまう人もちらほら見られます。やるべきことはしっかりやるという自制心が必要になると思います。（R.S. さん／政治経済）

自分から行動しないと友達ができにくいことです。高校まではクラスが存在したので自然と友達はできましたが，私の所属する学部に存在するのは便宜上のクラスのみで，クラス単位で何かをするということがなく，それぞれの授業でメンバーが大幅に変わります。そのため，自分から積極的に話しかけたり，サークルに入るなど，自分から何かアクションを起こさないとなかなか友達ができないなということを実感しました。（I.M. さん／情報コミュニケーション）

大学生活に必要なもの

持ち運び可能なパソコンです。パソコンが必須の授業は基本的にありませんが，課題でパソコンを使わない授業はほとんどありません。大学には借りられるパソコンもありますが，使用できる場所や時間が決まっていたり，データの管理が難しくなったりするので，自分のパソコンは必要です。私の場合はもともとタブレットをパソコン代わりにして使っていたので，大学では大学のパソコン，自宅では家族と共用しているパソコン，外出先では自分のタブレットとキーボードというふうに使い分けています。（N.S. さん／商）

パソコンは必要だと思います。また，私は授業のノートを取ったり，教科書に書き込む用の iPad を買いました。パソコンを持ち歩くより楽だし，勉強のモチベ－ションも上がるのでおすすめです！（M.H. さん／経営）

この授業がおもしろい！

演劇学という授業です。グループのなかで台本，演出，演者の役割に分かれて，演劇を作成し発表します。自分たちで演劇を作り上げるのは難しいですが，ああでもない，こうでもない，と意見を交換しながら作り上げる作業はやりがいを感じられて楽しいです。また，１，２年生合同のグループワーク形式で行うため，同級生はもちろん，先輩や後輩とも仲良くなれます。（I.M. さん／情報コミュニケーション）

ビジネス・インサイトという，ビジネスを立案する商学部ならではの授業です。この授業の最大の特徴は，大学の教授だけでなく，皆さんも知っているような大企業の方も授業を担当されるということです。金融や保険，不動産，鉄道など，クラスによって分野が異なり，各クラスで決められた分野について学んだ後，与えられた課題についてビジネスを立案し，その内容を競うというアクティブな授業です。準備は大変でしたが，グループの人と仲良くなれたり，プレゼンのスキルが上がったりと，非常に充実した授業でした。（N.S. さん／商）

ネイティブスピーカーによる英語の授業です。発音などを教えてくれるので，高校まででではあまり学べなかった，実際に「話す」ということにつながる内容だと思います。また，授業中にゲームや話し合いをすることも多いので，友達もたくさん作れます!!（M.H. さん／経営）

大学の学びで困ったこと＆対処法

時間の使い方が難しいことです。私は，大学の授業と並行して資格試験の勉強に力を入れているのですが，正直，今のところうまくいっていません。特に空きコマの時間の使い方が難しいです。やっと大学の仕組みがわかってきたので，これからは課題や自習も時間割化して，勉強のペースを整えたいと思います。（N.S. さん／商）

「大学のテストはどのように勉強すればよいのだろうか？　高校と同じような方法でよいのか？」 ということです。サークルに入るなどして，同じ授業を履修していた先輩から過去問をゲットしたり，アドバイスをもらったりするのが最も効果的だと思います。（I.M. さん／情報コミュニケーション）

困ったのは，履修登録の勝手がわからず，１年生はほとんど受けていない授業などを取ってしまったことです。周りは２年生だし，友達同士で受講している人が多かったので課題やテストで苦しみました。しかし，違う学年でも話しかければ「最初，履修全然わかんないよね〜」と言って教えてくれました。何事も自分から動くことが大切だと思います。（M.H. さん／経営）

部活・サークル活動

マーケティング研究会という，マーケティングを学ぶサークルに入っています。基本的には週1回1コマの活動なので，他のサークルを掛け持ちしたり，勉強やバイトに打ち込んだりしながら，サークル活動を続けることができます。他大学との合同勉強会やビジネスコンテストもあり，とても刺激を受けます。（N.S. さん／商）

バドミントンサークルに所属しています。土日や長期休みに，長野や山梨などに合宿に行くこともあります！（R.Y. さん／文）

運動系のサークルに入っています。週1，2回活動しています。サークルなので行けるときに行けばよく，それでも皆が歓迎してくれるし，高校の部活のように厳しくなくてマイペースに活動できているので，とても楽しいです。友達も増えるので何かしらのサークルに入るのはとてもおススメです。（I.M. さん／情報コミュニケーション）

交友関係は？

自分の所属するコミュニティはそこまで広くなく，クラスとしか関わりはありません。クラスは高校のときとほとんど変わりありません。先輩と交友関係をもちたいのであれば，やはりサークルに入ることをおススメします。入学して2カ月ほどは新入生歓迎会をやっているサークルがほとんどなので，ぜひ参加してみてください。（R.S. さん／政治経済）

SNS で「＃春から明治」を検索して同じ専攻の人と仲良くなりました。

また，専攻ごとに交流会があるので，そこでも仲良くなれます。先輩とはサークルや部活で知り合いました。（R.Y. さん／文）

経営学部にはクラスがあり，特に週に 2 回ある語学の授業で毎回会う友達とはかなり仲が良くて，遊びに行ったり，空きコマでご飯に行ったりします。なお，サークルは男女関係なく集団で仲良くなれるので，高校までの友達の感覚とはちょっと違う気がします。サークルの先輩は高校の部活の先輩よりラフな感じです。気楽に話しかけることが大切だと思います！（M.H. さん／経営）

いま「これ」を頑張っています

英語の勉強です。やりたい職業は決まっているのですが，少しでも夢に近づきたいのと，やりたいことが現在所属している学部系統から少し離れるので，進路選択に柔軟性をもたせたいという意味でも，英語の勉強に力を入れています。（N.S. さん／商）

高校野球の指導です。自分は少しですが野球が得意なので現在母校で学生コーチをやらせてもらっています。大学生になると本気で何かに打ち込むということは少なくなるので，選手が必死に球を追いかけている姿を見るととても刺激になります。（R.S. さん／政治経済）

普段の生活で気をつけていることや心掛けていること

授業にしっかり出席するということです。高校生からすると当たり前と思うかもしれませんが，大学は欠席連絡をする必要もないし，大学から確認の電話がかかってくることも基本的にはありません。どうしても夜寝る時間が遅くなってしまう日もあると思いますが，そんなときでも授業には絶対に出席するようにして生活が乱れないようにしています。（R.S. さん／政治経済）

提出物の期限やテストの日程などを忘れないようにすることです。一人ひとり時間割が違うので，自分で気をつけていないと，忘れてしまって単位を落としてしまうということにもなりかねません。また，バイトやサークルなどの予定も増えるので，時間をうまく使うためにもスケジュール管理が大切です。（M.H. さん／経営）

おススメ・お気に入りスポット

ラーニングスクエアという施設です。とてもきれいで近未来的なデザインなので，気に入っています。（R.Y. さん／文）

明治大学周辺には，美味しいご飯屋さんが数多く存在し，大抵のものは食べることができます。特に，「きび」という中華そば屋さんがとても美味しいです。こってり系からあっさり系まで自分好みの中華そばを食べることができます。（I.M. さん／情報コミュニケーション）

食堂がお気に入りです。お昼休みの時間に友達と話をするためによく使っています。3 階建てで席数も多く，綺麗なので快適です。Wi-Fi もあるので，パソコン作業をすることもできます。また，隣にコンビニがあるので食べたいものが基本的に何でもあり便利です。（A.N. さん／商）

入学してよかった！

施設が全体的に新しく，充実していることです。快適に過ごせるので，大学に行くモチベーションになったり，勉強が捗ったりしています。また，各キャンパスが大きすぎないのも，移動時間の観点から効率が良くて気に入っています。（N.S. さん／商）

厳しい受験を乗り越えてきた人たちばかりなので，「やるときはちゃんとやる」人が多いように感じます。テスト前に「一緒に勉強しよう！」と誘ってきてくれたり，わからないところを教え合ったりできるので，「真面目なことが恥ずかしいことではない」と感じることができ，毎日とても楽しいです。（I.M. さん／情報コミュニケーション）

たくさんの友達と出会えることです。明治大学では，自分でチャンスを探せばたくさんの人と出会えるし，コミュニティも広がると思います。また，図書館が綺麗で空きコマや放課後に作業するにも快適で気に入っています。ソファ席もたくさんあるので，仮眠も取れてとてもいいと思います。（M.H. さん／経営）

高校生のときに「これ」をやっておけばよかった

写真や動画をたくさん撮っておきましょう。文化祭や体育祭など，行事の際はもちろんですが，休み時間や，皆で集まって試験勉強をしているときなど，高校での日常の1コマを残しておくことも，後で見返したときにとても良い思い出になります。今になってそれらを見返して，ああ制服って愛おしかったな，とノスタルジーをおぼえます。（I.M. さん／情報コミュニケーション）

英語の勉強をもっとしておけばと思いました。英語は大学生になっても，社会人になっても必要です。大学では英語の授業だけでなく，他の授業でも英語を読まなければならないときがあるので，とても大事です。高校生のときにちゃんと勉強しておくだけでだいぶ変わってくると思います。（A.N. さん／商）

合格体験記

みごと合格を手にした先輩に，入試突破のためのカギを伺いました。
入試までの限られた時間を有効に活用するために，ぜひ役立ててください。

（注）ここでの内容は，先輩方が受験された当時のものです。2025 年度入試では当てはまらないこともありますのでご注意ください。

・アドバイスをお寄せいただいた先輩・

Message

M.O. さん 文学部（文学科文芸メディア専攻）
全学部統一入試 2024 年度合格，栃木県出身

合格のポイントは，反復を行うこと。単語であっても問題集であっても，繰り返し解くことで身につき，長期記憶にも定着するので，反復を「無意味」と切り捨てず，根気よく続けることが大切です。

その他の合格大学 法政大（文〈日本文〉），日本大（文理〈国文〉共通テスト利用）

N.S. さん　商学部
学部別入試 2023 年度合格，東京都出身

合格のポイントは，どんなことがあっても常にいつもの自分でいたことです。受験生だからといって，特別何かを我慢するということはしませんでした。また，自分を責めたり過信したりすることもせず，ありのままの自分を受け入れました。精神的に不安定になると，体調を崩したり勉強に手がつかなくなったりしたので，勉強すること以上に精神の安定を大切にして，勉強の効率を上げることを意識していました。模試や入試の結果がどうであれ，その結果を次にどう活かすかが一番大切です。結果に一喜一憂せず，次につなげるものを一つでも多く探して，それを積み重ねていった先に合格があります。

何があるかわからない受験ですが，意外とどうにかなります。だから，多少の緊張感は持っていても，受験を恐れる必要はありません！

その他の合格大学　東京女子大（現代教養）

R.K. さん　文学部（史学地理学科地理学専攻）
全学部統一入試 2023 年度合格，埼玉県出身

自分の限界まで勉強したことがポイントだと思います。浪人が決まり受験勉強を始めた頃は，何度も勉強が嫌になってスマホに逃げてしまいそうになりましたが，「ここでスマホをいじったせいで不合格になったら一生後悔する」と自分に言い聞かせているうちに，だんだん受験勉強のみに専念できるようになりました。また，1日の生活を見直して無駄にしている時間はないかを考えて，勉強に充てられる時間を作り出しました。次第に参考書がボロボロになり，ペンがよく当たる指は皮が剝けたりペンだこになったりしました。自分で努力した証こそ試験会場で一番のお守りになると思うので，皆さんも頑張ってください！　応援しています！

その他の合格大学　明治大（政治経済，農），法政大（文），日本大（文理），駒澤大（文〈共通テスト利用〉）

R.S. さん 政治経済学部（地域行政学科）
学部別入試 2023 年度合格，東京都出身

合格した先輩や先生の意見を取り入れることが合格のポイントです。スポーツや楽器のように，勉強も初めから上手くできる人などいません。受験を経験した先輩や先生の意見は，失敗談も含めて合格への正しい道を教えてくれると思います。全てを取り入れる必要はなく，多様な意見をまずは聞いてみて，試しながら取捨選択をしていくと，自ずと自分にとって最適な勉強法が確立できると思います。

その他の合格大学 明治大（文・経営），法政大（人間環境），東洋大（福祉社会デザイン〈共通テスト利用〉）

S.O. さん 情報コミュニケーション学部
一般入試 2023 年度合格，埼玉県出身

この大学に絶対受かるぞ！という強い意志が合格のポイントだと思います。私は最後の模試がE判定でした。「このままだと受からないかもしれない」と何度も不安に思いました。しかし他の大学に行くことが考えられなかったので，必死で勉強しました。試験当日は緊張しすぎて一睡もできないまま本番を迎えることになったのですが，「自分が一番ここに行きたい気持ちが強いし，誰よりも過去問も解いた！」と自分に言い聞かせて，何とか緊張を乗り越えることができました。受験は先が見えず不安ばかりだと思いますが，それは周りの受験生も同じです。今までやってきたことを信じて，最大限の結果が出せるように頑張ってください！　応援しています。

その他の合格大学 明治大（文），中央大（文），武蔵大（社会〈共通テスト利用〉），東洋大（社会〈共通テスト利用〉），東京女子大（現代教養〈共通テスト利用〉）

入試なんでもQ&A

受験生のみなさんからよく寄せられる，
入試に関する疑問・質問に答えていただきました。

「赤本」の効果的な使い方を教えてください。

A 過去問対策として使っていました。過去の赤本にも遡って，合計6年分の問題を解きました。一度解いてから丸付けをして，その後すぐにもう一度解き，時間が経った頃に3回目を解くようにしていました。すぐにもう一度解くことで定着を図り，また時間が経った後に解くことで定着度の確認ができます。入試本番の前日にも解いて，最後の仕上げにしました。また，入試データを見ながら，どのくらいの得点率が必要なのかを計算し，その得点率のプラス5～10%を目標に定めて解くようにしていました。（M.O. さん／文）

A 私は科目によって赤本の使い方を変えていました。英語は，単語・文法がある程度固まったら，どんどん赤本を解いていきました。具体的なやり方としては，初めは時間を意識せずに何分かかってもいいから100点を取るんだという意識で解いていきました。最初は思ってる以上に時間がかかって苦しいと思うかもしれませんが，これを続けていくうちに時間を意識していないにもかかわらず，自然と速く正確に読むことが可能になっていきます。社会と国語は参考書を中心におき，その確認として赤本を使用していました。（R.S. さん／政治経済）

Q どのように学習計画を立て，受験勉強を進めていましたか？

A 計画は 2 週間単位で立てていました。内訳は，前半 1 週間で，できればやりたいという優先順位の低いことまで詰め込んでできる限り消化し，残った分は後半 1 週間に持ち越して，時間が余ればまた別の課題を入れました。私は達成できそうもない計画を立てる割には，計画を少しでも守れないと何もやる気が出なくなってしまうタイプだったので，計画には余裕をもたせることを強く意識しました。また，精神の安定のために，まとまった休憩時間を積極的に取るようにして，効率重視の勉強をしていました。（N.S. さん／商）

Q 明治大学を攻略する上で，特に重要な科目は何ですか？ また，どのように勉強しましたか？

A 圧倒的に英語だと思います。とにかく英文が長く難しいので，まずは長文に慣れておくことが必要不可欠です。そのため日頃から，「受験本番では 3 ページ程度の長文を 2 つ読むことになるんだ」と意識しながら，英語の学習を行うとよいと思います。また，速読力はもちろん大切ですが，表面を大まかに理解するだけでなく，隅々まで読まないと解答できないという選択肢も多いので，精読力も必要になります。『速読英単語』（Z 会）や音読を通して速読力と英文理解力を高めておくことが重要です。（M.O. さん／文）

A 世界史などの暗記科目だと思います。特に私が受けた情報コミュニケーション学部は，国語が独特な問題が多く点数が安定しなかったので，世界史で安定した点数を取れるように対策しました。具体的には一問一答の答えをただ覚えるのではなく，問題文をそのまま頭に入れるつもりで覚えました。MARCH レベルになると，ただ用語を答えるのではなく思考力を問う問題が多いので，日頃から出来事や人物の結びつきを意識して覚えました。（S.O. さん／情報コミュニケーション）

学校外での学習はどのようにしていましたか？

A 個別指導塾に週一で通って英語の授業を受けていたのと，季節ごとの特別講習と受験直前期は週二で授業を受けていました。また，学校の授業が早く終わる水曜日は塾の自習室で赤本を解くと決めていました。個人的に苦手な範囲のプリントや，授業ではやらなかったものの「欲しい人は言ってください」と先生に言われたプリントなどは絶対にもらうようにして，解かないということがないようにしました。

(M.O. さん／文)

時間をうまく使うためにしていた工夫を教えてください。

A 1日のうちのどのタイミングでどの勉強をするか，ルーティン化して決めてしまうといいと思います。私の場合，朝起きたら音読，登校中は古典単語と文学史，食事中は地図帳，下校中は英単語をやることにしていました。本番ではできるだけ解答用紙から情報を集めることが大切です。問題の詳細はわからなくても，大問の数や記述の型が過去問と違っていたとき，試験開始までに心を落ち着かせ，解くスピードや順番を考えておけば焦らなくてすみます。

(R.K. さん／文)

苦手な科目はどのように克服しましたか？

A 私は国語がとても苦手でした。自分の実力より少し上の大学の問題を解いて，間違えた原因や，どうすれば解けたのかを徹底的に復習して克服しました。国語は，面倒ではあるけれど復習が一番大事だと思います。ただダラダラたくさん問題を解くよりも，一つの問題を徹底的に復習するほうが合格への近道になると思います。私は復習することを怠っていたので，ずっと現代文の成績が伸びませんでした。けれど1月末に復習方法を理解してから，私大入試直前の2月になって正答率が一気に上がったので，面倒だとは思うけれどしっかり復習することをオススメします。

（S.O. さん／情報コミュニケーション）

スランプに陥ったとき，どのように抜け出しましたか？

A 焦らないことです。誰にでもくるもので自分だけだと思わないようにして，焦って方法を変えると逆効果だと言い聞かせました。あまり気にしすぎないほうがよいです。気にせずに同じように勉強を続けていたら，そのうち元通りになっていました。ただ，あまりにも点数の落ち方がひどいときや期間が長いときは，塾の先生に相談をしました。問題は何なのか，どこで躓いているのかを一緒に考えてもらうことで，安心感を得られたり，不安が解消されたりしました。（M.O. さん／文）

模試の上手な活用法を教えてください。

A 模試ごとに試験範囲が設定されている場合には，その試験範囲に合わせて勉強するとペースがつかみやすいです。また，模試は復習が命です。模試の問題以上にその解説が大切です。間違えた問題は必ず，できれば曖昧な問題も解説を確認して，１冊のノートにポイントとして簡単に書き留めておくと，直前期に非常に役立ちます。特に社会系科目はその時の情勢などによって出題のトレンドがあるので，それの把握と演習に役立ちます。判定に関しては，単純に判定だけを見るのではなく，志望校内での順位を重視してください。特にＥ判定は幅があるので，Ｄ判定に近いのか，そうでないのかは必ず確認するべきです。（N.S. さん／商）

併願をする上で重視したことは何ですか？
また，注意すべき点があれば教えてください。

A 自分の興味のある分野を学べる大学であること，第一志望の選択科目で受験できること，３日以上連続にならないことの３点を重視して選びました。私は地理選択で，大学では地理を勉強したいと思っていたので，明治大学以外で併願校を選ぶ時に選択肢が少ない分，割と簡単に決められました。あと，第一志望の大学・学部の前に，他の大学や学部で試験会場の雰囲気を感じておくと，とてもいい練習になると思います。明治大学の全学部統一入試は２月の初旬に行われますが，その前に他の大学を受験したことで新たに作戦を立てることができました。

（R.K. さん／文）

試験当日の試験会場の雰囲気はどのようなものでしたか？緊張のほぐし方，交通事情，注意点等があれば教えてください。

A　試験会場は，とても静かで心地良かったです。荷物は座席の下に置くように指示があったので，それを見越した荷物の量やバッグにするとよいでしょう。また，携帯電話を身につけていると不正行為になるので（上着のポケットに入っているのもだめです），しまえるようにしておきましょう。また，新宿行きの電車はすごく混むので，ホテルなどを取る場合はなるべく新宿寄りの場所にして，当日は新宿と逆方向の電車に乗るようにするほうが賢明です。電車内では身動きが取れないので，参考書などはホームで待っている間に手に持っておくほうがよいです。

（M.O. さん／文）

受験生のときの失敗談や後悔していることを教えてください。

A　基礎を疎かにしてしまったことです。単語・文法など基礎の勉強は私にとっては楽しくなく，演習のほうをやりがちになっていました。しかし，基礎が固まっているからこそ演習の意義が高まるのであり，基礎を疎かにすることは成績が伸びづらくなる要因になっていました。12月頃に学校の先生にこのことを言われて，もう一度基礎を徹底させ，なんとか受験までには間に合わせることができましたが，勉強をし始めた時期にもっと徹底的に固めていれば，と後悔しています。

（R.S. さん／政治経済）

受験生へアドバイスをお願いします。

A　受験報告会などで先輩たちはたくさんの勉強をしていたと聞いて，「自分には無理だ」と思ってしまうかもしれません。しかし，そのハードワークも毎日続けてルーティンにすると辛くなくなります。習慣化するまでがしんどいと思いますが，せいぜい１，２カ月で習慣は出来上がります。辛いのは最初だけなので，少しだけ歯を食いしばってください。きっと，少ししたらハードワークに慣れている自分に気づくと思います。計画を立て，目の前のことに全力で取り組んでがむしゃらに進めば，１年はあっという間なので，あまり悲観せずに頑張ってください。

（M.O. さん／文）

科目別攻略アドバイス

みごと入試を突破された先輩に，独自の攻略法や
おすすめの参考書・問題集を，科目ごとに紹介していただきました。

英語

ポイントは長文に慣れること。速読力と英文理解力を高めておかないと，問題を解き終わらないうちに試験時間が終了してしまった，なんてこともあり得るので，早くから長文対策をするべきです。（M.O. さん／文）

おすすめ参考書 『UPGRADE 英文法・語法問題』（数研出版）
『イチから鍛える英語長文』シリーズ（Gakken）
『英文法・語法 良問 500＋4技能』シリーズ（河合出版）

日本史

ポイントは，まんべんなく問題が出されるので，ヤマをはらないこと。本番では「誰も解けないだろ，これ」という難問が 2，3 問あるので，そのつもりで臨むとよい。（M.O. さん／文）

おすすめ参考書 『時代と流れで覚える！日本史 B 用語』（文英堂）
『入試に出る 日本史 B 一問一答』（Z 会）

世界史

単語力と思考力がポイントです。用語は，教科書レベルの用語はもちろん，一問一答の星１レベルまで幅広く出題されているので，しっかり対策をする必要があると思います。あとは正誤問題などで細かいひっかけが多いので，物事の結び付きをいかに理解しているかがカギになると思います。

(S.O. さん／情報コミュニケーション)

おすすめ参考書　『時代と流れで覚える！ 世界史B用語』（文英堂）

地　理

自分の知識として足りなかったことは全て地図帳に書き込みました。毎日決まった時間（私の場合は昼食中）と，新たに書き込みをするときに，前に書いたメモを見ると何度も復習でき，知識が定着します。また，地図帳に掲載されている表やグラフはかなり厳選された大事なものなので，丁寧に目を通しておくことをおすすめします！　(R.K. さん／文)

おすすめ参考書　『新詳高等地図』（帝国書院）

国　語

近年は明治大学に絡んだ人物が問われているので，明治大学に関係する文学者，特に教壇に立った経験がある人物などは知っておいたほうがよいかもしれません。問題としてはそこまで難しくはないので，落ち着いて解くことが一番大切でしょう。　(M.O. さん／文)

おすすめ参考書　『古文単語 FORMULA600』（ナガセ）
『漢文早覚え速答法』（Gakken）

現代文は，どの文にも共通した論理展開をつかむことが重要になってきます。場当たり的な解法ではなく，文章の本質をつかむ勉強を多くすべきだと思います。　(R.S. さん／政治経済)

おすすめ参考書　『現代文読解力の開発講座』（駿台文庫）

科目ごとに問題の「傾向」を分析し，具体的にどのような「対策」をすればよいか紹介しています。まずは出題内容をまとめた分析表を見て，試験の概要を把握しましょう。

注　意

「傾向と対策」で示している，出題科目・出題範囲・試験時間等については，2024年度までに実施された入試の内容に基づいています。2025年度入試の選抜方法については，各大学が発表する学生募集要項を必ずご確認ください。

英　語

年度	番号	項　目	内　容
2024 ◐	〔1〕	読　　解	選択：空所補充，内容説明，主題 記述：空所補充（語形変化）
	〔2〕	読　　解	選択：内容説明
	〔3〕	会 話 文	選択：欠文挿入箇所
2023 ◐	〔1〕	読　　解	選択：空所補充，内容説明，主題 記述：空所補充（語形変化）
	〔2〕	読　　解	選択：内容説明
	〔3〕	会 話 文	選択：欠文挿入箇所
2022 ◐	〔1〕	読　　解	選択：空所補充，内容説明，主題 記述：空所補充（語形変化）
	〔2〕	読　　解	選択：要約，内容説明
	〔3〕	会 話 文	選択：欠文挿入箇所

（注） ●印は全問，◐印は一部マークシート方式採用であることを表す。

読解英文の主題

年度	番号	主　題
2024	〔1〕	睡眠と夫婦：良いことも悪いことも，昼も夜も
	〔2〕	ペットの医療
2023	〔1〕	人によって健康食品はいろいろ
	〔2〕	地震予測とは
2022	〔1〕	よい時も悪い時も：どのように感情が我々のワークライフを形成するか
	〔2〕	脆弱な世界仮説

総合的英語力を速読と会話文の理解で問う

01 出題形式は？

読解２題，会話文１題の計３題の出題であり，読解１題の設問文は英語である。マークシート方式による選択問題が大半で，一部，与えられた単語の中から選択し，必要な場合は文意が通るように語形を変えて，英文中の空所に入る単語を記す問題が出題されている。試験時間は60分。

02 出題内容はどうか？

読解問題では，内容説明による内容理解重視の問題と，空所補充による総合的な英語力重視の問題という出題内容になっている。内容理解重視の問題では，下線部を説明する問題や与えられた英文に続く内容を選択する問題，設問に対する答えを選択する問題が出題されている。会話文問題では，欠文挿入箇所の選択により会話全体の理解が問われている。なお，挿入する文は５文であるが，会話文中の空所は８カ所あり，空所の方が多くなっている。

03 難易度は？

英文は標準的なものであるが，ある程度速読力が要求される。読解問題の英文は，学部の専攻に即した専門性の高い英文が出題されることがあり，近年話題となっている事柄と関連した内容の英文も出題される。１題20分程度で読解できるようになろう。

対策

01 語彙力をつける

さまざまな分野の英文が出題されている。したがって，幅広く語彙力をつけていくことが求められている。単語集などを活用して基本的な語彙力を育成していくことに加え，テーマ別の長文問題集などに取り組んで，特定の分野ごとの語彙を体系的に増やしていく学習法も効果的であろう。また，会話文での口語表現にも意識を向けて学習を進めておきたい。

02 読解力をつける

読解問題は，標準よりやや長めの英文が出題されているので，長文問題集に取り組んでおくのが効果的だろう。本書や『明治大の英語』（教学社）などを活用したい。ただし，長文を読み慣れていないうちは，1文1文を丁寧に読む，精読から始めること。入試で頻出の文構造を取り上げている『大学入試 ひと目でわかる英文読解』（教学社）や『英文読解の原則125』（駿台文庫）などを1冊仕上げて，長文を正確に，速く読むための基礎力をつけておきたい。

03 文法力をつける

大問形式での文法・語彙問題は出題されていないが，長文あるいは会話文という形式で，文脈の中で幅広く文法知識や語彙の知識が問われている。また，速読力とは，1文ごとの意味をいかに速く，正確に把握できるかということである。そのためにはいわゆる頻出問題レベルの問題集を1冊はマスターしておきたい。たとえば『チャート式 基礎からの新々総合英語』（数研出版）のような比較的記述の詳しい参考書を傍らに置き，理解の不十分な文法項目は徹底的に調べながら問題集による学習を進めるとよいだろう。

明治大「英語」におすすめの参考書

- ✓『明治大の英語』（教学社）
- ✓『大学入試 ひと目でわかる英文読解』（教学社）
- ✓『英文読解の原則 125』（駿台文庫）
- ✓『チャート式 基礎からの新々総合英語』（数研出版）

日本史

年度	番号	内　容		形　式
2024 ◑	〔1〕	古代～近世の仏教史	⊘史料	選択・正誤・配列・記述
	〔2〕	近世・近代のアジア進出	⊘史料	選択・記述
	〔3〕	近代における東京の発達	⊘史料	配列・記述・選択
	〔4〕	戦後の景気循環		選択・記述
2023 ◑	〔1〕	古代～近世の交通史	⊘史料	選択・配列・記述
	〔2〕	近世・近代の外交と経済	⊘史料	選択・記述
	〔3〕	明治・大正時代の文化と対外関係	⊘史料	選択・配列・記述
	〔4〕	戦後の主権回復と自衛隊	⊘史料	選択・記述
2022 ◑	〔1〕	古代～近代の感染症の歴史	⊘史料	選択・記述
	〔2〕	中世～近世の政治組織・法	⊘史料	選択・正誤・記述
	〔3〕	明治・大正期の社会経済史		選択・記述
	〔4〕	日米関係を中心とした戦後外交史		選択・記述・正誤

（注）●印は全問，◑印は一部マークシート方式採用であることを表す。

傾向　近現代史の比重が高い

01　出題形式は？

2022 年度以降は大問 4 題で出題されている。試験時間 60 分，解答個数は 50 個である。記述式は 2022 年度以降 4 問である。そのほかはマークシート方式による選択式で，そのうち正文（誤文）選択問題が多くを占め，それらの正答率が合否を分けるであろう。また，史料問題が毎年出題されている。2022 年度は正誤の組み合わせ問題，2023 年度は出来事などの配列問題が2問，2024年度は正誤の組み合わせ問題が1問と，出来事などの配列問題が2問出題された。

なお，2025年度は出題科目が「歴史総合，日本史探究」（ただし2025年度においては，旧課程履修者に配慮し，「歴史総合」は出題しない）となる予定である（本書編集時点）。

02　出題内容はどうか？

時代別では，2022年度以降は〔1〕〔2〕でテーマ史，〔3〕で近代，〔4〕で現代が出題されている。他学部同様，近現代重視の出題で，現代（戦後史）の大問が例年出題されており，比較的ウエートが高い傾向が続いている。2022年度は日米を中心とした戦後の外交史，2023年度は戦後の主権回復と自衛隊の歴史，2024年度は戦後の景気循環が出題されている。情報コミュニケーション学部の特色が出ているといえるだろう。

分野別では，政治・外交史を中心にまんべんなく出題されている。また，文化史にも十分注意したい。2024年度は〔4〕がすべて経済史など，経済史の比重が高かった。

史料問題は毎年出題されており，その比重は高いといえる。頻出史料だけでなく初見史料も出題され，史料読解能力が問われる。ただ初見史料といえども，歴史の流れや展開が理解できていれば内容理解は可能であり，十分に対応できるであろう。

03　難易度は？

例年，やや難レベルの問題が数問出題されているが，基本・標準レベルの問題がほとんどである。ただし，受験生が苦手とする正文（誤文）選択問題の割合が高く，総合的にみて難度は高めであるといえる。歴史用語の暗記だけでは対応できず，教科書内容を理解し，歴史の流れ・展開を押さえた学習が求められる。出題頻度の高い近現代史を中心に，教科書を精読する学習法が必要であろう。基本・標準レベルの問題から手早く的確に解答し，史料問題や正文（誤文）選択問題の検討に十分な時間をかけられるよう，時間配分を工夫しよう。

対 策

01 教科書の熟読を

全時代・全分野から基本的内容を中心に出題されているので，教科書の基本的事項を確実に習得することが重要である。教科書の太字語句を暗記する学習にとどまらず，内容を理解しながら熟読する姿勢が求められる。その際，教科書本文に加え，脚注・史料・図版等にも注意を払いたい。

02 政治・外交などの重要事項は年表の活用を

政治・外交史では年代に関する問題の出題頻度が高く，直接年代を問う問題のほか，年代配列の問題や同時期に起きた事項を問う問題も出題されている。対策としては，日頃の学習で，年代や事象の前後関係，歴史のタテとヨコの関連を常に意識することが重要である。年表を手元に置き，重要事項の年代を確認する習慣を身につけたい。

03 現代史対策

戦後史を問う大問が連続して出題されており，直近の時事問題をテーマとした出題が多いのが特徴である。戦後史は学習が遅れがちとなり，内容も複雑なので，早くから学習を始めるようにしたい。その際，教科書本文の精読を中心としながら，図版・史料・欄外の注釈にも注意を払っておく必要がある。時事問題に対しては教科書だけでは不十分であり，日頃から新聞記事を読むほか，テレビのニュースなどを視聴することが大切である。

04 史料問題への対策も

例年，史料問題が出題されている。史料の多くは教科書に掲載されている頻出史料なので，教科書掲載史料は最低限，目を通しておきたい。さらに『詳説 日本史史料集』（山川出版社）も利用し，赤字になっている表現には注目し，その表現において「キーワード」とされる用語は読むだけでなく，実際に漢字で書くと効果的であろう。また，一部初見史料が出題されることもあるが，史料問題も政治・外交史が中心となっているので，通史的な理解が十分であれば初見史料の内容読解も可能である。

05 他学部の過去問学習は必須

全学部を通じて出題形式や傾向が共通しており，内容についても類似したものがしばしばみられる。したがって，本シリーズを用いて他学部の過去問にもあたり，出題内容やパターンを分析しておこう。過去問を分析する際にはリード文を十分に精読し，出題内容についての知識が不足していると感じるようであれば，教科書等で補うように心がけたい。また，他学部で出題されてきた史料問題に積極的にチャレンジして，実戦的な練習を積み重ねることで，初見史料への対応力も身につくだろう。

世界史

年度	番号	内　容	形　式
2024 ◑	〔1〕	古代オリエント史 ⊘地図	選択・記述
	〔2〕	ヨーロッパ文化史	記　述
	〔3〕	イスラームの諸王朝	選　択
	〔4〕	モンゴル高原史	選　択
	〔5〕	南北アメリカ史	選　択
2023 ◑	〔1〕	古代エジプト史	記　述
	〔2〕	近現代インド史	記　述
	〔3〕	東アジアの歴史	選　択
	〔4〕	キリスト教史	選　択
	〔5〕	17世紀以降のロシア・ソ連史	選　択
2022 ◑	〔1〕	古代〜16世紀のアメリカ史	記　述
	〔2〕	近現代アフリカ史	記　述
	〔3〕	東アジアの歴史	選　択
	〔4〕	冷戦の終結とその後の世界	選　択
	〔5〕	中世以降のヨーロッパ史	選　択

（注）●印は全問，◑印は一部マークシート方式採用であることを表す。

幅広い地域から出題
正文（誤文）選択問題に注意

01　出題形式は？

大問5題，解答個数50個，試験時間60分となっている。記述式とマークシート方式による選択式を基本とする。下線部のうち誤っているものを指摘する誤文選択問題は必出となっている。

なお，2025年度は出題科目が「歴史総合，世界史探究」（ただし2025年度においては，旧課程履修者に配慮し，「歴史総合」は出題しない）となる予定である（本書編集時点）。

02 出題内容はどうか？

地域別では，欧米地域とアジア地域の出題比率が年度によって異なる。欧米地域からの出題は毎年みられるが，2022年度はアフリカ，2023年度はインド，2024年度はモンゴル高原からも出題された。また，2024年度には西アジアの都市の位置を問う地図問題も出題されている。

〈欧米地域〉　西ヨーロッパとアメリカを中心にさまざまな国や地域から出題されており，2023年度はキリスト教，2024年度はヨーロッパ文化史を中心とする大問が出題された。

〈アジア地域〉　中国史を中心として，さまざまな国や地域から出題されている。2022年度は朝鮮史を含む中国史とアフリカ史，2023年度は中国史とインド史，2024年度はモンゴル高原史が出題された。

時代別では，長い時代を問う通史問題がやや多いのが特徴となっており，古代から現代まで幅広く問われている。現代史については，2022年度は冷戦終結後の世界を問う大問，2023年度はロシア・ソ連に関する大問，2024年度は南北アメリカに関する大問が出題された。

分野別では，政治・外交史を中心に出題されているが，文化史も小問で多く問われている。また，例年テーマ史が出題され，2022年度では古代のアメリカ史に関する大問，2023年度はインド史とキリスト教史に関する大問，2024年度はモンゴル高原に関する大問が出題された。

03 難易度は？

正文（誤文）選択問題が必出で，教科書レベルを超えるかなり詳細な内容を含む選択肢もみられることから，用語集の併用で知識を補強しておきたい。また，選択肢の文章が長めであるため，正誤判断に時間をとられやすいので注意しておきたい。

01 教科書中心の学習を

基本的事項を問う問題が多く出題されているが，正文（誤文）選択問題を中心に教科書レベルを超える内容が出題される可能性がある。しかし，教科書の内容はどんなレベル・傾向の問題を解く場合でも基礎的知識となるので，まずは教科書を繰り返し精読することから始めるのが最も効果的な対策となるのは間違いない。また問題文に『世界史用語集』（山川出版社）をもとに作問がなされている部分が多くみられた。もし自分が使用している学校指定のものと異なるなら，市販されているので入手して利用するのもよい。もちろん，ただ読むだけではなく，各時代・各地域の政治・経済・宗教・文化に関しては自分でサブノートなどにまとめ，時代や地域間の関連性をしっかりと把握しておくことも重要である。教科書を使用した基本的事項の徹底学習は，下線部の中から誤りのあるものを選ぶ問題に対しても有効な方法であることを忘れないでおきたい。

02 用語集・図説・年表の併用を

「教科書学習」といっても，教科書は各社から何種類も出版されており，自分の使用している教科書が言及していない歴史事項も数多くある。こうした歴史事項を確認・理解するためにも『世界史用語集』（山川出版社）などの用語集は必ず利用したい。用語集の説明文レベルの内容を把握していないと正答を導き出せない設問もみられる。そして，同じ地域や同じテーマの内容を整理して学習したり，長期間にわたる変化を把握したりするためにも図説や年表を大いに利用することを心がけよう。

03 現代史・文化史・テーマ史の対策

現代史は多くの受験生が苦手とする分野であるが，そうであるからこそ差のつく分野でもある。21 世紀までを視野に入れて，ヨーロッパや中国，アメリカ合衆国，ソ連・ロシアだけでなく，東南アジア・西アジアやラテンアメリカ，他学部で頻出している太平洋地域などの周辺地域も意識しながら早い時期から取り組んでおきたい。

文化史では，図表・資料集等で視覚的な理解を図るとともに，思想・文学や美術様式の流れ，人物の業績や作品，それがなされた時期などを整理しておくことが大切である。その際注意することは，文化史だけを単独で学習するのではなく，政治や経済などの背景と結びつけて理解することである。文化には，その時代の社会情勢が反映されるので，そういった視点から文化史をみることも大切である。

また，テーマ史についても，各時代や各地域の似通った制度や出来事を図説なども活用しながら継続的・横断的にまとめて学習すると効果的である。テーマを予測することは難しいが，情報コミュニケーション学部であればコミュニケーションの手段としての文字・言語はもちろんのこと，文明間や地域間の交流の橋渡し的な役割を果たした人物・技術・交通手段など，文化史や宗教史，経済史などの関連事項を意識的に学習しておこう。

04 他学部の過去問の傾向も把握しておこう

情報コミュニケーション学部だけでなく，できれば他学部の過去問も解いておきたい。明治大学では，学部によって問題数や出題傾向にやや差があるものの，特定のテーマに基づいた大問が出題されやすいこと，近現代史からの出題が目立つこと，学部・年度が異なっても似通った内容が出題されやすいこと，文章の正誤を判断させる問題が多いことなど，多くの共通点がみられる。本シリーズを利用して他学部の過去問を多くこなし，出題傾向に慣れ，時間配分の練習なども行っておくと心強い。

政治・経済

2025年度は「政治・経済」に代えて「公共，政治・経済」（ただし2025年度においては，旧課程履修者に配慮し，「公共」は出題しない）が課される予定である（本書編集時点）。

年度	番号	内　容	形　式
2024 ◑	〔1〕	戦後の国際安全保障（30字）	記述・選択・論述
	〔2〕	企業の資金調達	選択・記述・計算
	〔3〕	日本の財政（70字2問）	選択・記述・論述
2023 ◑	〔1〕	アメリカの政治制度	記述・選択
	〔2〕	日本国憲法における人権保障	選　択
	〔3〕	市場のメカニズム，原発事故，人間の安全保障	計算・選択・記述
2022 ◑	〔1〕	国会の仕組みおよび権能（使用語句指定：30・40・50字）	記述・選択・論述
	〔2〕	第二次世界大戦後の世界経済	選択・記述
	〔3〕	地球環境問題	選択・記述・計算

（注）●印は全問，◑印は一部マークシート方式採用であることを表す。

計算問題が必出，論述問題や時事問題にも対応を！

01　出題形式は？

大問3題の出題が続いている。試験時間は60分。記述式と選択式（マークシート方式）による出題。2023年度では出題されなかったが，2022・2024年度は論述問題が出題された。

02 出題内容はどうか？

2024 年度は，政治分野から 1 題，経済分野から 2 題の出題となった。日米企業の金融負債構成を問う 2024 年度〔2〕の問 3 や，価格の弾力性を問う 2023 年度〔3〕の問 1 など，やや詳細な知識がないと解けないものもあるが，全体としては標準レベルである。

政治・経済両分野とも幅広く出題されており，政治分野については歴史的背景を問うものが多く，経済分野では計算を伴う問題もある。時事的傾向の強い設問もあり，いずれも教科書にプラス α した内容といえる。教科書だけでなく，資料集レベルの事項や，世界史関連ではヨーロッパの市民革命，日本史関連では明治以降の政治・経済に関わる近現代史の基本的事項については押さえておいたほうがよいだろう。また，例年，基本的な知識を応用した計算問題が出題されている。

03 難易度は？

全体的には，教科書と資料集を中心とした学習で対応できる標準レベルである。しかし，例年，詳細な知識を問われるものも散見される。時間配分にも注意し，基本的・標準的設問でミスが出ないよう注意したい。

対策

01 基本事項を確実に身につけよう

教科書レベルの知識を問う設問が中心である。まず，教科書を熟読することが必要である。本文だけでなく，脚注や図・グラフなどにも目を向けたい。また，巻末資料，とりわけ日本国憲法の条文をマスターすることが大切である。教科書の熟読に際しては，『用語集　公共＋政治・経済』（清水書院）などを傍らに置いて辞書的に使用するとよい。記述問題や論述問題も出題されていることから，漢字で書くべきところは正確に書けるよう準備したい。

02 資料集を活用しよう

教科書を熟読し，近年何が起こっているかなどを把握する必要があるが，教科書の記述の根拠となるデータや歴史的経緯も学ぶ必要がある。学校で使用している資料集でよいが，持っていない人には『政治・経済資料』（とうほう）などの資料集をすすめたい。また，明治大学では各項目について重要な年代がヒントとなることが多い。国・地域を超えたテーマでの年表（民主主義発達史，戦後政治史，EU史，社会保障史など）を自分で書けるようになるとよい。

03 時事問題対策を

近年，時事的傾向の強い問題が出題されている。教科書や資料集レベルで解決できるものもあるが，『現代用語の基礎知識』（自由国民社）などで諸問題の背景を知っていれば余裕が生まれる。「公共」を学んだ人は「公共」の教科書，資料集も参考になる。時事問題では，ここ数年，マスコミなどで話題となったものも出題されるので，新聞に毎日目を通すことが大切である。

数　学

年度	番号	項目	内容
2024 ◑	〔1〕	小問5問	⑴微分係数　⑵データの代表値　⑶部分分数分解　⑷2円の共通接線　⑸条件命題の真偽
	〔2〕	小問4問	⑴対称式の値の計算　⑵最小値（相加相乗平均の関係）　⑶等差・等比数列　⑷二元1次不定方程式の応用
	〔3〕	積分法	点対称な2つの放物線が囲む部分と平行四辺形の面積 ✔証明
	〔4〕	ベクトル	外心O，OA＝1，$3\overrightarrow{OA}+4\overrightarrow{OB}+5\overrightarrow{OC}=\vec{0}$ の三角形ABCの面積
	〔5〕	確率	サイコロの目で定まる直線や放物線の共有点に関する確率
2023 ◑	〔1〕	小問5問	⑴ベクトルの大きさ　⑵定積分　⑶三角関数　⑷集合の要素の個数　⑸相関係数
	〔2〕	小問3問	⑴共役複素数解をもつ整数係数3次方程式の決定　⑵真数が2次関数である対数関数の最大値　⑶等差中項・等比中項
	〔3〕	微・積分法	放物線とその2本の接線に囲まれる部分の面積
	〔4〕	整数の性質	$9n^5+15n^4+10n^3-4n$ が30の倍数であることの証明 ✔証明
	〔5〕	確率	5チームによるトーナメント戦に関する確率
2022 ◑	〔1〕	小問5問	⑴三角比の値　⑵余りによる3次式の決定　⑶三角比の対数の値　⑷条件命題とその対偶・逆の真偽　⑸円と接線
	〔2〕	小問3問	⑴等差数列の和の最小値　⑵ベクトルと三角形の面積　⑶2つのデータを合わせたときの平均と分散
	〔3〕	微分法	極値に関する条件から3次関数を決定
	〔4〕	整数の性質	n^3+8n が $2n+1$ で割り切れるときの2以上の自然数 n ✔証明
	〔5〕	確率	カードを並べてできる数がある数で割り切れる確率

（注）●印は全問，◑印は一部マークシート方式採用であることを表す。
〔1〕〔2〕は必ず解答。〔3〕～〔5〕はいずれか2題を選択して解答。

出題範囲の変更

2025年度入試より，数学は新教育課程での実施となります。詳細については，大学から発表される募集要項等で必ずご確認ください（以下は本書編集時点の情報）。

2024年度（旧教育課程）	2025年度（新教育課程）
数学Ⅰ・Ⅱ・A・B（数列，ベクトル）	数学Ⅰ・Ⅱ・A・B（数列）・C（ベクトル）

旧教育課程履修者への経過措置

2025年度入学試験において，数学については，旧教育課程履修者に配慮して出題する。

基本から標準程度の問題が中心　基礎力・計算力の養成を！

01　出題形式は？

試験時間は60分である。〔1〕〔2〕が必答問題，〔3〕～〔5〕はいずれか2題を選択して解答する形式になっている。

マークシート方式による選択式と記述式の併用であるが，記述式のうち解答経過を記述するスペースは狭いので，要点を押さえた解答が必要である。

02　出題内容はどうか？

各分野からまんべんなく出題されている。例年〔1〕は，3つの式などの値の大小関係を調べ，最大のものと最小のものをマークする形式となっている。〔2〕は空所に入る答えの数値をマークする形式，〔3〕～〔5〕は記述式で，小問ごとに，答えのみを記入するものと，答えと解答経過を記述するものが指定されている。

03　難易度は？

基本から標準程度の問題が中心で，特に難問はないが，〔1〕の大小関係を調べる問題は形式が独特なので，過去問で十分に慣れておく必要がある。

対 策

01 基礎学力の充実

基本的な問題を中心に出題されている。個々の項目の基礎学習をしっかりしておくことが大切である。教科書の例題，章末問題や，教科書傍用問題集などで，基礎・基本を固めておくようにしよう。また，定理や公式は単に覚えるだけでなく，導き方も確かめて，それらを応用できるようにしておきたい。そうしておけば，入試問題のように幅広い知識が要求される種々の問題にも十分に対処できる。

02 各分野偏りなく学習

出題範囲全般からの出題である。弱点分野を残さないことが大切である。どの分野から出題されても解答できるようにしておくこと。そのためには，教科書傍用問題集や受験用問題集の基本・標準問題を中心に，数多くの問題練習をこなし，情報コミュニケーション学部はもちろん他学部の問題も参考にしながら，幅広く学習をしておこう。情報コミュニケーション学部では論理の知識も重要である。たとえば『総合的研究 論理学で学ぶ数学』（旺文社）などの参考書で知識を身につけ整理しておくとよい。また，証明問題も出題されているので，一つの解き方にとどまらず，さまざまな解法に触れ，基本事項を一つ一つ総合的にまとめ上げる力を養うとよい。

03 計算力の養成

マークシート方式ではケアレスミスが合否を分けることもある。計算はおろそかにせず，普段から注意深く丁寧に行うことが大切である。日常の学習の中で繰り返し練習し，迅速で正確な計算力を確実に身につけておくことが重要である。また，問題を解き終わったあとに必ず見直しをする習慣をつけておこう（たとえば，方程式の解なら代入してみるなど）。ミスをしたらそのままにしておかないで，その原因を追究して正解が得られるまでやり直すこと。同じミスをしないように，徹底的に見直す丁寧な学習を心がけよう。

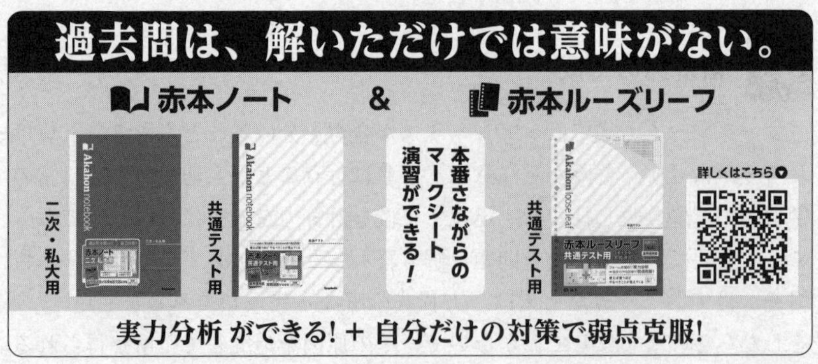

国語

年度	番号	種類	類別	内容	出典
2024 ◑	〔1〕	現代文	随筆 詩	選択：内容説明，文学史 記述：読み，段落区分，箇所指摘	「書く力」　鷲巣力 「逝く年の夜の果に」　加藤周一
	〔2〕	現代文	随筆	選択：内容説明，空所補充 記述：書き取り，空所補充	「歴史の屑拾い」 藤原辰史
	〔3〕	古　文	物語	選択：空所補充，口語訳，内容説明，文学史 記述：空所補充	「とりかへばや物語」
2023 ◑	〔1〕	現代文	随筆	選択：空所補充，文学史，内容説明 記述：書き取り，箇所指摘	「エクソフォニー　母語の外へ出る旅」　多和田葉子
	〔2〕	現代文	小説	選択：空所補充，内容説明，内容真偽 記述：読み，欠文挿入箇所，段落区分，箇所指摘	「子供芝居」 富岡多恵子
	〔3〕	古　文	随筆	選択：口語訳，語意，内容説明，文学史 記述：文法	「独考」　只野真葛 「独考論」 曲亭馬琴
2022 ◑	〔1〕	現代文	随筆	選択：内容説明，空所補充，慣用句，文学史 記述：書き取り，欠文挿入箇所，箇所指摘，空所補充	「偶然と運命」 九鬼周造
	〔2〕	現代文	小説	選択：空所補充，内容説明，文章の構成，文学史 記述：読み，箇所指摘	「子供の領分」 吉行淳之介
	〔3〕	現・古 融　合	評論 評論	選択：口語訳，和歌修辞，空所補充，主旨 記述：文学史	「無名草子」 「『女らしさ』とは何か」 与謝野晶子

（注）●印は全問，◑印は一部マークシート方式採用であることを表す。

複数素材による出題が目立つ
2024 年度は現代詩も出題

01　出題形式は？

試験時間は 60 分で，大問 3 題の出題である。現代文 2 題，古文 1 題という構成が基本だが，2022 年度のように〔3〕が現代文と古文の融合問題となることもある。解答形式はマークシート方式による選択式と記述式の併用である。記述式は漢字の書き取り・読み，箇所指摘，空所補充などが主で，長めの文章を書いて答えなければならない設問は出題されていない。なお，現代文・古文ともに，文章とあわせて視覚資料も出題されることもあり，情報を総合的・多角的に読み取らせようとする出題意図がうかがえる。

02 出題内容はどうか？

現代文：2022・2023 年度は〔1〕が随筆，〔2〕が小説という組み合わせであったが，2024 年度は〔2〕も随筆であった。また，〔1〕では文章と詩を並置する形式であった。随筆は，評論に近いものもよく出題されている。設問は，箇所指摘，空所補充，読み，書き取り，内容説明，文学史などが出題されている。内容に関わる設問の多くが選択式である。過去には絵画を資料として読み取る設問もあった。

古文：中古から近世の作品まで幅広く出題されている。設問も文法，口語訳，内容説明はもちろん，和歌修辞，人物指摘，文学史など幅広く問われている。2023 年度は関連する 2 つの素材文の読み比べがあり，共通テストに通じるものであった。現代文との融合問題となることもあり，2022 年度は古文が評論で，同じ論調の現代文を組み合わせた融合問題であった。

03 難易度は？

工夫された良問が多いが，全体的な難易度としては，現代文・古文ともに標準的出題といえる。受験生の日頃の学習の成果がそのまま点数に反映されるだろう。時間配分は大問 1 題におおよそ 20 分ずつとみてよいだろう。

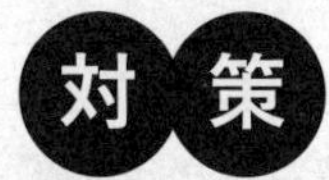

01 現代文

評論や随筆は，長文の問題文を論旨を追って読み，的確に筆者の主張を把握した上で問題を解くという正統的な出題である。正解の根拠を押さえるには，各段落ごとの要旨・全体としての主張などをつかむことが重要である。『大学入試 全レベル問題集 現代文〈4 私大上位レベル〉』（旺文社）などを利用して幅広く問題にあたっておきたい。演習の際もただ読み流すのではなく，段落ごとに要旨を確認しながら読み進めよう。特に空所補充問題は，前後の文脈を押さえた上で解答すること。

小説については，登場人物の心情およびその変化を丁寧に読み取る練習をしておこう。人物の台詞や行動を表す描写が，その人物の何を表しているかを考えるとよい。特に比喩的な表現については，それが示している意味を，時間をかけて考えておくとよいだろう。

国語常識などの問題については，漢字の書き取り・読みの練習のほか，慣用表現，カタカナ語，四字熟語や文学史など幅広く勉強しておく必要があるため，国語便覧などを活用するとよい。

02 古 文

重要古語・文語文法・古典常識・文学史などの基本的な知識事項を押さえた上で，描かれている状況，動作や会話の主体を踏まえた内容把握，和歌の解釈など，幅広い古文の読解能力を養っておこう。作品やジャンル・時代を限定せずに，数多くの文章にあたる必要がある。現代とは違う当時の習慣や行動パターンを前提とした読み取りが必要になることも多いので，そういった前提知識を身につけるためにも，『大学入試 知らなきゃ解けない古文常識・和歌』（教学社）などの問題集を使って，古文の世界の常識を身につけておくとよいだろう。問題文の長さ・難易度で似たものを探すなら，難関校過去問シリーズの『明治大の国語』（教学社）を利用して，他学部の過去問にあたってみるとよい。

03 新傾向の問題

文章と視覚資料を組み合わせて考察させる問題や，同じ素材を扱う文章の比較，現・古融合問題での２つの素材文の主題の比較など，新傾向の出題が続いている。このように，複数の題材を出題の対象とする「大学入学共通テスト」を意識した出題が明治大学の入試でもみられる。こうした視覚資料や複数資料を読み取らせて思考力を問う問題は，国語の入試問題としてはめずらしいので，『共通テスト過去問研究 国語』（教学社）などの共通テスト対策の問題集を利用して練習しておくとよいだろう。

明治大「国語」におすすめの参考書

- ✓『大学入試 全レベル問題集 現代文〈4 私大上位レベル〉』（旺文社）
- ✓『大学入試 知らなきゃ解けない古文常識・和歌』（教学社）
- ✓『明治大の国語』（教学社）
- ✓『共通テスト過去問研究 国語』（教学社）

2024年度

問題と解答

学部別入試

問題編

▶試験科目・配点

教　科	科　　　　　　目	配 点
外国語	コミュニケーション英語Ⅰ・Ⅱ・Ⅲ，英語表現Ⅰ・Ⅱ	100 点
選　択	日本史Ｂ，世界史Ｂ，政治・経済，「数学Ⅰ・Ⅱ・Ａ・Ｂ」から１科目選択	100 点
国　語	国語総合（漢文を除く）	100 点

▶備　考

「数学Ｂ」は「数列・ベクトル」から出題する。

英　語

（60 分）

I　つぎの英文を読み、あとの問いに答えなさい。

Sleep. It occupies about one-third of our lives. We need it for our mental and physical health, and for our survival.

Compared with other health behaviors such as smoking or exercise, sleep is (1) because for most adults, it is a behavior they "share" with a partner. But according to studies funded by the National Institutes of Health and the American Psychological Association, sharing a bed doesn't always produce sweet dreams.

Research by me and my colleagues at the University of Pittsburgh (A) that for men, poor sleep predicts more negative interactions with his partner the next day. For women, the converse* was true: How she interacts with her partner during the day predicts how soundly she sleeps at night. In other words, for women, marital strife** can lead to a sleepless night; for men, a sleepless night can lead to marital strife. (ア)Taken together, these interactions can create a vicious cycle, potentially increasingly poor sleep and distressed relationships.

Despite the fact that most adults share their bed with a partner, and (2) sleep problems and relationship problems co-occur, only a handful of studies have investigated how sleeping together affects the sleep of both partners.

Evidence from these studies suggests that there may be costs to sharing a bed with a partner. That is, on nights when couples sleep together, they tend to have more fragmented or restless sleep than nights when they sleep alone. Some evidence suggests that these consequences are stronger for women. On the other hand, people generally prefer to sleep with a partner and believe that they sleep better when sharing a bed.

So why do we prefer to share our beds when, at least by objective measures, we tend to sleep better alone? (イ)Looking to our evolutionary past may help answer this question.

Sleep is a universal and essential health behavior, but it is also (3) dangerous from an evolutionary perspective. Think about it: Sleep occurs while a person is (B) down, in a semi-conscious state, and highly vulnerable to potential threats from the environment. But it is nearly impossible to fall asleep if you are feeling unsafe or insecure.

Humans are inherently social beings, and we derive a sense of safety and security from our social environment. This fundamental need for safety and security at night may explain why we generally prefer to sleep with another human being, even when sharing a bed may not always result in the best quality sleep.

Humans may no longer depend on sharing a bed to protect them from harm in the hostile environment of our evolutionary past. But (C) on the potentially adverse consequences of sleeping with another may obscure the importance of stable, good-quality relationships for healthy sleep.

For example, some research has indicated that women in stable, long-term relationships have better quality sleep than their unpartnered (4), and women who are in highly satisfying relationships have lower rates of insomnia*** than those in distressed relationships.

Should couples sleep together or sleep apart? The answer may be … it depends.

(ウ)There is no one-size-fits-all approach. Couples need to decide what (D) best for them and consider how to optimize their sleep as well as their time together so that they can be the best possible partner for their loved one.

Ultimately, the time couples spend together before falling asleep may be the most important time for connecting, being intimate and just being "alone together" without all of the other distractions of the day. (5) couples sleep in the same bed or separate beds, they need not give up on that important and satisfying pre-sleep time together. Perhaps the real benefits of "sleeping together" are realized in the precious lull**** before sleep (E).

converse*：逆、反対
marital strife**：夫婦不和
insominia***：不眠症
lull****：落ち着いた状態

問 1　文脈から考えて、(　1　)〜(　5　)に入る最も適切な語句をそれぞれ選びなさい。

(1)　A．unique　B．pleasant
　　C．common　D．necessary

(2)　A．that　B．what
　　C．if　D．when

(3)　A．occasionally　B．exclusively
　　C．superficially　D．extraordinarily

(4)　A．materials　B．pieces
　　C．counterparts　D．concepts

(5)　A．Although　B．Letting
　　C．Whether　D．Permitting

問 2　空欄(　A　)〜(　E　)には、以下の語のいずれかが入る。それぞれに最も適切なものを選び、文意が通るように語形を変えて、あるいは適切な品詞に変えて、解答欄に1語で記しなさい。読みやすいブロック体で記すこと。薄い文字や他の文字とまぎらわしい文字は不正解とする。

work　focus　come　lie　find

問 3　下線部(ア) Taken together, these interactions can create a vicious cycle とはどういう意味か。最も適切な説明を選びなさい。

A．As a couple's sleep quality gets worse, the couple feel less connected.
B．As a couple's sleep patterns change, the couple have fewer interactions.
C．As a couple's sleep quality gets worse, the couple have fewer interactions.
D．As a couple's sleep patterns change, the couple feel less connected.

問 4　下線部(イ) <u>Looking to our evolutionary past may help answer this question</u> とはどういう意味か。最も適切な説明を選びなさい。

A．Because humans feel satisfaction in sharing a bed, they prefer to sleep with their partner.

B．Because humans consider safety at night important, they prefer to share a bed with their partner.

C．Because humans want to keep their partner safe, they prefer to share a bed with their partner.

D．Because humans can socialize by sharing a bed, they prefer to sleep with their partner.

問 5　下線部(ウ) <u>There is no one-size-fits-all approach</u> とはどういう意味か。最も適切な説明を選びなさい。

A．Because women and men have different preferences on how to best spend time together, it is difficult to propose an approach that suits both.

B．Because each couple has a different answer to how they can best sleep, it is difficult to propose an approach that suits all.

C．Because each couple takes a different perspective on how they can be the best possible couple, it is difficult to propose an approach that satisfies all.

D．Because women and men take healthy relationships and good sleep to be important, respectively, it is hard to propose an approach that satisfies both.

問 6　この文章に合う最も適切なタイトルを選びなさい。

A．Sleeping Together: For Men or Women, How and When

B．Sleeping Alone: Its Relation to Safety and Security

C．Sleep and Time: Their Interaction toward a Better Relationship

D．Sleep and Couples: For Better or Worse, Day and Night

Ⅱ つぎの英文を読み、最も適切なものをA～Dの選択肢から選びなさい。

To learn more about attitudes toward pets in the U.S., I talked to owners who had gone ahead with expensive operations for their cats. Almost all of them universally impressed upon me that their pet was exceptional — loving and unusually loyal. Most of the owners were wealthy enough to afford the procedure. And most did not have children.

But some struggled to pay for the surgery. I spoke with Andre Gonciar, a scientist in Buffalo, New York, who used the money he and his wife had put away for a down payment on a house. It didn't feel like a sacrifice, Gonciar told me, because he couldn't conceive of trading their cat Oki's life for a house or a car or just more money in the bank.

"You go buy your cars and your trips," as another owner, Jason Matthews, put it. "I'm going to save my best friend in the world." Several cat owners I interviewed questioned how spending tens of thousands of dollars on a cat was any different from spending tens of thousands of dollars on a luxury that nobody needs.

And it is seen as different. In the U.S., the attraction of material comfort is accepted without a second thought. But the longing for a deep emotional bond with an animal is not.

In his classic 1986 study on human-animal relationships, *In the Company of Animals*, James Serpell described a "vague notion that there is something strange, perverse* or wasteful about displaying sentimental affection for animals." The influence of pets generated, as change so often does, a degree of suspicion about a lowering of moral standards in society.

Serpell traces the modern history of pet-keeping in the English-speaking world back to medieval Britain, when small dogs became fashionable among noble ladies. For everyone else, trained animals still served a functional purpose: Cattle worked the fields, pigs became meat, cats caught mice.

In the 20th century, newspapers promoted shocking stories like that of a rich woman who spent £8,000 to buy out the entire business section of a jet for her dog. Tales about the fabulously wealthy indulging their pets seem to imply a dark side to caring so much about animals: a lack of concern for the suffering of fellow humans. How many starving children could that money have saved instead? Of course, you could throw the same criticism at spending £8,000 on jewels, which some surely have, but pets are not simply property. They have just enough humanlike qualities — bravery, loyalty, affection — that actually treating them as humans touches a particular nerve.

Vets, too, often find themselves struggling with how far to go for a weak patient. In a recent study, 98.5 percent of the nearly 500 vets in the U.S. who participated said pet owners had asked them to provide care for their dying animals that would not save their lives. Lisa Moses, a scientist at Harvard and a co-author of the study, regularly saw dogs with terminal cancer whose owners wanted yet another round of treatment or cats with heart failure that were put into hospital, again and again, to have fluid removed from their lungs. "The staff are just beside themselves, because they don't want to keep doing it to just buy them another couple of days."

Attitudes about this are neither universal nor fixed. Robert Hardie, who performs operations at the University of Wisconsin, told me he was surprised at how different norms were in the U.K. when he practiced there back in the late '90s. Most pet treatments were paid for by insurance — so cost wasn't a major concern if owners were covered. Still, some owners turned down straightforward procedures, where good recoveries were likely. "When it came to doing something like, say, 'Well, we can fix this fracture; we can do this thing,' the response was often, 'Well, I wouldn't want to put her through that,'" he said.

This question of how much to put a patient through is everywhere in human medicine as well, but Moses points out a fundamental difference: Vets are trained to view putting an animal to death as a gentle way to prevent suffering. Doctors are not. And to vets, delaying death is seen as prolonging suffering, as they chose the job "because they didn't have tolerance for animal suffering," she says. This constant moral distress, she believes, contributes to the extremely high level of stress in the field. Turnover is high, much higher than in human medicine. Suicide rates also are high: Female vets are 3.5 times as likely to die by suicide as the general population; male vets are about twice as likely. So many people are now leaving the profession that some emergency animal hospitals have had to shorten their hours and turn away sick patients.

perverse*：道理に反した、ひねくれた

1. While most pet owners who pay for expensive operations can afford them, others
   - A．sell their car or home to make the payment.
   - B．cannot have children because of the cost.
   - C．pay even though they cannot easily afford it.
   - D．complain that pet care is far too expensive.

2. In the U.S., how is spending tens of thousands of dollars on a pet seen as?
   - A．A moral and respectable thing to do
   - B．Unnecessary as pets can be easily replaced
   - C．An uncommon way to use money
   - D．Similar to wasting money on luxuries

出典追記：How Much Would You Pay to Save Your Pet's Life?, The Atlantic on November 20, 2022 by Sarah Zhang

3. What does the author imply about keeping animals in medieval Britain?
   A. It was fashionable for most people to keep a cat rather than a small dog.
   B. It was only for the rich unless the animals could fulfill a certain need.
   C. It has been very popular to have a small dog throughout British history.
   D. It was seen as a woman's job to train and care for pets or other animals.

4. In the 20th century, stories about pets were promoted in newspapers because they
   A. wanted to shock readers about pets taking valuable spaces on airplanes.
   B. discussed how people need to understand that there are many hungry children.
   C. were similar to stories about rich people wasting money on expensive jewelry.
   D. suggested that looking after a pet resulted in caring less about human suffering.

5. What does the author state about treating pets as humans?
   A. It is an issue that vets and pet owners strongly agree on.
   B. It can make some people upset or angry.
   C. It is logical because pets and humans share many characteristics.
   D. It is a sign of a pet owner's love for their animal's qualities.

6. What is removing fluid from the lungs of cats an example of?
   A. A reason that staff have to spend days beside the animals that they treat
   B. An effective way to treat pets that suffer from heart failure or cancer
   C. An expensive operation that takes several days to successfully complete
   D. A procedure that would have no real impact on an animal's health

7. What is a difference Robert Hardie observed about pet care between the U.S. and the U.K.?
   A. Many owners in the U.K. were not willing to pay for expensive operations.
   B. Attitudes toward pets were more flexible in the U.K. than they were in the U.S.

C. Some U.K. owners would not pay a lot of money unless a good recovery was likely.

D. Some U.K. owners chose not to have the treatments that would likely succeed.

8. Emergency animal hospitals are shortening their hours and turning away customers because

A. there is an insufficient number of vets to meet demand.

B. too many vets are committing suicide due to stress.

C. many vets leave the profession to focus on human medicine.

D. a lot of vets lose their tolerance for animal suffering.

Ⅲ　つぎの会話文を読み、1～5の文が入る最も適切な箇所を(A)～(H)から選びなさい。

1. It was never like this when we met in the office.
2. Some of them were off topic, so that caused some concern.
3. Now I can see why it's driving you crazy.
4. In fact, in many ways I prefer them.
5. When we are making important decisions, they all want to have their say.

Chris: Do you have many online meetings? I'm really getting sick of them.

Alex: Well as you know, I work from home three days a week, so I have them pretty regularly. Most of the time they are not too bad, but occasionally I have a really long one. It doesn't bother me much though.

Chris: Oh, I can't stand them. I find it hard to concentrate. I'm always thinking about what I need to do when I get back to the real world.

Alex: What do you mean by the real world? I don't think online meetings are that much different to actual meetings. (A)

Chris: Are you serious? Why do you think that?

Alex: In my office, they go much more smoothly. When we meet in the office, there is a lot of chatting and things go off topic. People bring in some cookies from a place they went in the weekend. Then people start asking about their trip. (B) Before you know it, 30 minutes has gone by. That doesn't happen when we meet online.

Chris: But don't you think that it's difficult to communicate smoothly online? Everyone tries to talk at the same time in our online meetings.

Alex: Actually, my boss is pretty good about that. She keeps most meetings very small, so only the people who definitely need to be there are present. Usually there are only four or five of us.

Chris: Oh, you are lucky! My team has over 30 members. (C)

Alex: That sounds rough. How do you manage?

Chris: It usually goes in order of seniority. So, my boss will speak first, and then the group managers, and so on. But quite often one of the less experienced members will have a good idea, so we have to start at the top all over again.

Alex: (D) That must be frustrating.

Chris: During one we had the other day, we stopped for lunch because it was taking so long. (E) It would have been unthinkable to have a meeting for over three hours unless it was something very important.

Alex: Why do you think it's so different? Wouldn't the same thing happen in your face-to-face meetings?

Chris: Not really. I think it's because it's easier to tell when someone has something important to share when they are sitting right in front of you. (F)

Alex: Do you mean like making a gesture?

Chris: Yes, but I think it's also much more than that. For example, when I want to say something, I try to make eye contact with my team leader. (G) Once I can catch his attention, he knows that I have something to contribute, and he'll give me the floor. But it doesn't work that way online.

Alex: Couldn't you just send a private text message to him using the chat function? That should have a similar effect.

Chris: We used to do that, but the managers asked us not to. Some people accidentally sent messages to the entire group. (H) They also thought we might miss something important if we were typing or reading messages at the same time.

Alex: Wow, your workplace seems pretty strict. You have my sympathy!

Chris: Yeah, it really is. I do love my job though, so I wouldn't think about changing companies just yet.

日本史

（60分）

〔Ⅰ〕 次の文章を読み，各設問に解答しなさい。

『上宮聖徳法王帝説』によると，百済聖明王が欽明天皇に仏像・経論を贈った，いわゆる「仏教公伝」(ア)は538年のこととされる。聖徳太子(厩戸皇子)(イ)は十七条憲法において，「篤く三宝を敬へ」と定めており，仏教は新たな政治理念として重んじられていった。7世紀後半から8世紀にかけて律令体制(ウ)が整備されていくなかで，仏教は鎮護国家を担うものとして，朝廷による手厚い保護を受ける一方，僧尼令のもと，官寺における僧侶は官僚組織の一員として統制された。奈良時代(エ)には，聖武天皇が諸国に国分寺・国分尼寺の建造を命じ，次いで大仏造立の詔を出すなど，仏教による国家の安定がめざされた。

平安時代に入ると，桓武天皇は南都仏教から距離をとるようになり，最澄・空海(オ)らが密教思想に基づく新しい仏教を唐よりもたらすと，皇族・貴族はこれらを保護した。平安時代中期には，最澄の著作と伝えられた『末法灯明記』が広く読まれたが，同書では，「正像やや過ぎ終って末法甚だ近きにあり」と記されていた。これは，釈迦が説いた正しい教えが行われる「正法」の時代から，正法に近似した法が形式的に行われる「像法」の期間を経て，正法がまったく行われなくなる「末法」の世が迫っていることを説くものであった。

この末法思想を背景として，経塚の営造が盛んに行われた。これは，釈迦入滅の56億7000万年後に弥勒菩薩がこの世に下り，衆生を救うと信じられていたことを背景に，経典を土中に埋納し，盛土することで，仏法を未来に伝えようとするものである。藤原道長(カ)も大和国金峰山に経塚を造営しており，その様子は彼の日記に記されている。

末法の世では現世での幸福は期待できないことから，人々の間に来世の幸せを願う浄土信仰が流行し，鎌倉時代には，法然を開祖とする浄土宗やその弟子親鸞(キ)

を開祖とする浄土真宗、一遍に始まる時宗が多くの人々に受け入れられていった。他方、日蓮は法華経こそが末法の世に広めるべき教えであると主張し、「念仏無間・禅天魔・真言亡国・律国賊」(ク)という四箇格言によって他宗派を鋭く攻撃した。

室町時代(ケ)には、臨済宗が幕府との結びつきを強める一方、中国文化を受け入れる窓口として機能し、その受容と変容を通して、枯山水、水墨画、茶道等の文化形成に大きな影響を与えた(コ)。室町時代後期になると、蓮如が教義を平易な表現で表した「御文」を用いて信者を獲得し、浄土真宗の勢力が強まっていった(サ)。なかには、農民だけでなく国人や土豪が浄土真宗に改宗し、僧侶を含めた結びつきを強め、強固な地域的連合組織として大名勢力に対抗する存在となることもあった(シ)。

豊臣秀吉による刀狩は寺院の武装を解除し、寺社への統制を強める効果があったが、江戸幕府は寺社奉行を設置する一方、全宗派に共通する法度として諸宗寺院法度を定めることで寺院への統制強化を推し進めた(ス)。これは、同年に出された諸社禰宜神主法度とともに、幕藩体制下における寺社統制の基本方針となった。キリスト教に対しては、幕府は当初、これを黙認したが、日本との貿易権を狙うイギリスやオランダ(セ)の忠告もあり、次第に禁教政策を強化していった。特に島原の乱後は、民衆をいずれかの寺院に登録させることでキリスト教の禁教徹底をはかった。

江戸時代には、僧侶以外からも仏教研究者があらわれた。大坂の町人(　ソ　)は『出定後語』を著し、仏教経典を歴史的に研究した。そのなかで彼は、新しい経典はより古い仏教思想に新たな教説を加えることで成立したものであり、大乗仏教は釈迦の直接の教えではないと論じた。これにより、彼の著作は仏教界から攻撃されたが、平田篤胤は国学の観点からこの書を賞揚し、自らも仏教思想を論難した『出定笑語』を著すことで、明治維新に至る王政復古運動や廃仏毀釈の思想に影響を与えた。

問１　下線部(ア)に関する説明として、**もっとも正しいもの**を、次の①～④のうちから１つ選び、マーク解答欄にマークしなさい。

①　仏教の受容を積極的に主張した蘇我稲目は、排仏派の物部守屋を滅ぼした。

② 『日本書紀』は、仏教の経典に精通した五経博士が百済から渡来したことを伝えている。

③ 『扶桑略記』では、渡来系の司馬達等が仏教公伝に先立ち、仏像を礼拝したことが記されている。

④ 『元興寺縁起』は、仏教公伝の年を552年のことと伝えている。

問２　下線部(イ)に関連して、この時期の文化に関する説明として、**もっとも正しいもの**を、次の①〜④のうちから１つ選び、マーク解答欄にマークしなさい。

① 創建当時の法隆寺は塔・金堂が東西に並ぶ伽藍配置をとっていた。

② 法隆寺金堂釈迦三尊像は鞍作鳥作と伝えられる木像であり、北魏様式の影響が見られる。

③ 玉虫厨子須弥座絵「捨身飼虎図」は、飢えた虎の母子に我が身を投げ与えた釈迦の前世の姿を描いたものと伝えられている。

④ 『三経義疏』は聖徳太子の仏教の師である高句麗僧恵慈によって著されたものである。

問３　下線部(ウ)に関連して、律令体制下の官庁と職掌の組み合わせとして、**誤っているもの**を、次の①〜④のうちから１つ選び、マーク解答欄にマークしなさい。

① 大蔵省：租税徴収・戸籍管理

② 弾正台：官吏の監察・京内の風俗取締まり

③ 摂津職：難波宮の管理

④ 五衛府：京内宮中の警備

問４　下線部(エ)における仏教に関する説明として、**もっとも正しいもの**を、次の①〜④のうちから１つ選び、マーク解答欄にマークしなさい。

① 光明皇后が貧民や孤児救済のために悲田院を創設したことにならい、孝謙天皇は新たに施薬院を設け、病人に薬草を施した。

② 南都六宗のうち、法相宗の玄昉は唐から帰国後に聖武天皇に重用さ

れ、橘諸兄政権を支えた。

③　聖武天皇は藤原広嗣の乱後の動乱を鎮めるために百万塔陀羅尼を制作した。

④　東大寺法華堂不空羂索観音像は奈良時代を代表する塑像であり、両脇には日光・月光菩薩像が安置されていた。

問 5　下線部(オ)に関する説明として、**もっとも正しいもの**を、次の①～④のうちから1つ選び、マーク解答欄にマークしなさい。

①　最澄は、延暦寺での大乗戒壇設置に反対する南都諸宗に反論するために『顕戒論』を著した。

②　最澄の弟子円仁は、天台宗における密教の充実を図ったが、その末流は園城寺に移り、寺門派と呼ばれた。

③　院政期には、空海が開いた高野山への参詣が盛んになり、後白河上皇やその子鳥羽上皇は頻繁に高野詣を行った。

④　空海は、『文鏡秘府論』を著し、大日如来の真実の言葉や秘密の呪法を習得することで悟りを開くことができると説いた。

問 6　下線部(カ)に関する説明として、**もっとも正しいもの**を、次の①～④のうちから1つ選び、マーク解答欄にマークしなさい。

①　藤原道長は自らの娘が皇后となった際に、「此の世をば我が世とぞ思ふ望月のかけたることも無しと思へば」との和歌を自らの日記に記していた。

②　藤原道長は後一条・後朱雀・後冷泉という3代の天皇の関白を50年あまり務めたことから、彼の日記は『御堂関白記』と呼ばれた。

③　藤原道長は甥の藤原伊周との権力争いに勝つと藤原氏全盛期の頂点に立ち、晩年には法成寺を造営した。

④　『大鏡』は藤原道長の栄華を賛美した歴史物語であり、当時の宮廷生活を物語風に編年体で記している。

問 7　下線部(キ)に関する記述ａ～ｃの正誤の組み合わせとして、**もっとも正し**

いものを、次の①～⑥のうちから１つ選び、マーク解答欄にマークしなさい。

a　法然は『選択本願念仏集』を著し、その教えは九条兼実らの公家から庶民に至るまで広まった。

b　親鸞は蒙古襲来によって世の中が混乱するなかで『教行信証』を著し、来世での救済を説いた。

c　一遍が行った踊念仏の様子は僧侶の姿を描いた頂相を通して知ることができる。

①　a正　b正　c誤　　②　a正　b誤　c正
③　a誤　b正　c正　　④　a正　b誤　c誤
⑤　a誤　b正　c誤　　⑥　a誤　b誤　c正

問８　下線部(ク)に関連して、当時の律宗の僧侶として、**もっとも正しいもの**を、次の①～④のうちから１つ選び、マーク解答欄にマークしなさい。

①　高弁　　②　忍性　　③　貞慶　　④　良弁

問９　下線部(ケ)の時代に起きたａ～ｃの出来事を年代順に並べたものとして、**もっとも正しいもの**を、次の①～⑥のうちから１つ選び、マーク解答欄にマークしなさい。

a　琉球王国の成立　　b　応永の外寇　　c　コシャマインの戦い

①　a→b→c　　②　a→c→b
③　b→a→c　　④　b→c→a
⑤　c→a→b　　⑥　c→b→a

問10　下線部(コ)に関する説明として、**もっとも正しいもの**を、次の①～④のうちから１つ選び、マーク解答欄にマークしなさい。

①　代表的な枯山水庭園を持つ龍安寺は京都五山の一つに数えられる。

②　「瓢鮎図」を描いた如拙は周防国に雲谷庵を構え、創作に励んだ。

③ 武野紹鷗は閑寂な草庵の茶を重んじたが、これは村田珠光に受け継がれた。

④ 桂庵玄樹は島津氏に招かれて朱子学を講じ、薩南学派の祖となった。

問11 下線部(サ)の史料として、**もっとも正しいもの**を、次の①～④のうちから1つ選び、マーク解答欄にマークしなさい。

① 當流の安心の一義といふは、南無阿弥陀仏の六字のこゝろなり。たとへば、南無と帰命すれば、やがて阿弥陀仏のたすけたまへるこゝろなるがゆへに南無の二字は、帰命のこゝろなり。帰命といふは、衆生のもろもろの雑行をすてゝ、阿弥陀仏、後生たすけたまへと、一向にたのみたてまつるこゝろなるべし。

② 善人なをもちて往生をとぐ、いはんや悪人をや。しかるを、世のひとつねにいはく、「悪人なを往生す、いかにいはんや善人をや」と。この条、一旦そのいはれあるににたれども、本願他力の意趣にそむけり。

③ 一日奘問云、叢林ノ勤学ノ行履ト云ハ如何。示云、只管打坐也。或ハ閣上、或楼下ニシテ、常坐ヲイトナム。人ニ交リ物語ヲセズ、聾者ノ如ク瘂者ノ如クニシテ、常ニ独坐ヲ好ム也。

④ それ往生極楽の教行は、濁世末代の目足なり。道俗貴賤、誰か帰せざる者あらむや。ただし顕密の教法は、其の文、一にあらず。事理の業因、其の行惟れ多し。利智精進の人は、未だ難しと為さざるも、予の如き頑魯の者、豈に敢てせむや。

問12 下線部(シ)に関する説明として、**もっとも正しいもの**を、次の①～④のうちから1つ選び、マーク解答欄にマークしなさい。

① 天文法華の乱では、山科本願寺を拠点とした一向一揆が京都町衆の法華一揆と対立し、日蓮宗寺院を焼き払った。

② 寺内町は、浄土真宗の寺院を中心に濠や土塁をめぐらし他宗派からの攻撃に備えた自治的集落であり、富田林や長野等が代表例として知られている。

③ 加賀では一向一揆勢力が守護の富樫正親を倒したが、その支配は8年

間ほどしか続かなかった。

④　伊勢長島の一向一揆は石山本願寺の顕如の命に応じて織田家の勢力を攻撃したが、信長によって鎮圧された。

問13　下線部(ス)の際の将軍として、**もっとも正しいもの**を、次の①～④のうちから１つ選び、マーク解答欄にマークしなさい。

①　徳川家康　　②　徳川秀忠　　③　徳川家光　　④　徳川家綱

問14　下線部(セ)に関連して、リーフデ号のオランダ人航海士で徳川家康に用いられて朱印船貿易に従事した人物の日本名を、記述解答欄に**正しい漢字**で記入しなさい。

問15　空欄(　ソ　)に該当する人物として、**もっとも正しいもの**を、次の①～④のうちから１つ選び、マーク解答欄にマークしなさい。

①　中井甃庵　　②　富永仲基　　③　山片蟠桃　　④　手島堵庵

〔Ⅱ〕 次の文章を読み、各設問に解答しなさい。

戦国時代、国際関係に視野を広げると、ポルトガル・イスパニアの世界分割(侵略)の動きが起こっていた。このイベリア・インパクトを意識して、織田信長は全国統一を行い、豊臣秀吉(ア)に至っては、朝鮮侵略を実行した、という研究成果も出ている。

1606年、島津家は徳川家康の許可を得て、琉球に出兵し、琉球王朝を勢力下に置いた。以降、琉球王朝は中国の冊封の下、江戸幕府・島津家の支配を受けることになり、島津家に税を納め、徳川将軍の代替わりには(　イ　)を江戸に派遣するなどの義務を負った。しかし、これを例外として、江戸時代の国際関係は閉ざされたものとなった。そして、4代・5代将軍の治世(ウ)を経過し、国内政治は安定し、大坂を中心に町人による文化(エ)が花開いた。

江戸時代における国際関係は、欧米列強の接近によって大きく変化した。為政者・知識人は、アヘン戦争の結果に危機意識を深めていった(オ)。ペリー来航以降、富国強兵と万国対峙が唱えられ、その実現のために封建割拠の政治体制は改められ(カ)、近代の中央集権へと至る。戊辰戦争の生き残りたちによる薩長藩閥政府は、自由民権運動を弾圧しつつも立憲国家の建設をすすめた(キ)。

日清・日露戦争に勝利し、帝国の途を進めた日本は、韓国植民地化を進め、3回におよぶ協約(ク)を強要した。(　ケ　)内閣は、激化した反日武装勢力を弾圧しつつ、韓国を日本の版図に入れることを閣議決定した。この後、伊藤博文が暗殺されるが、韓国併合はその前から企図されていたのである。

韓国を植民地にした日本は、満州地域に進出してゆく。第一次世界大戦が勃発すると、第2次大隈重信内閣(コ)は、日英同盟を名目としてこれに参戦、中国東北部(満州)に権益を拡大していった。大戦終結後、ヴェルサイユ条約により、日本は赤道以北の旧ドイツ領南洋諸島の(　サ　)権を獲得した。ワシントン体制(シ)により、国際協調と軍縮ムードが高まるが、陸軍の政治介入は進んだ。中国で高まった国権回復の民族運動と、共産主義運動の拡大に危機意識を強めた日本の右翼民族主義的政治勢力は活発に動き始めた。このような風潮の中、関東軍は参謀(　ス　)の指導による作戦行動から、柳条湖事件を起こし、満州事変が始まった。これを収拾できなかった首相若槻礼次郎は退陣、犬養毅(セ)が内閣を組織した。しかし、彼も軍部や右翼によるテロによって暗殺されてしまう。軍部の政治的発言力はさらに強まり、広田弘毅は軍部の要求をいれることによってようやく組閣し、(　ソ　)を制定し、中国のみならず東南アジアへの進出する方針を決定した。日本は中国をめぐり、欧米諸国との対立を深めていった。

問１　下線部(ア)の人物に関する説明として、**誤っているもの**を、次の①～④のうちから１つ選び、マーク解答欄にマークしなさい。

①　山崎の合戦後、「天下布武」の印判を用いた。

②　聚楽第に後陽成天皇を迎え、諸大名に天皇と秀吉への忠誠を誓わせた。

③　佐渡金山を直轄にし、天正大判を鋳造した。

④　小田原北条氏を滅ぼした後、全国の大名に国絵図の提出を命じた。

問２　空欄(　イ　)に入る歴史名辞として、**もっとも正しいもの**を、次の①～④のうちから１つ選び、マーク解答欄にマークしなさい。

①　通信使　　②　謝恩使　　③　来聘使　　④　慶賀使

問３　下線部(ウ)に関する事項として、**誤っているもの**を、次の①～④のうちから１つ選び、マーク解答欄にマークしなさい。

①　湯島聖堂の建立　　②　閑院宮家の創設

③　服忌令の発令　　④　殉死の禁止

問４　下線部(エ)に関する説明として、**もっとも正しいもの**を、次の①～④のうちから１つ選び、マーク解答欄にマークしなさい。

①　上層の町人であった本阿弥光悦が陶芸で秀作を残した。

②　洒落本というジャンルを創った山東京伝は幕府の弾圧を受けた。

③　談林派俳諧から出た井原西鶴は、『武道伝来記』などの浮世草子を著した。

④　河竹黙阿弥が『三人吉三廓初買』などの白浪物を創作した。

問5　下線部(オ)に関する人物として、**もっとも正しいもの**を、次の①～④のうちから1つ選び、マーク解答欄にマークしなさい。

①　佐久間象山　②　池田光政　③　大塩平八郎　④　荻生徂徠

問6　下線部(カ)に関する説明として、**もっとも正しいもの**を、次の①～④のうちから1つ選び、マーク解答欄にマークしなさい。

①　老中安藤信正は、公武合体を掲げ、孝明天皇の娘和宮を将軍家茂の正室にむかえたが、尊王攘夷派の武士に襲撃された。

②　尊王攘夷を掲げる長州藩は、下関を通過する外国船を砲撃したが、欧米列強は報復として、萩城を攻撃した。

③　文久三年八月一八日、薩摩・水戸・会津諸藩に戦闘で敗れた長州藩は、朝敵とされた。

④　王政復古の大号令以後の小御所会議によって、徳川慶喜には辞官納地が命じられた。

問7　下線部(キ)に関する説明として、**もっとも正しいもの**を、次の①～④のうちから1つ選び、マーク解答欄にマークしなさい。

①　明治六年の政変で下野した西郷隆盛・板垣退助や、副島種臣らが愛国公党を結成した。

②　大久保政権は、憲法制定の必要性を理解しつつも、立志社による民撰議院設立建白書を却下した。

③　啓蒙思想家の加藤弘之は国会開設を時期尚早として反対した。

④　民権派主導による激化事件が発生したが、内務省を掌握した三島通庸がこれを弾圧した。

問8　下線部(ク)に関して、第2次日韓協約として、**もっとも正しいもの**を、次の①～④のうちから1つ選び、マーク解答欄にマークしなさい。

①　大日本帝国政府は、前項の目的を達するため、軍略上必要の地点を臨機収用することを得ること。

②　日本国政府は、在東京外務省により、今後韓国の外国に対する関係お

よび事務を監理指揮すべく、日本国の外交代表者及び領事は外国における韓国の臣民及利益を保護すべし。

③　韓国政府は日本政府の推薦する日本人一名を財務顧問として韓国政府に傭聘し、財務に関する事項はすべて其意見をとい施行すべし。

④　韓国政府の法令の制定、及び重要なる行政上の処分は、あらかじめ統監の承認をへること。

問９　空欄(　ケ　)に入る人名として、**もっとも正しいもの**を、次の①〜④のうちから１つ選び、マーク解答欄にマークしなさい。

①　寺内正毅　　②　黒田清隆　　③　松方正義　　④　桂太郎

問10　下線部(コ)に関する説明として、**もっとも正しいもの**を、次の①〜④のうちから１つ選び、マーク解答欄にマークしなさい。

①　大隈重信が党首である憲政会を与党としていた。

②　陸軍の要求による陸軍二個師団の増設に関する予算案を成立させた。

③　加藤高明外相が中心となり、段祺瑞政府に二十一カ条の要求を出した。

④　シーメンス事件により西園寺公望内閣が退陣した後を受けての組閣であった。

問11　空欄(　サ　)に入る正しい語句を、記述解答欄に**正しい漢字**で記入しなさい。

問12　下線部(シ)に関連して、以下の史料の(　　　)に入る語句として、**もっとも正しいもの**を、次の①〜④のうちから１つ選び、マーク解答欄にマークしなさい。なお、史料は読みやすいように改めてある。

支那の領土を通して、一切の国民の商業及工業に対する(　　　)主義を有効に樹立維持するため、おのおの尽力すること

①　機会均等　　②　領土保全

③　主権回復　　④　行政的保全

問13　空欄（　ス　）に入る人名として、**もっとも正しいもの**を、次の①～④のうちから１つ選び、マーク解答欄にマークしなさい。

①　石原莞爾　　②　松岡洋右　　③　東条英機　　④　永田鉄山

問14　下線部(セ)に関する説明として、**誤っているもの**を、次の①～④のうちから１つ選び、マーク解答欄にマークしなさい。

①　この内閣は、立憲政友会を与党とする政党内閣であった。

②　この内閣は、金輸出再禁止を行い、金本位制から離脱した。

③　この内閣の時、満州国との間で、日満議定書が締結された。

④　この内閣の時、血盟団事件が発生し、井上準之助前蔵相が殺害された。

問15　空欄（　ソ　）に入る歴史名辞として、**もっとも正しいもの**を、次の①～④のうちから１つ選び、マーク解答欄にマークしなさい。

①「満蒙の危機」　　②「総力戦体制」

③「国策の基準」　　④「軍財抱合」

〔Ⅲ〕 次の文章を読み、各設問に解答しなさい。

新政府は1868年7月に江戸を東京に改めた。同年9月には年号を明治に改元(ア)し、天皇一代の間に元号は一つにして変えない(　イ　)の制を採用した。

政府は富国強兵と殖産興業(ウ)に力を入れ、鉄道の敷設や電信線の架設などを行なった。文明開化の風潮のなか、東京では洋服の着用が広まるとともに、銀座通りには煉瓦造の建物が並び、ガス灯、鉄道馬車などが見られるようになった。1880年代末には電灯が実用化され、大手呉服店が(　エ　)のデパートメントストアにならって、ショーウィンドーや陳列台を用いた小売を始めた。

東京市区改正条例により、道路や上下水道の整備も進み、東京市発足(オ)の10年後には、人口は200万人を突破した。

このような東京が大正期(カ)に入り、関東大震災(キ)に見舞われてから、2023年は100年目だった。関東大震災の死者・行方不明者は10万人以上となり、震災後の混乱のなかで警察・軍などの武力行使による事件やそれらに反発する事件(ク)が相次いだ。

関東大震災は、戦後恐慌に陥っていた経済にも大きな打撃を与え、第一次世界大戦(ケ)以降、重化学工業が進展していた京浜工業地帯の壊滅とそれによる銀行経営の悪化を招いた。政府は支払猶予令の公布をしたが、金融恐慌(コ)が起きた。

問1 下線部(ア)前後の出来事を時系列に並べたものとして、**もっとも正しいもの**を、次の①～④から1つ選び、マーク解答欄にマークしなさい。

① 東京への首都移転→五箇条の誓文公布→政体書の制定→明治天皇即位の礼

② 政体書の制定→五箇条の誓文公布→東京への首都移転→五榜の掲示

③ 五榜の掲示→政体書の制定→明治天皇即位の礼→東京への首都移転

④ 五箇条の誓文公布→五榜の掲示→東京への首都移転→明治天皇即位の礼

問2 空欄(　イ　)に入る歴史名辞を、記述解答欄に**正しい漢字**で記入しなさい。

問3　下線部(ウ)に関する説明として、**誤っているもの**を、次の①〜④のうちから1つ選び、マーク解答欄にマークしなさい。

①　関所や宿駅・助郷制度を撤廃した。

②　工部省に事務局を置き、上野で第一回内国勧業博覧会を開いた。

③　駒場農学校を開設し、農業に西洋式技術の導入をはかった。

④　屯田兵制度を設けて、北海道の開拓とロシアに対する備えとした。

問4　空欄(　エ　)の国に関する説明として、**もっとも正しいもの**を、次の①〜④のうちから1つ選び、マーク解答欄にマークしなさい。

①　この国の法学者を招いて、各種法典を起草し、刑法と治罪法を公布した。

②　この国流の議院内閣制を主張する立憲改進党が結成された。

③　この国の顧問の助言を受けて、山県有朋を中心に市制・町村制が制定された。

④　この国の教師や岡倉天心の影響のもとに、東京美術学校が設立された。

問5　下線部(オ)と同じ年に書かれた下記の日記のうち、下線部に関する説明として、**もっとも正しいもの**を、次の①〜④のうちから1つ選び、マーク解答欄にマークしなさい。

二月九日(東京)　東京全市は、<u>十一日の憲法発布</u>をひかえてその準備のため、言語に絶した騒ぎを演じている。到るところ、奉祝門、照明、行列の計画。だが、こっけいなことには、誰も憲法の内容をご存じないのだ。(ベルツの日記)　菅沼竜太郎訳

①　ドイツ人顧問ロエスレルの助言を得た憲法草案は、枢密院で審議が重ねられた。

②　家中心の戸主制度を廃止し、男女同権の新しい家族制度を定めた。

③　文武官の任免、宣戦・講和条約の締結などは、議会に権限が与えられた。

④　陸海軍の統帥権は、議会から独立して、内閣に権限が与えられた。

問 6　下線部(カ)に竣工した建築とそれを設計した建築家の組み合わせとして、**もっとも正しいもの**を、次の①～④のうちから1つ選び、マーク解答欄にマークしなさい。

①　旧帝国ホテル　フランク・ロイド・ライト

②　旧東宮御所　片山東熊

③　東京駅　岡田信一郎

④　日本銀行本店　辰野金吾

問 7　下線部(キ)に関して、震災直後の混乱処理に着手した内閣の首相の姓名として、**もっとも正しいもの**を、次の①～④のうちから1つ選び、マーク解答欄にマークしなさい。

①　加藤高明　　②　加藤友三郎

③　高橋是清　　④　山本権兵衛

問 8　下線部(ク)に関する説明として、**もっとも正しいもの**を、次の①～④のうちから1つ選び、マーク解答欄にマークしなさい。

①　社会主義者・労働運動家によって、憲兵大尉の甘粕正彦が殺害された甘粕事件が起きた。

②　亀戸署内で警備に当たっていた軍隊によって、無政府主義者大杉栄らが殺害された亀戸事件が起きた。

③　幸徳秋水ら社会主義者・無政府主義者が天皇暗殺計画を理由に死刑となった大逆事件が起きた。

④　無政府主義者の青年難波大助が、のちの昭和天皇を狙撃した虎の門事件が起きた。

問 9　下線部(ケ)に関して、第一次世界大戦景気下の説明として、**もっとも正しいもの**を、次の①～④のうちから1つ選び、マーク解答欄にマークしなさい。

①　日本はイギリス・フランス・ロシアなどの連合国には生糸や綿織物、アジア市場には軍需品を輸出し、大幅な輸出超過となった。

② 重化学工業は工業生産額のうち70％の比重を占めるようになった。

③ 工業生産額は農業生産額を追い越したが、工業人口は農業人口の半数以下だった。

④ 工場労働者数は第一次世界大戦前の1.5倍に増え、女性労働者の数は倍増して、男性労働者の数に迫った。

問10 下線部(コ)に関する説明として、**誤っているもの**を、次の①～④のうちから1つ選び、マーク解答欄にマークしなさい。

① 貿易は輸入超過に転じ、国内の生産を圧迫し、綿糸・生糸の相場は半値以下に暴落した。

② 震災手形の処理法案をめぐる片岡直温蔵相の失言をきっかけに、取付け騒ぎが起き、銀行の休業が続出した。

③ 若槻礼次郎内閣は、台湾銀行を救済しようとしたが、枢密院の了承が得られず、総辞職した。

④ 立憲政友会の田中義一内閣は、日本銀行から巨額の救済融資をおこない、金融恐慌は落ち着いた。

〔Ⅳ〕 次の文章を読み、各設問に解答しなさい。

第二次世界大戦後すぐの日本では極端な物資不足の状態で通貨が増発されたため、猛烈なインフレが発生した。当時の内閣はこれに対応するため金融緊急措置令(ア)を出した。次の第一次吉田内閣は経済安定本部を設置して対応にあたり、傾斜生産方式を採用して重要産業に資材と資金を集中させることを決定した。この政策は生産再開を促したが、巨額の資金投入はインフレに拍車をかけた。ＧＨＱは第二次吉田内閣に経済安定九原則の実行を指示し、公使としてアメリカの銀行家(　イ　)を派遣した。(　イ　)の施策はインフレを収束させたものの、深刻な不況を招いた。この不況から脱する契機となったのは朝鮮戦争の特需であった。特需の中で日本政府は積極的な産業政策(ウ)をとり、復興を推し進めた。

1955年には神武景気と呼ばれる好景気が始まった。経済企画庁は1956年度の経済白書に『もはや戦後ではない』と記し、戦後復興から経済発展の段階に入ったという認識を示した。その後も技術革新や設備投資が進み、1970年代前半まで好況が続いた。この高度経済成長の時代には、日本の平均成長率は10％前後で推移した。この時代、日本は貿易と為替の自由化(エ)を達成した。この時期に日本の対米輸出も大幅に増えたが、このことはアメリカ経済の国際収支を悪化させる一因となり、ドル危機(オ)につながった。

好調であった日本経済も1974年に戦後初のマイナス成長を記録することとなった(カ)。しかし、景気刺激策と賃上げが奏功して日本経済は再度成長に転じ、その後しばらく5％前後の成長率を維持した。

1980年代に入っても日本は欧米諸国と比較して良好な成長を維持したが、輸出の拡大により欧米諸国との間に貿易摩擦(キ)が生じた。この時期の為替相場は既に円高基調であったが、1985年の(　ク　)でドル高の是正が合意されたことにより、円高が一気に加速した。日本は主に輸出産業が打撃を受け、円高不況に見舞われたが、1987年代半ばごろから景気が回復した(ケ)。

1990年代に入ると景気が一気に後退して平成不況に陥った。企業は大規模な人員整理を断行して対処しようとしたが、このことは消費を冷え込ませかえって不況を長引かせることとなった。また、政府と日本銀行も対応を誤り、多数の金(コ)

融機関が倒産し、その他の業種の企業でも倒産やリストラが相次いだ。平成不況以降、日本経済は現在にいたるまで停滞を続けており、このことは「失われた30年」と呼ばれる。

問１　下線部(ア)に関する説明として、**誤っているもの**を、次の①～④のうちから１つ選び、マーク解答欄にマークしなさい。

①　この政策を実施したのは幣原内閣であった。

②　預金を封鎖し、旧円の流通を禁止するものであった。

③　新円を増発し、貨幣流通量を増やすことを目的とした政策であった。

④　効果はあったが、一時的なものにすぎなかった。

問２　空欄（　イ　）に入る人物名として、**もっとも正しいもの**を、次の①～④のうちから１つ選び、マーク解答欄にマークしなさい。

①　シャウプ　　②　ジョンソン

③　キッシンジャー　　④　ドッジ

問３　下線部(ウ)の時期の日本の経済政策に関する説明として、**誤っているもの**を、次の①～④のうちから１つ選び、マーク解答欄にマークしなさい。

①　企業の設備投資に対して、税制上の優遇措置が取られた。

②　電力の安定供給のため、電力会社が国有化された。

③　輸出振興のため、日本輸出銀行を設置した。

④　計画造船が進められ、1956年には造船量世界１位となった。

問４　下線部(エ)に関連する日本の出来事と起こった年の組み合わせとして、**もっとも正しいもの**を、次の①～④のうちから１つ選び、マーク解答欄にマークしなさい。

①　1955年　ＩＭＦ８条国への移行

②　1963年　ＧＡＴＴ加盟

③　1964年　ＯＥＣＤ加盟

④　1970年　貿易為替自由化大綱の決定

問 5　下線部(オ)に関連する事項の説明として、**もっとも正しいもの**を、次の①～④のうちから1つ選び、マーク解答欄にマークしなさい。

① 1971年に金とドルの交換が停止された。

② アメリカは国際収支黒字国に為替レートの切り下げを要求した。

③ 日本は西欧諸国に先んじて変動相場制に移行したため、円高が進行した。

④ ニューヨーク近代美術館で行われた会議で固定相場制の復活が図られたが、失敗に終わった。

問 6　下線部(カ)に至る経緯に関する説明として、**もっとも正しいもの**を、次の①～④のうちから1つ選び、マーク解答欄にマークしなさい。

① 政府は金融緩和に踏み切ったが、スタグフレーションに陥った。

② 当時の内閣が公共投資を拡大したことで地価が暴騰した。

③ イラン革命をきっかけとする第一次石油危機がインフレに拍車をかけた。

④ 消費税の引き上げにアジアの金融危機が重なったことがきっかけとなった。

問 7　下線部(キ)について、アメリカは農産物輸入自由化を日本に迫った。1988年に日米で輸入自由化が合意された品目の組み合わせとして、**もっとも正しいもの**を、次の①～④のうちから1つ選び、マーク解答欄にマークしなさい。

① 米・大豆　② 牛肉・米

③ 牛肉・オレンジ　④ オレンジ・米

問 8　空欄(　ク　)に入る国際会議の**略称**を記述解答欄に記入しなさい。

問 9　下線部(ケ)の時期の日本経済に関する説明として、**誤っているもの**を、次の①～④のうちから1つ選び、マーク解答欄にマークしなさい。

① この景気は、内需に主導されたものであった。

② 海外に生産拠点を移す日本企業が増加した。

③ 消費者の間に低価格志向が広まり、高級品の売れ行きが悪化した。

④ この時期にレジャーや旅行業など、第三次産業の比重が増加した。

問10 下線部(コ)ついて、この時期に破綻した金融機関として、**誤っているもの**を、次の①～④のうちから１つ選び、マーク解答欄にマークしなさい。

① 山一証券　② 日本長期信用銀行

③ 第一勧業銀行　④ 北海道拓殖銀行

世界史

(60分)

〔Ⅰ〕 次の文章をよく読み、問1～3に答えなさい。

オリエントとはヨーロッパからみた「日ののぼるところ、東方」を意味し、今日「中東」と呼ばれる地方をさす。とくにティグリス川・ユーフラテス川、ナイル川など大河の流域では、定期的な増水を利用してはやくから灌漑農業がおこなわれ、大規模な定住がすすみ、高度な文明が発達した。

灌漑農業の発達したメソポタミア南部では、前3500年頃から人口が急激に増え、神殿を中心に大村落が成立した。前3000年頃には、神官・戦士・職人・商人などの数が増え、大村落はやがて都市へと発展していった。各都市はそれぞれ独立の道を歩み、前2700年頃までにウル(ア)・ウルクなど［ 1 ］人の都市国家が数多く形成され、そこでは王を中心に、神官・役人・戦士などが都市の神をまつり、政治や経済・軍事の実権をにぎった。優勢な都市国家の支配層には莫大な富が集まり、階級社会が成立し、［ 1 ］文化が栄えたが、前24世紀にはセム語系の［ 2 ］人によって征服された。

［ 2 ］人はメソポタミアやシリアの都市国家を最初に統一した。その崩壊後、セム語系のアムル人がバビロン第1王朝をおこし、ハンムラビ王のときに全メソポタミアを支配した。王は治水・灌漑をすすめ、ハンムラビ法典を発布して、法に基づく強力な政治をおこなった。この法典によれば、王は神の代理として統治をおこない、その刑法は「目には目を、歯には歯を」の復讐法の原則に立っていた。スサ(イ)ではハンムラビ法典碑が発見され、イギリスのローリンソンらが楔形文字の解読を試みた。

エジプトでは王が生ける神として専制的な神権政治をおこなった。ナイル川下流域のメンフィスを中心に栄えた古王国では、クフ王らが巨大なピラミッドを築かせた。中王国時代には、中心は上エジプトのテーベに移ったが、その末期にシリア方面から遊牧民ヒクソスが流入して、国内は一時混乱した。前16世紀におこった新王国はヒクソスを追放し、さらにシリアへと進出した。前14世紀にはアメンホテプ4世(イクナートン)がテル＝エル＝アマルナに都を定めて、一つの神(アトン)だけを信仰する改革をおこなった。この改革は王の死によって終わったが、信仰改革の影響で古い伝統にとらわれない写実的なアマルナ美術がうみだされた。エジプト人が使用したエジプト文字には、碑文や墓室・石棺などに刻まれる象形文字の神聖文字(ヒエログリフ)と、パピルス草からつくった一種の紙(パピルス)に書かれる民用文字(デモティック)とがあった。ナポレオンのエジプト遠征隊がロゼッタ(ウ)で発見したロゼッタ＝ストーンは、上段に神聖文字、中段に民用文字、下段にギリシア文字の3種で書かれている。

地中海東岸のシリア・パレスチナ地方は、エジプトとメソポタミアを結ぶ通路として、また地中海への出入り口として、海陸交通の要衝であった。古くは前1500年頃からセム語系の［　3　］人が交易で活躍した。シリアに多くの都市国家を建設したアラム人は、前1200年頃からダマスクスを中心に内陸都市を結ぶ中継貿易に活躍した。［　4　］人はシドン(エ)・ティルスなどの都市国家をつくり、クレタ・ミケーネ文明が衰えた後をうけて地中海貿易を独占し、多くの植民都市を建設した。［　4　］人の文化史上の功績は、［　3　］人の使用した表音文字から線状の［　4　］文字をつくり、これをギリシア人に伝えて、アルファベットの起源をつくったことにある。

前2千年紀初めに北メソポタミアにおこったアッシリア王国は、小アジア方面との中継貿易によって栄えたが、前15世紀には一時ミタンニ王国に服属した。しかし、その後、独立を回復し、前7世紀前半に全オリエントを征服した。強大な専制君主であったアッシリア王は政治・軍事・宗教をみずから管理した。この大帝国は服属民の反抗をまねき、前612年には崩壊して、オリエント世界にはエジプト、小アジアのリディア(1)、新バビロニア(カルデア)、イラン高原のメディアの4王国が分立することになった。

前6世紀半ば、イラン人(ペルシア人)のキュロス2世がアケメネス朝をおこし、メディア王国とリディア王国を征服した。第3代のダレイオス1世は大帝国を建設した。アケメネス朝の政治の中心はスサ(イ)におかれたが、ペルセポリス(オ)にも壮大な宮殿が建設された。

問 1　下線部(ア)〜(オ)の都市の**最も適切な位置**を、以下の地図に示してある丸印(○)の記号から選び、その記号を解答欄にマークしなさい。なお、地図は現在の地形をもとに簡略化されている。

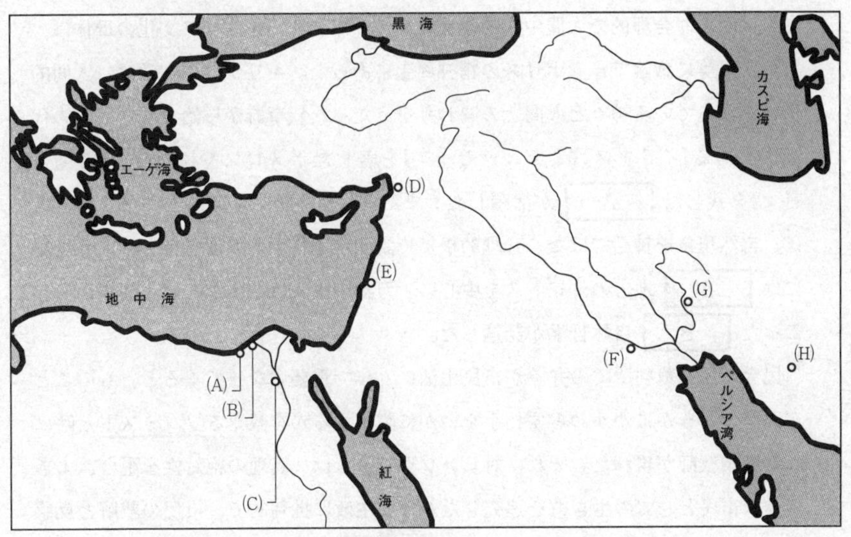

問 2　空欄 1 〜 4 にあてはまる**最も適切な語句**を解答欄に記入しなさい。

問 3　下線部(1)について、リディアが首都とした都市はどこか。解答欄に記入しなさい。

〔Ⅱ〕 次の文章をよく読み、問1～6に答えなさい。

ヨーロッパ近代文明の模範となったのはギリシア人の文化遺産である。ギリシア人は明るく合理的で人間中心的な文化をうみだした。ギリシア文化の母体は、市民が対等に議論できるポリスの精神風土にあった。ギリシアの文学は、人間的性格を持っている神々と人間との関わりをうたった叙事詩から始まった。その代表作である『イリアス』『オデュッセイア』を著したホメロスや『神統記』『労働と日々』を残した［ A ］が活躍した。また、論理と議論を重視するギリシア人は、自然現象を神話ではなく合理的根拠で説明する科学的態度を持ち、前6世紀には［ B ］地方のミレトスを中心に、万物の根源はなにかという問題から起こった［ B ］自然哲学が発達した。

民会や民衆裁判所での弁論が市民生活にとって重要になってくると、ものごとが真理かどうかにかかわらず相手をいかに説得するかを教えるソフィスト(1)と呼ばれる職業教師が現れた。それに対し、ソクラテスは、真理の絶対性を説き、よきポリス市民としての生き方を追究したが、民主政に批判的で、市民の誤解と反感をうけて処刑された。ソクラテスの哲学を受け継いだプラトンは、事象の背後には［ C ］(不変の観念)が存在するとした。また、選ばれた少数の有徳者のみが政治を担当すべきだという理想国家論を説いた。

プラトンの弟子のアリストテレスは経験と観察を重んじ、自然・人文・社会のあらゆる方面に思索を及ぼした。「万学の祖」と呼ばれる彼の学問体系は、のちにイスラームの学問やヨーロッパ中世のスコラ学に大きな影響を与えた。

ローマ人は高度な精神文化ではギリシアの模倣に終わったが、ギリシアから学んだ知識を帝国支配に応用する実用的文化においては、すぐれた能力をみせた。ローマ人の宗教はギリシア人同様多神教であった。帝政期の民衆のあいだにはミトラ教やマニ教など東方から伝わった神秘的宗教が流行したが、その中で最終的に国家宗教の地位を獲得したのがキリスト教である。

中世末期の西ヨーロッパでは都市が発展し、人間性の自由・解放を求め各人の個性を尊重しようとするルネサンス(再生)(2)と呼ばれる文化運動が現れた。ルネサンスは近現代につながる文化の出発点でもあり、また中世の文化の継承・発展という面もある。カトリック教会の権威が強かった中世盛期の文化と比べ、現世に生きる楽しみや理性・感情の活動が重視された。イタリアでは、『神曲』で知られるダンテや『デカメロン』を著したボッカチオが出たが、その影響下にイギリスでも［D］が『カンタベリ物語』を著した。ギリシア人天文学者［E］の唱えた天動説に疑問をもったコペルニクスは地動説を唱え、聖書の天地創造説話に基づき天動説の立場をとっていた教会の世界観に挑戦した。しかし、多くの学者がこの説を支持するのは、ニュートン天体力学確立後であった。

19世紀にはいって、啓蒙主義時代に準備された近代諸科学の発展を促す考え方が、哲学、社会思想、経済学、生物学などにおいても本格的に開花されていった。大学・企業で、化学や工学の進展をもとに、人造染料の合成、ガソリン＝エンジンやディーゼル＝エンジンなどの技術が発明され、(3)エネルギー革命が社会を大きく変えていった。近代諸科学や技術が発達すれば、人間は自然環境の困難を克服し、開発によって自然を人間に役立てることができるという考え方も広く共有されるようになった。

近代ヨーロッパの思想は合理的精神をもった個人の自立が自明の前提となっていたが、19世紀末になると、巨大組織の登場や戦争の多発などによって、(4)個人の孤立や非合理的感情の高まりが強く意識されるようになった。20世紀になると、自立した個人にかわって「大衆」の台頭もみられた。それまで世界の思想や芸術を主導してきた(5)西欧の影響が後退する傾向もみられるようになった。

そして、今日、地球規模の環境の危機に直面し、近代以来の社会の「進歩」に対する疑いの感情も発生し、集団間の共存を求める「多文化主義」や環境との共生を求める新しい思想や生活スタイルを模索する動きがみられるのである。

問１　空欄Ａ～Ｅにあてはまる**最も適切な語句**を解答欄に記入しなさい。

問２　下線部(1)に関して、普遍的、客観的な真理の存在を否定し「万物の尺度は人間」と述べた代表的なソフィストは誰か。解答欄に名前を記入しなさい。

問３　下線部(2)に関して、イタリア戦争で神聖ローマ皇帝カール５世と激しく戦い、イタリア侵入をきっかけにフランスにルネサンスを導入した国王は誰か。解答欄に名前を記入しなさい。

問 4 下線部(3)に関して、1825年、ストックトン・ダーリントン間で蒸気機関車ロコモーション号による客車・貨車の牽引に成功した人物は誰か。解答欄に名前を記入しなさい。

問 5 下線部(4)に関して、キリスト教を近代ヨーロッパ文明衰退の原因と考え、「神は死んだ」と唱え、超人の出現と永劫回帰の思想を展開した人物は誰か。解答欄に名前を記入しなさい。

問 6 下線部(5)に関して、ヨーロッパが自己と正反対のものとしてのオリエントに後進性や停滞といったイメージを画一的に押し付けてきたと批判した著作『オリエンタリズム』の著者は誰か。解答欄に名前を記入しなさい。

〔Ⅲ〕 次の文章**A**～**J**をよく読み、下線部(1)～(4)のうち**適切ではないもの**を一つ選び、その番号を解答欄にマークしなさい。

A 946年、スンナ派を信奉するブワイフ朝(1)はバグダードに入城し、大アミールとしてアッバース朝のカリフを傀儡化した。トルコ系のセルジューク朝の建国者であるトゥグリル＝ベクは、1055年にバグダードに入城し、ブワイフ朝を倒してアッバース朝カリフからスルタンの称号を授与された(2)。セルジューク朝はバグダードやイスファハーンなど領内の主要都市に学院(マドラサ)を建設し、学問の育成につとめた(3)。また、同朝はアナトリアやシリアの海岸地帯にも進出して、ビザンツ帝国を圧迫した(4)。

B クルド人のサラディン(サラーフ＝アッディーン)(1)は、1169年にアイユーブ朝をおこした。サラディンは対十字軍戦を遂行し、1187年にイェルサレムを奪回した。彼は神聖ローマ皇帝・フランス王・イギリス王が参加した第3回十字軍と戦ったが、イェルサレムの防衛に失敗して講和条約を結んだ(2)。アイユーブ朝の領内では、(3)イクター制が施行され、徴税法が制度化された。また、アイユーブ朝では君主によって購入された(4)マムルークと呼ばれるトルコ系やカフカス系の人々が軍人として重要な役割を果たした。

C　1250年、アイユーブ朝のマムルーク軍団出身者がマムルーク朝を建てた。(1)第5代スルタンのバイバルスは、1260年にシリアに侵入したモンゴル軍を撃退した。彼はアッバース朝カリフを復活させ、(2)メッカ・メディナの両聖都を保護下におさめて、イスラーム国家としてのマムルーク朝の権威を高めた。(3)首都カイロは国際商業・学術の中心として、14世紀に空前の繁栄を誇った。(4)アイユーブ朝によって建設されたアズハル学院は、スンナ派イスラーム教の信仰と学術活動の分野で中心的な役割を果たすようになった。

D　10世紀末から、中央アジアのイスラーム勢力がインドへの軍事進出を開始した。アフガニスタンを拠点とするガズナ朝は北インドに侵入し、略奪を繰り返した。(1)ガズナ朝最盛期のスルタンであるマフムードはインド遠征をおこない、ヒンドゥー教寺院を略奪・破壊して「偶像破壊者」と呼ばれた。ガズナ朝から独立したゴール朝もインド侵入を繰り返し、(2)ラージプート連合軍を破ってイスラーム教徒の北インド支配の基礎を築いた。13世紀、ゴール朝の将軍であるアイバクはデリーにインド最初のイスラーム王朝を建てた。(3)この王朝はスルタンや有力者に宮廷奴隷出身者が多いところから、奴隷王朝と呼ばれる。デリーを本拠として、(4)奴隷王朝、ハルジー朝、トゥグルク朝、イドリース朝、ロディー朝が建てられたが、これらを総称してデリー＝スルタン朝という。

E　マグリブ地方のモロッコを中心に、(1)ベルベル人が11世紀にムラービト朝、12世紀にムワッヒド朝を建て、ともにマラケシュに都を定めた。ムラービト朝は、(2)ガーナ王国を破り、内陸アフリカにイスラーム教が広まる道を開いた。イベリア半島では、(3)1492年に最後のイスラーム王朝であるナスル朝がスペインによって滅ぼされ、約800年におよぶムスリムによるイベリア半島支配が終わった。(4)トレドのアルハンブラ宮殿はナスル朝の宮殿兼城塞であり、スペイン＝イスラーム建築の代表とされている。

F　13世紀におこったマリ王国は、現在のセネガルからマリにかけての地域を版図とした。マリ王国全盛期の国王マンサ＝ムーサはメッカ巡礼をおこなったことで知られている。(1) 15世紀に建てられたソンガイ王国は、西アフリカの隊商都市の大部分を支配し、ニジェール川中流の交易都市トンブクトゥは内陸アフリカにおけるイスラームの学問の中心地として栄えた。(2) アフリカ東岸の海港都市にはムスリム商人が住みつき、インド洋交易の拠点として繁栄した。15世紀、南海遠征をおこなった明の鄭和の艦隊はキルワまで到達している。(3) ザンベジ川の南では、11世紀にショナ人によってモノモタパ王国が建国され、(4) インド洋交易で栄えた。

G　西アジアのイスラーム社会は都市を中心に発展した。各地の都市には軍人・商人・職人らが住み、イスラーム諸学を修めた学者・知識人であるウラマーはイスラーム法に精通した法官として、社会秩序の維持に大きな役割を果たした。(1) 10世紀以降、都市の職人や農民の間で、形式的な信仰を排して神との一体感を求めるスーフィズムが盛んになった。(2) 12世紀になると、聖者を中心に多くの神秘主義集団が結成された。(3) また、カリフやスルタンをはじめとする支配者たちがモスクや学院を建設し、これらの建物・施設に土地や商店の収入をデヴシルメとして寄進することによって、文化活動を保護した。(4)

H　イスラーム教徒はギリシア哲学の研究に力を注いだ。イラン系の学者である(1) イブン＝シーナーはイスラーム哲学を体系化したほか、『医学大全』を著して16世紀頃までヨーロッパ医学にも大きな影響を与えた。コルドバ生まれの(2) イブン＝ルシュドはアリストテレス研究を深化させ、中世ヨーロッパのスコラ哲学に大きな影響を与えた。モロッコから中国に至る広大な世界を旅した(3) イブン＝バットゥータは、口述筆記によるアラビア語の『旅行記』(『三大陸周遊記』)を残した。また、イラン系詩人のフィルドゥシーは、(4) イラン建国からササン朝までの各王朝の歴代の王や英雄の生涯・戦いをつづった民族・英雄叙事詩である『シャー＝ナーメ』(『王の書』)を記した。

I　14世紀、(1) ティムールはサマルカンドに拠ってティムール朝を建てた。彼はモンゴル帝国再興を意図して中央アジアからイラン・イラクに至る地域に征服活動を展開した。1402年、ティムールはアンカラ(アンゴラ)の戦いでオスマン帝国を破り、メフメト2世を捕虜にした。(2) さらに明討伐の東方遠征に出発したが、その途中のオトラルで死去した。(3) ティムールや彼の子孫は学芸を好み、宮廷ではイラン文学や細密画の傑作がつくられ、トルコ語の文学作品も現れた。第4代君主ウルグ=ベクが建設した天文台を中心に天文学や暦法が発展した。(4)

J ティムール朝の衰退後、イランでは神秘主義教団の長イスマーイールがトルコ系遊牧民キジルバシュの支持を得てタブリーズを占領し、サファヴィー朝を開いた。(1) イスマーイールはシーア派の十二イマーム派を国教とした。(2) また、シャーの称号を採用し、イラン人の民族意識高揚につとめた。サファヴィー朝はアッバース1世の治世に最盛期を迎えた。彼はオスマン帝国と戦って領土の一部を回復し、オランダ人をホルムズ島から追放した。(3) また、イスファハーンへ遷都し、多くの壮麗な建物で飾り、「イスファハーンは世界の半分」と言われるほどの繁栄をもたらした。(4)

〔Ⅳ〕 次の文章をよく読み、下線部(1)～(10)に関する問1～10に答えなさい。

9世紀中頃にウイグルが滅亡した後、モンゴル高原では大小さまざまな遊牧集団(1)が割拠して抗争を続けていた。この間、諸部族の多くを服属させていたのは遼(契丹)(2)であったが、12世紀初めに遼が滅びると、モンゴル高原の諸部族のあいだで統合の動きが強まった。

やがてモンゴル部族のなかで勢力をのばしたテムジンは、1206年のクリルタイでハン位につき、チンギス＝ハンと称して、モンゴル系・トルコ系の諸部族を統一して大モンゴル国(モンゴル帝国)を建てた。彼は、ホラズムを攻略して中央アジアに領域を広げたのち、西夏征服の途上で病死した。しかし、チンギス＝ハンの死後もモンゴル帝国は彼の後継者たち(3)によって領土を拡大し、13世紀半ばまでに、東は中国北部から西はロシア・イランにいたる広大な領域に広がった。この大領土のなかには、チンギス＝ハンの子孫たちがおさめる地方的政権(4)がつくられ、それらが大ハンのもとにゆるやかに連合する形をとったが、それら諸勢力のあいだでは大ハン位をめぐる相続争いもしばしばおこった。

相続争いを経て即位した第5代皇帝のフビライは、大都に都を定め、国名を中国風に元(5)と称し、ついで南宋を滅ぼして中国全土を支配した。フビライは、モンゴル高原と中国を領有したほか、チベットや高麗を属国とし、さらに東アジア・東南アジア諸地域に遠征軍をおくった(6)。元の時代には、都を中心に領土全体に駅伝網が整備され、江南と大都を結ぶ南北の交通として大運河が補修され新運河も開かれたほか、長江下流から山東半島をまわり大都にいたる海運も発達した。モンゴル帝国の成立により、東西の交通路が整備されたため、東西文化の交流(7)が盛んになり、13世紀から14世紀にかけて、草原の道、オアシスの道、海の道(8)のいずれにおいても、人とモノ、情報の移動と流通がこれまでになく活発になった。

14世紀には世界各地で自然災害や疫病が多発したが、東アジアでも飢饉が続き、元朝の支配力は衰えた。中国では、紅巾の乱をきっかけに各地で反乱がおこり、元は明軍に大都を奪われてモンゴル高原に退き、明(9)は南京を都として中国を統一した。明は建国当初より周辺諸国に対し朝貢勧誘をおこなったが、明の対外関係が大きく発展するのは永楽帝の時代になってからであった。永楽帝は、北方ではモンゴル高原に遠征し、南方ではベトナムを一時占領したほか、イスラーム教徒の宦官鄭和に南海遠征をおこなわせるなどの積極的な対外政策をとり、その結果、明に朝貢する国々(10)は多数にのぼった。

問１　下線部(1)「遊牧集団」に関する記述として**適切ではないもの**を次の①～④のなかから一つ選び、その番号を解答欄にマークしなさい。

①　文献史料のうえで知られる最初の遊牧国家は、前７世紀頃に南ロシアの草原地帯を支配したイラン系騎馬遊牧民のスキタイである。スキタイ人がうみだした騎馬文化とその影響をうけて形成された中央ユーラシア草原地帯の騎馬文化はスキタイ文化と呼ばれ、特有の動物文様が施された金属工芸品や馬具・武器などを特徴とした。

②　モンゴル系民族の言語であるモンゴル語は、アルタイ語族に属する。現在、モンゴル語の表記においては、内モンゴルではキリル文字、モンゴル国ではウイグル文字がもちいられている。

③　キルギスは、モンゴル高原北部のイェニセイ川上流を本拠地にしていたトルコ系遊牧民である。キルギスは840年に同じトルコ系のウイグルを滅ぼしたが、その後、各地に離散し、主要部は西走してイスラーム化した。

④　乾燥した気候のために農耕の難しい内陸アジアの草原地帯では、羊・牛・馬などの家畜を主要な財産とする遊牧民が、草と水を求めて季節的に移動し、遊牧と狩猟の生活を営んでいた。

問２　下線部(2)「遼(契丹)」に関する記述として**適切ではないもの**を次の①～④のなかから一つ選び、その番号を解答欄にマークしなさい。

①　契丹は北方民族として本拠地を保ちながら中国内地をも支配した最初の国家であり、はじめウイグル文化の影響を受けたが、やがて中国文化を吸収し、仏教を受け入れた。

②　11世紀初めに宋と遼が河南省の澶州で結んだ澶淵の盟により、宋が毎年多額の銀や絹を遼におくること、宋が兄、遼が弟の関係とすること、国境を保全することなどが定められた。

③　領内には遊牧・狩猟・農耕などさまざまな生業をもつ諸民族がいたた

め、農耕民には州県制にもとづく北面官、遊牧・狩猟民には部族制にもとづく南面官によって統治する二重統治体制をとった。

④　耶律阿保機のときに漢字をもとに作られた大字と、のちに弟の迭剌がウイグル文字の影響で作った表音文字系の小字からなる契丹文字が作られた。

問 3　下線部(3)「彼の後継者たち」に関する記述として**適切ではないもの**を次の①〜④のなかから一つ選び、その番号を解答欄にマークしなさい。

①　チンギス＝ハンの第2子のオゴタイは、1234年にツングース系女真人の王朝である金を滅ぼして華北を領有するとともに、モンゴル高原のカラコルムに都を建設した。

②　チンギス＝ハンの末子トゥルイの長子であるモンケは、第3代皇帝グユクの死後、バトゥの後押しとトゥルイ家の軍事力を背景に即位した、憲宗と呼ばれるモンゴル帝国第4代の皇帝である。

③　モンケやフビライの弟であるフラグは、モンケの命で西アジア遠征をおこない、バグダードを占領してアッバース朝を滅ぼした。

④　チンギス＝ハンの長子ジュチの次子バトゥの率いる軍は、西北ユーラシアの草原を制圧して東欧に侵入し、ワールシュタットの戦いでドイツ・ポーランド連合軍を破った。

問 4　下線部(4)「チンギス＝ハンの子孫たちがおさめる地方的政権」に関する記述として**最も適切なもの**を次の①〜④のなかから一つ選び、その番号を解答欄にマークしなさい。

①　キエフ(キーウ)に都を置いたキプチャク＝ハン国によるロシア諸侯の支配を例えたことばである「タタール(モンゴル人)のくびき」は、モンゴル人の間接支配がロシアの発展をおくらせたという、ロシア人の後世の主張でもある。

②　イル＝ハン国は、タブリーズを都として建国された政権である。第7代君主のガザン＝ハンのときにイスラーム教を国教に定め、ラシード＝アッディーンを宰相として税制改革をおこなうなど、その全盛期を現出した。

③　チャガタイ＝ハン国は、都アルマリクを中心に交易で繁栄したが、14世紀半ばにイスラーム文化の受容をめぐる対立から東西に分裂し、東チャガタイ＝ハン国からティムールが出現した。

④　モンゴル帝国を構成する3ハン国をその設立時期の早いものから順に並べると、チャガタイ＝ハン国、イル＝ハン国、キプチャク＝ハン国となる。

問5　下線部(5)「元」に関する記述として**適切ではないもの**を次の①～④のなかから一つ選び、その番号を解答欄にマークしなさい。

①　元代にモンゴル語を表記するために、フビライの命でチベット仏教の高僧パスパがチベット文字をもとにパスパ文字を作成した。パスパ文字は、元の国威の象徴として公文書や印璽・牌符などにもちいられたが、書きにくさもあり一般には普及しなかった。

②　元の政府は、支配下の地域の社会や文化には概して放任的な態度をとったので、大土地所有も宋代以来ひきつづき発展した。また、都市の庶民文化が栄え、王実甫の『西廂記』や馬致遠の『漢宮秋』などに代表される元曲が流行した。

③　貨幣としては、銅銭・金・銀がもちいられていたが、やがて交鈔と呼ばれる紙幣が政府から発行された。使用されなくなった銅銭は日本などに流出し、貨幣経済の発達をうながした。

④　元は中国の統治に際して、中国の伝統的な官僚制度を採用し、儒学の古典につうじた士大夫が実質的な政策決定をおこなった。また、色目人と総称される中央アジア・西アジア出身の人々が財務官僚として重用された。

問6　下線部(6)「東アジア・東南アジア諸地域に遠征軍をおくった」に関する記述として**適切ではないもの**を次の①～④のなかから一つ選び、その番号を解答欄にマークしなさい。

①　北部ベトナム・大越国の王朝である陳朝は、元の侵攻を3度にわたり撃退した。他方、イラワディ川流域に成立し上座部仏教を信奉したビルマ初の統一王朝であるパガン朝は、元軍の攻撃を受けて衰退し、13世紀末に

滅亡した。

② 13世紀後半に元がおこなった2度の日本遠征は、日本の側からは「蒙古襲来」あるいは「元寇」と呼ばれる。1274年の文永の役は、元・高麗の連合軍、1281年の弘安の役は、元・高麗・旧南宋の連合軍が侵攻したが、いずれも敗退した。

③ ジャワ島東部に栄えたヒンドゥー王国のシンガサリ朝は元の侵攻により滅んだが、シンガサリ朝滅亡直後に王の娘婿が元の干渉を退けてマジャパヒト王国を建国した。

④ 元が遠征したチャンパーは、2世紀末にベトナムにチャム人が建てた王国である。この国は、中国の史料では林邑・占城などと記され、海上交易で栄え、インドの影響を受けた寺院や像が数多く作られた。

問7 下線部(7)「東西文化の交流」に関する記述として**最も適切なもの**を次の①～④のなかから一つ選び、その番号を解答欄にマークしなさい。

① イスラーム暦法の影響を強く受けた太陰太陽暦である授時暦が、欧陽詢によって作成された。その後、この授時暦をもとに江戸時代の日本で貞享暦が渋川春海によって作られ、19世紀半ばまでもちいられた。

② 13世紀半ば、ローマ教皇はプラノ＝カルピニ、フランス王ルイ9世はルブルックを使節としてモンゴル高原におくった。また、13世紀末に教皇の特使として大都に派遣されたモンテ＝コルヴィノは、中国で最初のカトリック布教者となった。また彼は大都の初代大司教に任命された。

③ イスラーム世界からもたらされたコバルト顔料をもちいて景徳鎮などで青花(染付)の陶器が生産された。また、イスラーム世界で発達した細密画(ミニアチュール)の技法は中国絵画に大きな影響を与えた。

④ 元を訪れたヴェネツィア生まれのマルコ＝ポーロの口述を書きとめた『世界の記述』(『東方見聞録』)は、大都や杭州などの中国の大都会の繁栄や日本の存在を伝え、ヨーロッパ人の東アジアに対する興味をかきたてた。マルコ＝ポーロは、杭州をザイトン、日本をジパングという名でヨーロッパに紹介した。

問8　下線部(8)「オアシスの道、海の道」に関する記述として**最も適切なもの**を次の①〜④のなかから一つ選び、その番号を解答欄にマークしなさい。

① オアシスの道は、中国の洛陽・長安から中央アジアのオアシス諸都市を中継して、地中海東岸を結んだ交易路である。なかでも天山山脈の北麓に位置したオアシス都市クチャ(亀茲)やカシュガル(疏勒)をとおる路は、天山北路と呼ばれた。

② 海の道は、地中海から紅海・アラビア海・インド洋を経て、東南アジア・中国にいたる海上交易ルートである。東晋の僧法顕は、戒律の原典を求めてこの海路でインドに赴き、グプタ朝のチャンドラグプタ2世に会って帰国した。

③ オアシスの道は、19世紀にドイツの歴史学者ランケによって「絹の道」(シルク＝ロード)とも呼ばれ、それは西方の文物のほか、マニ教・仏教・キリスト教などが東伝するルートともなった。

④ 季節風が発見された後、海の道では交易が活性化し、ローマの金貨、インドの綿製品、東南アジアの香辛料、中国の絹などの特産品が盛んに取引された。また、中国の陶磁器がおもりがわりとしても積みこまれて輸送されたので、「陶磁の道」とも呼ばれる。

問9　下線部(9)「明」に関する記述として**最も適切なもの**を次の①〜④のなかから一つ選び、その番号を解答欄にマークしなさい。

① 紅巾の乱の中で頭角をあらわし明朝を創建した朱元璋は、漢の高祖劉邦とおなじく農民の家に生まれて一代で皇帝となった。

② 農村では、全国的な人口調査をもとに10戸を1里、100戸を1甲としてそれぞれに里長戸、甲首戸をおいた里甲制を実施した。このほか、「父母に孝順なれ、目上を尊敬せよ」などの内容の六諭を定め、各里で里老人にとなえさせて民衆の教化をはかった。

③ 明代には長江中流域があらたな穀倉地帯となり、「湖広熟すれば天下足る」と称せられた。また、商業・手工業の発展にともない、山西商人や徽州(新安)商人などの特権商人が巨大な富を築き、大きな都市には、同郷出身者や同業者の互助や親睦をはかるための会館や公行がつくられた。

④　木版印刷による書物の出版が急増し、科挙の参考書や小説、商業・技術関係の実用書などが多数出版されて書物の購買層は広がった。四大奇書と呼ばれ、明代に完成された4つの口語小説である『三国志演義』、『水滸伝』、『西遊記』、『紅楼夢』は、多くの読者を獲得した。

問10　（設問省略）

〔V〕 次の文章**A**～**J**をよく読み、下線部(1)～(4)のうち、**適切ではないもの**を一つ選び、その番号を解答欄にマークしなさい。

A (1)北アメリカ大陸の大西洋岸にイギリス人が建設した13植民地の代表は、1776年、フィラデルフィアで独立宣言を発表した。植民地内には、独立派のほか、イギリス国王への忠誠派や中立派も存在していたが、1776年に出版されたトマス＝ペインの『コモン＝センス』は、独立を「常識」であると宣言し、大きな反響を呼んだ。独立軍は当初苦戦したが、(2)イギリスと対立していたフランスやスペインの参戦、ロシア皇帝ピョートル3世が提唱した武装中立同盟の結成にも助けられ、次第に優勢となっていく。(3)1781年のヨークタウンの戦いで敗れたイギリスは、最終的に、1783年のパリ条約でアメリカ合衆国の独立を承認し、ミシシッピ川以東のルイジアナを割譲した。その後、1787年にフィラデルフィアの憲法制定会議において採択されたアメリカ合衆国憲法は、各州の自治を認めつつ中央政府の権限を強化する連邦主義を採用したが、これを支持する連邦派とこれに批判的な反連邦派の対立は解消されなかった。実際にも、初代大統領のワシントンの下で1789年に発足した連邦政府においては、(4)連邦派のハミルトンが財務長官として国家財政の安定に努め、反連邦派のトマス＝ジェファソンが国務長官として外交を担っている。

B カリブ海のイスパニョーラ島西部は、17世紀末にフランス領となり、サン＝ドマングと呼ばれていた。(1)18世紀末には、フランス革命の影響を受け、トゥサン＝ルヴェルチュールを指導者とする奴隷解放運動が始まり、1804年には、史上初めての黒人共和国ハイチとして独立を果たした。その後、1810年頃からは、ラテンアメリカ各地で独立運動が始まった。(2)ベネズエラ出身のシモン＝ボリバルは、1819年には大コロンビア共和国を樹立して大統領に就任し、1825年にはボリビアの独立を達成した。また、(3)アルゼンチン出身のサン＝マルティンは、1818年にはチリの解放、1821年にはペルーの解放、1822年にはブラジルの解放に成功している。他方、(4)メキシコでは、司祭イダルゴの蜂起により1810年に開始された独立運動は失敗したものの、1821年にスペインとの間で条約が締結され、独立が達成された。

C　南北戦争の終結後、アメリカ合衆国の経済は目覚ましい発展を遂げた。入植者が急増した西部は、巨大な市場を提供すると同時に、農業地域として発展した。西部入植者の増加と西部開拓には、ホームステッド法(自営農地法)の貢献が大きい。同法は、南北戦争中の1862年に制定され、公有地に5年間定住・耕作した者に160エーカーの土地を無償で与えるとしていた。(1)加えて、西部の発展に伴い、東部と西部を結ぶ交通・通信網が整備され、有線電信の開通に続き、1869年には最初の大陸横断鉄道が完成している。(2)元来、天然資源に恵まれていたアメリカ合衆国は、労働力不足を補う技術革新も盛んであり、南北戦争後には石炭・石油・鉄鋼などの重工業が躍進し、19世紀末には世界一の工業国となった。その主たる担い手となったのは独占企業であったが、その市場支配への反発などから、農民を中心としたポピュリズムと呼ばれる政治運動や、アメリカ労働総同盟(ＡＦＬ)などによる労働運動も高まりを見せた。(3)また、重工業の発展を支える労働力が不足したため、東欧・南欧から不熟練労働者が移民として大量に導入されたが、これが移民制限運動を招き、1882年の移民法は、東欧・南欧からの移民を禁止するに至っている。(4)

D　19世紀末のアメリカ合衆国では、西部におけるフロンティアの消滅を背景に、海外進出を目指す帝国主義政策を求める声が高まっていた。共和党のマッキンリー大統領は、キューバの独立運動に乗じてアメリカ＝スペイン(米西)戦争をおこし、これに勝利した。(1)その結果、キューバを保護国化するとともに、プエルトリコなどを獲得している。マッキンリーは、その後も、軍事力を背景とする「棍棒外交」を通じ、パナマ運河建設の権利を獲得するなど、積極的なカリブ海政策を推進した。(2)また、同じく共和党のタフト大統領は、カリブ海地域への経済進出を強める「ドル外交」を推進し、経済的・金融的手段を積極的に活用している。(3)これに対し、1913年に大統領に就任した民主党のウィルソンは、アメリカ民主主義の道義的優位を説く「宣教師外交」を推進しつつも、(4)カリブ海地域に武力干渉を行い、1914年にはパナマ運河を開通させるなどして、カリブ海地域での覇権を確立した。

E　スペイン領であったフィリピンでは、スペイン支配からの解放を目指す秘密(1)

結社カティプーナンが1892年に結成され、1896年には、カティプーナンの対スペイン蜂起を契機として、フィリピン革命と呼ばれる独立運動が始まっていた。そこで、1898年に勃発したアメリカ=スペイン(米西)戦争に際し、フィリピン革命の指導者アギナルドは、アメリカ合衆国の協力で帰国してスペインからの独立運動を展開し、1899年にはフィリピン共和国の樹立を宣言した。ところが、アメリカ=スペイン(米西)戦争に勝利し、フィリピンの領有権を獲得していたアメリカ合衆国は、フィリピン共和国の成立を認めたものの、アメリカ軍の駐留をめぐる交渉が決裂したため、1899年にはフィリピン=アメリカ戦争が勃発する。この戦争に勝利したアメリカ合衆国はフィリピンの植民地統治を開始したが、フィリピン人の独立要求の高まりや世界恐慌の影響で、アメリカ合衆国にとってもフィリピン領有が負担となったことから、1934年には、フランクリン=ローズヴェルト大統領の下でフィリピン独立法が制定され、翌年には、ケソンを大統領とする独立準備政府が発足した。

(2) (3) (4)

F アメリカ合衆国のテキサス併合を契機とするアメリカ=メキシコ戦争に敗れたメキシコでは、自由主義派と保守派の対立の中で内戦が勃発した。1861年には、カランサ大統領の指導の下で自由主義派が勝利したが、フランスのナポレオン3世の武力干渉により、1864年には、オーストリア大公マクシミリアンを皇帝とする帝政が成立する。しかし、メキシコ民衆の抵抗とアメリカ合衆国の抗議によりフランス軍は撤退し、ナポレオン3世の干渉は最終的に失敗に終わった。その後、1876年のクーデタで政権を掌握し、1877年に大統領に就任したディアスは、鉱山開発などによる近代化を推し進めたが、政権の長期化に伴い独裁化の様相を呈するに至る。そこで、1910年に自由主義者のマデロが武装蜂起を呼びかけ、メキシコ革命をおこす。マデロの呼びかけには、農民指導者のサパタやビリャも呼応し、1911年にはディアス政権を打倒した。その後も政変は続き、1913年にはマデロが、1919年にはサパタが、1923年にはビリャが暗殺されているが、1917年に民主的なメキシコ憲法が制定されたことが、メキシコの安定につながった。同憲法は、強大な権限を大統領に付与しつつ、政教分離、土地改革の推進、地下資源の国家管理、労働者の権利保障などをうたっている。

(1) (2) (3) (4)

G　1929年10月に始まった世界恐慌に対し、アメリカ合衆国のフーヴァー大統領は、1931年にフーヴァー＝モラトリアムを発し、政府間債務の1年間支払い猶予を宣言した。しかし、その効果は上がらず、フーヴァーは、1932年の大統領選挙で、フランクリン＝ローズヴェルトに敗れた。大統領に就任したローズヴェルトは、ニューディールという経済復興政策を実施した。具体的には、(1)農業政策としては、農業調整法(ＡＡＡ)を制定し、補助金と引き換えに作付けを制限し、農産物価格の引き上げを図った。また、(2)産業政策としては、全国産業復興法(ＮＩＲＡ)を制定し、企業の価格協定を認め、労働者の団結権・団体交渉権を否定した。さらには、金の流出を防ぐために金本位制から離脱し、(3)1933年に開催されたロンドン世界経済会議においても、政府の財政支出を容易にするため、金本位制への復帰を拒否した。その結果、ドル・ポンド・フランなどの通貨を軸に経済圏を形成する経済ブロック化の流れが助長され、(4)ドル経済圏の確保を狙ったアメリカ合衆国は、ラテンアメリカ諸国への内政干渉を控える善隣外交政策をとった。

H　(1)アメリカ合衆国は、1935年に中立法を制定し、交戦国への武器や軍需品の売却を禁止していたが、1941年3月には武器貸与法を制定し、反ファシズム諸国支援の姿勢を明確にした。(2)同年4月からは、日米衝突を回避するための日米交渉が行われていたが、日本の近衛文麿内閣が10月に交渉を打ち切り、その後を受けて成立した東条英機内閣が12月の御前会議で対米開戦を決定した。12月8日には、ハワイの真珠湾(パールハーバー)にあるアメリカ海軍基地を日本海軍が攻撃し、太平洋戦争が始まった。(3)開戦当初は日本が優位に立ち、南太平洋の制海権を握るとともに、「大東亜共栄圏」を唱えて東南アジア諸国を支配したが、1942年のミッドウェー海戦で日本海軍がアメリカ海軍に大敗すると、戦況は逆転する。アメリカ軍は、1944年にはレイテ島を奪回し、1945年に入るとマニラをも奪回し、4月には沖縄本島に上陸した。さらに、(4)8月に入ると、アメリカ軍が広島と長崎に原子爆弾を投下し、その後、日本は、8月14日にポツダム宣言を受諾して降伏するに至っている。

I　米ソ冷戦は、1950年に勃発した朝鮮戦争を機に、アジア・太平洋地域にも広がっていく。アメリカ合衆国は、軍事同盟網を張り巡らせる動きを展開するとともに、(1)1953年には、アイゼンハワー大統領の下でダレス国務長官が「巻き返し政策」を発表し、「封じ込め政策」よりも積極的な反共外交政策を唱えた。具体的な動きとしては、(2)1951年に、フィリピンとの間で米比相互防衛条約、オーストラリア・ニュージーランドとの間で太平洋安全保障条約(ANZUS)を締結し、サンフランシスコ平和条約の締結を通じて独立を回復した日本との間でも、日米安全保障条約を締結した。加えて、その後も、1953年に米韓相互防衛条約、1954年に米華相互防衛条約を締結し、同年には東南アジア条約機構(SEATO)を結成するなど、反共安全保障体制を強化している。他方で、アメリカ合衆国の国内においては、平時でも大規模な軍隊を維持するとともに、国内の共産主義者の活動を規制するという動きが強まっていった。具体的には、(3)1947年に制定された国家安全保障法において、中央情報局(CIA)や、陸・海・空軍省を統合した国家軍事機構などが設置された。また、(4)同年には、労働者の団結権と団体交渉権を認めていたタフト・ハートレー法に代わり、労働組合の活動を規制するワグナー法が制定された。さらには、1950年頃からは、「赤狩り」と呼ばれる反共扇動活動も活発に展開されている。

J　キューバでは、1959年に発生したキューバ革命によって、親米的なバティスタ政権が倒された。(1)首相となったカストロは、農地改革や、アメリカ合衆国資本を含む大企業の国有化を行い、これに対し、アメリカ合衆国は、ケネディ大統領の下で、1961年にキューバと断交した。その後、カストロは反米の立場を強め、社会主義宣言を発表してソ連寄りの姿勢を示している。他方で、(2)ケネディは、他のラテンアメリカ諸国へのキューバ革命の波及を阻止するべく、ラテンアメリカ諸国の社会発展に関する協力を提案し、「進歩のための同盟」と称する大規模な経済援助を開始した。(3)1962年になると、キューバにおけるソ連のミサイル基地建設計画が発覚し、ケネディは、ソ連船によるミサイル資材の搬入に海上封鎖で対抗したため、米ソ間で一挙に緊張が高まった。最終的には、(4)アメリカ合衆国のキューバ内政への不干渉を条件に、ソ連がミサイル基地を撤去するという合意が成立したため、米ソ間の戦争は回避されている。

政治・経済

(60分)

〔Ⅰ〕 次の文章を読んで、下記の問に答えなさい。

1945年2月、第二次世界大戦後の世界秩序についてアメリカ、イギリス、ソ連の首脳は<u>ヤルタ会談</u>(1)を開いて話し合った。<u>国際連合</u>(2)が1945年10月に正式に発足したが、ヤルタ会談ですでに現れていた国家間の対立は、第二次世界大戦後にアメリカとソ連という二つの超大国を軸にした東西陣営の対立へと発展し、冷戦が始まった。西側ではアメリカが1947年に、共産主義封じ込めを狙ったトルーマン・ドクトリンを発表したのに続いて、ヨーロッパの経済復興を助けるための［ ア ］を発表した。そして、1949年には集団的安全保障のためアメリカと西欧諸国によって<u>NATO</u>(3)が結成された。東側ではソ連の影響力の下、東欧の国々が相次いで社会主義化され、1947年にコミンフォルムが組織され、1949年に経済的結束を固めるため［ イ ］が結成された。ドイツが東西に分かれて、西ドイツがNATOに加盟すると、ソ連と東側諸国は東ドイツを加えた軍事同盟のワルシャワ条約機構を設立して西側陣営と対立した。1961年には東・西ドイツの分断と冷戦の象徴である［ ウ ］が建設された。東西両陣営のどちらも核抑止論を唱え、軍備を拡張し、米・ソは核実験を行い、核兵器の保有量と高性能化を競い合った。しかし、1954年にアメリカの水爆実験のため日本の漁船員が死亡した［ エ ］事件が起きたことにより、核兵器の脅威が再認識され、1955年に<u>第1回原水爆禁止世界大会</u>(4)が開かれた。また、1962年には、地理的にアメリカのすぐ近くで［ オ ］が起き、米・ソ間の核戦争が懸念されたが回避された。これを教訓として米・ソ首脳間にホットラインが結ばれた。［ オ ］の後、<u>核実験や核開発を制限する動きも始まった</u>(5)。ヨーロッパでは、地域の緊張緩和と相互の安全保障を討議するため、1975年にヘルシンキで［ カ ］が開かれた。

同時期の日本および日本の周辺国の動きに目を向けると、1949年に中華人民共和国(6)が成立し、1950年に［　キ　］が勃発した。戦後の日本は連合国軍の占領下におかれたが、米・ソの緊張が強まり、［　キ　］が起きたことによって、アメリカの対日占領政策は大きな転換点を迎えた。1950年に連合国軍最高司令官総司令部(GHQ)の指令により、日本に警察予備隊が作られた。1952年に警察予備隊は保安隊へ改組され、1954年の［　ク　］協定の締結により、日本は防衛力の増強を強く求められた。これを受けて、自衛隊法の制定により、自衛隊が発足した。1951年に日本は主に西側諸国との間に［　ケ　］を締結して独立を回復し国際社会に復帰した。ソ連とは1956年に日ソ共同宣言(7)で国交を回復し、日本は国際連合への加盟を果たした。また、［　ケ　］と同時に結ばれた日米安全保障条約(安保条約)(8)によって、アメリカ軍の日本駐留が認められた。1960年に安保条約の大幅な改定が行われ、現行の新安保条約が成立した。この改定にあたり、米軍の配置や装備の重要な変更、日本からの戦闘作戦行動、日本国内へ核兵器を持ち込む場合などには日米間での［　コ　］を行うことが定められた。日本国憲法第9条は、憲法前文(9)の趣旨を踏まえ、戦争の放棄、戦力の不保持、交戦権の否認などを定めている。このことから、自衛隊や安保条約に対しては、合憲・違憲を争った裁判も行われた(10)。

(問 1)　文中のアからコの空欄に当てはまるもっとも適切な語句を解答欄に書きなさい。

(問 2)　下線部(1)のヤルタ会談に臨んだアメリカ・イギリス・ソ連の首脳の3人の名前の組み合わせとしてもっとも適切なものを1つ選び、そのアルファベットを解答欄にマークしなさい。

A　(米)ケネディ、(英)チャーチル、(ソ)スターリン

B　(米)アイゼンハワー、(英)イーデン、(ソ)フルシチョフ

C　(米)ローズベルト、(英)イーデン、(ソ)フルシチョフ

D　(米)ローズベルト、(英)チャーチル、(ソ)スターリン

(問 3)　下線部(2)に関連して、国際連合の主要機関である安全保障理事会(安保理)について説明した記述として、その内容が**適切でないもの**を1つ選び、そのアルファベットを解答欄にマークしなさい。

A　安保理は5常任理事国と10非常任理事国の計15か国で構成される。

B　安保理の常任理事国は、手続き事項以外のすべての事項について拒否権を持っている。

C　安保理は国際平和と安全の維持に関して責任を負うため、軍事的措置を決定する場合には、総会の事前承認を得なければならない。

D　2022年のロシアによるウクライナ侵攻では、ロシアによる拒否権行使によって安保理が有効に機能しなかった。

(問 4)　下線部(3)のNATOとは何の略か。漢字で解答欄に記入しなさい。

(問 5)　下線部(3)に関連した記述として、その内容が**適切でないもの**を1つ選び、そのアルファベットを解答欄にマークしなさい。

A　冷戦終結後、ポーランドなど旧東側諸国の一部もNATOに加盟し、NATOの東方拡大が進んでいる。

B　冷戦終結後、日本やオーストラリアも新たにNATOに加盟した。

C　NATOは加盟国の一つが武力攻撃を受けた場合、それをすべての加盟国への攻撃とみなし、攻撃された国を援助して共同で防衛する権利を認めている。

D　2022年にロシアがウクライナに軍事侵攻すると、NATO諸国がウクライナ支援に乗り出した。

(問 6)　下線部(4)に関連して、第1回原水爆禁止世界大会の開催地はどこか。もっとも適切な地名を1つ選び、そのアルファベットを解答欄にマークしなさい。

A　広島　　　　B　長崎

C　ストックホルム　　　　D　ニューヨーク

(問 7)　下線部(5)に関連して、核兵器の廃絶と軍縮の動きに関する記述として、その内容が**適切でないもの**を1つ選び、そのアルファベットを解答欄にマークしなさい。

A　部分的核実験禁止条約(PTBT)は、大気圏内、宇宙空間および水中の核実験を禁止した。

B　包括的核実験禁止条約(CTBT)は、地下核実験を含む一切の核実験を禁止するものだが、核保有国のアメリカや中国などの批准が完了していないため未発効である。

C　核拡散防止条約(NPT)は、核兵器の保有国を増加させないことを目的としており、加盟する非核保有国は、国際原子力機関の核査察の受け入れを条件に、原子力の平和的な利用が認められている。

D　核兵器禁止条約は、核兵器の製造や保有、使用だけでなく使用の威嚇も禁止するもので、被爆国日本も批准している。

(問 8)　下線部(6)に関連して、中華人民共和国(中国)に関する記述として、その内容が**適切でないもの**を1つ選び、そのアルファベットを解答欄にマークしなさい。

A　中国では国家の最高機関は立法府である全国人民代表大会と規定されている。

B　日中共同声明では、日本は中華人民共和国を唯一の合法政府と認め、中国は戦争賠償の請求を放棄した。

C　中国と日本の間には、竹島をめぐり領土問題がある。

D　中国では1993年に社会主義市場経済が憲法に明記された。

(問 9)　下線部(7)に関連して、北方領土のうち、日ソ共同宣言で平和条約締結後に日本に返還すると約束された2島の名前を漢字で解答欄に記入しなさい。

(問10)　下線部(8)に関連して、「思いやり予算」とは何を意味するか、30字以内で解答欄に記入しなさい。

(問11)　下線部(9)に関連して、下記の日本国憲法前文の一部の空欄に入る語句を解答欄に記入しなさい。(空欄に入る語句はすべて共通)

「日本国民は、恒久の［　　　］を念願し、人間相互の関係を支配する崇高な理想を深く自覚するのであつて、［　　　］を愛する諸国民の公正と信義に信頼して、われらの安全と生存を保持しようと決意した。われらは、［　　　］を維持し、専制と隷従、圧迫と偏狭を地上から永遠に除去しようと努めてゐる国際社会において、名誉ある地位を占めたいと思ふ。われらは、全世界の国民が、ひとしく恐怖と欠乏から免かれ、［　　　］のうちに生存する権利を有することを確認する。」

(問12)　下線部(10)に関連して、自衛隊の合憲・違憲を争った裁判として、**適切でないもの**を1つ選び、そのアルファベットを解答欄にマークしなさい。

A　恵庭事件

B　長沼ナイキ基地訴訟

C　百里基地訴訟

D　砂川事件

〔Ⅱ〕 次の文章を読んで、下記の問に答えなさい。

近年、スタートアップ支援は国の重要なイノベーション促進政策のひとつとなっている。スタートアップは、新たなビジネスを創出するうえでのシーズを提供する主体としての役割も期待されている。他方で、スタートアップは大企業に比べて、ヒト・モノ・カネ・情報といった経営資源の制約が厳しく、それらの確保が事業を続けるうえで大きな課題となっていることが多い。特に資金調達(1)は、事業の継続に直接的な影響を及ぼすと考えられる。

資金調達の手段としては、株式や社債を発行して調達する［ ア ］と、銀行等からの融資を受ける［ イ ］がある。企業が内部留保や株式発行によって調達した資金を［ ウ ］、社債発行や金融機関からの借り入れ等によって調達した資金を［ エ ］という。

このうち、［ ア ］に関して、株式市場で株式を売買できるようになるには、継続性や収益性など、証券取引所等の課す上場基準を満たす必要がある。また、株主をはじめ顧客・従業員・地域社会等の立場を踏まえたうえで、透明・公正かつ迅速・果断な意思決定を行うための仕組みであり、企業経営を監視するための仕組みとも捉えられる［ ① ］の実効性なども求められる。設立間もないスタートアップが、こうした上場基準をすべて満たすことは、経営資源の観点からも比較的難しいと考えられる。さらに、投資家や銀行にとっても、スタートアップへの投資や貸付は、事業上の不確実性が高く、大きなリスクを伴う。そこで、こうしたスタートアップの資金調達には、未上場企業に対して出資を行う［ ② ］と呼ばれる投資会社が重要な役割を果たすことが多い。なお、近年では、金融機関による貸出に際して、借り手の返済能力を推定するAIの活用も進んでいる。

なお、高度成長期の日本においては、［ イ ］での資金調達が支配的であった。そこでは、［ オ ］制度と呼ばれるような、企業と主要な取引先銀行とが深く安定的な関係性を構築する慣習が成立していた。この制度の下では、企業が主要取引先銀行から役員派遣を受け入れたり、融資先企業の経営が悪化した際には主要取引先銀行が積極的に経営に関与したりするといったことが行われていた。現在では、日本においても株式市場での資金調達が、全体としてもっとも調達額の大きい手段となっている。

ここで、銀行は貸付利率と預金利率の差から主な収益をあげている(2)。そして、この利率は金融政策によっても大きく影響を受ける。日本銀行は、金利の誘導目標を定め、公開市場操作等を通じて、自ら供給する通貨量である［③］を調節し、家計や一般法人、地方公共団体などが保有する通貨量であるマネーストック(3)に影響を与え、目標金利への誘導を行う。このとき、政策金利の誘導対象となっているのは［カ］である。

(問 1)　文中のアからカの空欄に当てはまるもっとも適切な語句を、以下の選択肢から1つずつ選び、その**アルファベットを解答欄にそれぞれ記入しなさい**。

選択肢

A．有限資本	B．無限資本
C．自己資本	D．他人資本
E．証券金融	F．株式金融
G．直接金融	H．間接金融
I．監査役	J．持株会社
K．合資会社	L．指名委員会
M．護送船団	N．BIS
O．CSR	P．メインバンク
Q．セカンドバンク	R．ディスクロージャー
S．コンプライアンス	T．無担保コール翌日物レート
U．オペレーション	V．公定歩合

(問 2)　文中の①～③の空欄に当てはまるもっとも適切な語句を、**いずれもカタカナ**で解答欄にそれぞれ記入しなさい。

(問 3)　下線部(1)に関連して、2022年3月末時点における民間非金融法人企業の金融負債構成について、日本と米国の借入と株式等のおおよその比率の組合せのうち、もっとも適切なものを選択肢から1つ選び、そのアルファベットを解答欄にマークしなさい。

A　日本：借入 5 %、株式等73 %　　米国：借入 6 %、株式等41 %

B　日本：借入 5 %、株式等73 %　　米国：借入 6 %、株式等71 %

C　日本：借入25 %、株式等53 %　　米国：借入 6 %、株式等71 %

D　日本：借入25 %、株式等53 %　　米国：借入26 %、株式等31 %

E　日本：借入45 %、株式等33 %　　米国：借入45 %、株式等41 %

F　日本：借入45 %、株式等53 %　　米国：借入26 %、株式等41 %

(問 4)　下線部(2)に関連して、銀行が預金の受け入れと貸し出しを繰り返すことで、銀行全体で最初の預金額を大きく上回る預金通貨を創造することができる。今、支払(預金)準備率が10 %であり、本源的預金が300億円であるとする。各銀行は支払(預金)準備額を除いたすべての預金額を貸し付けに回すものとする。このときの信用創造額を求め、その数値を解答欄に記入しなさい。

〔解答欄〕＿＿＿＿＿＿億円

(問 5)　下線部(3)に関連して、以下の選択肢のうちM1を構成する要素としてもっとも適切なものを1つ選び、そのアルファベットを解答欄にマークしなさい。

A　現金通貨

B　現金通貨＋預金通貨

C　現金通貨＋預金通貨＋譲渡性預金

D　預金通貨＋譲渡性預金

E　現金通貨＋準通貨

F　現金通貨＋預金通貨＋準通貨＋譲渡性預金

〔Ⅲ〕 次の文章を読んで、下記の問に答えなさい。

日本において、国の歳出を国債発行でまかなうことの原則禁止を定めた［ア］法が1947年から施行されている。ただし、第［イ］条では、［ウ］などに限って、国債発行が認められており、このような国債は、建設国債と呼ばれている。

人件費などの経常支出については、国債発行でまかなうことは原則禁止されているものの、1975年から特例法を制定すれば、国債発行が可能となった。このような国債は、特例国債もしくは［①］国債と呼ばれている。

日本銀行による国債の引き受けも原則禁止されており、これは、国債の［②］の原則と呼ばれている。ただし、特別の事由がある場合において、国会の議決を経た金額の範囲内では可能となっている。

2022年度における国の一般会計の当初予算の歳出の内訳をみると、もっとも大きな比率を占めるのが、［エ］である。2番目に大きな比率を占めるのが、これまでの借金の元本の償還や利払いに相当する［オ］である。3番目に大きな比率を占めるのが、［カ］である。

都道府県や市町村などの地方公共団体は、地方税で支出のすべてをまかなえないので、不足分は、国から補助金の支給を受けたり、［③］を発行して、借金をしている。市町村の税の中で、主たる税の1つが、［④］であり、土地や家屋などの評価額に応じた課税がなされている。

(問 1) 文中のアからカの空欄に当てはまるもっとも適切な語句や数字を選択肢から選び、そのアルファベットを解答欄にマークしなさい。

ア　A 公債　B 歳入　C 財政　D 会計　E 国税

イ　A 1　B 2　C 3　D 4　E 5

ウ　A 防衛力整備費　B 継続費
　　C 繰越明許費　D 科学技術振興費
　　E 公共事業費

エ　A 社会保険費　B 社会福祉費
　　C 社会保障関係費　D 地方交付税交付金等

　　E　公共事業関係費

オ　A　国債費　　　　　B　公債金

　　C　債務関係費　　　D　国債整理費

　　E　公債管理費

カ　A　社会保険費　　　B　社会福祉費

　　C　社会保障関係費　D　地方交付税交付金等

　　E　公共事業関係費

(問 2)　文中の①から④の空欄に当てはまるもっとも適切な語句を解答欄に記入しなさい。ただし、③については、漢字3文字で答えること。

(問 3)　建設国債については、国債発行が容認されているが、その理由を述べなさい。句読点を含めて、70字以内で解答欄に記入しなさい。

(問 4)　地方公共団体に対する国の主な補助金として、地方交付税交付金と国庫支出金があるが、この2つの補助金の違いを使い道の点から説明しなさい。句読点を含めて、70字以内で解答欄に記入しなさい。

数　学

（60分）

問題は〔Ⅰ〕〜〔Ⅴ〕まで5問ある。〔Ⅰ〕，〔Ⅱ〕は必ず解答すること。〔Ⅲ〕，〔Ⅳ〕，〔Ⅴ〕はいずれか2問を選択して解答すること。

〔Ⅰ〕 (1)〜(5) において，Ⓐ，Ⓑ，Ⓒの値の大小関係を調べ，最大のものと最小のものを，それぞれ所定の解答欄（表面）にマークせよ。

(1)　x の関数 $f(x)=-x^3+4x^2-4x+4$ に対して，$f(x)$ の導関数を $g(x)$，$g(x)$ の導関数を $h(x)$，$h(x)$ の導関数を $p(x)$ とするとき，

Ⓐ　$g(1)$　　Ⓑ　$h(1)$　　Ⓒ　$p(1)$

(2)　変量 X のデータが 1, 1, 2, 4, 4, 5, 5, 6, 6, 6, 8, 8, 9, 10, 11, 12, 13, 13, 15, 15 の 20 個の値からなるとき，この変量 X のデータについて，

Ⓐ　最頻値　　Ⓑ　中央値　　Ⓒ　平均値

(3)　a，b，c を定数とする。等式 $\dfrac{x^2-x-12}{(x^2-1)(x+2)}=\dfrac{a}{x+1}+\dfrac{b}{x+2}+\dfrac{c}{x^2-1}$ が x についての恒等式であるとき，

Ⓐ　a　　Ⓑ　b　　Ⓒ　c

(4)　座標平面上の 2 つの円 O_1, O_2 の共通接線の本数

Ⓐ　$\mathrm{O}_1 : x^2+y^2=9$，　$\mathrm{O}_2 : x^2+(y-4)^2=4$

Ⓑ　$\mathrm{O}_1 : x^2+y^2=4$，　$\mathrm{O}_2 : x^2+(y+1)^2=1$

Ⓒ　$\mathrm{O}_1 : x^2+y^2=1$，　$\mathrm{O}_2 : (x+4)^2+y^2=9$

(5)　4 つの命題があり，そのうち真である命題は 3 つで，偽である命題は 1 つである。また，この 4 つの命題のうち，逆が真である命題は 1 つで，逆が偽である命題は 3 つ

である。この4つの命題について，

Ⓐ 逆が偽で，裏が真である命題の数

Ⓑ 対偶が真である命題の数

Ⓒ 裏が真である命題の数

〔Ⅱ〕 所定の解答欄（表面）に，解答をマークせよ。

問題文中の ウ ， エ などは解答が1ケタの数であることを， アイ は解答が2ケタの数であることを， ケコサシ は解答が4ケタの数であることを表している。

(1) $x=\dfrac{2}{\sqrt{7}+\sqrt{5}}$，$y=\dfrac{2}{\sqrt{7}-\sqrt{5}}$ のとき，x^3+y^3 の値は アイ $\sqrt{\boxed{\text{ウ}}}$ である。

(2) $\log_6\dfrac{x}{2}+\log_6 3y=1$ のとき，$\dfrac{1}{x}+\dfrac{1}{y}$ の値は $x=$ エ ，$y=$ オ で最小となり，最小値は カ である。

(3) a，b を実数とする。初項 a $(a>0)$，公差 b の等差数列と，初項 b，公比 a の等比数列があり，等差数列の第2項が等比数列の第3項と等しく，等差数列の第4項が等比数列の第5項と等しいとき，$a=\sqrt{\boxed{\text{キ}}}$，$b=\sqrt{\boxed{\text{ク}}}$ である。

(4) 7で割ると4余り，11で割ると7余る自然数のうち，2024を超えない最大のものは ケコサシ である。

〔Ⅲ〕,〔Ⅳ〕,〔Ⅴ〕のうち２問を選択して解答せよ。（なお３問すべてに解答した場合は，高得点の２問を合計得点に含める。）

〔Ⅲ〕 所定の解答欄（表面）に，(1) については答のみを，(2) と (3) については証明を，(4) については解答経過と答をともに記せ。

座標平面上に２つの放物線 $C_1 : y = x^2$, $C_2 : y = -x^2 - 3x + 2$ がある。C_1 と C_2 は異なる２点で交わり，そのうち x 座標が小さい方を点 A，もう一方を点 B とする。また，C_1，C_2 の頂点をそれぞれ点 O，C とする。このとき，次の問に答えよ。

(1) 点 A，B，C の座標を求めよ。

(2) 放物線 C_1 と C_2 で囲まれた図形の面積が，直線 AB によって二等分されることを示せ。

(3) 線分 AB の中点と線分 OC の中点が一致することを示せ。

(4) 四角形 AOBC の面積を求めよ。

〔Ⅳ〕 所定の解答欄（裏面）に，(1)〜(3) のすべてについて解答経過と答をともに記せ。

半径１の円 O の円周上に異なる３点 A，B，C があり，直線 AO と三角形 ABC の辺 BC が交わる点を P とする。$3\overrightarrow{OA} + 4\overrightarrow{OB} + 5\overrightarrow{OC} = \overrightarrow{0}$ が成り立つとき，次の問に答えよ。

(1) BP:PC および AO:OP を求めよ。

(2) 内積 $\overrightarrow{OA} \cdot \overrightarrow{OC}$ を求めよ。

(3) 三角形 ABC の面積を求めよ。

〔Ｖ〕 所定の解答欄（裏面）に，(1) については答のみを，(2)〜(4) については解答経過と答をともに記せ。なお，答の分数は，それ以上約分できない形にすること。

座標平面上の直線および放物線の係数を，サイコロを投げて出た目で決めるものとする。このとき，次の問に答えよ。

(1)　1個のサイコロを2回投げたときに出た目を順番に a，b とするとき，$y=x+a$ と $y=-x+b$ の共有点が y 軸上にある確率を求めよ。

(2)　1個のサイコロを3回投げたときに出た目を順番に a，b，c とするとき，$y=-ax+b$ と $y=x-c$ の共有点が直線 $y=0$ 上にある確率を求めよ。

(3)　1個のサイコロを2回投げたときに出た目を順番に a, b とするとき，$y=x^2+ax+b$ が直線 $y=0$ と共有点をもつ確率を求めよ。

(4)　1個のサイコロを4回投げたときに出た目を順番に a，b，c，d とするとき，$y=x^2+2ax+b$ と $y=2cx+d$ の共有点の個数が0個または2個となる確率を求めよ。

問九　この文章と同時代に成立した作品として、**ふさわしくない**ものを次の中から一つ選びなさい。

1　大鏡
2　土佐日記
3　梁塵秘抄
4　今昔物語集
5　松浦宮物語

5　a―帝　b―侍従　c―女一宮　d―結婚相手

問七　この文章の中の侍従の心境や行動を説明した文章としてもっとも適切なものを次の中から一つ選びなさい。

1　自分の身の上が人とは異なることに気づき、苦悩しつつも、慎重に社会生活を送っている。
2　自分の身の上が人とは異なることを不安に思い、父とともに身の処し方を考えている。
3　自分の身の上が人とは異なることを知り、初めは悩んだが、達観するに至っている。
4　自分の身の上が人とは異なることを知られるのを恐れ、完全に他人との関係を絶っている。
5　自分の身の上が人とは異なることを利用して、妹の君を幸福にしたいと願っている。

問八　この文章の内容について説明した文章としてもっとも適切なものを次の中から一つ選びなさい。

1　宮廷の人々は春宮の誕生を待望して祈祷をおこなっている。
2　父大殿は妹の君を春宮のもとに入内させようと画策している。
3　妹の君は人々からの注目をわずらわしく思い、引きこもっている。
4　右大臣の女御は父親の身分のせいで皇后になれずにいる。
5　帝は右大臣の女御とその子の女一宮の境遇を気にかけている。

2　誰もがお心を寄せてお召しになったが
3　帝も春宮もお心を寄せてお召しになったが
4　帝も春宮も気を遣われてお言葉をかけられたが
5　どのような者にも気を遣われてお言葉をかけられたが

問五　空欄Cに入る語を漢字二字で解答欄に記しなさい。

問六　傍線④「御後見をせさせばや」について説明した文章の空欄に当てはまる語句の組み合わせとして正しいものを次の中から一つ選びなさい。

［a］は、［b］を［c］の［d］にしたいと考えた。

1　a―侍従　b―妹の君　c―右大臣殿の女御　d―補佐役
2　a―帝　b―侍従　c―右大臣殿の女御　d―補佐役
3　a―右大臣殿の女御　b―侍従　c―女一宮　d―結婚相手
4　a―侍従　b―妹の君　c―女一宮　d―世話役

問二　傍線①「作り出づる文の方にも歌の道にも」の意味としてもっとも適切なものを次の中から一つ選びなさい。

1　漢詩文を作る方面でも、和歌を詠むことでも
2　漢詩文を作る人々も、和歌を詠む人々も
3　手紙を書く方面でも、和歌を詠むことでも
4　手紙を書いた人々も、和歌を詠んだ人々も
5　物語を作る方面でも、和歌を詠むことでも

問三　傍線②「今よりあるべきさまにむべむべしく」の意味としてもっとも適切なものを次の中から一つ選びなさい。

1　今から必要以上に格式ばっていて
2　今から非の打ちどころがないのも当然で
3　今からはこのようにするのも当然で
4　今からすでに申し分なくしっかりとして
5　今からはこうあってほしいと思われて

問四　傍線③「いづれも御心をかけて仰せ言あれど」の意味としてもっとも適切なものを次の中から一つ選びなさい。

1　誰もが気を遣って言葉をかけたが

帝は、失せたまひにし后の御腹に女一宮一人おはしますを、あはれに心苦しきことに御目放たずもてかしづきたてまつらせたまふ。さらでは、内、［　C　］にも男御子のおはしまさぬを、天の下の大事にて、我も我もと御祈り隙なし。右大臣殿の女御やんごとなくてさぶらひたまふめれど、一の人の御むすめならねば、后にもえ居たまはず。帝は、この女一宮の御ことを朝夕にうしろめたく思し嘆きて、この侍従の有様のこの世のものとも見えずなりゆくを、この宮の④御後見をせさせばやと、御覧ずるたびごとに御目とどまる。

（『とりかへばや物語』による）

（注）＊司召し……都の官庁の官吏を任命する儀式。この時代には毎年秋におこなわれた。

＊王気づきて……皇族にふさわしい気品を備えて。

問一　空欄AとBに共通して入る語としてもっとも適切なものを次の中から一つ選びなさい。

1　をかしき

2　ありがたき

3　いみじき

4　せんなき

5　をこがましき

三　女性として生まれながら男性として育てられ、男装で宮中に出仕することとなった人物を描いた次の文章を読み、後の問いに答えなさい。

やがて、その秋の＊司召(つかさめ)しに侍従になりたまひぬ。帝(みかど)、春宮をはじめたてまつりて、天(あめ)の下(した)の男女、この君を一目見きこえては飽く世なく［　A　］ものに思ふべかめり。思し時めかさせたまふさま、やんごとなき人の御子といひながら、いと類なきもことわりと見えて、琴笛の音にも、①作り出づる文の方にも歌の道にも、はかなく引きわたす筆のあやつりまで、世に類なく、うち振る舞ひ交じらひたまへるさまのうつくしさ、容貌はさるものにて、②今よりあるべきさまにむべむべしく、世の有様、公事を悟り知りたることのさかしく、すべて事ごとに、この世のものにもあらぬを、父大殿(おとど)も、さはいかがせん、さるべきにこそと、言ふかひなければ、今はやうやうかかる方につけてもうれしくうつくしきことをのみ思し慰みゆくを、この君、なほ幼きかぎりは、わが身のいかなるなどもたどられず、かかる類もあるにこそはと心をやりてわが心のままにもてなし振舞ひ過ぐしつるを、やうやう人の有様を見聞き知り果て、もの思ひ知らるるままには、いとあやしくあさましう思ひ知られゆけど、さりとて今はあらため思ひ返してもすべきやうもなければ、「などてめづらかに人に違ひける身にか」とうちひとりごたれつつ、もの嘆かしきままに、身をもてをさめて、もの遠くもてしづめつつ交じらひたまへる用意など、いとめでたきを、その時の帝、四十ばかりにていとめでたくおはします、春宮は二十七八にて、御容貌(かたち)などもただ＊王気(わうけ)づきて気高くおはしますが、この妹の君の御容貌名高くすぐれてきこえたまへば、③いづれも御心をかけて仰せ言あれど、せん方なき御もの恥ぢにことよせて、思しもかけず、げにさやうにもてかしづきてあらましかばと、［　B　］御もの思ひなり。

問十　傍線⑤「屑拾いの仕事は、だから危険と隣り合わせなのだ」とあるが、それはなぜか。その説明としてもっとも適切なものを次の中から一つ選びなさい。

1　過去の権力者が好ましいとする思想を喧伝する一方で、特定の思想を弾圧し、排除したことや当時の人々がそれに服従していたことを暴くことで、現代社会の人々が権力に抗うのは不可能であると知り、無気力になってしまうから。

2　過去に社会にとって危険だとされ、排除されたものの、その後人々に忘れ去られた思想に再び光を当てることで、現代社会で生きづらさを感じている人々がその思想に飛びついたならば、社会に不安がもたらされるだろうから。

3　社会にとって有益ではないとされてきた思想を積極的に取り上げることで、歴史的に重要とされてきた思想が見過ごされる結果となり、人々が現代社会を生き抜く上で学ぶべき本当に価値のある思想が見えなくなってしまうから。

4　歴史的に危険とされたり、取るに足らないと考えられたりしてきた思想を紹介することで、情報過多に陥っている現代社会の読者が歴史から学ぶことは無意味であると考えるようになり、歴史を軽視することになってしまうから。

5　歴史的に権力者やそれに追随する者たちによって積極的に推奨された思想や、危険だとされ、弾圧された思想を取り上げることで、現代社会においても国家の名の下で特定の思想の推奨や排除が行われうることを示唆してしまうから。

2　確固たる事実
3　起死回生の戦略
4　大衆の期待
5　伝染病への特効薬

問九　傍線④「この執筆者の議論」について説明した文章としてもっとも適切なものを次の中から一つ選びなさい。

1　スペイン風邪という見えない伝染病が国民に与える恐怖を利用して危険思想が台頭しているとし、ワクチンだけではなく国民道徳を国民の体内に注入して、伝染病と危険思想を一網打尽にするべきであると論じる。
2　スペイン風邪の流行が危険思想の流布に類似することを指摘し、国民の身体に抗体を養成するワクチンの確立が急務であると同時に、国民が期待する思想を作り上げ、抗体として普及させるべきであると論じる。
3　スペイン風邪の流行がいまだにデマであると信じる国民に対して、そうした国民を隔離して正しい情報を注入することで伝染病に対抗する力を養い、国民が一丸となって伝染病に立ち向かうべきであると論じる。
4　スペイン風邪への対処法を国家にとっての危険思想を駆逐する方法に応用し、国家にとって好ましい国民道徳をワクチンとして国民に注入することで、危険思想に対する対抗力を養成するべきであると論じる。
5　スペイン風邪が猛威をふるう中で、見えない伝染病に対する不安から国民が危険思想に染まっていくのを回避するために、危険思想に対抗するワクチンとしての国民道徳の確立が国家の一大急務であると論じる。

問六　空欄Yに入る一文として適切なものを次の中から一つ選びなさい。

1　人間の免疫力を緩やかに弱体化させる
2　人間が未来予測をすることが困難になる
3　人間が困難に対して忍耐できなくなる
4　人間の神経や内面にまで衝撃を与える
5　人間の論理的思考力を徐々に低下させる

問七　空欄Zに入る一文として適切なものを次の中から一つ選びなさい。

1　戦争によって生じた経済苦に、毒ガスと潜水艦によって制空海権を失った絶望感が拍車を掛けている。
2　人々が食糧難による生活への不安を感じている中で、致死性の伝染病の猛威が追い討ちをかけている。
3　神出鬼没な動きを見せる潜水艦に対する恐怖に、目に見えない毒ガスの不気味さが掛け合わされている。
4　伝染病を野放しにした政府への不信感に、潜水艦の侵入を許した政府への懐疑が裏打ちされている。
5　未知の「細菌」と当時は思われていたインフルエンザ・ウイルスと、敵国の恐怖が重なりあっている。

問八　傍線③「デマではない何か」を言い換えた表現としてもっとも適切なものを次の中から一つ選びなさい。

1　未来の予知可能性

問三　傍線②「ニューヨークの新聞に掲載された最近流行している病気」について説明した文章としてもっとも適切なものを次の中から一つ選びなさい。

1　毒ガス兵器として開発され、無色であるが故に知らず知らずのうちに人々に感染した。
2　ドイツを発生源とする感染症が船によってアメリカのボストン港に持ち込まれた。
3　感染源が不明であるにも関わらず「ドイツ病」と名付けられ、人々に恐れられた。
4　日本では患者の隔離とワクチンの普及が徹底されたことで感染の抑え込みに成功した。
5　ドイツでは感染者が急激に増加したことで穀物自給が困難になり、食糧難に陥った。

問四　空欄A・Bに入る言葉の組み合わせとして適切なものを次の中から一つ選びなさい。

1　A　陰謀論　B　想像力
2　A　戦略論　B　耐久力
3　A　陰謀論　B　反発力
4　A　軍事論　B　想像力
5　A　戦略論　B　反発力

問五　（設問省略）

（藤原辰史『歴史の屑拾い』より）

（注）＊離隔……離れること
＊振作……盛んにすること
＊角袖……和装の警官のこと

問一　傍線a、bのカタカナを漢字に直しなさい。

問二　傍線①「正史という大きな歴史の乗りものからこぼれ落ちた外史や野史のかけらをそれでも拾い集める」ことの実例を説明した文章としてふさわしくないものを次の中から一つ選びなさい。

1　民間の人々が書き残した日記を紐解くことで、為政者たちの歴史からは見えてこない大衆の歴史を辿る。
2　当時発行された大衆紙を収集することで、戦時下における政治家の私生活の実態を浮かび上がらせる。
3　新聞記事に記された庶民が行った感染症への対処法から、民間で流布していた噂や風評の出所を突き止める。
4　大日本帝国時代の政権によって弾圧された思想を掘り起こすべく、出版を禁止された書物を調査する。
5　戦時下に描かれた小説の登場人物が抱える不安の感情を、当時の大衆が共有していた感覚として読み解く。

所謂危険思想の取扱も、伝染病のそれに準ふより外に名案がないのではあるまいか。黒表に角袖の離隔処分で患者(?)を取締るのが流行の初期の処置、それと同時に国民道徳とか云ふ強健術も、或は有効かも知れぬ。しかし今日の伝播の状勢では、要するに、理想のワクチンを、国民に広く注射して、各人に抗体の養成を誘致するのが、国家存立上の一大急務かと考へられる。

しかし、ワクチンの注射は、既に病に罹りかけて発熱してゐる者には、無効の上に、有害と聞く。思想のワクチンは、国民の罹病発熱前に之を施すべきは勿論である。

第一次世界大戦は、ロシア革命、ハンガリー革命、ドイツ革命、三・一独立運動などを引き起こし、世界中で社会主義や民族解放の運動の引き金となった。日本でも社会主義やアナキズムなどの「危険思想」が、一九一〇年の大逆事件以来再び息を吹き返そうとするころである。当時の為政者たちの多くと同様に、コラムの書き手にとって、そのような思想もまた、「見えない」もので国家に「不安」をもたらすものであった。書き手はそこまで述べていないが、それが結局「離隔」というかたちで弾圧され、思想の空白地帯に忠君愛国の「国民道徳」が滑り込んだことを、歴史的事実として私たちは知っている。

思想も「見えない」。見えないから権力者に怖がられ、裁かれ、暴力を受けてきた。デマに人の心が囚われる時代には、まだ見ぬ思想が新しく目覚め共有される兆候があるとも言える。それゆえ、権力者たちが歴史という入り組んだ街で扱いかねて落としてきた不可視の兆しを感知し、目に見えるかたちに変化させて、拾い、現代の誰かに「落ちていましたよ」と伝えること。⑤屑拾いの仕事は、だから危険と隣り合わせなのだ。

気持ちを植え付けるように提案したという。また、当時から大手化学薬品メーカーであったドイツ・バイエル社のアスピリンに病原菌が混じっているという噂が立ち、公衆衛生局が「ほかにやるべき大事なことが山ほどあったにもかかわらず」、その調査をしていたという。結局、何も見つからなかったことは言うまでもない。

さらに当時、日本の新聞でも、この病原菌が「彗星が地球に撒き散らした毒物」であるという説が紹介された。たしかに、インフルエンザ(influenza)という名称の由来が疫病の星からの影響(influence)であるように、突然わき起こるこの現象の原因を、地球の外に求めたくなる気持ちもわからなくもない。現に、宇宙から疫病がやってくるという考え方は、インターネット空間にいまもあふれている。

「見えないもの」が「増殖」して人間に強くはたらきかけることは、人間の　B　の幅をかなり広げる。このはたらきかけが一方でデマをもたらすことは、すでに述べた通りである。しかし他方でそれは、③デマではない何かに転ずる可能性がないわけではない。それを示す当時の新聞記事がある。

一九二〇年三月一六日、『東京朝日新聞』の朝刊に掲載された「思想ワクチン」と題されたコラムである。掲載されたのは、「鉄箒(てっそう)」という、記者あるいは署名入りの投書を掲載する欄である。その執筆者は、スペイン風邪の猛威の中で、それへの対処として「患者の離隔*」と「対抗力の振作*」が重要だとまとめている。後者の事例として執筆者が挙げるのがワクチンである。ワクチンを注射して、体内で「対抗力」を奮い立たせるのだと言う。

そして④この執筆者の議論は、時代状況からすればとても理解しやすいある展開を遂げる。

盛んになっていた。一九一八年には謎の疫病が世界を席捲し、野営地では「みんなハエのようにばたばた死んでいるよ。この変てこな新しい病気のせいでね」とアダムが言うほどの状態になっていた。

タウニーの「 X 」という言い方には、フリッツ・ハーバーを中心としたドイツの名だたる化学者たちのチームが開発し、ヨーロッパ戦線で用いられ、アメリカでも大量に生産されていた毒ガスのイメージが重ねられていたことは言うまでもないだろう。毒ガスは無色で見えない兵器であり、二〇歳そこそこの兵士を心底震え上がらせた。潜水艦は、すでに一九世紀後半に開発されていた水中潜航可能な兵器だが、これを本格的に使用したのは、第一次世界大戦中のドイツである。「ドイツらしさ」をあらわす毒ガスと潜水艦という武器は、インフルエンザの恐怖と重なる。毒ガスは空気に擬態し、潜水艦は海に潜る。

山室信一は、第一次世界大戦の特徴を「見えない敵、見えない武器との戦いとしての現代戦の起点」だとし、「こうした「見えない戦争(インヴィズブル・ウォー)」を特性とする戦争の「持続性(現代性)」は、必然的に Y という意味での「総体性」をもたざるをえなくなる」と述べている。

ドイツの潜水艦から生じた「 X 」というデマは、まさに「見えない戦争」の恐怖の複合したものである。 Z 。

そうなると、シンプルな恐怖の説明にたどり着けないだけ、恐怖心はより高まる。病気の症状だけではなく、中央政府への不信感もまた、恐怖をより増幅させている。

スパニッシュ・インフルエンザ流行下のアメリカでは、たとえば『ニューヨーク・タイムズ』の一九一八年一〇月二〇日付の記事で、ある国粋主義者が「このたたりのような疫病をドイツ病と呼ぶことにしよう」と述べ、子どもたちにドイツへの軽蔑の報告したんだって」。主人公のミランダが働くアメリカの小さな新聞社で、コラム「巷の噂」の担当記者タウニーは、②ニューヨークの新聞に掲載された最近流行している病気の噂についてこう話している。スポーツ記者のチャックは「たぶん潜水艦だろうな」「真夜中に海底からしのび込むんだよ。ね、この説の方がましだろ」と本気とも冗談ともつかぬ合いの手を入れている。

キャサリン・アン・ポーターの中編小説『蒼ざめた馬、蒼ざめた騎手』(*Pale Horse, Pale Rider*)は、一九三九年、ナチス・ドイツによるポーランド侵攻の年に発表された。ポーターは、ヒトラーより一年遅く生まれ、一九一八年のスパニッシュ・インフルエンザ、日本では「スペイン風邪」と呼ばれた感染症に冒され生死をさまよう体験をして、一九八〇年まで生きた。『蒼ざめた馬、蒼ざめた騎手』は、まさにこのスパニッシュ・インフルエンザがアメリカで猛威を振るっていた時期のミランダと兵士アダムとの束の間の恋愛を題材とした小説である。

このインフルエンザを敵国の兵器とみなす描写は、小説の本筋ではない。しかし、単なる　A　で片付けられぬ、重要な歴史的背景が存分に盛り込まれている。

当時は、イギリス、フランス、そして一九一七年四月六日に参戦したアメリカを中心とする連合国と、ドイツ、オーストリア＝ハンガリー二重君主国、オスマン帝国を中心とする同盟国との間で第一次世界大戦が繰り広げられていた。当初、連合国の一員だったはずのロシアは、一九一七年に二度の革命が勃発し、二度目の秋の革命で戦線を離脱、同盟国と単独講和であるブレスト・リトフスク条約を締結していた。この条約によって、ヨーロッパ有数の[a]ヒヨクな土地を持つウクライナは、ドイツの支配下に入った。ドイツの人びとは穀物の輸入を期待したが、鉄道が機能せず、飢えはますます深刻化した。すでに食糧戦争の様相を呈していた戦争は各国の銃後の民衆を[b]ヒヘイさせ、国家に対する異議申し立ての運動が、特にロシアやドイツでは

3　雑種文化

4　羊の歌

5　1946・文学的考察

二

次の文章を読んで後の問いに答えなさい。

歴史という街を歩く屑拾いが拾うのは、屑だけではない。誰かの落としものと出くわすことも少なくない。屑拾いは、歴史の落としものを着服もできないし、持ち主に戻すこともできない。家に持って帰るには大きすぎるし、持ち主はすでに過去の人なのだから。

①正史という大きな歴史の乗りものからこぼれ落ちた外史や野史のかけらをそれでも拾い集めるのは、もとの持ち主の代わりに新しい持ち主たちを探して渡すためである。彼らの肩をトントンと叩いて「落ちていましたよ」と声をかけるのだ。

歴史上の噂やデマもそのような落としものの一つである。

「実はボストンに入港したあるドイツ船が持ち込んだ細菌が原因なんですって。当然偽装した船で、ドイツの国旗を掲げないで来たんですって」。「そこから細菌が町中にばらまかれたと思っているのよ――ボストンから始まったのよ――そして誰かが、見慣れない、厚い、どんよりした雲がボストン港から立ちのぼって、ゆっくりとその町の端に広がっていくのを見たって

1　人間の日々の生活のなかで身近に存在する花であることから、個人がかけがえのない人によせる愛情のシンボル。
2　多くの人を魅了してやまない花の中の花であることから、誰もが感情移入できる普遍的な人類愛のメタファー。
3　どの季節にも開花することができる花であることから、どんな困難にも耐えて生き抜こうとする女性の暗喩。
4　ソロモン王の栄華にも比敵する永遠に不滅の帝国の徽章であることから、全人類の平和への願望のアレゴリー。
5　開花してからも長い間咲き続けることから、愛する人と過ごした時間を記憶の中に永遠に持続させる表象。

問九　なぜ筆者は加藤周一の文が名文であると考えたのか。その理由として**ふさわしくない**ものを一つ選びなさい。

1　加藤周一は起承転結や序破急など、優れた論理性を兼ね備えた名文を構築する、稀に見る文章道の達人であるから。
2　加藤周一は身近な生活からテーマや例を見つけてきて、普遍的なレベルにまで高めて書く明察の士であるから。
3　加藤周一は本質的に詩人であり、論理は戦略の一つであって、繊細な心の襞を最重要視する感性の人だから。
4　加藤周一は花のメタファーを知り尽くし、自在に使い分ける、観念に偏らない柔軟な世界観の持ち主だから。
5　加藤周一は国際的な事件や問題と、ささやかな個人の生活を対比的に結び付けて書くバランス感覚をもつ人だから。

問十　次の中から加藤周一の著作（共著を含む）でないものを一つ選び、記号で答えなさい。

1　ヒロシマ・ノート
2　夕陽妄語

5　加藤は世界を股にかける旅人であり、世界中のあらゆる出来事を生活を通して体験する指向性を備えていること。

問六　枠で囲まれた加藤周一の文章「小さな花」から、空欄Eに入る引用文を三十一字で抜き出し、最初と最後の五字を書きなさい。ただし、読点は含むものとする。

問七　加藤周一の詩「逝く年の夜の果に」の内容や構造について述べた文章として、もっとも適切なものを次の中から一つ選びなさい。

1　この詩は、刻々とIT化へ突き進む現代社会への警告と、自然への切々とした郷愁を織り交ぜた折衷詩と言える。
2　この詩は、どの連も七行からなり、また語句や音韻も類似しており、限りなく歌に近い魂からの叫びの詩と言える。
3　この詩は、散文「小さな花」の内容をほぼそのまま韻文に移し換えたものであり、内的一体性をもった詩と言える。
4　この詩は、ウクライナで行われている戦争に悲しみと憤りを覚えた筆者が渾身の力を込めて書いた反戦詩と言える。
5　この詩は、戦争の嵐が吹く外界と対比的に描かれる静かな室内における、愛する「あなた」との対話の詩と言える。

問八　加藤の散文「小さな花」には傍線X「星の王子が愛した小さな薔薇」とあり、一方、加藤の詩「逝く年の夜の果に」には傍線Y「あなたの残していった薔薇」が描かれる。この二つの「薔薇」に共通するイメージとしてもっとも適切なものを次の中から一つ選びなさい。

問三　空欄A～Dに入る漢数字を書きなさい。

問四　傍線②「次に何が感動させるのか」とあるが、筆者は加藤周一の文章「小さな花」のどのような点が読者を感動させると考えているのか。その説明として、もっとも適切なものを次の中から一つ選びなさい。

1　数々の「花」の中から、一番美しい花として「小さな花」をあげつつ、内実をヴェールに包み込んでしまう神秘性。

2　古今東西の文化を代表する「花」を次々に例示する、博識に裏打ちされた人間の知性への揺るぎない畏敬の念。

3　多くの「花」を描写しつつも、実はもっとも美しい花はそれとは別にあるとする、英語構文を援用した論理の跳躍。

4　多様な「花」を順序立てて示したうえで、生活と結びついた花に最高の美を見出す、論理と感情の温かい共存。

5　「花」の比喩を通して、ヴェトナム戦争やソ連軍のプラハ侵攻等の世界的事件まで結びつけてみせる国際的な教養。

問五　傍線③「加藤の主張は、生活によって裏切られることがない。生活そのものだからである」とあるが、これはどういう意味か。その説明として、もっとも適切なものを次の中から一つ選びなさい。

1　加藤は現実に襲いかかる戦争や天災に意気阻喪しつつも、それもまた生活の一断面だと捉えていること。

2　加藤は国際的な教養人として強靭な思考と博学に基づいて行動し、それは図らずも生活と一致するものであること。

3　加藤は抽象的な観念ではなく、日々の生活感情から紡ぎ出された知恵と共感に基づいて考え、執筆していること。

4　加藤は行動する批評家であり、知識人特有の気取った教養には背を向け、行動の全てが生活に根差していること。

五月の凬のように優しいもの
塔の上の碧空のように深いもの
すべてのあり得たものが甦り
すべてのあり得るだろうものが
今この小さな部屋にあふれる

（加藤周一『薔薇譜』より）

問一　傍線a、bの読み方を書きなさい。

問二　傍線①「この文章を読む人は、文章に安定感があると感じられ」とあるが、ここでいう「安定感」とは何を意味するか。その説明として、次の中からもっとも適切なものを一つ選びなさい。

1　加藤周一の文章は、主観的な感情表現を避け、正確な語の選択に拠るアカデミック・ライティングに徹していること。
2　加藤周一の文章は、時には意外な展開をするように見えても、実は非常に論理的で緻密に構成されていること。
3　加藤周一の文章は、豊富な学識によって裏打ちされており、世界の各地から偏りなく例証が挙げられていること。
4　加藤周一の文章は、一見関連のない例を多く挙げつつも、それらを有機的に結び付けて展開されていること。
5　加藤周一の文章は、感性と論理のどちらにも偏ることなく、両者を統合した独自の倫理意識に貫かれていること。

この小さな部屋でほころび
あでやかに咲きほこり
遠い国の歌を唱う
信じられない幸福のとき
逝く年の夜の果に
無慈悲な時の流れの外に

季節風の吹き荒れる
冬の海の彼方では
豊かな国の大きな機械が
貧しい子供を殺している
森と花々と村を焼き
途方にくれた殺し屋たちが
毎日麻薬を飲んでいる

あなたの声がきこえるとき
から松の小径のように匂うもの

小さな顔を両手にはさみ
その眼をじっと見つめるとき
言葉を探し　言葉を忘れ
愛しさのかぎりに
南の海の夕陽を想出し
その額に　その髪に　その瞼に
唇をふれゝば緑の王国が拡る

部屋の外には
師走の街の灯が光り
人々は金をつかい　金をもうける
人望うすい政府は居すわり
やけになった青年たちは
手製の爆弾を降誕祭の
樅の木にしかける

Y あなたの残していった薔薇は

と称えられたチェコスロヴァキアの「民主化」を押さえこもうと、プラハに侵攻したソ連軍に対して、プラハ市民は言葉をもって対峙した。

言葉は、どれほど鋭くても、またどれほど多くの人々の声となっても、一台の戦車さえ破壊することができない。戦車は、すべての声を沈黙させることができるし、プラハの全体を破壊することさえもできる。しかし、プラハ街頭における戦車の存在そのものをみずから正当化することだけはできないだろう。自分自身を正当化するためには、どうしても言葉を必要とする。すなわち相手を沈黙させるのではなく、反駁しなければならない。言葉に対するに言葉をもってしなければならない。一九六八年の夏、小雨に濡れたプラハの街頭に相対していたのは、圧倒的で無力な戦車と、無力で圧倒的な言葉であった。その場で勝負のつくはずはなかった。

この文章では、「戦車」は武力をもとにする帝国であり、「言葉」は無力なひとりひとりの市民である。そして自分は「戦車」の側に立たず、「言葉」を尊重する立場を選んだのである。「　E　」という文も、加藤の基本的信条を述べたものである。このような意思をどのような文章として、伝えたらよいのか。それにはいたずらに情緒的にならずに、情理を尽くした文章とするのがよいだろう。それを表現する最適の方法が「起承転結」である、と加藤は考えたに違いない。

（鷲巣力『書く力　加藤周一の名文に学ぶ』より）

逝く年の夜の果に

い。生活そのものだからである。

では「ソロモンの栄華の極みにも比敵したという野の百合」とは何か。『新約聖書』「マタイ伝」に見える言であるが、「ソロモンの栄華の極みも野の百合に如かず」などと訳され、「百合」は「花」と訳す人もいる。ソロモン王とは紀元前一〇世紀に古代イスラエル第三代の王だったが、経済的繁栄をつくりだし、国際的な名声も得た。しかし、キリストはそのソロモンの栄華よりも、野の花のほうが素晴らしいという価値判断を述べたとマタイは伝える。そしてこの言を引いた加藤も、こういう価値判断をもっていたということである。実際、加藤は経済的豊かさよりも、精神的豊かさを尊重した。

一方には史上空前の武力があり、他方には無力な一人の女があった。一方にはアメリカ帝国の組織と合理的な計算があり、他方には無名な個人とその感情の自発性があった。権力対市民、自動小銃対小さな花。一方が他方を踏みにじるほど容易なことはない。

ここでは「史上空前の武力」と「無力な一人の女」が対比され、「帝国の組織と合理的な計算」と「無名な個人とその感情の自発性」が対比される。しかし、加藤は決して、「武力を基にする帝国」に与することはしない。「無力なひとりの女の感情の自発性」の側に自分は立つということを表明した文章なのである。

すでに加藤は「言葉と戦車」(『世界』一九六八年一二月号)で同じような決意表明をしている。一九六八年の夏、「プラハの春」

に書くからこそ、このような表現になるのである。

しかし、この四つの花を「世界中でいちばん美しい花」とはしない。「非ず」という強い口調で否定する。第一段落で「非ず」を重ねたが、第二段落の冒頭で、「世界でいちばん美しい花」がどんな花であるかを明かす。ここは英語文の〈not…but〉の構文ともいい得る表現であるばかりではなく、ベートーヴェンの第九交響曲第四楽章の冒頭を想起させる。

その花は、ヴェトナム反戦運動に参加した「ヒッピーズ」のひとりの若い女性が、無表情な武装兵の前に差しだした「小さな花」だという。加藤は、あるいは実際に目のあたりにしたのか、あるいは報道によって知ったのか、あるいは人づてに知ったのかを明らかにしていない。この花がどんな種類の花であるかもいってはいない。その意味では曖昧なままである。にもかかわらず、このくだりに感動を覚える。なぜならば、それはどんな意味をもった花だったかについて解釈し、それを象徴的に記しているからである。

その小さな花とは「星の王子が愛した小さな薔薇」であるといい、「聖書にソロモンの栄華の極みにも比敵したという野の百合」であるという。

「星の王子が愛した小さな薔薇」とは、サン＝テグジュペリの『星の王子さま』に描かれる薔薇のことである。「星の王子が愛した小さな薔薇」が象徴するものは何だろうか。それは身近にいる人への愛を大切にする価値判断に違いない。

思えば、加藤は身近な人に対する愛を、人生の生きる糧とした。その愛は、男に対しても、女に対しても、である。加藤が戦争に反対し、平和を求め、死刑制度に反対するのは、必ずしもイデオロギーによって主張しているのではない。身近な人に対する愛が基本に据えられているからこそ、主張するのである。それゆえ、③加藤の主張は、生活によって裏切られることがな

権力の側に立つか、小さな花の側に立つか、

で始まる第五段落が「転」である。

そして最後の第六段落が「結」となる。

この文章の構成を「序破急」だと捉えることもできる。そのときは、第 A 段落から第 B 段落までが「序」となり、第 C 段落が「破」であり、第 D 段落が「急」である。

古来、文章の構成は「起承転結」の四部構成か、「序破急」の三部構成がよいとされる。文章の世界だけではなく、音楽の世界でも、交響曲は四楽章構成が多く、協奏曲や奏鳴曲は三楽章構成が多いのも同じことで、四部構成や三部構成に人は安定感を感じることが多いようである。

②次に何が感動させるのか、その内容を見よう。「どんな花が世界中でいちばん美しいだろうか」と問うて、加藤は四つの花を挙げる。最初に「春の洛陽に咲き誇る牡丹」を挙げる。牡丹は昔から中国人がもっとも好んだ、大輪の、春に咲く花である。次にいう「宗匠が茶室に飾る一輪」とは椿のことにほかならず、茶道では冬の茶花に蕾の椿を一輪飾ることを習いとする。そして「ティロルの山の斜面を蔽う秋草」は、高山に咲く背が低く、小さく可憐な花のことだろう。最後にいう「プロヴァンスの野に匂うラヴァンド」とは、夏に彼の地の野一面に紫の花を咲かせるラヴェンダーである。

加藤は具体的に例示するとき、頭に浮かんだ偶然を記すことはほとんどない。いつも秩序立てて叙述する。このくだりも、春夏秋冬の花をひとつずつ例に出し、かつ、中国ひとつ、日本ひとつ、ヨーロッパふたつを配したのも偶然ではない。意識的

構の象徴よりも、彼の小さな花を択んだのである。

私は私の選択が、強大な権力の側にではなく、小さな花の側にあることを、望む。望みは常に実現されるとは、かぎらぬだろうが、武装し、威嚇し、瞞着(まんちゃく)し、買収し、みずからを合理化するのに巧みな権力に対して、ただ人間の愛する能力を証言するためにのみ差しだされた無名の花の命を、私は常に、かぎりなく美しく感じるのである。

（加藤周一「美しい時間」『ミセス』文化出版局、一九七九年一〇月号）

①この文章を読む人は、文章に安定感があると感じられ、かつその内容に感動を呼び覚まされるに違いない。それはなぜだろうか。文章にきちんとした構成があり、内容に共感を呼ぶものが含まれているからである。まず文章の構成について考えてみよう。

右の文章をその構成という観点から読めば、この文章は「起承転結」に則って書かれていることが分かる。

どんな花が世界中でいちばん美しいだろうか。

という問いで始まる第一段落が「起」である。

「一九六〇年代の後半に」で始まる第二段落から第四段落までが「承」となる。

一列と相対して、地面に坐りこんだとき、そのなかの一人の若い女が、片手を伸ばし、眼のまえの無表情な兵士に向って差しだした一輪の小さな花ほど美しい花は、地上のどこにもなかったろう。その花は、サン・テックスSaint-Exの X <u>星の王子が愛した小さな薔薇</u>である。また聖書にソロモンの栄華の極みにも比敵したという野の百合である。

一方には史上空前の武力があり、他方には無力な一人の女があった。一方にはアメリカ帝国の組織と合理的な計算があり、他方には無名な個人とその感情の自発性があった。権力対市民。自動小銃対小さな花。一方が他方を踏みにじるほど容易なことはない。

しかし人は小さな花を愛することはできるが、帝国を愛することはできない。花を踏みにじる権力は、愛することの可能性そのものを破壊するのである。そうして維持された富と力、法と秩序は、個人に何をもたらすだろうか。いくらかの物質的快楽と多くの虚栄、いくらかの権力欲の満足と多くの不安、感情的不安定と感覚的刺戟の不断の追求と決してみたされない心のなかの空洞にすぎないだろう。いかなる知的操作も、合理的計算も、一度失われた愛する能力を、恢復（かいふく）することはできない。

権力の側に立つか、小さな花の側に立つか、この世の中には撰ばなければならない時がある。たしかに花の命は短いが、地上のいかなる帝国もまた、いつかは亡びる。天狼星の高みから人間の歴史の流れを見渡せば、野の百合の命も、ソロモンの王国の運命も、同じように現れては消えてゆく泡沫だろう。伝えられるところによれば、アメリカの俳優ピーター・フォークPeter Falkは、日本国の天皇から招待されたときに、その晩には先約があるといって、断ったそうである。私は先約の相手に、友人か恋人か、一人のアメリカ市民を想像する。もしその想像が正しければ、彼は一国の権力機

国語

（六〇分）

一

次の文章とそれに続く詩を読んで、後の問いに答えなさい。

文章をつくるには、とりわけ分かりやすい文章をつくるには、どのように筋を展開させるかが大事な問題となる。もっとも一般的な方法として知られるのは、「起承転結」という四部構成にすることである。この方法に則[a]れば、文章は論理整合的に進むだけではなく、「転」によって意外性を含んだ展開になり、読む人は安定感を感じ、かつ魅力的な文章だと納得しやすい。

小さな花

どんな花が世界中でいちばん美しいだろうか。春の洛陽に咲き誇る牡丹に非ず、宗匠が茶室に飾る一輪に非ず、ティロルの山の斜面を蔽う秋草に非ず、オートゥ・プロヴァンスの野に匂うラヴァンドに非ず。

一九六〇年代の後半に、アメリカのヴィエトナム征伐に抗議してワシントンへ集った「ヒッピーズ」が、武装した兵隊の

解答編

英語

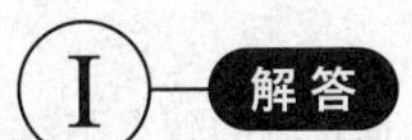

問1．(1)—A　(2)—A　(3)—D　(4)—C　(5)—C
問2．(A) found　(B) lying　(C) focusing　(D) works
(E) comes
問3．A　問4．B　問5．B　問6．D

全訳

《睡眠と夫婦：良いことも悪いことも，昼も夜も》

1　睡眠。それは我々の人生の約3分の1を占める。我々は精神的，身体的健康，さらに，生きるために睡眠を必要とする。

2　喫煙や運動のような他の健康に関わる行動と比べて，睡眠は珍しいものである。なぜなら，ほとんどの成人にとって，それはパートナーと「共有する」行動だからである。しかし，アメリカ国立衛生研究所とアメリカ心理学会によって資金提供された研究によると，一緒に寝ることが必ずしも良い夢をもたらすというわけではない。

3　ピッツバーグ大学の私と同僚の研究から，男性の場合，睡眠不足は次の日にパートナーとの否定的な交流が増えるということが予測される。女性の場合はその逆であり，日中にパートナーとどのように交流するかによって夜にどれだけぐっすり眠れるかが予測される。言い換えると，女性の場合は夫婦不和が眠れない夜へとつながり，男性の場合は眠れない夜が夫婦不和へとつながる可能性がある。まとめると，これらの相互作用は悪循環を生み出し，だんだん睡眠不足と悩ましい関係になっていくかもしれない。

4　ほとんどの成人がパートナーと一緒に寝るということと，不眠症や人間関係の問題が同時に発生するということにもかかわらず，一緒に寝ることが二人の睡眠にどのような影響を及ぼすのかについてほとんど研究はなされていない。

5 これらの研究による証拠から，パートナーと一緒に寝ることには代償があるかもしれないことがわかる。つまり，夫婦が一緒に寝る夜は，一人で寝る夜よりも眠りが分断されて十分に眠れない傾向がある。一部の証拠では，これらの影響は女性の方がより強いことを示している。その一方で，人々は一般的にパートナーと一緒に寝ることを好み，その方がよりよく眠れると信じている。

6 少なくとも客観的尺度では，一人の方がよく眠れるのに，それでなぜ我々は一緒に寝ることを好むのだろうか。進化における過去に目を向けることがこの問いに答えるのに役立つかもしれない。

7 睡眠は普遍的で不可欠な健康に関する行動であるが，進化論的観点から，非常に危険なものでもある。考えてみてください。睡眠は人が横になり，半分意識のない状態で，環境からの潜在的脅威に非常に脆弱な状態で起こる。しかし，不安や不安定な状態だと感じていると，眠りにつくことはほぼ不可能である。

8 人間はもともと社会的存在であり，社会環境から安心感を得る。夜の安全，安心に対する根本的な必要性が，一緒に寝ることが必ずしも最良の質の睡眠に結びつくわけではないかもしれないとしても，一般的に我々が他の人と一緒に眠りたがる理由の説明になるかもしれない。

9 人間は進化における過去の過酷な環境から身を守るために一緒に寝ることに頼る必要はもはやないかもしれないが，他の人と一緒に寝ることの潜在的な悪影響に焦点を当てることは，健康的な睡眠のための安定した，質の良い関係の重要性を覆い隠してしまうかもしれない。

10 例えば，一部の研究によると，安定した，長期的な関係を持つ女性の方がそうでない女性よりも良質な睡眠を得ている。さらに，非常に満足度の高い関係を持つ女性の方が苦悩する関係にある女性よりも不眠症の発症率が低い。

11 夫婦は一緒に寝るべきか，それとも別々に寝るべきか。答えは…状況による。

12 汎用的な手法はない。夫婦は，最愛の人にとって最高のパートナーでいるために，最善の方法を決め，時間だけではなく睡眠も最適化する方法を考えなければならない。

13 最終的に，眠りにつく前に夫婦が一緒に過ごす時間がつながりを持って，くつろいで，１日の他に気を散らすものがなくただ「一緒にいる」最も重要な時間かもしれない。夫婦が一緒に寝ようと別々に寝ようと，この重要で満足感を与えてくれる睡眠前の時間を一緒に過ごすことを諦める必要はない。おそらく「一緒に寝ること」の真の利益は，眠りにつく前の貴重な落ち着いた状態に得られるだろう。

解説

問１. **(1)** 空所の直後（because for most adults, …）に，睡眠は「ほとんどの成人にとってパートナーと共有する行動だ」という旨が書かれている。他の健康に関わる行動にはないことが理由として挙げられているので，睡眠は「珍しいものだ」と推測できる。

(2) 空所を含む文は Despite the fact that ～と続き，空所直前に and, 空所後には完全文が続くことに注目すると，that 節が続く形であるとわかる。

(3) 空所の直後の第７段第２文（Think about it …）に「睡眠は人が横になり，半分意識のない状態で，環境からの潜在的脅威に非常に脆弱な状態で起こる」と記されていることから，睡眠は非常に危険なものであることが推測できる。D．extraordinarily が正解。

(4) counterpart は「対応するもの」であり，women in stable, long-term relationships と比べている女性が their unpartnered counterparts になる。

(5) 「夫婦が一緒に寝ようと別々に寝ようと」という意味になる C．Whether が正解。空所から separate beds までの副詞節内に or があることに注目する。

問２. **(A)** 空所後に that 節が続き空所前は Research by ～と主語しかないので，主語 Research に対する動詞を考えるとよい。研究成果を表すときに用いられる動詞 find を選択して過去形にする。

(B) 直後に down があるので lie を使って lie down で「横になる」を作ればよいことがわかる。空所の直前の be 動詞に注目して lying とする。

(C) 直後に on があり，focus on ～「～に焦点を合わせる」を使う。may obscure の主語になることから focusing が正解。

(D) work で「機能する」であり，直前の what に対する動詞になることから works が正解。

(E)　空所前に before sleep があることから，空所に comes を入れることで before sleep comes「眠りにつく前」という意味になる。主語 sleep に対する動詞なので come を comes とする。

問3． 下線部の直前文（In other words, …）で「女性の場合は夫婦不和が眠れない夜へとつながり，男性の場合は眠れない夜が夫婦不和へとつながる可能性がある」と記されており，下線部で「これらの相互作用は悪循環を生み出すことになるかもしれない」とされていることから，A.「夫婦の睡眠の質が悪化するにつれてあまりつながりを感じなくなる」が正解。

問4． 直後の第7・8段（Sleep is a … best quality sleep.）で「不安な状態では眠りにつくことはほぼ不可能で，夜の安全に対する必要性が一般的に他の人と一緒に眠りたがる理由の説明になるかもしれない」という旨のことが記されていることから，B.「人は夜の安全が重要だと考え，パートナーと一緒に寝ることを好む」が正解。

問5． 下線部の直後の文（Couples need to …）で「夫婦は睡眠を最適化する方法を考えなければならない」という旨のことが記されていることから，B.「それぞれの夫婦の最良の睡眠の入手方法は様々であり，すべてにあてはまる一つの手法を提案するのは困難なことである」が正解。

問6． カップルと睡眠に関する話であり，まとめとなっている最後の3段（Should couples sleep … before sleep（　E　).）には，一人で寝るのと一緒に寝るのとどちらがいいとは一概には言えず，時間も含めて個々で最適を見つけるべきとある。この全体を包括したタイトルはD.「睡眠と夫婦：良いことも悪いことも，昼も夜も」である。

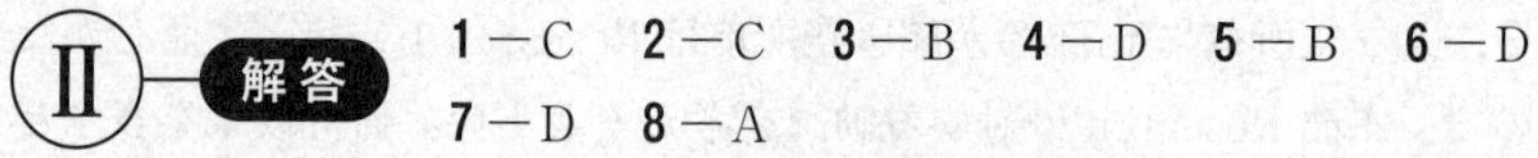

Ⅱ　解答　**1**－C　**2**－C　**3**－B　**4**－D　**5**－B　**6**－D　**7**－D　**8**－A

全訳

《ペットの医療》

1　アメリカのペットに対する考え方についてもっと知るために，私は飼い猫への高価な手術に踏み切った飼い主と話をした。彼らのほとんどは例外なくペットは非常に優れている――愛情深く，非常に忠実であると私に印象付けた。飼い主のほとんどはそのような処置を施せるほど裕福で，ほとんどは子どもがいなかった。

2 しかし，手術費用を支払うのに苦労している人もいた。私はニューヨーク州バッファローの科学者アンドレ=ゴンシアール氏と話をした。彼は妻と家の頭金に蓄えておいたお金を使った。ゴンシアール氏が私に言ったところでは，それは犠牲という感じではなかった。なぜなら，彼らの猫オキの命を家や車や銀行での貯蓄といったことと引きかえにすることは，彼には想像もできなかったからだ。

3 別の飼い主であるジェイソン=マシューズ氏が言うように，「あなたは車や旅行を買いに行く。私は世界で一番の親友を救うつもりだ」。私がインタビューした数人の猫の飼い主は，猫に何万ドルも使うのと誰も必要としない高級品に何万ドルも使うのとどう違うのかと質問した。

4 そして，それは違うと見られている。アメリカでは，物質的充足の魅力は何のためらいもなく受け入れられている。しかし，動物との深い感情的な結びつきへの熱望はそうではない。

5 1986年の人間と動物の関係に関する古典的研究「動物とともに」で，ジェームズ=サーペル氏は「動物に感傷的な愛情を示すことには何か奇妙な道理に反した無駄なところがあるという漠然とした考え」を説明した。ペットの影響は，変化と同様，社会の道徳的基準の低下に対するいくばくかの疑惑を生み出した。

6 サーペル氏は，英語圏のペット飼育の近代史を中世イギリスに遡った。そこでは，小犬が貴族の女性の間で流行していた。他の人にとっては，しつけられた動物が依然として機能的な目的を果たしていた。つまり，牛は畑を耕し，豚は肉になり，猫はネズミを捕まえたのだ。

7 20世紀には，飼い犬のためにジェット機の全事業セクションを買い取るのに8,000ポンドを費やした裕福な女性についての話のような衝撃的な話を新聞が助長した。とてつもなく裕福な人がペットを甘やかしているという話は，動物のことをとても大事にすることの影の面を暗示しているようである。その影の面とは同じ人間の苦しみを思いやる心の欠如である。その代わりに，そのお金でどれだけ多くの飢餓に苦しむ子どもたちを救うことができただろうか。もちろん，宝石に8,000ポンドを費やすことは，すでに一部の人がやっているはずのことで，そのことについても同じ批判を投げかけることができるだろうが，ペットは単なる財産ではない。それらはあまりにも人間に近い性質——勇敢さ，忠誠心，愛情——を持っているので，実際にそれらを人間として扱うことはある特定の痛いところをつくことになる。

8 獣医もまた弱った患者のためにどれくらいまでしたらいいのか苦労する羽目になることがよくある。最近の研究では，参加したアメリカの500人近い獣医のうちの98.5％が，ペットの飼い主に命を救えない瀕死の動物の治療を行うように頼まれたことがあると述べた。ハーバード大学の科学者で研究の共同著者であるリサ=モーゼス氏は，飼い主がまだ別の一連の治療法を望んでいる末期がんを患っている犬や，肺から液体を取り除くために何度も入院させられる，心不全を患っている猫を定期的に見かけた。「スタッフはうちのめされている。なぜなら，あと数日間飼うだけのためにそれを続けたくないからである」

9 これに関する考え方は普遍的なものでも決まったものでもない。ウィスコンシン大学で手術をしているロバート=ハーディ氏は，90年代後半にイギリスで実習した際に規範の違いに驚いたと私に述べた。ほとんどのペットの治療は保険で支払われていた——そのため，飼い主が保険で賄われれば，費用は大きな懸念事項ではなかった。それでも，回復の可能性がある直接的手法を断る一部の飼い主もいた。「例えば『この骨折は治すことができますよ。こういうことができます』と言うようなことをするということになると，その返答は『まあ，私は彼女にそれを受けさせたくない』ということがよくあった」と彼は述べた。

10 患者にどれだけのことをさせるべきかというこの問いは，人間の医療でも至る所にあるが，モーゼス氏は根本的な違いを指摘している。つまり，獣医は動物を死に至らしめることを苦しみを防ぐ優しい方法だと考えるように訓練されている。医者はそうではない。そして，獣医にとって，死を遅らせることは苦しみを長引かせることと見なされている。なぜなら，彼らは「動物の苦しみに対して耐えられないので」その仕事を選んだのだからと彼女は述べている。この絶えず続く精神的苦痛が動物医療現場での非常に高いレベルのストレスの一因になっていると彼女は確信している。離職率は高く，医療現場よりもはるかに高い。自殺率も高く，女性獣医は一般人口の3.5倍，男性獣医は約2倍高い。今や多くの人がその職を離れているので，開院時間を短縮し，病気の動物を断らなければならない動物の救急病院もある。

解説

1.「高価な手術費用を支払う飼い主のほとんどはその余裕があるが，…な飼い主もいる」

A.「支払いのために車や家を売却する」

B.「費用のために子どもを持つことができない」

C.「たとえ余裕がなくても支払う」

D.「ペットの世話はあまりにも高価だと不平を言う」

Cが第1～3段（To learn more … that nobody needs.）に一致。

2.「アメリカでペットに何万ドルも使うことはどう見なされるか」

A.「道徳的で尊敬すべきこと」

B.「ペットは簡単に取り換えることができるので不必要なこと」

C.「珍しいお金の使い方」

D.「贅沢品にお金を浪費するのと似ていること」

Cが第3段最終文（Several cat owners …）～第4段（And it is seen … animal is not.）に一致。

3.「筆者は中世イギリスで動物を飼うことについて何を示唆しているか」

A.「小犬よりも猫を飼うことの方がほとんどの人の間で流行っていた」

B.「動物がある程度必要性を果たさない限り，裕福な人に限られていた」

C.「イギリス史を通して，小犬を飼うことは非常に人気がある」

D.「ペットや他の動物を訓練し世話することは女性の仕事だと考えられていた」

Bが第6段（Serpell traces the … cats caught mice.）に一致。

4.「20世紀には，ペットに関する記事が新聞で助長された。なぜならそれらは…だからである」

A.「ペットが飛行機の中で貴重な場所を取ることについて読者に衝撃を与えたかった」

B.「飢えた子どもがたくさんいることを人々はどう理解すべきか論じた」

C.「裕福な人が高価な宝石にお金を浪費する話に似ていた」

D.「ペットの世話をすることは，人間の苦しみを気にすることが少なくなることにつながることを示した」

Dが第7段第2文（Tales about the …）に一致。

5.「筆者はペットを人間として扱うことについてどう述べているか」

A.「獣医や飼い主が強く合意している問題である」

B.「一部の人を動揺させたり怒らせたりすることがある」

C.「ペットと人間は多くの特徴を分かち合っているので理にかなっている」

D.「動物の特性に対する飼い主の愛情の印である」

Bが第7段最終文（They have just …）に一致。

6.「猫の肺から液体を取り除くのは何の例か」

A.「スタッフが治療する動物のそばで何日も過ごさなければならない理由」

B.「心不全や癌に苦しむペットを治療する効果的な方法」

C.「成功裏に終わるのに数日かかる高価な手術」

D.「動物の健康に実際に影響を及ぼすことにはならない処置」

Dが第8段第3・4文（Lisa Moses, a … couple of days.”）に一致。

7.「ロバート=ハーディ氏がアメリカとイギリスのペットの世話について観察した違いは何か」

A.「イギリスの多くの飼い主は高価な手術の費用を進んで払おうとはしなかった」

B.「ペットに対する考え方がアメリカよりもイギリスの方が柔軟だった」

C.「すばらしい回復を見込めない限り，あまりお金を払おうとしないイギリスの飼い主もいた」

D.「成功する可能性が高い治療法をしないことを選択するイギリスの飼い主もいた」

Dが第9段（Attitudes about this … he said.）に一致。

8.「動物の救急病院は，開院時間を短縮し，患者を断っている。なぜならば…だからである」

A.「要求に応えられるだけの獣医の数が不足している」

B.「ストレスが原因で自殺する獣医がたくさんいる」

C.「多くの獣医は人間に対する医療に専念するために離職している」

D.「多くの獣医は動物の苦しみに対して寛容さを失っている」

Aが第10段最終文（So many people …）に一致。

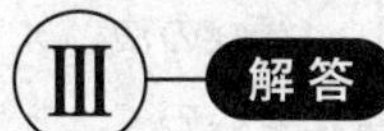

1―(E)　**2**―(H)　**3**―(D)　**4**―(A)　**5**―(C)

全訳

《オンライン会議をめぐる会話》

クリス：オンライン会議はたくさんありますか？　私はうんざりしています。

アレックス：ご存知のように，私は週に3日在宅勤務をしているので，かなり規則的にあります。ほとんどの場合，それほど悪くはありませんが，時々，本当に長くかかるものもあります。それほど煩わしいものではありませんがね。

クリス：そうですか。私は耐えられません。集中するのが難しいと思います。私は現実世界に戻ったときにしなければならないことについて常に考えています。

アレックス：現実世界とはどういう意味ですか？　オンライン会議は実際の会議とそれほど変わらないと思います。実際，私は多くの点でそちらの方が好きです。

クリス：本気ですか？　どうしてそう思うのですか？

アレックス：私のオフィスでは，それらはスムーズに進みます。オフィスで会うと，雑談が多くなり，本題から逸れてしまいます。週末に訪れた所のクッキーを持ってきたりもします。すると，旅行について尋ね始めます。あっという間に30分が過ぎています。オンラインではこのようなことは起こりません。

クリス：しかし，オンラインではスムーズにやりとりするのが難しいと思いませんか？　私たちのオンライン会議では，みんなが同時に話そうとします。

アレックス：実際，私の上司はその点に関してかなり優れています。彼女はほとんどの会議を非常に小さくしているので，必ず出席しなければならない人だけが出席します。たいてい4～5人しかいません。

クリス：あなたは幸運です！　私のチームには30人以上がいます。重要な決定をしているときには，みんな自分の意見を言いたいのです。

アレックス：それは大変そうですね。どのようにして進めますか？

クリス：たいてい年功序列で進みます。だから，上司が先に話して，その次にグループのマネージャーなどが話します。しかし，経験の浅いメンバーの１人が良いアイデアを持っていることが非常に多いので，また最初に戻らなければなりません。

アレックス：なぜあなたがひどくイライラさせられているのかわかりました。それはいらだたしいに違いありません。

クリス：先日の会議では，時間があまりにかかっていたので昼食のために中断しました。事務所で会議したときはこんなことはありませんでした。何か重要なものでなければ，３時間以上も会議をするなんて考えられなかったでしょう。

アレックス：なぜそんなに違うと思うのですか？　対面での会議でも同じことが起こるのではないでしょうか？

クリス：そうでもありません。なぜなら，目の前に座っていると，誰かが共有すべき重要なことがあるとわかりやすいからだと思います。

アレックス：身振りをするというようなことですか？

クリス：はい，しかしそれ以上だとも思います。例えば，私が何か言いたいことがあるときには，チームリーダーと目を合わせようとします。いったん彼の注意をひくことができれば，彼は私に発言したいことがあることがわかり，発言権を与えてくれるでしょう。しかし，オンラインではそのようにはいきません。

アレックス：チャット機能を使ってプライベート・テキストメッセージを送ることはできませんか？　それも似たような効果があるはずです。

クリス：以前はそうしていましたが，マネージャーがしないように言いました。グループ全体に誤ってメッセージを送ってしまった人がいました。主題から外れていたものがあって，懸念を生じさせたこともありました。また，彼らは私たちが同時にメッセージを入力したり読んだりすると，何か重要なことを逃してしまうかもしれないと思いました。

アレックス：あなたの職場はかなり厳しいようですね。同情します！

クリス：はい，本当にそうです。しかし，私は自分の仕事が本当に好きなので，まだ転職することは考えていません。

解説

1. クリスは(E)の直前の発言（During one we …）で「先日の会議では，時間があまりにもかかっていたので昼食のために中断しました」とオンライン会議では時間がかかることを伝えているので，その後に，「事務所で会議をしたときはこんなことはなかった」と対面での会議との違いを伝えていると推測できる。したがって，(E)に入れるのが適切である。

2. クリスは(H)の直前の発言（Some people accidentally …）で，「グループ全体に誤ってメッセージを送ってしまった人がいた」と話している。(H)に入れれば，「（送ったメッセージの中には）主題から外れていたものがあって，懸念を生じさせた」となり，話の流れに合う。したがって，(H)に入れるのが適切である。

3. アレックスの(D)を含む発言の直前で，クリスが「オンライン会議では，上司が先に話して，その次にグループのマネージャーなどが話すが，経験の浅いメンバーが良い意見を述べると最初からもう一度やり直す」という旨の発言をしていることから，アレックスが「なぜあなたがひどくイライラさせられているのかわかりました」と発言したものだと推測できる。したがって，(D)に入れるのが適切である。

4. (A)を含むアレックスの発言の直後で，オンライン会議にうんざりだというクリスが「本気ですか？　どうしてそう思うのですか？」と発言していることから，アレックスが「実際，多くの点でそちら（オンライン会議）の方が好きだ」と発言したものだと推測できる。したがって，(A)に入れるのが適切である。

5. (C)を含むクリスの発言の直後でアレックスが「それは大変そうですね。どのようにして進めますか？」と発言したことに対してクリスが「年功序列で進む」と答えていることから，(C)を含むクリスの発言で「私のチームには30人以上がいて，重要な決定をしているときには，みんな自分の意見を言いたがる」と発言したものだと推測できる。したがって，(C)に入れるのが適切である。

講評

I　ほとんどの成人が睡眠時間をパートナーとともに過ごしているということに関する問題である。パートナーと一緒に寝ることが必ずしも最良の質の睡眠に結びつくというわけではないかもしれないという意見を提示し本文が展開されている。問1の空所補充問題は2022年度以降変更なく5問である。問2は与えられた語を必要に応じて形を変えなければならないので注意すること。また，例年通り設問は全部で6問であり，最後にタイトルを選ぶ問題が出題されている。

Ⅱ　ペットに関する英文である。ペットの医療に信じられないほど多額のお金をつぎ込んでいる人がいるが，その一方で，そうした態度に苦しみを抱えている人もいるという内容で話が展開しており，主張が読み取りやすい英文になっている。また，本文の記述通りに設問が並んでおり，該当箇所を見つけやすい。少し紛らわしい選択肢が含まれていることがあるので注意すること。

Ⅲ　オンライン会議をめぐる二人の会話である。例年出題形式はほぼ変わらないが，2023年度に引き続き2024年度も2022年度まであった場面や状況の説明がなかった。2022年度は13回と発言回数が増え，やや長めの会話文になっていたが，2023年度以降は10〜11回になっている。どちらのセリフであるかに留意しながら，会話の流れにしっかりとついていけるようにしたい。選択肢に関しても，どちらの立場からの発言なのかを分類して考えると解答しやすい。

日本史

I 解答

問1．③ 問2．③ 問3．① 問4．② 問5．①
問6．③ 問7．④ 問8．② 問9．③ 問10．④
問11．① 問12．④ 問13．④ 問14．耶揚子 問15．②

解説

《古代～近世の仏教史》

問1．③正文。『扶桑略記』は平安時代後期に皇円が著したとされる歴史書である。これによると522年に，鞍作鳥の祖父にあたる司馬達等が大和国に草庵を造り，仏像を礼拝したという。

①誤文。物部守屋を滅ぼした人物は蘇我馬子である。蘇我稲目は，仏教の受容をめぐって，物部尾輿と対立した。

②誤文。五経博士は儒教の経典に精通した博士であった。

④誤文。『元興寺縁起』によると，538年に仏教公伝が行われたとされる。

問2．③正文。玉虫厨子の須弥座にはこの「捨身飼虎図」のほかに「施身聞偈図（せしんもんげず）」も描かれている。

①誤文。創建当時の法隆寺と考えられている若草伽藍跡は，塔・金堂が南北に一直線に配置されている四天王寺式伽藍配置である。

②誤文。鞍作鳥による法隆寺金堂釈迦三尊像と，飛鳥寺釈迦如来像はともに金銅像である。

④誤文。『三経義疏』は聖徳太子の著作であるとされる。

問3．律令体制下において，租税徴収や戸籍管理を担当した官庁は民部省であった。

問4．②正文。玄昉は717年に阿倍仲麻呂や吉備真備とともに渡唐し，735年に吉備真備とともに帰国して，聖武天皇のもと，橘諸兄政権で活躍した。

①誤文。孤児救済の悲田院も病者救済の施薬院も，光明皇后によるものであった。

③誤文。百万塔陀羅尼は，恵美押勝の乱の戦没者を弔うために称徳天皇が制作したものである。

④誤文。東大寺法華堂不空羂索観音像は脱乾漆像である。

問5． ①正文。最澄は，大乗戒壇の必要性を『顕戒論』に著した。最澄の死後に延暦寺に大乗戒壇が設置された。

②誤文。円仁・円珍の弟子の代に対立が生じ，円珍一派が比叡山を下りて園城寺に依ったため，寺門派とよばれた。

③誤文。鳥羽上皇やその子後白河上皇が高野詣を行った。

④誤文。『文鏡秘府論』は，空海による中国六朝や唐の詩の評論や漢詩論である。

問6． ③正文。藤原道長は甥の藤原伊周やその弟の藤原隆家との権力争いに勝って，のちに後一条天皇の摂政となった。

①誤文。いわゆる「望月の歌」は藤原実資の日記である『小右記』に記されている。

②誤文。後一条・後朱雀・後冷泉の摂政・関白を務めた人物は藤原頼通である。

④誤文。『栄華（花）物語』が藤原道長の栄華を賛美している。『大鏡』も同時代を扱っているが，批判精神が読み取れる。

問7． a．正文。法然は九条兼実の求めに応じて『選択本願念仏集』を著した。

b．誤文。親鸞は蒙古襲来の前にすでに亡くなっていた。

c．誤文。頂相は禅宗における僧侶の肖像画である。一遍が開いた宗派は時宗である。

問8． ②忍性が正しい。①の高弁と④の良弁は華厳宗，③の貞慶は法相宗の僧侶であった。

問9． ③が正しい。b．応永の外寇は1419年，朝鮮が倭寇の根拠地とみなした対馬を襲撃した事件である。a．琉球王国は1429年に中山王の尚巴志によって建国された。c．コシャマインの戦いは1457年に起こった。

問10． ④正文。桂庵玄樹は薩摩の島津氏のほかに肥後の菊池氏にも招かれて朱子学を講義した。

①誤文。龍安寺は京都五山に含まれていない。

②誤文。周防国に雲谷庵を構えた人物は雪舟である。

③誤文。村田珠光が始めた侘茶を，武野紹鷗が簡素化し洗練させた。

問11． ①正文。蓮如による御文の一節である。

②誤文。唯円の『歎異抄』にある悪人正機説についての記述である。
③誤文。懐奘による『正法眼蔵随聞記』の一節である。
④誤文。源信による『往生要集』の一節である。
問12. ④正文。伊勢長島では，織田信長による支配に対抗して一向一揆が起きたが，織田信長は徹底的に弾圧し老若男女2万人が殺害されたといわれる。
①誤文。天文法華の乱は，延暦寺が日蓮宗寺院を焼き払った事件であった。
②誤文。長野は善光寺の門前町であった。
③誤文。富樫政親を滅ぼした一向宗勢力は，加賀国に名目上の守護を立て，およそ100年間にわたって自治を行った。
問13. 諸宗寺院法度は1665年に出された。このときの将軍は4代徳川家綱であった。
問14. リーフデ号に乗っていたオランダ人航海士ヤン=ヨーステンの日本名は耶揚子であった。

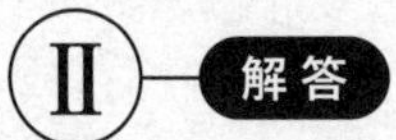

問1. ①　**問2.** ④　**問3.** ②　**問4.** ③　**問5.** ①
問6. ④　**問7.** ③　**問8.** ②　**問9.** ④　**問10.** ②
問11. 委任統治　**問12.** ①　**問13.** ①　**問14.** ③　**問15.** ③

解説

《近世・近代のアジア進出》

問1. ①誤文。「天下布武」の印判を用いた人物は織田信長であった。
問2. 江戸時代，琉球王国は将軍の代替わりのときに慶賀使を，琉球国王の代替わりのときに謝恩使を派遣した。
問3. 閑院宮家の創設は，新井白石による正徳の政治のときであった。このときの将軍は6代徳川家宣であった。
問4. ③正文。井原西鶴は5代徳川綱吉の治世を中心とする元禄文化において活躍した。
①誤文。本阿弥光悦は江戸初期の寛永期の文化の時期に活躍した。
②誤文。洒落本作家山東京伝は，18世紀の宝暦・天明期の文化とよばれる時期に活躍した。
④誤文。河竹黙阿弥は19世紀の化政文化期に活躍した。
問5. 佐久間象山はアヘン戦争の結果を知って，国家存立のために海防の

重要性を説いた。

問6. ④正文。王政復古の大号令によって三職制となり，三職による初の会議であった小御所会議で，徳川慶喜の辞官納地が決定された。

①誤文。和宮は孝明天皇の妹であった。

②誤文。長州藩は四国艦隊によって下関の砲台を占領された。

③誤文。八月十八日の政変において，水戸藩は関わってはいなかった。

問7. ③正文。加藤弘之は，国会開設に際し人民への啓蒙が民撰議院設立の大前提として，時期尚早であると主張した。

①誤文。愛国公党に西郷隆盛は参加していない。

②誤文。立志社は，民撰議院設立の建白書が出された後に設立された。

④誤文。三島通庸は内務省の官僚ではあるが，内務省を掌握していた人物ではなかった。

問8. ②正文。第2次日韓協約によって日本は韓国の外交権を剝奪し，韓国を保護国とした。

①誤文。日韓議定書の一文である。

③誤文。第1次日韓協約の一文である。

④誤文。第3次日韓協約の一文である。

問9. 韓国併合条約は1910年に結ばれた。このときの内閣は，第2次桂太郎内閣であった。

問10. ②正文。第2次大隈重信内閣のときに，二個師団増設の予算案が成立した。

①誤文。第2次大隈内閣の与党は立憲同志会であった。

③誤文。第2次大隈内閣が，袁世凱政府に対し二十一カ条の要求を出した。

④誤文。シーメンス（ジーメンス）事件によって，第1次山本権兵衛内閣が総辞職した。

問11. 第一次世界大戦時に日本が占領した赤道以北の旧ドイツ領南洋諸島では，ヴェルサイユ条約によって，日本が国際連盟からの委託による委任統治が行われることとなった。

問12. 九カ国条約によって，中国の主権尊重・領土保全，中国における商工業上の機会均等などが約束された。

問14. ③誤文。犬養毅内閣は満洲国の承認に消極的であった。斎藤実内閣のときに日満議定書が結ばれ，日本は満洲国を承認した。

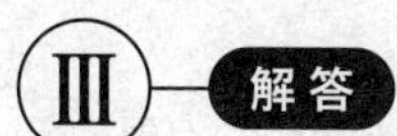
問1．③　問2．一世一元　問3．②　問4．④
問5．①　問6．①　問7．④　問8．④　問9．③
問10．①

解説

《近代における東京の発達》

問1． 難問。五箇条の誓文は1868年3月14日に出され，翌日に五榜の掲示が出された。政体書が出されたのは1868年閏(うるう)4月，明治天皇が即位の礼をあげたのは1868年の8月，東京への首都移転は1869年である。

問3． ②誤文。内国勧業博覧会は内務省主導で行われた。

問4． 難問。1900年前後に大手呉服店が，アメリカのデパートメントストアにならってショーウィンドーや陳列台を用いた小売りを始めた。
①刑法・治罪法などを起草したのはフランスの法学者ボアソナード。
②立憲改進党はイギリス流の議院内閣制を主張した。
③市制・町村制の制定にたずさわったのはドイツの法学者モッセである。
④フェノロサはアメリカから来たお雇い外国人で，哲学などを教えた。

問5． ①正文。
②誤文。戦後の改正民法において，戸主制度が廃止された。
③誤文。大日本帝国憲法において，文武官の任免，宣戦・講和条約の締結の権限は天皇に与えられた。
④誤文。統帥権は内閣からも独立して天皇に与えられた。

問6． ①正しい。ライトによる旧帝国ホテルは，1923（大正12）年に建てられた。
②・④誤り。片山東熊による旧東宮御所や，辰野金吾による日本銀行本店は，明治時代に建てられた。
③誤り。東京駅は辰野金吾による建築物である。

問7． 関東大震災の翌日の1923年9月2日に第2次山本権兵衛内閣が発足し，震災復興にあたった。

問8． ④正文。甘粕事件の真相を知った難波大助が，昭和天皇を狙撃した虎の門事件を起こしたため，第2次山本権兵衛内閣は総辞職をした。
①誤文。甘粕事件は，憲兵大尉の甘粕正彦が関東大震災の混乱のなかで無政府主義者の大杉栄や伊藤野枝らを虐殺した事件であった。
②誤文。亀戸事件は関東大震災直後に亀戸警察署内で平沢計七ら労働運動

家10名が虐殺された事件であった。

③誤文。大逆事件は1910年に起きた事件で，関東大震災が起きる前のことであった。

問9. ③正文。

①誤文。日本はイギリス・フランス・ロシアなどの連合国には軍需品や食料品などを，アジア市場には綿織物などを，アメリカには生糸などを輸出した。

②誤文。大戦景気時には，重化学工業は工業生産額のうちの30％を占めるようになった。

④誤文。大戦景気時には，重化学工業の発達により男性労働者の数が倍増して，女性労働者の数に迫った。

問10. ①誤文。金融恐慌ではなく，戦後恐慌の際に貿易が輸入超過となり，綿糸・生糸の相場が半値以下に暴落した。

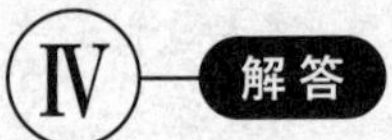

問1. ③　**問2.** ④　**問3.** ②　**問4.** ③　**問5.** ①
問6. ②　**問7.** ③　**問8.** G5　**問9.** ③
問10. ③

解説

《戦後の景気循環》

問1. ③誤文。金融緊急措置令は，インフレを収束させる政策なので，貨幣流通量を減らす政策であったが，効果は一時的であった。

問2. デトロイト銀行頭取のドッジが，経済安定九原則実施のために来日し，デフレ政策を指示した。また税制改革のためにシャウプも来日し，直接税中心主義などが採用された。

問3. ②誤文。1951年に電力業は民営化され，東北電力や東京電力など，9電力会社の体制が編成された。

問4. ③正しい。日本はOECDに1964年に加盟し，資本の自由化がなされた。

①誤り。日本は1964年にIMF 8条国に移行した。

②誤り。日本がGATTに加盟したのは1955年で，1963年にGATT 11条国に移行した。

④誤り。日本が高度経済成長期に入ると，欧米諸国からの自由化の要望を

受けて，1960 年に「貿易為替自由化大綱」が決定された。

問5．①正文。アメリカ経済が悪化してドル危機を迎えると，ニクソン大統領は金とドルとの交換停止などを含む新経済政策を発表した。

②誤文。アメリカは日本や西ドイツなどの国際収支黒字国に対し，為替レートの切上げを要求した。

③誤文。ドル危機に際し，日本は西ヨーロッパ諸国にならって変動為替相場制に移行した。

④誤文。スミソニアン博物館での 10 カ国財務相会議によって 1 ドル＝308 円の固定相場が復活した。しかしその後もドル不安が続いたため，1973 年から，変動為替相場制に移行した。

問6．②正文。田中角栄内閣が「日本列島改造論」を打ち出して，公共投資を拡大した結果，土地への投機が起きたため地価が高騰した。

①誤文。第 1 次石油危機により生じた，狂乱物価とよばれたインフレーションを収束させるため，政府は金融引締めを行ったものの，インフレは収束せずにスタグフレーションとなった。

③誤文。イラン革命ではなく第 4 次中東戦争勃発によって，第 1 次石油危機が起きた。

④誤文。1997 年に消費税が 3％から 5％に引き上げられた。またこの年にアジア通貨危機も起きたため，日本の景気は後退した。

問7．1980 年代に日本の対米貿易黒字が激増したため，貿易摩擦解消を目指して 1988 年に牛肉・オレンジの輸入自由化を決定し，1991 年に実施した。

問8． 5 カ国財務相・中央銀行総裁会議を略称で G5 という。プラザホテルで行われたこの合意はプラザ合意といわれ，この結果一気に円高となった。

問9．③誤文。バブル経済の時期には，高級品の売上げが増加した。

問10．1995 年から住宅金融専門会社の破綻が続いたため，翌年住専処理法が成立した。その後 1997 年には山一証券と北海道拓殖銀行が，1998 年には日本債券信用銀行と日本長期信用銀行が破綻した。

講評

Ⅰ　古代～近世の仏教史が出題された。美術史を含めた文化史を中心とする出題であったが，律令の内容や摂関政治，あるいは室町時代の外交史からの出題もあった。問1の『扶桑略記』や，問2の「捨身飼虎図」など，詳細な知識を問う出題で難易度は高い。問8の宗派を問う問題もやや難問といえよう。問9は生じた西暦年を覚えておいたほうが答えやすかったと考えられる。問11のような，文化史の史料もしっかり学習して見慣れておかないと，難しく感じられるだろう。

Ⅱ　近世から近代における日本のアジア進出を中心とした出題であった。小問では問1・問3・問6・問7・問10・問14で政治史，問4で文化史が出題された。全体的に解きやすい問題が多いが，問7は自由民権運動を時系列に沿って理解しておかないと解きづらいやや難問であった。問9・問10・問14・問15は内閣に関する出題で，内閣ごとにどのようなできごとがあったかを理解しておく必要がある。

Ⅲ　近代の東京に関する出題であった。政治史のほかに社会経済史や文化史からも出題された。問1はかなりの難問で，教科書の精読を必要とする。問3では工部省と内務省の管轄の違いが問われた。問4のような，どの国を参考にしたかを問う問題も頻出なので，国ごとに区別しておきたい。問5は憲法の内容を問う良問。問6は正解が詳細な知識問題なため，難問に感じられたと思われる。問8・問9・問10は甘粕事件などの事件や，大戦景気，金融恐慌などの内容まできちんと理解していれば正解できる良問であった。

Ⅳ　戦後の景気に関する出題であった。戦後史でしかも経済史のため，苦戦した受験生もいたと思われる。問3は難問。問5や問6が正解できるように，ニクソンの新経済政策や，田中角栄内閣の経済政策の内容を把握しておきたい。問10のように1990年代以降について，今後も出題される可能性がある。

世界史

I　解答　**問1．** (ア)―(F)　(イ)―(G)　(ウ)―(B)　(エ)―(E)　(オ)―(H)

問2． **1．** シュメール　**2．** アッカド　**3．** カナーン　**4．** フェニキア

問3． サルデス（サルディス）

解説

《古代オリエント史》

問1． (ウ)　やや難。地図中の(B)の位置がロゼッタ。近郊の(A)はプトレマイオス朝の都が置かれたアレクサンドリアの位置である。

問2． **3．** カナーンはパレスチナ地方の古名で，カナーン人は地中海東岸，現在のシリアやパレスチナ地方において交易で活躍したセム語系の民族。

問3． サルデスはリディアの都。アケメネス朝のダレイオス1世の治世には都のスサからサルデスにかけて「王の道」が建設されるなど，アケメネス朝の地中海進出の拠点となった。

II　解答　**問1．** **A．** ヘシオドス　**B．** イオニア　**C．** イデア　**D．** チョーサー　**E．** プトレマイオス

問2． プロタゴラス　**問3．** フランソワ1世　**問4．** スティーヴンソン

問5． ニーチェ　**問6．** サイード

解説

《ヨーロッパ文化史》

問1． **A．** ヘシオドスは前700年頃に活躍したギリシアの抒情詩人で，ギリシアの神々の系譜を語った叙事詩の『神統記』や，勤労の大切さを説いた教訓詩の『労働と日々』などを残した。

B． イオニア地方はアナトリア西岸のエーゲ海に面する地域で，古代ギリシアではミレトスを中心に自然哲学が発達した。

C． イデアはプラトン哲学の中心的な観念であり，プラトンは事象の背後にあるイデアこそが，永遠不変の実在であると説いた。

E． プトレマイオスは2世紀頃のギリシア人天文学者。アレクサンドリア

で活躍し，彼の著した『天文学大全』の中では，地球を中心とした宇宙体系である天動説を唱えた。

問3． フランソワ1世は仏ヴァロワ朝の国王。神聖ローマ皇帝の選挙で敗れたカール5世とイタリア戦争などで激しく戦った。また，イタリア侵入をきっかけにフランスにルネサンスを導入し，レオナルド=ダ=ヴィンチをフランス宮廷に招いた。

問6． サイードはパレスチナ出身のアメリカ人文学研究者。著書『オリエンタリズム』の中で，西洋の東洋に対する植民地主義的・人種差別的な視線や見方などを指摘した。

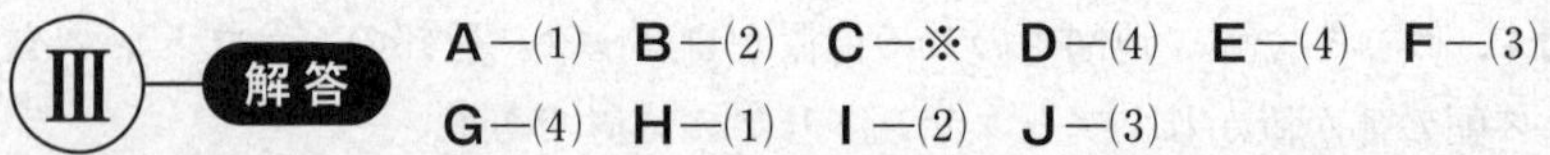

Ⅲ　解答　A―(1)　B―(2)　C―※　D―(4)　E―(4)　F―(3)　G―(4)　H―(1)　I―(2)　J―(3)

※文章Cについては，正解とすべき選択肢が複数存在したため，複数の選択肢を正解とする措置が取られたことが大学から公表されている。

解説

《イスラームの諸王朝》

A． (1)誤り。ブワイフ朝は，イラン系のブワイフ家が建てたシーア派の王朝。

B． (2)誤り。第3回十字軍では，神聖ローマ皇帝フリードリヒ1世，フランス王フィリップ2世，イギリス王リチャード1世が参加したが，イェルサレムへ向かう途上でフリードリヒ1世は溺死し，フィリップ2世は早々に帰国した。リチャード1世はアッコンを攻撃するなどイェルサレムの攻略を目指してイスラーム軍を苦しめたが，長期の遠征で軍は疲弊した。この結果，リチャード1世はサラーフ=アッディーンと休戦条約を締結して撤退し，サラーフ=アッディーンはイェルサレムの防衛に成功した。

D． (4)誤り。デリー=スルタン朝とは，奴隷王朝，ハルジー朝，トゥグルク朝，サイイド朝，ロディー朝の5王朝を総称したもの。イドリース朝は8世紀末にモロッコに成立したシーア派イスラーム王朝。

E． (4)誤り。アルハンブラ宮殿は，ナスル朝が首都グラナダに建設した。

F． (3)誤り。鄭和は永楽帝によって南海遠征に派遣され，その分遣隊はアフリカ東岸のマリンディまで到達した。キルワはマリンディよりもさらに南に位置する港市で，鄭和の艦隊はキルワにまでは到達していない。

G. ⑷誤り。モスクや学院の建設や運営のための寄進制度はワクフ。デヴシルメとは，オスマン帝国で行われた徴集制度で，征服したバルカン半島でキリスト教徒の男子を強制的に徴用してイスラームに改宗させたのち訓練を施し，官僚やイェニチェリの兵士として供給するもの。

H. ⑴誤り。イブン=シーナーが著した医学書は『医学典範』。『医学大全』はイブン=ルシュドが著した医学書。

I. ⑵誤り。アンカラの戦いでティムールに捕虜とされたのはバヤジット1世。

J. ⑶誤り。ホルムズ島は1515年以来ポルトガルが占領していたが，サファヴィー朝のアッバース1世が1622年にポルトガルから奪取した。

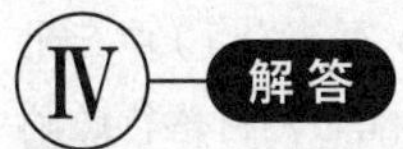

問1. ②　**問2.** ③　**問3.** ①　**問4.** ②　**問5.** ④
問6. ③　**問7.** ②　**問8.** ④　**問9.** ①

問10. （設問省略）

解説

《モンゴル高原史》

問1. ②誤文。やや難。現在，モンゴル語の表記については内モンゴルではウイグル文字，モンゴル国ではキリル文字が用いられている。

問2. ③誤文。遼（契丹）では，農耕民は州県制にもとづく南面官，遊牧・狩猟民は部族制にもとづく北面官によって統治された。

問3. ①誤文。オゴタイ（オゴデイ）はチンギス=ハン（チンギス=カン）の第3子。

問4. ①誤文。キプチャク=ハン国の都はサライ。

③誤文。ティムールは西チャガタイ=ハン国から出現した。

④誤文。3ハン国は，キプチャク=ハン国が1243年，イル=ハン国が1258年，チャガタイ=ハン国が1227年にそれぞれ成立した。

問5. ④誤文。元は中国の統治に際して中国的な官僚制度を取り入れたが，中枢はモンゴル人が握り，初期には儒教を重視せず科挙を廃止するなど，中国人士大夫が政治的な決定などをおこなうことはなかった。

問6. ③誤文。やや難。シンガサリ朝は内乱によって，元のジャワ遠征の直前に滅んだので，元の侵攻によって滅んだのではない。

問7. ①誤文。授時暦は郭守敬によって作成された。

③誤文。細密画（ミニアチュール）は，イル=ハン国経由で入ってきた中国絵画の影響を受けてイスラーム世界で発達した。

④誤文。マルコ=ポーロは，杭州をキンザイ，泉州をザイトンという名で紹介している。

問8． ①誤文。クチャやカシュガルは天山山脈の南麓に位置し，2都市を通る路は天山南路と呼ばれた。

②誤文。東晋時代の僧法顕は，往路は陸路でインドに赴き，復路は海路で帰国した。

③誤文。「絹の道」（シルク=ロード）とはドイツの地理学者リヒトホーフェンの用語に由来したもの。ランケはドイツの歴史学者で，近代歴史学の基礎を確立した。

問9． ②誤文。里甲制は，農家110戸で1里を構成し，富裕な10戸を里長戸，残りの100戸を10甲に分けて甲首戸をおいて支配した村落行政制度。

③誤文。特権商人らは，同郷出身者や同業者の互助や親睦を図るために会館や公所を建設した。公行（公商）は，清代に広州での外国船貿易を独占した特許商人の組合。

④誤文。明代に完成された四大奇書とは，『三国志演義』，『水滸伝』，『西遊記』，『金瓶梅』である。『紅楼夢』は清代に曹雪芹によって著された口語長編小説。

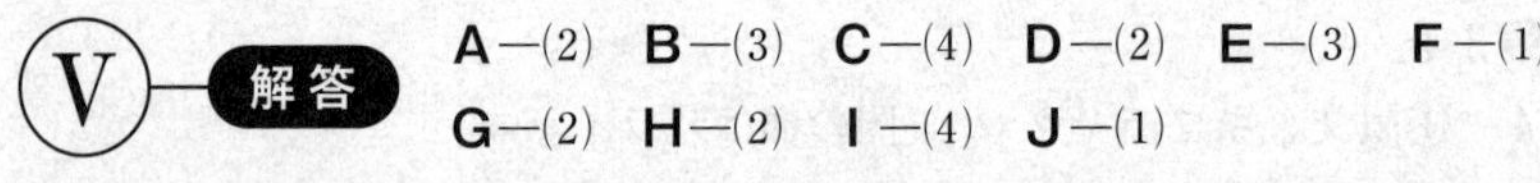
V　解答　A—(2)　B—(3)　C—(4)　D—(2)　E—(3)　F—(1)
G—(2)　H—(2)　I—(4)　J—(1)

解説

《南北アメリカ史》

A． (2)誤文。武装中立同盟を提唱したのはロシア皇帝エカチェリーナ2世。

B． (3)誤文。ブラジルはポルトガル王子が皇帝に即位することでブラジル帝国として独立した。

C． (4)誤文。1882年の移民法では，中国人の移民が禁止された。その後，1924年の移民法によって，東欧・南欧からの移民が制限され，アジア諸国からの移民が全面的に禁止された。

D． (2)誤文。カリブ海への軍事力を背景とする「棍棒外交」を推し進めたのはセオドア=ローズヴェルト大統領。

E. (3)誤文。アメリカ=スペイン戦争後，アメリカ合衆国がフィリピンを領有することとなったが，フィリピン共和国の成立を宣言した革命政府をアメリカは認めず，フィリピン=アメリカ戦争が勃発した。

F. (1)誤文。1861年に勝利したのはフアレス大統領。カランサは，1910年におこったメキシコ革命に参加し，1917年に憲法を制定して大統領に就任した。

G. (2)誤文。全国産業復興法では，企業の価格協定や，労働者の団結権と団体交渉権を認めて失業者救済をはかった。しかし，全国産業復興法は1935年に違憲判決を受け，同年に労働者の権利保護のためのワグナー法が制定された。

H. (2)誤文。難問。日米交渉は，近衛文麿内閣のもとで1941年4月から行われたがまとまらず，10月に近衛内閣は総辞職して対米強硬派の東条英機内閣に代わった。11月，アメリカ合衆国が対日強硬的なハル=ノートを提示したことで交渉は決裂し，12月に対米開戦を決定した。

I. (4)誤文。アメリカ合衆国では，1947年に労働者の団結権と団体交渉権を認めていたワグナー法に代わり，労働組合の活動を規制するタフト・ハートレー法が制定された。

J. (1)誤文。1961年にキューバと断交したのはアイゼンハワー大統領。

講評

Ⅰ　古代オリエントに関する問題で，空所補充と一問一答式の全問記述問題。問1では地図問題が出題され，ロゼッタの位置などやや細かいものも出題された。問2の3のカナーンは盲点になりやすいが，その他は標準的なものが多かった。

Ⅱ　ヨーロッパ文化史に関する問題で，空所補充と一問一答式の全問記述問題からなる。問6のサイードはやや細かいが，おおむね標準的な問題だった。

Ⅲ　イスラームの諸王朝に関して，下線部の誤りを指摘する問題。すべてが誤文選択問題であり，判別する下線部が長文なため丁寧に読み進めたい。また，正誤の判断が社会史や文化史に関するものもあり，全体的にやや難しいものとなった。

Ⅳ　モンゴル高原に関する問題。4つの選択肢からなる誤文・正文選択問題であり，問1のモンゴル語の表記，問6のシンガサリ朝の滅亡時期に関する問題は，内容や時期など詳細な内容を問うものでやや難しいものとなった。

Ⅴ　南北アメリカに関する問題。大問Ⅲと同じ形式で，誤文・正文選択問題が苦手な受験生は苦労したかもしれない。Hの日米開戦に関する問題はやや細かいが，その他は標準的な問題が多かった。

2024年度は，2023年度とほぼ同じ形式で出題されたが，2024年度は地図問題が出題された。2023年度と同じく，誤文・正文選択問題の選択肢である文も長いものが多く，苦手とする受験生には厳しいものになったであろう。しっかりと誤文を見極め，一見して内容の難しい正文に迷わされることなく解答したい。

政治・経済

I　解答

問1．ア． マーシャル=プラン
イ． COMECON（経済相互援助会議）
ウ． ベルリンの壁　**エ．** 第五福竜丸　**オ．** キューバ危機
カ． 全欧安全保障協力会議（CSCE）　**キ．** 朝鮮戦争
ク． MSA（日米相互防衛援助）　**ケ．** サンフランシスコ平和条約
コ． 事前協議
問2． D　**問3．** C　**問4．** 北大西洋条約機構　**問5．** B　**問6．** A
問7． ※　**問8．** C　**問9．** 色丹島・歯舞群島
問10． 日米地位協定で定めのない日本が負担している在日米軍駐留経費。(30字以内)
問11． 平和　**問12．** D

※問7については，正解とすべき選択肢が複数存在したため，複数の選択肢を正解とする措置が取られたことが大学から公表されている。

解説

《戦後の国際安全保障》

問1．オ． キューバ危機では，キューバでの核ミサイル基地建設を巡りアメリカとソ連の緊張状態が高まった。リード文の「1962年には，地理的にアメリカのすぐ近くで」起きたという部分からキューバ危機が想定できるとよいだろう。

カ． 全欧安全保障協力会議（CSCE）は1975年にヘルシンキで開かれた欧州の安全保障体制を議論する会議であり，1995年に全欧安全保障協力機構（OSCE）に改組された。

ク． MSA協定は，1954年に締結され，日本の防衛力増強が求められた。

コ． 1960年に成立した新安保条約では，米軍の配備や装備の変更や日本の基地使用に対して事前協議を行うと取り決められた。

問3． C．誤文。安全保障理事会で軍事的措置を決定する場合に，「総会の事前承認を得なければならない」との規定はない。

問5． B．誤文。NATOは北米と欧州の国々が加盟しており，日本やオ

ーストラリアは加盟していない。

問6． Aが正解。1955 年の第1回原水爆禁止世界大会は，第五福竜丸事件の影響や被爆地としての歴史などから広島で開催された。

問8． C．誤文。竹島をめぐる領土問題は日本と韓国の間で起こっている。

問10.「思いやり予算」は，日米地位協定で定めがなく，米軍の駐留経費の一部などを日本が負担するもので，1978 年以降実施されている。

問12. Dが誤り。砂川事件は日米安保条約やそれに基づく米軍駐留が違憲かどうかが争われた事件であり，自衛隊が対象ではない。

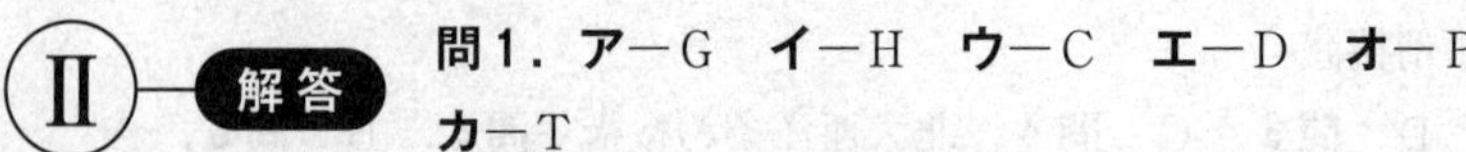

Ⅱ 解答　**問1．** **ア**―G　**イ**―H　**ウ**―C　**エ**―D　**オ**―P　**カ**―T

問2． ①コーポレート=ガバナンス　②ベンチャーキャピタル　③マネタリーベース

問3． C　**問4．** 2700　**問5．** B

解説

《企業の資金調達》

問1．オ． メインバンク制度とは企業が主に取引をする銀行を1つに定め密接な関係を保つものであり，現在では徐々に見られなくなってきている。

カ． 無担保コール翌日物レートは短期金利における代表的な指標であり，1990 年代以降日本銀行の金利誘導目標となっている。

問2． ①　コーポレート=ガバナンスは企業統治とも呼ばれ，ステークホルダーなどを守るため，企業経営などに不正がないようチェックする機能のことをいう。

②　ベンチャーキャピタルとは，未上場企業等に対して投資を行う投資会社である。

③　マネタリーベースは，日本銀行が供給する通貨量の総額を指す言葉である。

問3． Cが正解。アメリカの民間非金融法人企業の金融負債構成は日本やEU と比較して，株式等の割合が多い傾向にある。

問4． 信用創造額は本源的預金（最初に受け入れた預金）を支払準備率で除したものから本源的預金を引くことで求められる。本問の場合，本源的資金が 300 億円，支払準備率が 10％のため，300÷0.1－300＝2700 億円となる。

III　解答　**問1．ア**―C　**イ**―D　**ウ**―E　**エ**―C　**オ**―A　**カ**―D

問2．①赤字　②市中消化　③地方債　④固定資産税

問3．建設国債により提供される道路などの社会資本は，現在の世代や次世代の国民が利用可能であり，次世代の国民も一定負担することが正当化されるため。(70字以内)

問4．地方交付税交付金の使い道は国から指定されず地方公共団体が決められるのに対して，国庫支出金の使い道は公共事業，義務教育など国から指定される。(70字以内)

解説

《日本の財政》

問1．ア・イ・ウ．日本においては，財政法の第4条で，公共事業費の財源のため国会の議決を経て建設国債を発行することが認められている。

エ・オ・カ．日本の国家予算の歳出内訳は，近年社会保障関係費が最も大きな比率を占めており，それから国債費，地方交付税交付金等と続く。

問2．①　赤字国債は特例法により制定以後ほぼ毎年発行されている。

②　日本銀行が国債を引き受けた場合インフレ等のリスクがあることから，国債引き受けを禁止されていることを「市中消化の原則」という。

③　地方公共団体が発行する借金は地方債と呼ばれる。

問3．問1でもあった通り，建設国債は基本的に公共事業費として発行される。一度できた施設は長期間にわたって利用可能である。この性質を踏まえ，次世代の利用と負担へ言及し答えたい。

問4．地方交付税交付金と国庫支出金の使い道の違いを問われている。使い道が指定されているのか，いないのかに注意して解答をまとめたい。

講評

I　戦後の国際安全保障について，特に1970年ころまでの世界的な動向を中心に出題されている。教科書に準拠した標準的な問題がほとんどであるが，ウクライナ侵攻などの時事的な知識も求められた。

Ⅱ　企業の資金調達について，基本的な事項を中心に正確な知識が必要となる出題であった。問3は，日本企業と米国企業の金融負債構成についての知識を求める問題でやや難度が高かったものの，全体的には標準的な出題であった。

Ⅲ　日本の財政について，国や地方の財政の現状を中心に出題された。問3の論述問題は，建設国債が容認される理由を問う問題であった。建設国債の内容を的確に理解していないと正解は難しいだろう。問4の論述問題では，地方財政に関する基本的な理解が求められた。全体としては標準的な出題であった。

数　学

I　解答

（最大のもの・最小のものの順に）(1)—Ⓑ・Ⓒ
(2)—Ⓒ・Ⓐ　(3)—Ⓐ・Ⓒ　(4)—Ⓒ・Ⓑ　(5)—Ⓑ・Ⓐ

解説

《小問5問》

(1)　$f(x)=-x^3+4x^2-4x+4$，$g(x)=f'(x)=-3x^2+8x-4$，
$h(x)=g'(x)=-6x+8$，$p(x)=h'(x)=-6$ であるから

$$Ⓐ=g(1)=1,\ Ⓑ=h(1)=2,\ Ⓒ=p(1)=-6$$

である。

よって　　Ⓑ＞Ⓐ＞Ⓒ

(2)　変量 X のデータは 1，1，2，4，4，5，5，6，6，6，8，8，9，10，11，12，13，13，15，15 の 20 個の値からなる。6 は 3 回現れ，他の値の現れる回数は 2 回以下なので，最頻値は Ⓐ$=6$ である。

データの大きさが 20 であるから，中央値は小さいほうから数えて 10 番目と 11 番目の値の平均をとって，Ⓑ$=\dfrac{6+8}{2}=7$ である。

仮平均を最頻値の 6 として平均を求める。変量 X の 20 個のデータのそれぞれから 6 を引いて得られるデータについて，総和は

$$-5-5-4-2-2-1-1+0+0+0$$
$$+2+2+3+4+5+6+7+7+9+9=34$$

であり，平均は $\dfrac{34}{20}=1.7$ であるから，X の平均値は，Ⓒ$=6+1.7=7.7$ である。

以上より　　Ⓒ＞Ⓑ＞Ⓐ

(3)　$\dfrac{x^2-x-12}{(x^2-1)(x+2)}=\dfrac{a}{x+1}+\dfrac{b}{x+2}+\dfrac{c}{x^2-1}$ が x の恒等式となるのは，この等式の両辺に $(x^2-1)(x+2)$ をかけて整理した等式

$$x^2-x-12=(a+b)x^2+(a+c)x-2a-b+2c$$

が x の恒等式となるときである。両辺の係数を比較して

$a+b=1$ ……①, $a+c=-1$ ……②,

$-2a-b+2c=-12$ ……③

①+②+③ より　$c=-4$ ……④

④を①, ②に代入して a, b を求めて

$(a,\ b,\ c)=(3,\ -2,\ -4)$

よって　Ⓐ>Ⓑ>Ⓒ

別解 $\dfrac{x^2-x-12}{(x^2-1)(x+2)}=\dfrac{a}{x+1}+\dfrac{b}{x+2}+\dfrac{c}{x^2-1}$ ……㋐

が x の恒等式であるとする。㋐式の両辺に $x+2$, x^2-1 をかけてできる2式

$$\frac{x^2-x-12}{x^2-1}=a\cdot\frac{x+2}{x+1}+b+c\cdot\frac{x+2}{x^2-1} \quad \cdots\cdots ㋑$$

$$\frac{x^2-x-12}{x+2}=a\cdot(x-1)+b\cdot\frac{x^2-1}{x+2}+c \quad \cdots\cdots ㋒$$

もまた x の恒等式である。㋑式に $x=-2$ を代入して, $b=-2$, ㋒式に $x=1$ を代入して, $c=-4$ である。㋐式に $x=0$ を代入して $(b,\ c)=(-2,\ -4)$ を用いると, $a=3$ であるから, $(a,\ b,\ c)=(3,\ -2,\ -4)$ を得る。

逆に, $(a,\ b,\ c)=(3,\ -2,\ -4)$ とすると, ㋐式は x の恒等式となる。

よって　Ⓐ>Ⓑ>Ⓒ

(4) Ⓐ, Ⓑ, Ⓒのそれぞれの場合の円 O_1, O_2 と, 2円の共通接線を図示すると下図のようになる。いずれの場合にも原点を中心とする円が O_1 であり, O_2 の中心は黒丸で表してある。円 O_1, O_2 の半径をそれぞれ r_1, r_2 とする。

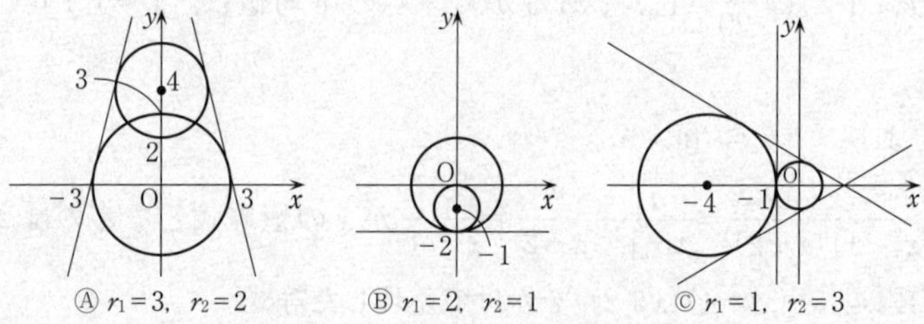

Ⓐ $r_1=3$, $r_2=2$　Ⓑ $r_1=2$, $r_2=1$　Ⓒ $r_1=1$, $r_2=3$

図より, 各場合の円 O_1, O_2 の共通接線の本数は, Ⓐ：2, Ⓑ：1, Ⓒ：3である。よって　Ⓒ>Ⓐ>Ⓑ

(5)　命題$p\Rightarrow q$（この形の命題を条件命題という）は，仮定pが真で結論qが偽のとき偽であり，p，qの真偽がその他の組み合わせのとき真である。

ゆえに，命題p，qの真偽によって，命題$p\Rightarrow q$の真偽が下表の「元の命題$p\Rightarrow q$」の列に示すように定まり，その結果，逆，裏，対偶の真偽もそれぞれ下表のように定まる（このような表を真理表という）。ただし，下表では真を1で，偽を0で表している。

	p	q	$\overline{p}$	$\overline{q}$	元の命題$p\Rightarrow q$	逆$q\Rightarrow p$	裏$\overline{p}\Rightarrow\overline{q}$	対偶$\overline{q}\Rightarrow\overline{p}$
第1行	1	1	0	0	1	1	1	1
第2行	1	0	0	1	0	1	1	0
第3行	0	1	1	0	1	0	0	1
第4行	0	0	1	1	1	1	1	1

真理表より，元の命題と対偶の真偽はつねに一致し（対偶法則），逆と裏もつねに真偽が一致することがわかる（逆と裏は互いに他の対偶であることからも当然である）。また，元の命題と逆はともに真となり得るし（第1行と第4行），元の命題が偽で逆が真となり得る（第2行）。しかし，元の命題と逆がともに偽となることはない。

さて，与えられた4つの命題を$A_i : p_i\Rightarrow q_i$ $(i=1,\ 2,\ 3,\ 4)$とし，それぞれの逆を$A_i' : q_i\Rightarrow p_i$ $(i=1,\ 2,\ 3,\ 4)$とする。A_i $(i=1,\ 2,\ 3,\ 4)$のうち3つが真，1つが偽であり，A_i' $(i=1,\ 2,\ 3,\ 4)$のうち1つが真，3つが偽である。よって，上で述べたことから，A_1，A_2，A_3，A_4'が真，A_1'，A_2'，A_3'，A_4が偽であるとしてよい。

Ⓐ　逆と裏は真偽がつねに一致するので，逆が偽，裏が真であることはなく，このような命題の数は0個である。

Ⓑ　対偶と元の命題の真偽は一致するので，対偶が真である命題の数は元の命題が真である命題の数であるから，3個である。

Ⓒ　裏と逆の真偽は一致するので，裏が真である命題の数は逆が真である命題の個数であるから，1個である。

よって　　Ⓑ＞Ⓒ＞Ⓐ

Ⅱ 解答

(1)アイ．44　ウ．7　(2)エ．2　オ．2　カ．1
(3)キ．2　ク．2　(4)ケコサシ．2020

解説

《小問4問》

(1)　$x=\dfrac{2}{\sqrt{7}+\sqrt{5}}=\dfrac{2(\sqrt{7}-\sqrt{5})}{7-5}=\sqrt{7}-\sqrt{5}$

$y=\dfrac{2}{\sqrt{7}-\sqrt{5}}=\dfrac{2(\sqrt{7}+\sqrt{5})}{7-5}=\sqrt{7}+\sqrt{5}$

より，$x+y=2\sqrt{7}$，$xy=7-5=2$ であるから

$$x^3+y^3=(x+y)^3-3xy(x+y)=(2\sqrt{7})^3-3\cdot2\cdot2\sqrt{7}$$
$$=56\sqrt{7}-12\sqrt{7}=44\sqrt{7}\quad(\to ア〜ウ)$$

(2)　真数条件より，$\dfrac{x}{2}>0$，$3y>0$ であるから，$x>0$，$y>0$ である。

$$\log_6\frac{x}{2}+\log_6 3y=1\iff\log_6\frac{3xy}{2}=1\iff\frac{3xy}{2}=6$$

であるから，$xy=4$ である。ここで，$x>0$，$y>0$ なので，相加平均と相乗平均の関係より

$$\frac{1}{x}+\frac{1}{y}\geqq2\sqrt{\frac{1}{xy}}=2\sqrt{\frac{1}{4}}=1$$

であり，等号成立は，$\dfrac{1}{x}=\dfrac{1}{y}=\dfrac{1}{2}$ のときであり，このとき，$x=y=2$ である。

ゆえに $\dfrac{1}{x}+\dfrac{1}{y}$ は $x=2$，$y=2$ で最小値1をとる。（→エ〜カ）

(3)　初項 a，公差 b の等差数列を $\{A_n\}$，初項 b，公比 a の等比数列を $\{B_n\}$ とすると，一般項はそれぞれ $A_n=a+(n-1)b$，$B_n=ba^{n-1}$ である。

よって，与えられた条件は

$A_2=B_3$　かつ　$A_4=B_5$

$\iff a+b=ba^2$　……①　かつ　$a+3b=ba^4$　……②

と表される。

②−①より，$2b=ba^2(a^2-1)$ である。ここで，$b=0$ とすると②より $a=0$ となり，$a>0$ に反するので，$b\neq0$ である。

$2b=ba^2(a^2-1)$ の両辺を b で割って

$$2=a^2(a^2-1)\Longleftrightarrow a^4-a^2-2=0\Longleftrightarrow (a^2+1)(a^2-2)=0$$

を得る。$a>0$ より，$a=\sqrt{2}$　……③ となり，③と①より，$b=\sqrt{2}$ を得る。

よって　　$a=\sqrt{2}$，$b=\sqrt{2}$　(→キ・ク)

(4)　7 で割ると 4 余り，11 で割ると 7 余る整数を a とすると

$$a=7x+4=11y+7\ (x,\ y \text{は整数})\quad ……①$$

と表せる。①より

$$7x-11y=3\quad ……②$$

が成り立つ。

$$7\cdot2-11\cdot1=3\quad ……③$$

が成り立つので，②−③ より，$7(x-2)=11(y-1)$ が成り立ち，7 と 11 は互いに素であるから

$$x-2=11z,\ y-1=7z\ (z \text{は整数})$$

と表せる。よって，$(x,\ y)=(11z+2,\ 7z+1)$ であるから，①より

$$a=77z+18\quad ……④$$

④において，a が 2024 を超えないとすると

$$a\leqq2024\Longleftrightarrow 77z+18\leqq2024\Longleftrightarrow z\leqq26+\frac{4}{7}\Longleftrightarrow z\leqq26$$

である。$z=26$ を④に代入すると，$a=2020$（自然数）であるから，求める自然数は 2020 である。（→ケ〜シ）

Ⅲ　解答

(1)　$A(-2,\ 4)$　$B\left(\frac{1}{2},\ \frac{1}{4}\right)$　$C\left(-\frac{3}{2},\ \frac{17}{4}\right)$

(2)　C_1，C_2 で囲まれた図形の面積を S，C_1 と直線 AB：$y=-\frac{3}{2}x+1$ で囲まれた部分の面積を T とする。

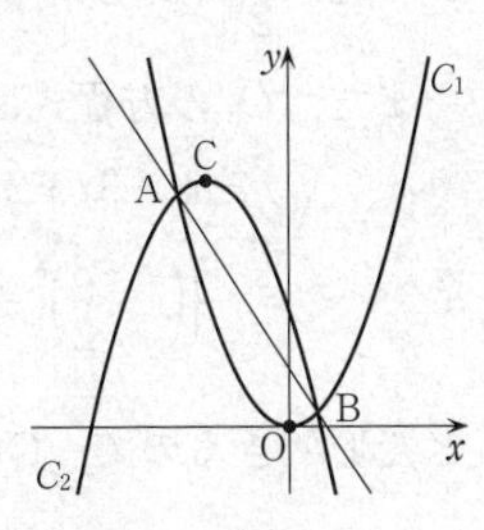

$S=2T$ を示せばよい。

$$S=\int_{-2}^{\frac{1}{2}}\{(-x^2-3x+2)-x^2\}dx$$

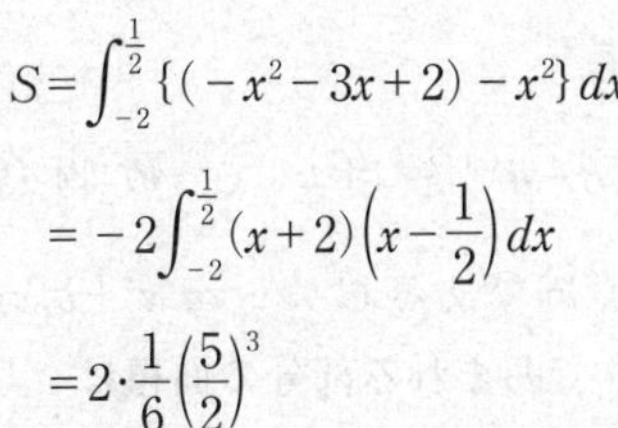

$$=-2\int_{-2}^{\frac{1}{2}}(x+2)\left(x-\frac{1}{2}\right)dx$$

$$=2\cdot\frac{1}{6}\left(\frac{5}{2}\right)^3$$

$$T=\int_{-2}^{\frac{1}{2}}\left\{\left(-\frac{3}{2}x+1\right)-x^2\right\}dx$$

$$=-\int_{-2}^{\frac{1}{2}}(x+2)\left(x-\frac{1}{2}\right)dx=\frac{1}{6}\left(\frac{5}{2}\right)^3$$

であるから　$S=2T$　(証明終)

(3) 線分 AB，OC の中点をそれぞれM，Nとする。(1)の結果より

$$\mathrm{M}=\left(\frac{-2+\frac{1}{2}}{2},\ \frac{4+\frac{1}{4}}{2}\right)=\left(-\frac{3}{4},\ \frac{17}{8}\right)$$

$$\mathrm{N}=\left(\frac{0-\frac{3}{2}}{2},\ \frac{0+\frac{17}{4}}{2}\right)=\left(-\frac{3}{4},\ \frac{17}{8}\right)$$

であるから，M＝Nである。　(証明終)

(4) (3)の結果より，四角形 AOBC は平行四辺形である。(1)の結果より，A$(-2,\ 4)$，B$\left(\frac{1}{2},\ \frac{1}{4}\right)$ であるから，四角形 AOBC の面積は

$$2\cdot\triangle\mathrm{OAB}=2\cdot\frac{1}{2}\left|(-2)\cdot\frac{1}{4}-4\cdot\frac{1}{2}\right|=\frac{5}{2}\quad\cdots\cdots(\text{答})$$

解説

《点対称な 2 つの放物線が囲む部分と平行四辺形の面積》

(1) C_1，C_2 の方程式を連立して y を消去すると，$2x^2+3x-2=0$ より，$x=-2,\ \frac{1}{2}$ であるから，A$(-2,\ 4)$，B$\left(\frac{1}{2},\ \frac{1}{4}\right)$ である。

また，C_2 の方程式は

$$y=-x^2-3x+2=-(x^2+3x)+2$$

$$=-\left\{\left(x+\frac{3}{2}\right)^2-\frac{9}{4}\right\}+2=-\left(x+\frac{3}{2}\right)^2+\frac{17}{4}$$

と変形できるので，C$\left(-\frac{3}{2},\ \frac{17}{4}\right)$ である。

(2) $\frac{1}{6}$ 公式 $\int_{\alpha}^{\beta}(x-\alpha)(x-\beta)\,dx=-\frac{1}{6}(\beta-\alpha)^3$ を用いて，放物線 $C:y=ax^2+bx+c$ $(a\neq0)$ と放物線または直線である $C':y=a'x^2+b'x+c'$ が $x=\alpha,\ \beta$ $(\alpha<\beta)$ で交わるとき，C，C' で囲まれる部分の面積は

$$\left|\int_{\alpha}^{\beta}\{(ax^2+bx+c)-(a'x^2+b'x+c')\}\,dx\right|$$
$$=\left|(a-a')\int_{\alpha}^{\beta}(x-\alpha)(x-\beta)\,dx\right|$$
$$=\frac{|a-a'|}{6}(\beta-\alpha)^3$$

として求められる。

(4)　3点 $(0,\ 0)$, $(p,\ q)$, $(r,\ s)$ を頂点とする三角形の面積は $\frac{1}{2}|ps-qr|$ である。絶対値の中は，p, q, r, s を1列に並べて（外側の積）－（内側の積）のように計算する（Ⅳの〔解説〕(3)参照）。

（注）　本文の放物線 C_1, C_2 が2つの放物線の中点に関して対称であることは，直観的に明らかであり，それを認めれば(2), (3)は証明不要であるが，出題の意図を考えて〔解答〕のように解くのが妥当である。

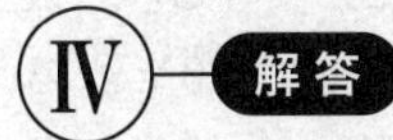

(1)　$3\overrightarrow{OA}+4\overrightarrow{OB}+5\overrightarrow{OC}=\vec{0}$ より，$-3\overrightarrow{OA}=4\overrightarrow{OB}+5\overrightarrow{OC}$ だから，両辺を $4+5=9$ で割ると

$$-\frac{1}{3}\overrightarrow{OA}=\frac{4\overrightarrow{OB}+5\overrightarrow{OC}}{5+4}$$

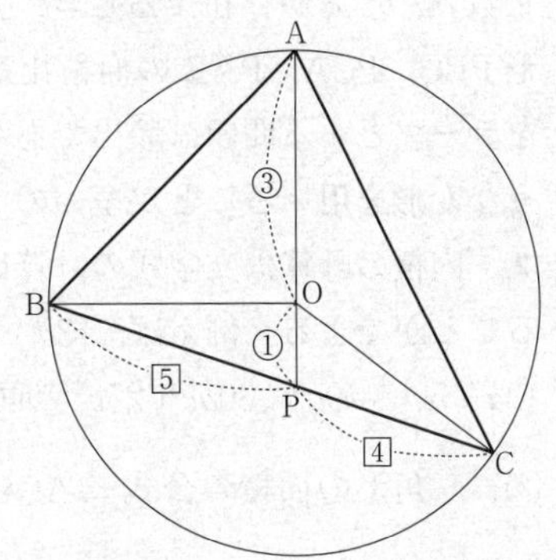

$\overrightarrow{OP'}=\dfrac{4\overrightarrow{OB}+5\overrightarrow{OC}}{5+4}$ として点P′を定めると，点P′は辺BCを5：4に内分する点であり，$\overrightarrow{OP'}=-\dfrac{1}{3}\overrightarrow{OA}$ となるからP′は直線AOのO側への延長上にあって，AO：OP′=3：1をみたす。以上より，P′は直線AOと辺BCの交点であるから，P′=Pである。ゆえに

BP：PC=5：4,　AO：OP=3：1　……(答)

(2)　$3\overrightarrow{OA}+4\overrightarrow{OB}+5\overrightarrow{OC}=\vec{0}$ より，$-4\overrightarrow{OB}=3\overrightarrow{OA}+5\overrightarrow{OC}$ であるから，両辺の大きさの2乗を考えると

$$16|\overrightarrow{OB}|^2=9|\overrightarrow{OA}|^2+30\overrightarrow{OA}\cdot\overrightarrow{OC}+25|\overrightarrow{OC}|^2$$
$$16=34+30\overrightarrow{OA}\cdot\overrightarrow{OC}$$

$$\therefore\quad \overrightarrow{\mathrm{OA}}\cdot\overrightarrow{\mathrm{OC}}=-\frac{3}{5}\quad\cdots\cdots(答)$$

(3)　(2)の結果より

$$\triangle\mathrm{AOC}=\frac{1}{2}\sqrt{|\overrightarrow{\mathrm{OA}}|^2|\overrightarrow{\mathrm{OC}}|^2-(\overrightarrow{\mathrm{OA}}\cdot\overrightarrow{\mathrm{OC}})^2}=\frac{1}{2}\sqrt{1-\left(\frac{3}{5}\right)^2}=\frac{2}{5}$$

である。高さの等しい三角形の面積比は底辺の比であるから，(1)の結果より

$$\triangle\mathrm{ABC}=\frac{9}{4}\cdot\triangle\mathrm{ACP}=\frac{9}{4}\cdot\frac{4}{3}\cdot\triangle\mathrm{AOC}=\frac{9}{4}\cdot\frac{4}{3}\cdot\frac{2}{5}=\frac{6}{5}\quad\cdots\cdots(答)$$

解説

《外心O，OA=1，$3\overrightarrow{\mathrm{OA}}+4\overrightarrow{\mathrm{OB}}+5\overrightarrow{\mathrm{OC}}=\vec{0}$ の三角形 ABC の面積》

(1)　Pが辺 BC を $m:n$ に内分するとすると，$\overrightarrow{\mathrm{OP}}=\dfrac{n\overrightarrow{\mathrm{OB}}+m\overrightarrow{\mathrm{OC}}}{m+n}$ であるから，条件式 $3\overrightarrow{\mathrm{OA}}+4\overrightarrow{\mathrm{OB}}+5\overrightarrow{\mathrm{OC}}=\vec{0}$ の $4\overrightarrow{\mathrm{OB}}+5\overrightarrow{\mathrm{OC}}$ の部分に注目して，$m=5$，$n=4$ と考え〔解答〕のような変形を思いつくことができる。一般に，平面上に三角形 ABC と点Pがあって，$a\overrightarrow{\mathrm{PA}}+b\overrightarrow{\mathrm{PB}}+c\overrightarrow{\mathrm{PC}}=\vec{0}$ となる正数 a，b，c が存在するとき，点Pは三角形 ABC の内部にあって，三角形 PBC，PCA，PAB の面積比が $a:b:c$ となる。本問のようにこの事実をテーマとする問題は頻出であり，この種の問題を解くとき〔解答〕のような変形を用いることが多いので習熟しておきたい。

(2)　内積の計算は文字式の計算における２つの１次式の積と同様に計算することができる。例えば，$|3\vec{a}+5\vec{c}|^2=9|\vec{a}|^2+30\vec{a}\cdot\vec{c}+25|\vec{c}|^2$ の計算は $(3a+5c)^2=9a^2+30ac+25c^2$ と同様である。

(3)　三角形の面積の公式 $\triangle\mathrm{AOC}=\dfrac{1}{2}\sqrt{|\overrightarrow{\mathrm{OA}}|^2|\overrightarrow{\mathrm{OC}}|^2-(\overrightarrow{\mathrm{OA}}\cdot\overrightarrow{\mathrm{OC}})^2}$ は，証明も含めて覚えて使えるようにしておこう。Ⅲの(4)で用いた三角形の面積の公式はこの公式からも導ける。A$(p,\ q)$，C$(r,\ s)$ とすれば，上の公式の右辺の根号の中は，$(p^2+q^2)(r^2+s^2)-(pr+qs)^2=(ps-qr)^2$ と変形できるから，$\triangle\mathrm{AOC}=\dfrac{1}{2}\sqrt{(ps-qr)^2}=\dfrac{1}{2}|ps-qr|$ となる。なお，出題の意図から外れるが，(2)と同様に，$\overrightarrow{\mathrm{OA}}\cdot\overrightarrow{\mathrm{OB}}=0$ から $\triangle\mathrm{OAB}=\dfrac{1}{2}$，$\triangle\mathrm{ABC}=\dfrac{9}{5}\cdot\triangle\mathrm{ABP}=\dfrac{9}{5}\cdot\dfrac{4}{3}\cdot\triangle\mathrm{OAB}=\dfrac{9}{5}\cdot\dfrac{4}{3}\cdot\dfrac{1}{2}=\dfrac{6}{5}$ としてもよい。

V　解答　(1)　求める確率は2直線$y=x+a$, $y=-x+b$のy切片が一致する，つまり，$a=b$となる確率であるから

$\frac{6}{6^2}=\frac{1}{6}$　……(答)

(2)　求める確率は2直線$y=-ax+b$, $y=x-c$のx切片が一致する，つまり，$\frac{b}{a}=c \Longleftrightarrow b=ac$となる確率である。まず$b$を決めて$b$の約数を考えることによって，$b=ac$をみたす$(a,\ b,\ c)$は

$(1,\ 1,\ 1)$, $(1,\ 2,\ 2)$, $(2,\ 2,\ 1)$, $(1,\ 3,\ 3)$, $(3,\ 3,\ 1)$,
$(1,\ 4,\ 4)$, $(2,\ 4,\ 2)$, $(4,\ 4,\ 1)$, $(1,\ 5,\ 5)$, $(5,\ 5,\ 1)$,
$(1,\ 6,\ 6)$, $(2,\ 6,\ 3)$, $(3,\ 6,\ 2)$, $(6,\ 6,\ 1)$

の14個であるから，求める確率は　$\frac{14}{6^3}=\frac{7}{108}$　……(答)

(3)　求める確率は$x^2+ax+b=0$の判別式a^2-4bが0以上，すなわち$a^2 \geqq 4b$となる確率である。$a^2 \geqq 4b$をみたす$(a,\ b)$は

$(2,\ 1)$, $(3,\ 1)$, $(3,\ 2)$, $(4,\ 1)$, $(4,\ 2)$, $(4,\ 3)$, $(4,\ 4)$,
$(5,\ 1)$, $(5,\ 2)$, $(5,\ 3)$, $(5,\ 4)$, $(5,\ 5)$, $(5,\ 6)$,
$(6,\ 1)$, $(6,\ 2)$, $(6,\ 3)$, $(6,\ 4)$, $(6,\ 5)$, $(6,\ 6)$

の19個であるから，求める確率は　$\frac{19}{6^2}=\frac{19}{36}$　……(答)

(4)　方程式$x^2+2ax+b=2cx+d \Longleftrightarrow x^2+2(a-c)x+b-d=0$の判別式を$D$とする。余事象を考えて，求める確率は$1-P(D=0)$である。

$\frac{D}{4}=(a-c)^2-(b-d)$より，$D=0$のとき$b-d=(a-c)^2$　($=k$とおく)であり，$-5 \leqq b-d \leqq 5$, $0 \leqq (a-c)^2 \leqq 25$より，$k=0,\ 1,\ 4$である。$(a-c)^2=k$をみたす$(a,\ c)$の個数，$b-d=k$をみたす$(b,\ d)$の個数，$b-d=(a-c)^2=k$をみたす$(a,\ b,\ c,\ d)$の個数を順にP, Q, Rとおくと$R=PQ$が成り立つ。$k=0,\ 1,\ 4$のそれぞれの場合についてRを求める。

$k=0$のとき，$P=Q=6$より　$R=PQ=36$
$k=1$のとき，$Q=5$, $P=10$より　$R=PQ=50$
$k=4$のとき，$Q=2$, $P=8$より　$R=PQ=16$

以上より，$D=0$をみたす$(a,\ b,\ c,\ d)$は$36+50+16=102$個あるの

で，求める確率は

$$1-P(D=0)=1-\frac{102}{6^4}=\frac{199}{216}\quad \cdots\cdots(答)$$

解説

《サイコロの目で定まる直線や放物線の共有点に関する確率》

(4)　解答欄のスペースが限られているために〔解答〕で詳しく記述できなかった部分を補足する。

$y=x^2+2ax+b$ と $y=2cx+d$ の共有点の個数を N，方程式

$$x^2+2ax+b=2cx+d \Longleftrightarrow x^2+2(a-c)x+b-d=0$$

の判別式を D とする。D が $D<0$，$D=0$，$D>0$ のとき N はそれぞれ $N=0$，$N=1$，$N=2$ となるので，求める確率は

$$P(N=0 または N=1)=1-P(N=1)=1-P(D=0)$$

次に，$k=1$ の場合，P，Q を詳しく調べる。$b-d=1$ をみたす $(b,\ d)$ は (2, 1)，(3, 2)，(4, 3)，(5, 4)，(6, 5) であるから $P=5$，$(a-c)^2=1$ つまり $a-c=1$ または $c-a=1$ をみたす $(a,\ c)$ は上の $(b,\ d)$ と左右を入れかえた $(d,\ b)$ をあわせて $Q=10$ となる。

$k=4$ の場合も同様である。各自で確かめてもらいたい。

講評

大問５題の出題で，ⅠとⅡは小問集合になっており，「数学Ⅰ・Ⅱ・A・B」からまんべんなく出題されている。

Ⅰは各分野の基本を確認する問題で，５問の小問からなり，すべての小問で３つの値の大小を比較する。(1)微分係数。(2)大きさ20のデータの最頻値・中央値・平均値の比較。(3)部分分数分解。(4)座標平面上の２円の共通接線の本数。(5)条件命題とその逆・裏・対偶の真偽。

Ⅱは小問４問であり，各分野の基本的・典型的な内容が問われた。「数学Ⅰ・Ⅱ・A・B」のすべての分野をもれなく学習しておきたい。

Ⅲは２次の係数がそれぞれ１，−１である２次関数のグラフ C_1，C_2 の交点をA，B，頂点をO，Cとするとき，C_1，C_2 で囲まれる部分の面積が直線ABで二等分されることの証明，線分AB，OCの中点が一致することの証明，四角形AOBCの面積が問われた。

Ⅳは，中心がOで半径1の外接円をもつ三角形ABCが$3\overrightarrow{OA}+4\overrightarrow{OB}+5\overrightarrow{OC}=\vec{0}$をみたすとき，三角形ABCの面積を求める。

Ⅴは，サイコロの目で係数が定まる放物線・直線の共有点についての確率を求める。(4)は解答欄に合わせて要点を絞った答案をつくる必要がある。

幅広く偏りなく学習すること，また，解答スペースが小さめなので，日頃の学習から答案をコンパクトにまとめる習慣を身につけることが大切である。

適。4は、傍線部④の二行前から「右大臣殿の女御…一の人の御むすめならねば、后にもえ居たまはず」とあるので、これが正解。

問九　『とりかへばや物語』の成立は平安時代後期である。選択肢5の『松浦宮物語』のみ鎌倉時代初期の成立であるので、5が正解。

講評

現代文二題、古文一題の計三題で試験時間は六十分という構成。文章量・設問数・難易度はいずれも標準的ではあるが、試験時間を計画的に配分し、迅速に解ききる必要がある。空所補充問題、文学史・古典常識問題が出題される傾向が続いている。

一は、鷲巣力の『書く力──加藤周一の名文に学ぶ』という随筆が、加藤周一の詩とともに出題された。加藤周一の作品をとりあげながら、文章の構成、内容の吟味を求める随筆で、相応の読解力を要する文章であったと思われる。本文内容から演繹的に考えさせる問が例年出題されているため、普段の問題演習から意識的に考えておきたい。

二は、藤原辰史の『歴史の屑拾い』という随筆からの出題であった。筆者の言わんとするところは明確で評論に近い内容であり、丁寧な読解が求められた。

現代文の二題の空所補充問題、内容説明問題は、基本的には前後の関係から読み取るという原則に従って考えるとよい。その際、特に接続詞や副詞の働きに留意する必要がある。文と文、段落と段落、意味段落と意味段落で、どのような関係性を持たせて論や場面を展開させているのかを意識するよう心がけたい。

三は、『とりかへばや物語』からの出題である。設問としては、基本的な古文の知識、読解力を問うものである。普段から重要語句・文法の定着を図り、丁寧な学習を心がけたい。また、古文では主体、客体などの省略が頻繁に起こるため、日頃から意識して読解する必要がある。

あるべき様子〟という意味。「むべむべしく」は〝もっともらしい、しっかりしている〟という意味の、副詞「むべ」を重ねて形容詞化したものとも考えられる形容詞「むべむべし」の連用形である。以上の現代語訳を反映している4が正解。

問四　「いづれも」は選択についての不定称指示代名詞「いづれ」に、並立の意味の係助詞「も」が続いたもの。「仰せ言」は〝おっしゃる言葉〟の意味であるが、「御心をかけて仰せ言あれ」とあるので、〝お心を寄せてお召しになるお言葉がある〟、つまり〝お心を寄せてお召しになる〟と解釈するのが妥当。「ど」は逆接の接続助詞である。以上の現代語訳を反映している3が正解。

問五　空欄Cに続く部分に「男御子のおはしまさぬを、天の下の大事にて」とあり、Cに男御子がいらっしゃらないことが天下の一大事であると記されている。直前の「内」は〝天皇〟である。男の子どもがおらず、皇位継承が途絶えることを危惧してのことと考えられるので、Cに入るのは天皇の息子、皇太子の「春宮」である。

問六　一文が傍線部④の一行前から始まっており、「帝は、…」とあるので、aは「帝」。語順は入れ替わるが、「この侍従の…なりゆくを」とあるので、bは「侍従」。「女一宮の御ことを…うしろめたく思し嘆きて、…この宮の」とあるので、cは「女一宮」。「後見」は〝世話をする人〟の意味であるが、「結婚相手」にさせて、妻（＝帝の娘）の世話をさせたいと考えたという解釈が成立するので、以上の語句の組み合わせとなる5が正解。

問七　「侍従」については、傍線部②の二行後からの箇所で「この君、…」と詳しい描写がなされていく。この箇所に着目し、特に傍線部③の二行前「身をもてをさめて、もの遠くもてしづめつつ交じらひたまへる用意など、いとめでたき」をふまえて考えると、1が正解となる。

問八　選択肢1は、傍線部③の一行前に「春宮は二十七八にて」とあるので、不適。2は、空欄Bと同じ行に「思しもかけず」とあるので、不適。3は、傍線部③直後に「せん方なき御もの恥ぢ」とあるが、「引きこもっている」との記述はないので、不適。5は、空欄Cの一行前に「失せたまひにし后の御腹に女一宮一人おはします」とあるので、不をしなさっている心づかいなどは、とてもすばらしいのだが、そのときの帝は、四十歳ほどでとてもご立派でいらっしゃり、東宮は二十七、八歳で、ご容貌などもいかにも皇族にふさわしい気品を備えて気高くいらっしゃるが、この（侍従の君の）妹君のご容貌が評判になるほどすばらしいとうわさされなさるので、（帝と東宮の）どちらもお心を寄せて（宮中に）お召しのことばがあるが、（殿は、妹の姫君が）どうしようもなく引っ込み思案でいらっしゃるのを口実にして、（入内などを）考えなさることもなく、ほんとうにそのようにお育てしているのであったらと、ひどく嘆きなさるのである。帝は、亡くなりなさった后との間に女一宮が一人いらっしゃるのを、いとおしく不憫なこととお目を離さず大切に育て申し上げなさる。そうでなかったら（＝この女一宮以外では）、帝、東宮にも男皇子がいらっしゃらないのを、天下の一大事として、我も我もとご祈禱が絶え間なく行われている。右大臣の女御は高貴なお方としてお仕えなさるようだが、一の人（＝最高権力者）のご息女ではないので、后の地位につきなさることもできない。帝は、この女一宮のお身の上を朝夕に気がかりなことと嘆きなさって、この侍従の君の様子がこの世のものとも思えないほどすばらしくなってゆくのを、この宮（＝女一宮）のご後見をさせたいものだと、ご覧になるたびにお目を止めなさる。

解説

問一　空欄Aは、侍従の君を一目見ての人々の評価を示す文言で、続く文でも「類なきもことわりと見えて」などとあり、良い評価を意味する語が入ると考えられる。一方、空欄Bは、直前に「げにさやうにもてかしづきてあらましかば」とあり、反実仮想「まし」を使った心情を示す文言となっている。事実と反することを仮に想定するのは、事実が望ましくない状態であるからである。よって、空欄Bには、悪い評価を意味する語が入ると考えられる。空欄A・Bは共通する語であるので、良い評価、悪い評価の両方の意味を持つ語、3の「いみじき」が正解である。

問二　傍線部①のもの以外にも前後で「琴笛の音」、「引きわたす筆のあやつり」とあるので、①での「歌」は「和歌」のことであり、「文」は「漢詩文」のこととなる。よって1が正解。

問三　「あるべきさま」の「べき」は適当もしくは当然の意味、「さま」は〝様子、姿〟の意味、つまり、〝ふさわしい姿、

問四　3

問五　春宮

問六　5

問七　1

問八　4

問九　5

全訳

（男性として育てられた女君は）すぐに、その年の秋の司召しで侍従になりなさった。帝、東宮をはじめ申し上げて、世の中の男も女も、この（侍従の）君の姿をひと目でも拝見したからには見飽きることのないすばらしいお方だと思うに違いないようだ。（帝や東宮が侍従の君を）寵愛なさる様子は、高貴な家柄のご子息（で当然）とはいいながら、ひときわ類まれであるのも当然のことと思われて、琴や笛の音にも、作り出す漢詩文にも和歌の道にも、何気なく書き流す筆づかいまで、世に類なく、（人々の中に）たち交じって振る舞いなさっている様子の立派さは、顔だちはもちろんのことで、今から（すでに）申し分のない様子でしっかりしていて、世情や、政治のことを熟知している点は聡明で、すべて何事につけても、この世の人でもないようなのを、父大殿も、これはどうしたらよいだろうか。そうあるはずの運命であるのだろうと、言っても意味がないので、今はしだいにこのような方面のことにつけても嬉しくすばらしいことをだけ思いなさり心を慰めなさっているのだが、この（侍従の）君は、やはり幼い頃は、わが身がいかなるものかなどとも分別がつかず、このような類の人もいるのであるよと心を満足させて自分の思いのままに振る舞って過ごしてきたのだが、しだいに人の有様を見聞きしてすべてを理解し、物事がわかるにつれて、（自分の身が）ひどく不思議であきれたことだと思い知らされていくけれども、そうだからといって今は思い返してもどうしようもないので、「どうして奇妙に人と違ってしまったわが身であるのか」とひとりでつぶやきつつ、悩ましいままに、身を慎重に処して、距離を置いて落ちつきながら宮仕えされていた毒ガスのイメージが重ねられていたことは言うまでもない」とあるため、その内容と合致する5が正解。

問八　傍線部③は「一方でデマ…他方で…デマではない何かに転ずる可能性」と述べられている「何か」なので、デマと反対の性質を持つものである。次の段落に、それを示す新聞記事の引用があるが、「患者の離隔」とワクチン接種による「対抗力の振作」とあり、現代のコロナ禍での対処法に当時のコラム執筆者の考えがたどり着いていたことを示している。よって選択肢は3または5に絞られるが、最終段落に「デマに人の心が囚われる時代には、まだ見ぬ思想が新しく目覚め共有される兆候がある」とあることをふまえると、正解は3となる。2については、スペイン風邪の対処法は「確固たる事実」ということとは違うので不適。

問九　傍線部④の次の行からの引用文に着目する。「所謂危険思想の取扱も…離隔処分で患者(?)を取締るのが流行の初期の処置、…有効かも知れぬ。…理想のワクチンを、国民に広く注射して、各人に抗体の養成を誘致するのが、国家存立上の一大急務かと考へられる」とあるので、その内容を説明する4が正解。

問十　1は「現代社会の人々…無気力になってしまう」が不適。2は「現代社会で…不安がもたらされる」とあるが、そのような内容は本文にない。3は「歴史的に重要とされてきた思想」と「本当に価値のある思想」を同一視している点が誤り。4は「現代社会の読者が…歴史を軽視する」が不適。「権力者に怖がられ…暴力を受け」という「危険」を説明した5が正解。

三

出典　『とりかへばや物語』

解答

問一　3

問二　1

問三　4

ているので、合致していると考えられる。選択肢3は、空欄Zの三行後の段落と合致している。選択肢4は、傍線部④の後の引用部分とその後の段落と合致している。選択肢5は、傍線部②の三行前から空欄Xの前までの箇所と合致している。よって、2が正解。

問三 傍線部②にあるニューヨークの新聞については、空欄Zの三行後に「『ニューヨーク・タイムズ』の…記事で…『このたたりのような疾病をドイツ病と呼ぶことにしよう』と述べ」とあるので、その内容に合致している3が正解。5については、ドイツが飢えたのは、ウクライナから穀物が輸入されなかったためであり、スパニッシュ・インフルエンザのためではないので不適。

問四 空欄Aは、インフルエンザを敵国の兵器と見なすことについての文言になるが、このことは、問三の〔解説〕でもふれた空欄Zの三行後にある「『ニューヨーク・タイムズ』の…記事で…『このたたりのような疾病をドイツ病と呼ぶことにしよう』と述べ、子どもたちにドイツへの軽蔑の気持ちを植え付けるよう」程度の効果しかもたらさない。軍事や戦略とまでは言えず、空欄Aには「陰謀論」が入ると判断できる。空欄Bを含む文は、その前の段落をまとめたものである。「当時、日本の新聞でも、この病原菌が『彗星が地球に撒き散らした毒物』であるという説が紹介された」とあり、これは想像が広がったことを示しているため、空欄Bには「想像力」が入ると判断できる。

問六 空欄Yの三行後に「見えない戦争」がもたらすものとして「そうなると…恐怖心はより高まる。…恐怖をより増幅させている」とある。その結果、空欄Bを含む文で言うように「『見えないもの』が『増殖』して人間に強くはたらきかけることは、人間の B の幅をかなり広げる」のである。空欄Bは、問四で解説した通り「想像力」であるので、空欄Yは、想像をかきたてる要因になる精神的悪影響を示すものが入る。よって、4が正解。

問七 空欄Zの直後文が「そうなると、…」と続くので空欄Zは、前の文を順接的に換言、もしくは内容補足していると考えることができる。空欄Zの前の文が空欄Xを含み、Xというデマについて言及する文であるので、同じXを含む別の箇所に着目すると、「『 X 』という言い方には、…ドイツの名だたる化学者たちのチームが開発し、…生産

二

出典　藤原辰史『歴史の屑拾い』〈1章　パンデミックの落としもの　見えない恐怖について〉（講談社）

解答

問一　a、肥沃　b、疲弊

問二　2

問三　3

問四　1

問五　（設問省略）

問六　4

問七　5

問八　3

問九　4

問十　5

要旨

正史という大きな歴史の枠組みからこぼれ落ちた外史や野史のかけら、歴史上の噂やデマを拾い集めるのは、新しい持ち主を探して渡すためである。そのような箇所にこそ歴史的に重要なことが潜んでいたことを歴史的事実として私たちは知っている。権力者たちが歴史の中で扱いかねてきた不可視の兆しを感知し、目に見えるかたちに変化させて、現代の誰かに伝えるこの仕事は、権力者から迫害を受ける恐れもあるが、世の中をよりよい方向に導くための重要な役割を担うものである。

解説

問二　選択肢1は、具体的な「日記」は出てこないが、これ以降に小説、新聞、コラムなど民間の個人の歴史が紹介されは『戦車』の側に立たず、『言葉』を尊重する立場を選んだのである」に着目する。「小さな花」の第三段落で対比構造が列挙されるが、「権力対市民。自動小銃対小さな花」とあるので、前述の「言葉」はここでは「花」と言い換えることができる。以上をふまえると第四段落冒頭の「人は小さな花を愛することはできるが、帝国を愛することはできない」という箇所が、加藤の基本的信条とみなすことができる。

問七　「逝く年の夜の果に」の四行目の「愛しさ」は本文の傍線部③を含む段落で述べられている「身近な人に対する愛」と対応している。次に、二連目と四連目の内容は「小さな花」で述べられている権力、武力を表しており、三連目の「薔薇」は「小さな花」の第二・六段落の「花」を示している。五連目の「あなた」は「小さな花」の第二段落の「一人の若い女」、第三段落の「無力な一人の女」「市民」と読み取って差し支えないので、この詩は「小さな花」と一体性があると言える。よって3が正解。5については、二連目で部屋の外の状況について書かれているが、5の「戦争の嵐が吹く外界」には当たらないので不適。

問八　問四の〔解説〕でも触れた傍線部③を含む段落に「加藤は身近な人に対する愛を、人生の生きる糧とした。…身近な人に対する愛が基本に据えられているからこそ、主張するのである。…加藤の主張は、生活によって裏切られることがない」とあるので、筆者は加藤の思想の根底に、個人から身近な人への愛があると考えていると読み取れる。薔薇はその表象であるので1が正解。

問九　「ふさわしくない」ものを選ぶことに注意する。4について、傍線部③の後の段落で『新約聖書』「マタイ伝」の価値判断が紹介され、そこで、「加藤も、こういう価値判断をもっていたということである」と筆者は判断している。続いて「実際、加藤は経済的豊かさよりも、精神的豊かさを尊重した」ともあり、4の「観念に偏らない柔軟な世界観の持ち主だから」という評価とは差異がある。よって、4が正解。

問十　『ヒロシマ・ノート』は大江健三郎が著したノンフィクションの作品である。

感動を呼び覚ます内容は、対象を具体的に特定はせず意味を解釈し、象徴的に記している。加藤は、身近な人に対する愛を基本に据えて主張し、そのため、加藤の主張は生活そのものである。加藤の意思を伝えるには、情緒的にならず、情理を尽くした文章とするのがよく、最適な表現方法が「起承転結」であると加藤は考えたに違いない。

解説

問二　傍線部①の理由が一行後ろに「文章にきちんとした構成があり、内容に共感を呼ぶものが含まれているから」とあり、傍線部②に至るまでの箇所で「構成」について言及し、傍線部②の前の文でも、四部構成や三部構成に「人は安定感を感じることが多いようである」と述べているので、「緻密に構成されていること」となっている2が正解。

問三　「起承転結」は「起」で話題を提起し、「承」でそれを受けて展開し、「転」で視点を転じた論にも発展させ、「結」で結論づけるという構成を示すことばである。一方、「序破急」は「序」を導入部、「破」を展開部、「急」を結末部とする構成を示すことばである。対応としては、「起」「承」と「序」、「転」と「破」、「結」と「急」とするのが妥当である。

問四　傍線部②の五行後の段落の内容が選択肢4の「多様な『花』を順序立てて示し」と合致する。また、感動する理由について②の十四行後で「どんな意味をもった花だったか…象徴的に記している」とあり、傍線部③を含む段落で「加藤は身近な人に対する愛を、人生の生きる糧とした。…身近な人に対する愛が基本に据えられているからこそ、主張するのである。…加藤の主張は、生活によって裏切られることがない」とあるので、以上の内容が選択肢4の後半と合致するため、4が正解。

問五　傍線部③のことばを並べ替えて言い換えると〈加藤は、生活によって裏切られることがない、生活そのものについて主張する〉となる。③の一行前で「身近な人に対する愛が基本に据えられているからこそ、主張する」と述べていて、ここでの「愛」は「共感」を意味していると捉えられる。以上の内容を示す3が正解。

問六　空欄E直前の「『戦車』は武力をもとにする帝国であり、『言葉』は無力なひとりひとりの市民である。そして自分

国語

一

出典　鷲巣力『書く力――加藤周一の名文に学ぶ』〈第7章　起承転結をつくる――「小さな花」〉（集英社新書）

加藤周一「逝く年の夜の果に」（『薔薇譜――詩歌集』湯川書房）

解答

問一　a、のっと　b、くみ

問二　2

問三　A、一　B、四　C、五　D、六

問四　4

問五　3

問六　人は小さな～はできない

問七　3

問八　1

問九　4

問十　1

要旨

加藤周一の「小さな花」という文章を読む人は、文章に安定感を感じ、内容に感動する。文章にきちんとした構成があり、内容に共感を呼ぶものが含まれているからである。構成は、「起承転結」に則っており、「序破急」とも捉えられる。

//////////////////// · memo · ////////////////////

2023年度

問題と解答

■学部別入試

問題編

▶試験科目・配点

教　科	科　　　目	配　点
外国語	コミュニケーション英語Ⅰ・Ⅱ・Ⅲ，英語表現Ⅰ・Ⅱ	100点
選　択	日本史Ｂ，世界史Ｂ，政治・経済，「数学Ⅰ・Ⅱ・Ａ・Ｂ」から１科目選択	100点
国　語	国語総合（漢文を除く）	100点

▶備　考

「数学Ｂ」は「数列・ベクトル」から出題する。

英語

（60分）

Ⅰ　つぎの英文を読み、あとの問いに答えなさい。

Every year, one of the most popular new year's resolutions is to stay fit and healthy. In one study, 32% of the volunteers said that they wanted to "lose weight." However, when we look at how consumers are planning to meet their health and fitness goals, (　1　) is eye-opening is how their resolutions compare with the previous year's behavior. For example, 43% of people in the U.S. say they plan to lose weight by making healthier food decisions, but 76% said they did not follow a weight loss or diet program.

(ア)Perhaps that's not at all surprising. It seems as though every few weeks, a different diet is claimed to be the best option, only to be quickly replaced by another plan, sometimes with different science and reasoning. "Don't eat meat." "Don't eat dairy." "Low-fat is the answer." "Sugar is (　A　)." It's no wonder people in the U.S. looking to lose weight don't know where to begin. Many are quitting their diets because they're not achieving the results they want. Now, a pioneering study is showing us something our experience told us all along: one kind of diet is not going to help every kind of person.

Even after eating similar meals, the way those meals are then digested differs from one person to another, and this is related to blood sugar. (　2　), a particular food is expected to raise your blood sugar to a particular level. High blood sugar levels are closely linked to health issues such as diabetes* and obesity**. The problem with this way of thinking is that it's based on studies that average how small groups of people respond to various foods. What people didn't understand, or maybe they didn't fully appreciate, is that individuals can have opposite responses to one another.

In some cases, there are profound differences between individuals, and <u>this is quite a big hole in the literature</u>(イ). The study's authors gave the example of a middle-aged woman with obesity and diabetes, who had tried and failed to achieve positive results with a range of diets over many years. She learned that her "healthy" eating habits may have actually been (3) to her weight problem. For example, her blood sugar levels rose sharply whenever she ate tomatoes, which she did many times over the course of the study. Therefore, she had been mistakenly thinking she was making a healthy food (B). For this person, an appropriate diet would not have included tomatoes, but may have included many other so-called "unhealthy" ingredients that were in fact healthy for her. Before this study was conducted, there was no way that anyone could have provided her with suitable recommendations, which may substantially impact the development of her diabetes.

The researchers began (4) asking volunteers to complete a health and lifestyle survey, as well as undergo physical examinations including blood tests. Over the course of the week-long study, the participants were asked to honestly record their sleep, exercise and the food they ate using a diary. They also had their blood sugar (C) every five minutes, for the entire week. Then, the researchers provided analysis of the participants' individual responses to food. Because the study looked at a large number of people, the researchers discovered how wrong we all were about one of the most basic concepts of our life, which is the importance of eating healthy foods.

In fact, individual diets may allow us to control high blood sugar levels and associated medical conditions. The key to understanding the very different ways our bodies process food lies deep inside our stomach, where a large number of bacteria exist. (D) evidence suggests different types of bacteria are linked to weight gain, blood sugar and diabetes, and this study found that specific types were related to how much blood sugar rose after eating. That explains why tomatoes might be a perfectly healthy option for one person, but may cause health problems when it comes to the diet of another individual.

Dr. Melina Jampolis believes that you can't just expect to lose weight by eating the exact same thing as your neighbor, partner, best friend or fellow-worker. Her new book provides an individual eating, exercise and behavioral plan she says will help improve your chances of success, (5) forcing you to avoid any specific foods. "I can tell you that it is absolutely much harder for some people to lose weight than others," said Jampolis. (ウ)"We are constantly uncovering more and more reasons why, including things like blood sugar response to foods, as discussed in this study," she said. New science concerning bacteria in the stomach suggests that changes in diet can improve health in as little as a few days. In addition, we know that regular physical activity, stress management and adequate sleep improves blood sugar control. And just like that, it all (E) together, just in time for the new year.

diabetes*：糖尿病

obesity**：肥満

問1 文脈から考えて、(1)～(5)に入る最も適切な語句をそれぞれ選びなさい。

(1) A. what B. which
C. that D. whether

(2) A. By contrast B. Officially speaking
C. In addition D. Simply put

(3) A. yielding B. contributing
C. belonging D. occurring

(4) A. from B. as
C. at D. by

(5) A. not only B. not also
C. as well as D. without

問２　空欄（　Ａ　）～（　Ｅ　）には、以下の語のいずれかが入る。それぞれに最も適切なものを選び、必要な場合は文意が通るように語形を変えて、あるいは適切な品詞に変えて、解答欄に１語で記しなさい。

measure　　come　　harm　　choose　　grow

問３　下線部(ア) Perhaps that's not at all surprising. とあるのはなぜか。最も適切な理由を選びなさい。

A．People can easily succeed due to the variety of diet options they are provided with.

B．People change their diet plan often due to the number of things they are required to do.

C．People who want to diet have too much of a variety of options they are asked to consider.

D．People cannot start to eat a healthier diet due to the number of studies they are told to follow.

問４　下線部(イ) this is quite a big hole in the literature とはどういう意味か。最も適切な説明を選びなさい。

A．Each of us has a different reaction to different foods, and this has not been discussed.

B．Each of us has a different set of bacteria in our gut, and this has not been acknowledged.

C．Each of us has a different opinion about what we should eat, and this has been ignored.

D．Each of us has a different need for a healthy diet, and this has been considered as wrong.

問５　下線部(ウ) We are constantly uncovering more and more reasons why とはどういう意味か。最も適切な説明を選びなさい。

A．We are becoming able to better identify why it is tougher for all people to check their blood sugar level.

B. We are becoming able to better understand why it is easier for some people to reduce their weight.

C. We are becoming able to grasp why it is complex for all people to find ways to control their weight.

D. We are becoming able to realize why it is more difficult for some people to maintain a healthy life style.

問 6　この文章に合う最も適切なタイトルを選びなさい。

A. Stop Eating Tomatoes and Save Your Health

B. People's Goals Are Linked to Their Healthy Life Style

C. Someone's Health Food Is Someone Else's Junk Food

D. Let Diet Options Make All Your Dreams Come True

Ⅱ　つぎの英文を読み、最も適切なものをA～Dの選択肢から選びなさい。

On an early Friday morning in November 2018, the ground gave way in Anchorage, Alaska, as a magnitude 7.1 earthquake hit just north of the city. That day, Ian Dickson, a communications specialist for the Alaska Earthquake Center, watched in alarm as all of the Earthquake Center's social media channels — Facebook and Twitter — were flooded with people saying that a larger earthquake had been predicted, and worse still, Dickson said, "some of the things I saw were highly specific, saying an 8.4 earthquake was predicted in the next hour. Scientists can't predict that."

The Alaska Earthquake Center is a provider of earthquake information in the state, both for scientists and for the public. The organization operates a set of monitoring systems across the state, and its main job is to reduce the impacts not only of earthquakes but of tsunamis and volcanoes. "People look to us for the basic science information: magnitude, location, depth," Dickson says. On that day, though, Dickson's attention was focused on the very strange earthquake predictions and he noticed that versions of those predictions were making their way onto the local TV news, such as KTVA 11, a trusted local station. On Facebook, Dickson noticed, the station had put up a now removed post which concluded, "The state of Alaska Division of Homeland Security and Emergency Management are advising that a second earthquake larger than the original one could happen this afternoon."

No scientist would ever make a prediction that specific. Although scientists are racing to be able to predict earthquakes, they are far from achieving this goal. The U.S. Geological Survey, or USGS, recently released an early warning system in California called ShakeAlert which can provide people with a very brief warning once an earthquake begins. "We can't provide two hours of warning," Sara McBride, a research social scientist at USGS said, "but we can provide several seconds." The agency also makes predictions about future earthquakes, but these are based on what they know from earthquakes past.

Meanwhile there are some people who will claim that they alone have discovered the key to earthquake prediction, as well as the hidden secrets behind why they happen. Earthquake conspiracy theorists* aren't a huge group, but they do exist and have a lot of influence over the people that follow them. What's more, with social media, their power is increasing. These are not people, of course, who would describe themselves as conspiracy theorists. Rather, they would say they are scientists, who are working to share their information with the public, and they frequently claim that governmental scientific agencies like the USGS are hiding earthquake events or changing the magnitude to reduce how large they actually were.

One such conspiracy theorist, Michael Yuri Janitch, is the best-known and best-followed earthquake predictor and has 354,000 subscribers on YouTube, 110,000 on Facebook, 36,000 on Twitter, and 24,000 on Twitch. His videos on YouTube make money — each time I watched them, I got the same advertisement, for boat rental — and he offers paid Twitch subscriptions, ranging from \$5 to \$25 a month. He also sells t-shirts and hats, has a blend named after him by a coffee brand —

though he says he doesn't receive any money from that deal — and has even inspired two hot sauces made by a fan in Florida, one of which is called the "9.5 Earthquake Blend." It's unclear what, if any, scientific training or background he has.

The Alaska earthquake wasn't the only recent example. After an enormous earthquake hit Southern California on July 4th, near the town of Ridgecrest, in Kern County, the fire department there shared a message posted on Twitter that claimed "another possible earthquake has been predicted within the next 15 minutes in or near Kern County." The same day, the police department of California City shared a similarly alarming and impossible prediction.

Earthquakes psychologically are very different than pretty much any other disaster we experience, because they occur suddenly without warning, McBride explains. She compared earthquakes to hurricanes, where people have seven days to prepare, and mentioned that forest fires have a shorter time frame, so people might have only ten minutes to evacuate their house. Additionally, there is a seasonal aspect to some disasters. "Earthquakes happen 365 days a year — any season, any time," McBride says.

For that reason, McBride says that she understands people who are afraid of earthquakes and don't know who to believe. In fact, she explains, they often shift towards the person who can provide the highest amount of certainty, even if that person is not an expert, and when people go looking for certainty, Janitch and others will be there. On a recent morning, as ever, he was broadcasting, zooming around a map of the earth to show supposed earthquake hot spots only he could see. "Don't be scared," he told his viewers, before signing off until the next daily emergency. "Be prepared."

conspiracy theorists*：陰謀論者

1. Ian Dickson was worried because

A．Anchorage experienced a magnitude 7.1 earthquake.

B．a second magnitude 8.4 earthquake prediction had been posted on social media.

C．the Anchorage Earthquake Center had not predicted the magnitude 7.1 earthquake.

D．a magnitude 8.4 earthquake was going to strike Anchorage.

2. What is the Alaska Earthquake Center's major function?

A．To monitor earthquake activity in Anchorage

B．To provide Alaskans with basic science information

C．To minimize the consequences of natural disasters

D．To give general information about earthquake predictions

3. The author mentions KTVA 11's Facebook post about a magnitude 8.4 earthquake as an example of how

A．incorrect predictions can be found in local media.

B．correct predictions are made by those in local media.

C．incorrect predictions are made by those in local media.

D．correct predictions can be found in local media.

4. How does the USGS make its earthquake predictions?

A．By studying earthquake prediction research

B．By getting advice from ShakeAlert

C．By analyzing previous earthquake data

D．By getting advice from online earthquake predictors

5. The author mentions the advertising and goods on Janitch's social media accounts because this suggests that

A．his views are not accepted by most governmental agencies.

B．he could be more interested in making profit from his earthquake predictions.

C．other private companies are promoting and investing in his research.

D. his theories are influencing many other scientists' research.

6. What are the Kern County Fire Department and the California City Police Department examples of?

A. Unqualified scientists who are not able to make accurate earthquake predictions

B. Qualified scientists who are criticized by governmental agencies

C. Governmental agencies who are fighting against unscientific information

D. Governmental agencies who have shared unscientific information with the public

7. What does the author suggest is a unique feature of earthquakes?

A. They occur much more frequently than other natural disasters.

B. They create much more destruction than other natural disasters.

C. People are often psychologically damaged after experiencing them.

D. People have less time to prepare for them than other natural disasters.

8. McBride thinks that people believe unscientific earthquake predictions because they can be influenced by

A. conspiracy theorists who are very self-confident.

B. conspiracy theorists who use social media.

C. scientists who are very self-confident.

D. scientists who use social media.

Ⅲ　つぎの会話文を読み、１～５の文が入る最も適切な場所を(A)～(H)から選び、意味が通るように完成させなさい。

1. I often have trouble with my schedule.
2. I'd always be too anxious.
3. For the most part, I've found it quite easy to do so.
4. Now you're making me feel lazy.
5. That's my personal policy.

Sue: Hey Ken, what did you think of that link I sent you?

Ken: Oh, the one about time management? I liked it a lot! I was surprised that the speaker recommended we study and work in 25-minute blocks. I usually only take a break once every couple of hours or so.

Sue: Right! One of his main points is that "less" can be "more."

Ken: It sounds nice, but can you follow such a strict system? (A)

Sue: Generally speaking, it hasn't been a problem for me so far. Actually, I've been using his system for two weeks now. (B) It's surprising how much you can get done when you focus for a short time.

Ken: Really? I don't like to study under time pressure, so I wonder if it would suit me. I like to take things a bit slower so I can fully understand what I'm doing.

Sue: Well, as the presenter explained, it's actually pretty tiring. (C) However, I'm using this method for between four to six hours a day, and it's getting easier. Furthermore, it's been taking me less time to finish my work. In fact, I've already finished a paper that isn't due until next month!

Ken: That's good to hear! Do you mean the final project for international relations?

Sue: That's the one!

Ken: Wow! I haven't even started to prepare for that yet. (D) Although thinking about it, I have been putting in pretty long hours at the library.

Sue: Have you thought much about time management before? I like to hear about how other people try to be productive.

Ken: (E) To be honest, I don't think about it too much. I like to have one or two surprises or unexpected things happen every day, so I prefer to wait until the last minute before I plan what to do. I don't mean anything crazy, but sometimes I'll suddenly decide to go to the movies or take a long walk. It's just my personality, I guess.

Sue: That sounds exciting! But I don't think I could ever work like that. (F)

Ken: What do you mean?

Sue: Well, when I have something that needs doing, the first thing I like to decide is when I have to finish it. So, I break it down into smaller tasks and decide when each one will be done. Then, I follow my schedule strictly. That way, I never worry about turning in a late assignment or missing a deadline.

Ken: Wow, that's impressive. I could never be so organized.

Sue: Thanks, but I must say that I envy you. Sometimes I worry that I'm a little too organized and I should loosen up a little. Like you say, if we plan too much in advance, we can miss opportunities that suddenly pop up.

Ken: Well, if it is working for you, I wouldn't stop. (G) Last week, I had to stay up all night to finish an essay. Then, I had to rush off to my part-time job, so I didn't sleep for over twenty-four hours!

Sue: What? I could never stay up that long!

Ken: I've had to do it a few times. In fact, in high school, I sometimes waited until my parents had gone to bed and then stayed up all night to finish homework. Once, my dad caught me and he was so mad!

Sue: I bet! If I don't get a good night's sleep, I'm completely useless the next day. I do like to stay out late on weekends but not on weekdays. (H)

Ken: I see.

日本史

(60分)

〔Ⅰ〕 次の文章を読み、各設問に解答しなさい。

交通は人間の生活を営む上で必要不可欠の存在であり、歴史の進展にともなって、多様に発達してきた。古代における中央集権国家づくりにおいては、朝廷によって官道が整備された。『日本書紀』(ア)にも、壬申の乱に関連して、大津と伊賀を結ぶ「倉歴道(くらふみち)」の存在についての記載がある。この道は、白村江の戦い(イ)後に、国内の防衛体制を強化するために天智天皇によって整備されたと指摘されている。律令体制下においては、中央と地方諸国を結んだ七道が整備され、駅伝制が敷かれた(ウ)。国内外に朝廷の力を誇示する目的もあり、当初は七道駅路の幅員は広いところで12 m もあったが、胆沢城設置(エ)により、対蝦夷の大規模征夷がほぼ終了すると、軍事的要請が後退したことも一因となり、幅員が縮小していったとされる。

鎌倉時代(オ)に入ると、鎌倉を中心とした交通網が整えられた。この時期以降は、諸産業の発達(カ)にともない、商品流通に応ずるための海上輸送路が利用されたが、室町時代は幕府が全国にわたる強大な支配力を継続的に保持することができなかった(キ)ため、全国的な交通政策の実施は停滞した。戦国大名(ク)の領国内に目を向けると、軍用道の整備や本城－支城の連絡網の強化が進められ、伝馬制を実施する者もあらわれた。

織豊政権期には、全国規模の交通網の整備が進められた。織田信長(ケ)は他国を平定すると関所を撤廃し、道路・橋梁を整備し、豊臣秀吉(コ)は、山陽道から九州、また小田原から会津にかけての道路建設を命じた。

江戸幕府は、全国的な道路建設をさらに推進し、五街道を整備した(サ)。ただし、幕府は軍事的要因もあって、主要河川への架橋を禁止・制限し、渡渉・渡船についても場所を指定する等、自由な渡河を許可していなかった。他方で、物資輸送(シ)

の中心的担い手は水運・海運であり、江戸(ス)や大坂(セ)に水路がはりめぐらされ、海船と川船による交通網が全国の津々浦々を結んでいった。

江戸時代後期になると、庶民は五街道等を利用して、伊勢参りをはじめとした寺社参詣や巡礼を目的とした旅行を楽しむようになった。こうした「旅行ブーム」を受けて、諸国の風景を描く浮世絵や、名所や名物を紹介する道中記(ソ)が人気を博した。

問 1　下線部(ア)に関する説明として、**もっとも正しいもの**を、次の①～④のうちから1つ選び、マーク解答欄にマークしなさい。

①　『宋書』倭国伝に記された倭王武は『日本書紀』における武烈天皇であるとする説が有力である。

②　『日本書紀』に始まり『日本三代実録』まで続く官撰による正史を六国史と呼ぶ。

③　『日本書紀』では、欽明天皇治世時の538年に百済聖明王から仏像等が献じられたと記されている。

④　本居宣長は、『日本書紀』を古学第一の書とし、その注釈書に納めた「直毘霊」で彼の神道説の骨子を説いた。

問 2　下線部(イ)に関する説明として、**もっとも正しいもの**を、次の①～④のうちから1つ選び、マーク解答欄にマークしなさい。

①　日本は百済救援のために新たに九州の正丁を中心に防人を編成し、朝鮮半島に出兵したが、唐・新羅連合軍に大敗した。

②　白村江の戦いに敗れた天智天皇は責任をとって退位し、近江大津宮に退いた。

③　白村江の敗戦後、博多防衛のために土塁と外濠を備えた水城と朝鮮式山城である大野城が築かれた。

④　白村江の戦いの後に、対馬・壱岐に烽が整備され、外敵来襲時のすばやい情報伝達がめざされた。

問 3　下線部(ウ)に関する説明として、**もっとも正しいもの**を、次の①～④のうちから1つ選び、マーク解答欄にマークしなさい。

① 七道は都を起点とした幹線官道ならびに行政区画であり、そのすべてが畿内のいずれかの国と接していた。

② 古代の税である租庸調は正丁から任じられた運脚によって官道を経由して都に運ばれ、中央政府の財源となった。

③ 官道では、一定の距離ごとに駅馬を常備した駅家が置かれたが、駅鈴を持った官吏のみがこれを利用することができた。

④ 官道の管理は、軍事・武官人事等を担当していた刑部省によって行われていた。

問4 下線部(エ)よりも前に起きた出来事として、**もっとも正しいもの**を、次の①～④のうちから1つ選び、マーク解答欄にマークしなさい。

① 弘仁格式の編纂　　② 健児の採用

③ 検非違使の設置　　④ 志波城の築造

問5 下線部(オ)の時代に書かれた紀行文日記で、阿仏尼が遺産相続をめぐる訴訟のために京都から鎌倉に下る道中の前後を記したものとして、**もっとも正しいもの**を、次の①～④のうちから1つ選び、マーク解答欄にマークしなさい。

① 十六夜日記　② 東関紀行　③ 海道記　④ 山家集

問6 下線部(カ)に関連して、鎌倉時代の諸産業に関する説明として、**もっとも正しいもの**を、次の①～④のうちから1つ選び、マーク解答欄にマークしなさい。

① 港湾や都市で商品の保管・輸送や委託販売にあたっていた問屋は、室町時代以降には問丸と呼ばれた。

② 宋銭が輸入され、朝廷が鋳造を継続していた皇朝十二銭とあわせ、畿内を中心に流通するようになった。

③ 荏胡麻の栽培が広まり、これを原料にした水油が灯油として使用されるようになった。

④ 天皇家に属した供御人は、貢物の販売を独占する特権を認められ、座

の商人と同様の活動を行った。

問 7　（設問省略）

問 8　下線部(ク)に関連して、キリシタン大名として**誤っているもの**を、次の①～④のうちから１つ選び、マーク解答欄にマークしなさい。

①　大友義鎮　　②　有馬晴信　　③　大村純忠　　④　支倉常長

問 9　下線部(ケ)に関連する出来事を年代順に並べたものとして、**もっとも正しいもの**を、次の①～④のうちから１つ選び、マーク解答欄にマークしなさい。

①　姉川の戦い→延暦寺焼き打ち→足利義昭の追放→安土城の築城開始

②　延暦寺焼き打ち→姉川の戦い→長篠の戦い→足利義昭の追放

③　足利義昭の追放→安土城の築城開始→姉川の戦い→長篠の戦い

④　延暦寺焼き打ち→長篠の戦い→足利義昭の追放→安土城の築城開始

問10　下線部(コ)に関連する以下の史料の説明として、**もっとも正しいもの**を、次の①～④のうちから１つ選び、マーク解答欄にマークしなさい。

一、諸国百姓、刀、脇指、弓、やり、てつはう其外武具のたぐひ所持候事、堅く御停止候。其子細は、入らざる道具をあひたくはへ、年貢・所当を難渋せしめ、自然、一揆を企て、給人にたいし非儀の動をなすやから、勿論御成敗有るべし。……

一、右取をかるべき刀、脇指、ついえにさせらるべき儀にあらず候の間、今度大仏建立の釘、かすかひに仰せ付けらるべし。……

一、百姓は農具さへもち、耕作専に仕候へハ、子々孫々まで長久に候。百姓御あはれミをもって、此の如く仰せ出され候。誠に国土安全万民快楽の基也。……

①　史料では、この施策に反対する一揆勢力を切り捨てても実施することが訴えられている。

② 史料では、没収した刀剣を東大寺大仏殿の修復に用いると説明されている。

③ 史料では、百姓が農具だけを持ち、耕作に専念できることを感謝している様子が述べられている。

④ 史料では、年貢を出し渋り、一揆を企てる者は処罰の対象となることが告げられている。

問11 下線部(サ)に関する説明として、**もっとも正しいもの**を、次の①～④のうちから1つ選び、マーク解答欄にマークしなさい。

① 東海道および中山道は京都を起点とする基幹街道であり、道中奉行の管轄に置かれた。

② 問屋場では、宿役人が幕府の公用通行に必要な人馬を用意したほか、荷物や書状を継ぎ送る継飛脚の業務を担っていた。

③ 本陣・脇本陣は、参勤交代の武士に加え、一般庶民の泊まり客も利用し、宿駅の中心として賑わった。

④ 東海道の箱根・新居、中山道の小仏・碓井などに関所が設けられ、「入鉄砲出女」といった謀反を防ぐための取り締まりが行われた。

問12 下線部(シ)に関連して、高瀬川の開削や富士川の水路開発などに貢献した人物名を、記述解答欄に**正しい漢字**で記入しなさい。

問13 下線部(ス)に関する説明として、**もっとも正しいもの**を、次の①～④のうちから1つ選び、マーク解答欄にマークしなさい。

① 江戸ではおもに金貨が使われていたが、銀遣いを基本とする西日本との取引を円滑にするために、常に幕府が定めた交換比率が用いられていた。

② 東北地方の冷害や浅間山の大噴火によって天明の飢饉が起こると、米価高騰への不満から江戸ではじめて打ちこわしが発生した。

③ 江戸中期以降には、京都・大坂からの下り物の市場に対し、江戸地回り経済圏と呼ばれる流通市場が成立し、一次産品や醤油などが取り引き

された。

④　明治新政府は廃藩置県により、国内の政治的統一を完成すると、江戸を東京と改称し、首都を京都から東京に遷した。

問14　下線部(セ)に関する説明として、**もっとも正しいもの**を、次の①～④のうちから1つ選び、マーク解答欄にマークしなさい。

①　豊臣秀吉は大坂に聚楽第を築き、後陽成天皇の行幸を迎え、諸大名に天皇と自らへの忠誠を誓わせた。

②　大坂冬の陣で豊臣氏が滅ぶと幕府は大坂を直轄地とし、有力な譜代大名から城代を任命した。

③　大坂では、菱垣廻船による商品輸送の安全や海損の共同保障のために、問屋仲間の連合体である二十四組問屋が作られた。

④　幕府は、大坂・長崎・平戸・堺・江戸の商人らに糸割符仲間を作らせ、これに生糸取引を独占させることで、ポルトガル商人に対抗させた。

問15　下線部(ソ)に関するものとして、**誤っているもの**を、次の①～④のうちから1つ選び、マーク解答欄にマークしなさい。

①　鶴屋南北　『東海道四谷怪談』

②　歌川広重　『東海道五十三次』

③　葛飾北斎　『富嶽三十六景』

④　十返舎一九　『東海道中膝栗毛』

〔Ⅱ〕 次の文章を読み、各設問に解答しなさい。

1543年、ポルトガル人を乗せた中国船が、種子島に漂着した。のち、スペイン人も来日し、かれらはキリスト教布教とともに商業活動(ア)を展開し、南蛮貿易が盛んになり、戦国大名たちも大きな関心をもった。

1587年、豊臣秀吉はバテレン追放令を出し、キリスト教に対する統制を強化したが、南蛮貿易には積極的であった。

その頃、ヨーロッパでは新教国であるイギリス・オランダが台頭し、アジアへ進出してきた。1600年、オランダ船リーフデ号が九州に漂着し、イギリス・オランダとの貿易(イ)が始まった。

寛永期、江戸幕府は島原・天草一揆(島原の乱)(ウ)を契機に、鎖国とよばれる外交制限政策(エ)を展開した。この政策は、日本人の学問・文化(オ)の形成に大きな影響を及ぼした。

寛政期、ロシア使節(　カ　)が根室に来航、漂流民・大黒屋光太夫を送還するとともに、通商を求めたが、幕府は鎖国を祖法として拒否し、海防を重視した。文化・文政期(キ)に入ると、欧米の捕鯨船が日本近海に出没(ク)、安政期、ペリー率いるアメリカ東インド艦隊が江戸湾に入り軍事的圧力をかけ、開国をもとめた。避戦を貫く幕府は、日米和親条約(ケ)の調印に応じた。

明治維新後、欧米列強におくれつつも国民国家建設を急ぐ日本は、条約改正に臨むとともに、帝国としての途を歩み始めた。日清戦争に勝利して締結した下関条約(コ)は、欧米列強との軋轢をうみ、日露戦争に突入した。これにからくも勝利をおさめると、メディアは日本の「一等国」入りを喧伝した。しかし、以下の書き出しから始まる小説を著した(　サ　)が語ったように、日本は劣位の帝国であった。

> うとうととして目がさめると女はいつのまにか、隣のじいさんと話を始めている。このじいさんはたしかに前の前の駅から乗ったいなか者である。発車まぎわに頓狂な声を出して駆け込んで来て、いきなり肌をぬいだと思ったら背中にお灸のあとがいっぱいあったので、三四郎の記憶に残っている。

そして、この小説の続きに「大事な子は殺される、物価は高くなる。こんなばかげたものはない」とあるように、日露戦争後、国民の政府批判と農村荒廃は深刻となってゆく。(シ)

20世紀前半、第一次世界大戦が勃発し、さらに、ロシア革命も起こった。社会主義革命の拡大を懸念する日本は、欧米列強とともにシベリアに出兵した。この間、欧米列強がアジア市場から撤退している間に、日本はかつてない経済成長をとげた。日本の近代は、欧米列強との関係が色濃く反映されたものであったが、それは、アジアへの侵略と裏腹でもあった。そして、日本は欧米列強との対立を深め、破滅的な途を選択してゆくことになる。(ス)(セ)(ソ)

問１　下線部(ア)に関する説明として、**もっとも正しいもの**を、次の①～④のうちから１つ選び、マーク解答欄にマークしなさい。

①　フランシスコ＝ザビエルは、将軍足利義昭から京都布教の許可を得、西国中心に布教活動を展開した。

②　南蛮貿易とよばれる交易がはじまり、ヨーロッパから綿織物などが輸入され、日本からは大量の銅が輸出された。

③　九州の戦国大名のなかには、高山右近のようにキリスト教を信仰する者も出てきた。

④　ポルトガル国王はイエズス会を支援し、布教を認めない戦国大名の領内に貿易船を寄港させないようにした。

問２　下線部(イ)に関する説明として、**もっとも正しいもの**を、次の①～④のうちから１つ選び、マーク解答欄にマークしなさい。

①　両国の影響で、和泉の堺、近江の国友などで鉄砲の製造がはじまった。

②　両国との関係強化を企図した徳川家康は、イギリス人ウィリアム＝アダムズを外交顧問に任用した。

③　両国から先進的な窯業技術が伝えられ、萩焼などが生まれた。

④　両国からの技術伝播により活字印刷技術が発達し、日葡辞書などが出版された。

問 3　下線部(ウ)に関する説明として、**誤っているもの**を、次の①〜④のうちから1つ選び、マーク解答欄にマークしなさい。

①　この乱の背景には、天草領主寺沢氏のキリシタン弾圧と苛政があった。

②　この乱には、前領主小西行長の牢人たちも参加していた。

③　幕府との関係強化を企図するスペインは、一揆勢がたてこもる原城を砲撃した。

④　幕府は、九州の大名を動員し、約12万の大軍で鎮圧した。

問 4　下線部(エ)に関係する以下の史料の空欄に入る歴史名辞を、記述解答欄に**正しい漢字**で記入しなさい。

一　異国へ(　　　　)船のほか、船遣わすの儀、かたく停止のこと

一　(　　　　)船のほか、日本人異国へ遣し申す間敷候

問 5　下線部(オ)に関する説明として、**もっとも正しいもの**を、次の①〜④のうちから1つ選び、マーク解答欄にマークしなさい。

①　儒教の解釈が独自に行われ、伊藤仁斎は日本こそが「中華」であるとして『中朝事実』を著した。

②　渋川春海は、独自の観測から貞享暦を創り、幕府天文方に就任した。

③　磁器では、野々村仁清が色絵を完成し、九谷焼の基礎をつくった。

④　医学の分野では鳴滝塾を中心に蘭学が生まれ、杉田玄白によって『解体新書』が刊行された。

問 6　空欄(　カ　)に該当する人物として、**もっとも正しいもの**を、次の①〜④のうちから1つ選び、マーク解答欄にマークしなさい。

①　レザノフ　　　②　プチャーチン

③　ラクスマン　　④　ゴローウニン

問 7　下線部(キ)の頃の文化状況の説明として、**もっとも正しいもの**を、次の①〜④のうちから1つ選び、マーク解答欄にマークしなさい。

① 武士身分出身の鈴木春信が、多色刷浮世絵版画を完成させた。

② 会沢正志斎は、平田篤胤の国学に影響をうけ、「戊戌封事」を執筆した。

③ 松平定信の風俗統制により、人情本作家の為永春水が処罰された。

④ 佐藤信淵は重商主義による幕藩領主の利を唱え、『経済要録』を著した。

問 8 下線部(ク)に関連した以下の史料の(　　)に入る語句として、**もっとも正しいもの**を、次の①～④のうちから１つ選び、マーク解答欄にマークしなさい。

以来、いずれの浦方においても、(　　)船乗寄候を見受候はば、其所に有合候人夫を以て、有無に及ばず、一図に打払い

① いきりす　② おろしあ　③ 南蛮　④ 異国

問 9 下線部(ケ)よりも以前に発生した出来事として、**もっとも正しいもの**を、次の①～④のうちから１つ選び、マーク解答欄にマークしなさい。

① 備後福山藩主の阿部正弘が老中首座につき、政治をリードした。

② 老中堀田正睦は、徳川斉昭を幕政に登用、軍事改革を進めた。

③ 幕府は、朝廷との融和をはかり、将軍徳川家茂の妻に和宮を迎えた。

④ 幕府は、尊王攘夷浪士の取り締まり強化のため、京都守護職を設置した。

問10 下線部(コ)に関連した以下の史料の(　　)に入る語句として、**もっとも正しいもの**を、次の①～④のうちから１つ選び、マーク解答欄にマークしなさい。

第一条　清国は、朝鮮国の完全無欠なる(　　)の国たることを確認す。

① 資本主義　② 日本植民地　③ 独立自主　④ 非宗主

問11 空欄(　サ　)に該当する作家として、**もっとも正しいもの**を、次の①～

④のうちから1つ選び、マーク解答欄にマークしなさい。

①　森鴎外　　②　志賀直哉

③　夏目漱石　　④　芥川龍之介

問12　下線部(シ)の事態に対応するため、政府は以下を天皇の「ことば」として発令した。この時の首相として、**もっとも正しいもの**を、次の①～④のうちから1つ選び、マーク解答欄にマークしなさい。

朕惟ふに方今人文日になり、月にすすみ、東西相より、かれこれあいすまし、もって、その福利を共にす、朕はここにますます、国交を修め、友義をあつくし、列国とともに永くその慶に頼らむことを期す(中略)、戦後日なお浅ク、庶政ますます更張を要す、よろしく上下心を一にし、忠実業に服し、勤倹産をおさめ(中略)、実に就き、荒怠相誡め、自彊やまさるべし＊

＊なすべきことをおこならないように互いにいましめて、みずから積極的に励まなければならない

①　桂太郎　　②　山県有朋　　③　西園寺公望　　④　伊藤博文

問13　下線部(ス)に関する説明として、**もっとも正しいもの**を、次の①～④のうちから1つ選び、マーク解答欄にマークしなさい。

①　日本は、日英同盟を理由として参戦、陸軍をヨーロッパに派遣してドイツと交戦した。

②　日本は、日英同盟を理由として参戦、ドイツの勢力範囲であった中国の青島を占領した。

③　大隈重信内閣は、山東省のドイツ権益を奪うことを目的として、孫文政権に二十一カ条の要求をつきつけた。

④　戦争の長期化を懸念した陸軍は、二個師団の増強を要求し、寺内正毅内閣はそれを承認した。

問14　下線部(セ)に関する説明として、**もっとも正しいもの**を、次の①～④のうちから1つ選び、マーク解答欄にマークしなさい。

① 近代にはいり、統計を取り始めて以降はじめて、工業生産額が農業生産額を上回った。

② 経済成長を背景として、浜口雄幸内閣は金解禁を断行した。

③ 軍部と結びつき、新たな財閥が形成され、朝鮮・満州に紡績工場を設立した。

④ 為替の操作による円安にもとづく生糸の輸出拡大は、欧米列強からの非難を招いた。

問15 下線部(ソ)に関する説明として、**もっとも正しいもの**を、次の①～④のうちから1つ選び、マーク解答欄にマークしなさい。

① 田中義一内閣は、東方会議を開催、北伐への武力干渉を決定した。

② 若槻礼次郎内閣は、山東出兵を実施、国民党軍との戦闘が発生した。

③ 関東軍が満州事変を引き起こすと、協調外交をとる犬養毅内閣は不拡大方針を唱えた。

④ 日中戦争が長期化する中で、大東亜会議が開かれ、南部仏印進駐が決定された。

〔Ⅲ〕 次の文章を読み、各設問に解答しなさい。

日本では文明開化以降、西洋文明の導入を推し進める過程において、新と旧、西洋的なものと東洋的なもの、近代と伝統のせめぎ合いが様々な分野で見られた。

明治期の言論では、啓蒙主義や西洋思想の導入がなされたが、朝鮮問題(ア)や条約改正問題(イ)をきっかけに、欧化主義と国権論(ウ)の対立が生じた。宗教界では、伝統的な神道や仏教とキリスト教との対立・競合(エ)が見られた。

文学では、明治初期は戯作文学が人気を博したが、日清戦争前後には、啓蒙主義や合理主義に反発し、感情・個性の躍動を重んじるロマン主義文学(オ)が盛んになった。日本がバルチック艦隊を壊滅させた戦争(カ)前後には、社会の現実をありのままに描こうとする自然主義文学が主流になった。自然科学の分野(キ)では、富国強兵・殖産興業政策の推進のため、欧米の近代的科学技術の導入がおこなわれた。

大正期になると、大正デモクラシーの風潮のもと、急進的自由主義が主張される一方で、マルクス主義が知識人や労働運動(ク)のあいだで大きな影響力をもつようになった。社会的に差別されていた女性の解放をめぐっては、明治期に文学者団体の(　ケ　)を結成していた人物が新婦人協会を新たに設立し、女性の参政権を求める運動を展開した。

大正期の演劇では新劇運動が反響を呼び、音楽では洋楽が普及した。美術では洋画の革新が進むとともに、日本画でも水墨画などの近代化(コ)が目指された。

問1　下線部(ア)に関する説明として、**もっとも正しいもの**を、次の①～④のうちから1つ選び、マーク解答欄にマークしなさい。

① 日本は日朝修好条規によって朝鮮を開国させたが、日本の領事裁判権や関税免除は認められなかった。

② 甲申事変では、親日の閔氏一族に反対する大院君を支持する軍隊が反乱をおこしたが、清の派兵によって失敗した。

③ 壬午軍乱では、金玉均らの親日改革派が、日本公使館の援助のもと反乱をおこしたが、清の干渉によって失敗した。

④ 伊藤博文と清国全権李鴻章とのあいだで結ばれた天津条約では、日清

両国は朝鮮から撤兵し、同国に出兵する場合は互いに事前通告することを定めた。

問２　下線部(イ)に関して、条約改正および改正案の流れを年代順に並べたものとして、**もっとも正しいもの**を、次の①～④のうちから１つ選び、マーク解答欄にマークしなさい。

①　岩倉使節団の派遣→井上馨外相による外国人内地雑居の許可→青木周蔵外相の大津事件での辞任→大隈重信外相による大審院への外国人判事の任用認可

②　井上馨外相による外国人内地雑居の許可→大隈重信外相による大審院への外国人判事の任用認可→陸奥宗光外相による日英通商航海条約の調印→小村寿太郎外相による関税自主権の回復

③　大隈重信外相による大審院への外国人判事の任用認可→井上馨外相による外国人内地雑居の許可→小村寿太郎外相による関税自主権の回復→陸奥宗光外相による日英通商航海条約の調印

④　岩倉使節団の派遣→大隈重信外相による大審院への外国人判事の任用認可→陸奥宗光外相による日英通商航海条約の調印→青木周蔵外相の大津事件での辞任

問３　下線部(ウ)に関する説明として、**もっとも正しいもの**を、次の①～④のうちから１つ選び、マーク解答欄にマークしなさい。

①　民友社の徳富蘇峰は、雑誌『国民之友』を刊行し、上からの貴族的欧化主義の必要性をとなえた。

②　政教社の三宅雪嶺は、欧化主義を批判し、国家の独立を重視した。

③　陸羯南は、新聞『日本人』を刊行し、日本の文化や伝統を重視した近代化を主張した。

④　高山樗牛は、雑誌『太陽』で日本の大陸進出を批判した。

問４　下線部(エ)に関する説明として、**誤っているものを**、次の①～④のうちから１つ選び、マーク解答欄にマークしなさい。

①　島地黙雷らが神道の国教化を進め、仏教は打撃を受けた。

②　熊本洋学校のジェーンズらの外国人教師の影響によって、キリスト教信仰が広がった。

③　幕末に誕生していた教派神道が政府の公認を受けた。

④　キリスト教会が福祉活動や廃娼運動などで成果をあげた。

問5　下線部(オ)に関する作家と作品名の組み合わせとして、**もっとも正しいもの**を、次の①～④のうちから1つ選び、マーク解答欄にマークしなさい。

①　菊池寛　『父帰る』

②　泉鏡花　『高野聖』

③　樋口一葉　『或る女』

④　国木田独歩　『破戒』

問6　下線部(カ)の戦争の講和条約である下記の条文の空欄a～cに入る語句の組み合わせとして、**もっとも正しいもの**を、次の①～④のうちから1つ選び、マーク解答欄にマークしなさい。

第二条　(　a　)帝国政府ハ、(　b　)カ(　c　)ニ於テ政事上、軍事上及経済上ノ卓絶ナル利益ヲ有スルコトヲ承認シ(以下略)

①　a露西亜　b日本国　c韓国

②　a露西亜　b日本国　c清国

③　a日本　b露西亜　c韓国

④　a日本　b露西亜　c清国

問7　下線部(キ)に関する科学者と業績の組み合わせとして、**もっとも正しいもの**を、次の①～④のうちから1つ選び、マーク解答欄にマークしなさい。

①　鈴木梅太郎　アドレナリンの抽出

②　志賀潔　赤痢菌の発見

③　木村栄　植物の分類法

④　大森房吉　原子構造の研究

問 8　下線部(ク)に関する説明として、**もっとも正しいもの**を、次の①～④のうちから1つ選び、マーク解答欄にマークしなさい。

①　石橋湛山による、朝鮮や満州など植民地放棄の考え方は、大日本主義と呼ばれた。

②　幸徳秋水や堺利彦らによって、日本共産党が結成された。

③　河上肇が『貧乏物語』を著して、広く読まれた。

④　農村では小作争議が頻発し、鈴木文治らによって日本農民組合が結成された。

問 9　空欄(　ケ　)に入る団体名を、記述解答欄に**正しい漢字**で記入しなさい。

問10　下線部(コ)に関する説明として、**誤っているもの**を、次の①～④のうちから1つ選び、マーク解答欄にマークしなさい。

①　小山内薫らが築地小劇場を創設した。

②　横山大観らが日本美術院を再興した。

③　滝廉太郎らが日本初の職業的な交響楽団を組織した。

④　文部省美術展覧会に対抗する洋画団体として二科会が創立された。

〔Ⅳ〕 次の文章を読み、各設問に解答しなさい。

第 2 次大戦後、アメリカを中心とする連合国は当初、日本が東アジア地域の脅威にならないよう非軍事化と民主化(ア)を推し進めた。しかしながら、ソ連や中国といった共産主義国が勢力を増すと、アメリカは日本を復興させ、西側陣営の友好国とする政策に転換した(イ)。朝鮮戦争が始まると、ＧＨＱの要請により警察予備隊が組織され、公職追放を解かれた軍人が採用された。1952 年 7 月には保安庁が設置され、警察予備隊を改組した保安隊と警備隊がその傘下に入った。アメリカはその後も日本に対して軍備の増強を求め、1954 年にはＭＳＡ協定で、日本がアメリカから経済援助を受けるかわりに、防衛力を増強することが義務付けられた。同年 7 月には保安隊と警備隊を統合し、陸・海・空の 3 自衛隊が設置された。

1951 年にはサンフランシスコ平和条約(ウ)が調印され、日本は主権を回復した。この条約には日本の賠償責任が定められたが、冷戦激化に応じて、多くの国が請求権を放棄した。同日に調印された日米安全保障条約では、アメリカ軍が日本への駐留を続けることが定められた。さらに、1952 年に調印された日米行政協定では、日本がアメリカ軍に基地を提供し、駐留費用を分担することとなった。これにより日本政府は米軍基地を拡大せざるを得なくなり、それに反対する住民運動が各地で起こった(エ)。日米安全保障条約は極東の定義が不明確であり、また内容も日本に不利なものであった。1957 年に成立した岸内閣(オ)はこの条約の改定に取り組み、日米相互協力及び安全保障条約(カ)が調印された。

日本が主権を回復した後も、沖縄は引き続きアメリカの統治下に置かれていた。1969 年に日米首脳の会談(キ)で、安保堅持のうえで「核抜き・本土並み」の沖縄返還が合意された。当時の沖縄では、ベトナム戦争による基地用地の接収やアメリカ兵による犯罪の増加で祖国復帰運動が本格化していた。沖縄は 1972 年に日本に復帰したが、アメリカ軍専用施設はほとんど返還されず、現在も日本全体の施設の約 75 ％が沖縄に集中する状態となっている。

自衛隊は専守防衛のための必要最小限度の実力を持つものとされたため、少数の例外を除き海外に派遣されることがなかった。しかし、1991 年に湾岸戦争が起きると、日本は多額の資金援助を行ったものの国際的な評価を得られず、アメリカにさらなる国際貢献を迫られた。その結果、海部内閣が(　ク　)に自衛隊の掃海艇部隊を派遣することになった。これが大きな転機となり、その後、1992年に国連平和維持協力法が成立したことを皮切りに、自衛隊の海外派遣を定めた法律が複数成立し、実際にさまざまな国に海外派遣が行われている。
(ケ)　(コ)

問１　下線部(ア)に関する説明として、**誤っているもの**を、次の①～④のうちから１つ選び、マーク解答欄にマークしなさい。

①　東久邇宮内閣はＧＨＱの人権指令の実行をためらい、総辞職した。

②　神道指令で政府による神社・神道への支援・監督が禁じられた。

③　東京裁判において戦争指導者28人がＡ級戦犯容疑で起訴され、全員が死刑となった。

④　軍需産業は禁止され、船舶保有の制限が行われた。

問２　下線部(イ)に関する説明として、**誤っているもの**を、次の①～④のうちから１つ選び、マーク解答欄にマークしなさい。

①　政策転換の嚆矢となったのはアメリカ陸軍長官ロイヤルが行った1948年１月の演説であった。

②　国家公務員法が改正され、官公庁労働者は争議権を失った。

③　ＧＨＱは重要産業部門を優先して復興させるため、傾斜生産方式の導入を要求した。

④　経済安定九原則実施にあたり、ＧＨＱはアメリカの銀行家ドッジを招請した。

問３　下線部(ウ)に関する説明として、**もっとも正しいもの**を、次の①～④のうちから１つ選び、マーク解答欄にマークしなさい。

①　第３次吉田内閣は全面講和論の立場を取った。

②　この条約の批准を巡る対立により、日本社会党は右派と左派にわかれた。

③　この条約により小笠原諸島が日本に返還されたが、沖縄は引き続きア

メリカの軍政下に置かれた。

④　連合国の占領軍は、条約発効後も日本に駐留することが定められた。

問 4　下線部(エ)に関する説明として、**誤っているもの**を、次の①～④のうちから1つ選び、マーク解答欄にマークしなさい。

①　富山県で起こった内灘事件は、基地反対運動が全国に展開するきっかけとなった。

②　沖縄の伊江島における基地反対闘争は、沖縄の祖国復帰運動の機運を高めた。

③　米軍立川基地拡張のための測量をめぐって砂川事件が起こり、多数の負傷者を出した。

④　1955年の米軍北富士演習場での座り込み運動は、その後米軍・自衛隊基地反対運動に進展した。

問 5　下線部(オ)に関する説明として、**もっとも正しいもの**を、次の①～④のうちから1つ選び、マーク解答欄にマークしなさい。

①　この内閣の時に、いざなぎ景気とよばれる好景気を迎えた。

②　教員の勤務成績評定を実施したことで、日教組の激しい抵抗を招いた。

③　警察官の権限強化を図る警察官職務執行法を成立させた。

④　「環太平洋パートナーシップ」を唱え、より対等な日米関係を目指した。

問 6　下線部(カ)に関する説明として、**誤っているもの**を、次の①～④のうちから1つ選び、マーク解答欄にマークしなさい。

①　衆参両院で強行採決が行われた結果、この条約が批准された。

②　この条約には、10年の期限が設けられた。

③　この条約では、米軍の日本防衛義務が明示された。

④　この条約に対する反対運動が激化した結果、当時の米大統領アイゼンハワーの来日が中止された。

問7 下線部(キ)を行った日米首脳の組み合わせとして、**もっとも正しいもの**を、次の①～④のうちから1つ選び、マーク解答欄にマークしなさい。

① 吉田－トルーマン　② 池田－カーター

③ 佐藤－ニクソン　④ 中曽根－レーガン

問8 空欄(ク)に入る地名として、**もっとも正しいもの**を、次の①～④のうちから1つ選び、マーク解答欄にマークしなさい。

① 紅海　② マドラス海峡

③ ペルシア湾　④ 南シナ海

問9 下線部(ケ)は、日本国憲法第九条との整合性が問題となった。下記の第九条の条文内にある空欄に入る語句を、記述解答欄に**5文字**で記入しなさい。

第九条 日本国民は、正義と秩序を基調とする国際平和を誠実に希求し、(　　　)たる戦争と、武力による威嚇又は武力の行使は、国際紛争を解決する手段としては、永久にこれを放棄する。

問10 （設問省略）

世界史

(60分)

〔Ⅰ〕 次の文章をよく読み、問1～6に答えなさい。

メソポタミアとならんでもっとも古く文明がおこったエジプトでは、前3000年頃上エジプトと下エジプト(1)が統一され、王(ファラオ)による統一国家が成立した。のち前3世紀のエジプト人の神官マネトが著した『エジプト史』によれば、統一王朝の成立からアレクサンドロス大王による征服まで、エジプトには30の王朝があったという。また、王権に注目すると、古王国・中王国・新王国や中間期といった7期にまとめられるとされている。

古王国の時代は、ナイル川下流域(2)の［ A ］を都として栄え、王の絶大な権力を示す巨大なピラミッドがさかんに造営された。とくに、ナイル川の西岸にある「ギザの三大ピラミッド」は有名である。これらは、第4王朝の3王によって建設されたものであり、最大規模のクフ王のピラミッドと3つの中央に位置する［ B ］王のピラミッド、そしてメンカウラー王のピラミッドである。

前21世紀から前18世紀までの中王国時代の中心は、上エジプトのテーベに移った。古王国滅亡後の混乱を収拾し、ふたたびエジプトを統一したテーベの王は、官僚制度をととのえ中央集権化をすすめた。また、教育が広まり文学作品も多くつくられた。だが、その末期にはシリア方面からヒクソスが流入し、国内は一時混乱した。

前16世紀にエジプトはふたたび統一が回復されて、新王国時代が始まった。第18王朝の王アメンホテプ4世は、テーベと［ A ］の中間にあるテル=エル=アマルナに遷都し、宗教改革(3)をおこなったが、王の死でこの改革は終了した。続く第19王朝の［ C ］は、アブシンベル神殿など多数の神殿を建設した。また、対外的には、シリアやナイル上流の金の産地であるヌビアに遠征し、領土を拡大した。しかし第20王朝に入ると、「海の民」の侵入を受けて王権は弱体化してゆき、新王国時代は終わった。

国内の統一を保つ時代が長く続いたエジプトでは、独自の文化が発展した。ナイル川の氾濫時期を予知し農作業を季節に応じておこなう必要から天文学や暦法(4)が古くから発展するとともに、その氾濫後に毎年農地を測量しなおす必要から測地術が発達した。また、エジプト人は、霊魂の不滅と死後の世界を信じてミイラをつくり、「死者の書」を残した。さらに、文字関係では、神聖文字(ヒエログリフ)のほか、これを簡略化し、主にパピルスに記されて行政文書や宗教文書、文学作品などに用いられた書体である［　D　］が用いられた。また［　D　］をさらに書きやすく簡略化した民用文字（デモティック）も用いられた。

前10世紀以降は、エジプトは外部勢力による支配を受けることが多くなった。前7世紀にエジプトはアッシリア王国、前6世紀にアケメネス朝の支配を受けた。その後、前4世紀にはアレクサンドロス大王がエジプトに入り、大王の死後、エジプトは約3世紀にわたり［　E　］朝の支配下に入ることになった。その首都アレクサンドリアは、ヘレニズム世界最大の中心都市として繁栄し、この地につくられたムセイオン(王立研究所)では自然科学や人文科学が研究され、多くの学者を輩出した(5)。

問1　空欄A～Eにあてはまる**最も適切な語句**を解答欄に記入しなさい。

問2　下線部(1)に関連して、上・下エジプトにそれぞれ約20ずつあったとされ、独自の守護神と標章を持っていた古代エジプトの集落・行政単位は何と呼ばれたか。解答欄に記入しなさい。

問3　下線部(2)に関連して、エジプトの近代化をはかるため、ナイル川中流に建設され、ソ連の援助を受けて1970年に完成したダムは何と呼ばれるか。解答欄に記入しなさい。

問4　下線部(3)について、アメンホテプ4世は従来の神々の崇拝を禁じて一つの神のみの信仰を強制したが、この唯一神は何と呼ばれたか。解答欄に記入しなさい。

問５　下線部(4)に関連して、エジプトで太陰暦とならんでもちいられた太陽暦は、のち前46年にローマで採用された。これを採用した独裁官は誰か。解答欄に記入しなさい。

問６　下線部(5)について、ムセイオン(王立研究所)の館長を務めた北アフリカ出身のギリシア人天文学者で、地球を球形と考え、その周囲の長さを測定した人物は誰か。解答欄に記入しなさい。

〔Ⅱ〕　次の文章をよく読み、問１～問６に答えなさい。

18世紀以降のインドの歴史の特徴は、イギリスによる植民地化と、それに対抗する民族運動の展開にある。

18世紀に入ると、ムガル帝国(1)は力を失い、地方勢力が台頭して各地で抗争を繰り返すようになっていく。その中で、イギリス東インド会社は、抗争に介入してインド支配の拡張をもくろみ、インド征服戦争を進めていった。最終的には、西北部の［　A　］地方を拠点とするシク王国との戦争に勝利してインド全域をほぼ制圧し、19世紀半ばにはインドの植民地化を完成させている。

その後、イギリスは、インド人傭兵(シパーヒー)による大反乱を契機に、1858年には東インド会社を解散し、イギリス本国に［　B　］という官庁を設置して、インドの直接統治に乗り出した。その際には、従来の強圧的な植民地政策を転換し、インド人エリート層を植民地支配の協力者として利用するとともに、インド人の団結防止にインド内部の宗教対立や利害対立を利用するという、いわゆる「分割統治」政策を採用している。

このような状況の中で、インド人エリート層の一部は、ヨーロッパ思想の影響を受けたり(2)、イギリス人との間で人種差別を受けたりという経験を積み重ね、民族的な自覚を持つようになっていく。とりわけ、インド人の政治参加の拡大を目指す組織として1885年に結成されたインド国民会議は、20世紀に入るとイギリスとの対決姿勢を強め、民族運動の中核的な地位を占めていくことになった。

インド国民会議が反英に転じた最大の契機は、1905年のベンガル分割令(3)の発表である。これは、ベンガル州をイスラーム教徒の多い東側とヒンドゥー教徒の多い西側とに二分しようとするものであり、民族運動の分断を狙った「分割統治」政策の典型例であった。これに対し、ティラクを中心とする急進派が主導権を握ったインド国民会議は、激しい反対運動を展開したわけである。

その後、イギリスは、ベンガル分割令の撤回、［ C ］への遷都、インド人の行政組織への参加などの手段を用いて反英運動の鎮静化を図っていったが、植民地政策の変化に伴う<u>インド人民族資本家</u>(4)の成長や、ガンディーの帰国もあり、インド国民会議を中心とした民族運動は、第一次世界大戦を契機に再び活性化する。イギリスは、大戦中の1917年にはインドの自治を約束していたにもかかわらず、戦後の1919年には約束を骨抜きにする形でインド統治法とローラット法を制定した。この動きに対抗するべく、非暴力・不服従の理念を掲げて民族運動を牽引したのがガンディーである。不可触民差別の問題などにも取り組んだガンディーへの支持は、広がっていった。

ところが、その期間は長くは続かず、インドの民族運動は、最終的に、ネルーを中心とする国民会議派が牽引するものと、ジンナーを中心とする全インド=ムスリム連盟が牽引するものとに二分されることになる。国民会議派は、1929年の［ D ］大会において、完全独立(プールナ=スワラージ)を決議して反英独立路線を明確にし、第二次世界大戦中には、イギリスへの協力を拒否する活動を展開した。他方で、全インド=ムスリム連盟は、親英路線を採用して第二次世界大戦中にはイギリスに協力する姿勢を示すとともに、1940年の［ D ］大会において、ヒンドゥー教徒とイスラーム教徒の分離を主張し、イスラーム国家パキスタンの建設を目標に掲げた。

最終的に、インドは、ヒンドゥー教徒を中心とするインド連邦と、イスラーム教徒を中心とするパキスタンとに分かれる形で、<u>1947年にイギリスからの独立を果たした</u>(5)。とはいえ、国民会議派と全インド=ムスリム連盟との対立が激化する中での独立は、両国関係に禍根を残し、その後、［ E ］藩王国の帰属や東パキスタン(バングラデシュ)の独立をめぐり、3度にわたるインド=パキスタン戦争が勃発するに至った。

問1 文中の空欄A～Eにあてはまる**最も適切な語句**を解答欄に記入しなさい。

問 2　下線部(1)に関して、初代皇帝バーブルは、1526年にロディー朝の軍を破り、ムガル帝国の建国を決定づけた。その戦いの名称を、解答欄に記入しなさい。

問 3　下線部(2)に関して、ヨーロッパ思想の影響を受け、インド人エリート層の一部では、寡婦の後追い自殺の風習に対する強力な反対運動が生じた。その風習の名称を、解答欄に記入しなさい。

問 4　下線部(3)に関して、第一次世界大戦後にイギリスの外務大臣としてロシア・ポーランド国境線を提案したことでも有名な、ベンガル分割令を出したインド総督は誰か。解答欄に記入しなさい。

問 5　下線部(4)に関して、現在のインド最大の財閥の創始者としても有名な、民族運動のスポンサーとして活躍した民族資本家は誰か。解答欄に記入しなさい。

問 6　下線部(5)に関して、イギリスは、インド連邦とパキスタンとの分離・独立を認める法律を制定した。その法律の名称を解答欄に記入しなさい。

〔Ⅲ〕 次の文章**A**～**J**をよく読み、下線部(1)～(4)のうち**適切ではないもの**を一つ選び、その番号を解答欄にマークしなさい。

A　紀元前247年に13歳で即位した秦王の政は、(1)やがて丞相の呂不韋を退けて親政を開始した。政は法家の李斯を用いて富国強兵を進め、紀元前221年に中国を統一し、王にかえて皇帝の称号を採用した。(2)始皇帝は郡県制を全国に施行し、直接中央から派遣した官吏に治めさせた。また、(3)円形方孔の青銅銭である半両銭以外の貨幣の使用を禁じるなど、貨幣・度量衡や文字の統一を図った。焚書・坑儒による苛烈な思想統制も行われた。秦は北方では長城を改修して匈奴に対抗し、南方では(4)百越を征服して日南郡など3郡を設けた。

B　184年、(1)張角は「王侯将相いずくんぞ種あらんや」をスローガンに黄巾の乱を起こした。この乱は鎮圧されたが、各地で群雄が割拠する事態となった。曹操は黄巾の乱鎮圧を機に勢力をのばして華北を統一したが、208年の赤壁の戦いに敗北した。216年、(2)曹操は後漢の献帝から魏王に封ぜられ、屯田制や戸調制を施行した。220年、(3)献帝の禅譲を受けた曹丕が帝位につき、後漢は滅亡した。他方、四川では221年に劉備が蜀の初代皇帝を称した。江南では222年に孫権が呉を建国し、後に皇帝を称した。その後、(4)蜀は魏によって、呉は晋(西晋)によって滅ぼされた。

C　4世紀、中国では仏教が広まった。西域出身の(1)仏図澄や鳩摩羅什は華北での布教や仏典の翻訳に活躍した。(2)法顕はインドへ赴いて仏教をおさめ、『仏国記』を著した。仏教の普及にともなって、各地で石窟寺院が盛んに建造された。その1つである(3)雲崗にある石窟寺院の仏像には、ガンダーラ様式とグプタ様式の影響がみられる。仏教の普及に刺激され、道教もこの頃に成立した。(4)北魏の孝文帝に信任された寇謙之は仏教と対抗して勢力を伸ばした。

D　隋の煬帝は内政では大運河建設に注力し、対外面では吐谷渾や林邑を討伐するなど周辺民族に対する積極策を採った。しかし、土木事業に伴う農民の負担は大きく、(1)高句麗遠征の失敗を契機に各地で反乱がおこり、煬帝は臣下に殺害された。なお、日本(倭)から隋には、厩戸王(聖徳太子)によって遣隋使が派遣されている。(2) 隋末の混乱に乗じて挙兵した李淵は、618年に隋を倒して唐を建て、628年に中国統一を果たした。(3) 第3代皇帝の高宗は新羅と結んで百済・高句麗を滅ぼし、(4) 西域・中央アジアに進出して唐の最大版図を実現した。

E　7世紀、ソンツェン=ガンポはチベットの諸王国を統一して吐蕃を建国した。(1) 彼の命によって、漢字を基にチベット文字がつくられた。(2) また、インド仏教とチベットの民間信仰が融合したチベット仏教(ラマ教)が成立した。安史の乱に際しては、吐蕃は一時長安を占領したが、(3) 9世紀前半に唐との和平が締結された。8世紀後半、唐と吐蕃の争いに乗じて雲南では南詔が勢力を拡大した。南詔は中国・チベット・インドの要素を融合させた文化を特徴とし、仏教文化も盛んであった。(4)

F　11世紀前半、陝西・甘粛方面にいたトルコ系のタングートが近隣の吐蕃やウイグルを破り、(1) 勢力を拡大した。1038年、李元昊は皇帝を称し、国号を大夏として、宋と遼に対抗した。(2) 大夏は一般に西夏と呼ばれる。1044年に宋と慶暦の和約を結び、臣下の礼をとることと引きかえに、歳賜として絹・銀・茶を獲得した。その後、華北に進出した金に服属しながらも中継貿易で栄えた。また、西夏では仏教文化を基調とする独自の文化が発達し、(3) 漢字の要素を組み合わせた西夏文字がつくられた。(4)

G　11世紀後半、北宋の神宗は官僚の過剰、軍事費増大、歳賜などで悪化した財政難を打開するため、王安石を宰相に起用した。(1) 一般に王安石の改革は新法と呼ばれ、農民や中小商工業者の生活安定と生産増加を図りながら、同時に経費節約と歳入増加による国家財政の確立と軍事力の強化を目指す富国強兵策であった。たとえば、募役法は傭兵制にかわる兵農一致の強兵策であり、(2) 市易法は中小商人への低利融資策である。(3) しかし、地主や大商人の利益をおさえて政府の収入増加を目指す急進的な改革に対しては、反発する官僚らも多かった。王安石の辞任後、哲宗の即位で宰相となった司馬光は新法を廃した。(4) 新法を支持する新法党とこれに反対する旧法党の党争は、北宋の国力をさらに弱める一因となった。

H 清朝は中国統治にあたって、科挙・官制など明の制度をほぼ引継ぎ、中国王朝の伝統を守る姿勢を示した。一方、軍制では満州人を主力として組織される緑営に加えて、(1)満州・モンゴル・漢の3軍で編制する八旗を組織して要地に駐屯させた。(2)また、中央官制の要職の定員は満・漢同数とし、雍正帝の時に皇帝直属の諮問機関の軍機処を設置するなど、(3)独自の制度も創設した。清朝は『康熙字典』、『古今図書集成』、『四庫全書』など大規模な編纂事業を行って学者を優遇した。しかし、反清的言論は厳しく弾圧され、康熙帝から乾隆帝の時期には文字の獄とよばれる言論・思想弾圧が行われた。(4)また、漢人男性に対しても辮髪を強制した。

I 1842年に結ばれた南京条約によってキリスト教布教の自由が認められた(1)後、中国各地で仇教運動がおこった。山東省の農村の自警団組織を基盤にうまれた宗教的武術集団の義和団は、「扶清滅洋」を唱えて1900年に北京に入った。(2)義和団は教会を攻撃し、列国の公使館を包囲して、日本・ドイツの外交官を殺害した。清朝は義和団を支持して列国へ宣戦を布告した。列国は在留外国人の保護を名目に共同出兵に踏み切り、イギリス、アメリカ、ロシア、ドイツ、フランス、オーストリア、イタリア、日本の8カ国連合軍は北京を占領した。(3)1901年、敗れた清は北京議定書(辛丑和約)に調印し、責任者の処罰、賠償金支払い、列国軍隊の北京駐留などを認めた。(4)

J 満州事変を契機に、中国の抗日運動は全国に広まった。1935年、中国共産党は八・一宣言を出して、内戦停止と抗日民族統一戦線結成を呼び掛けた。(1)1936年、張学良と楊虎城は対共産党戦の督戦のため西安を訪れた蔣介石を監禁し、抗日と内戦停止を説得した。(2)蔣介石はこれを拒んだが、共産党の周恩来が解決に乗り出すと、その説得に応じて釈放された。この事件は抗日民族統一戦線結成の契機となった。1937年の盧溝橋事件をきっかけに日本軍は軍事行動を拡大した。同年、中国では第2次国共合作が成立し、日中両国は全面的交戦状態に入った。(3)戦線は華北から華中へと拡大した。中国の国民政府は武漢・

重慶へと移って抵抗を続け、日本は占領地の保持に苦しんだ。1940年、日本は重慶の国民政府に対抗して、北京に汪兆銘を首班とする親日政権を成立させた。(4)

〔Ⅳ〕 次の文章をよく読み、本文の下線部(1)〜(10)について、以下の問いに答えなさい。

キリスト教は1世紀にローマ支配下のパレスチナから生まれた。ここではヘブライ人(1)が独自の宗教を守り、バビロン捕囚ののち前6世紀にはユダヤ教を確立し、以降、この宗教を信仰する人々をユダヤ人と呼んだ。パレスチナがローマの属州となって以降、ユダヤ教を指導していた祭司とパリサイ派たちは、いずれも重税に苦しむ民衆の声には応えようとはしなかった。こうした祭司とパリサイ派をイエス(2)は批判して、29年頃からガリラヤ地方で活動を始めた。ローマに対する反逆者としてイエスはイェルサレム郊外で十字架にかけられて処刑されたが、その後、弟子たちの間にイエスが復活し、彼の死は人間の罪をあがなう行為であったという信仰が生まれた。

3世紀になって、ローマ帝国の住民の間でもキリスト教徒の数は大きく増加した。その結果、キリスト教の禁止が、かえって帝国の統一を脅かすことが明らかになったため、コンスタンティヌス帝は313年のミラノ勅令でキリスト教を公認した。324年にコンスタンティヌス帝が全国を統一したことで、公認は帝国全土に広がり、キリスト教は地位を確立され、その後は皇帝の保護のもと、勢力を伸ばした。ローマ帝国のキリスト教化が進むと、正統な信仰をめぐって、ニケーア公会議やエフェソス公会議など(3)においてさまざまな議論が巻き起こった。

375年に始まったゲルマン人(4)の大移動ののち、5世紀以降、彼らの間でもさらにキリスト教化が進んだ。東ゴート王国統治下のイタリアでは、529年に、聖ベネディクトゥスがモンテ＝カシノに修道院(5)を建て、同院の生活規範として独自の戒律を定めた。751年にフランク王国の新しい王朝を開いたピピン（小ピピン）(6)は、王位の承認の見返りに寄進を行い、これがラテン＝キリスト教世界に独自の君主・教皇関係の基礎となった。

11世紀までに商人や職人などを含む都市民が、他の社会集団の類型(祈る者、戦う者、働く者)とは別に登場した。都市民は奉仕や義務からの解放、市場での売買の特権などにおいて相互に利害を共有していた。このなかで北イタリアやドイツの都市の多くは、より大きな自由と自治を手に入れた(7)。14世紀初頭から、封建社会は衰退を始め、商業と都市の発展により貨幣経済が浸透し、荘園に基づく経済体制は崩れだした。凶作、飢饉、黒死病(ペスト)の流行、戦乱により、農業人口も減少した。

こうした流れのなかで、中央集権的な政治権力が都市民のなかで望まれるようになり、国王は権力集中を試みるようになった。他方で十字軍の失敗以降、教皇の権威も失墜を始めた(8)。13世紀末に教皇となったボニファティウス8世は教皇権の絶対性を主張し、フランス国王フィリップ4世と対立した。イギリスでは14世紀後半にウィクリフが聖書を読むことと個人の良心を強調し、教会を批判した。この説をベーメンのフスは支持し、教皇から破門された。こうした宗教界の混乱を収拾するために、コンスタンツ公会議(9)が開かれた。

教会建築(10)は中世の美術を代表するものである。中世初期にはビザンツ様式の模倣が行われていたが、11世紀以降、建築技術の進歩に応じて、さまざまな展開を見せた。

問1　下線部(1)「ヘブライ人」の記述として**適切ではないもの**を次の①〜④のなかから一つ選び、その番号を解答欄にマークしなさい。

① ヘブライ人の祖先はもともとユーフラテス川の上流あたりの遊牧民であったが、前1500年頃、現在のパレスチナに定住し、一部はヒクソスとともにエジプトに入ったとされる。テーベの王がヒクソスを追放したのちに新王国が成立したが、ヘブライ人はこの王国からの圧政に苦しむようになった。

② 新王国のファラオによる圧政が激しくなるなかで、前13世紀頃にモーセに率いられてヘブライ人はエジプトを脱出した。ヘブライ人は遊牧民的気風を有する、いくつかの部族からなる連合体であった。その後、海岸平野に定着したペリシテ人との抗争が激化し、強力な統率者が必要となったためモーセは王として対抗した。

③　イスラエル王国第2代の王ダヴィデの息子ソロモンの治世に、大規模工事や軍備のための重税で国民が疲弊し、ソロモンの死後、王国は北のイスラエル王国と南のユダ王国の2王国に分裂して、より弱体化が進んだ。

④　イスラエル王国とユダ王国への分裂後、ユダ王国は新バビロニアのネブカドネザル2世に征服された。その際、住民の多くがバビロンへ強制移住させられた。これは「バビロン捕囚」として後世に語り継がれている。

問2　下線部(2)「イエス」の記述として**適切ではないもの**を次の①～④のなかから一つ選び、その番号を解答欄にマークしなさい。

①　イエスはヨハネの影響を受けたとされ、祭司やパリサイ派を形式主義として批判し、神の愛が身分や貧富の差に関係なく万人に及ぶこと、神を信じて、人はおのれを愛するように隣人を愛することを説いた。

②　イエスは社会的な弱者や病人、差別された人々をいたわった。イエスを信じた人たちは彼を神がつかわした救世主(メシア)と呼び、そのギリシア語であるクリストスから、キリストという呼称が生まれた。

③　イエスはユダヤ教の中心地であるイェルサレムにはいったが、現世救済を期待していた人々は失望し、祭司とパリサイ派はイエスを反逆者としてローマの属州ユダヤの総督ピラトに訴えた。その後、イエスはとらえられ、ゴルゴタの丘で処刑された。

④　イエスの死後、彼の12人の弟子のうちの1人であるパウロがイエスの教えを他のユダヤ人に伝える伝道活動を始め、信徒の共同体である教会も成立した。初めパリサイ派であったペテロもまた、キリスト教に回心し、ローマ帝国各地に布教を進め、教会も拡大した。

問3　下線部(3)「ニケーア公会議やエフェソス公会議など」の記述に関して、**適切ではないもの**を次の①～④のなかから一つ選び、その番号を解答欄にマークしなさい。

①　ニケーア公会議を主催したコンスタンティヌス帝以前の皇帝のなかでは、激しい迫害をキリスト教に対して行う皇帝もいたものの、伝道が途切れることはなく、教徒の数は増え続けた。なかでもディオクレティアヌス

帝が303年に帝国全域にわたって命じた「大迫害」は厳しいものであった。

② ニケーア公会議では、キリストは神によって創造された人間であるとする、アタナシウス派の説が正統とされ、他方で神と神の子キリストが同じ本質をもつというアリウス派の説は退けられた。

③ ユリアヌス帝は古典文化と古来の伝統宗教の復興をくわだてて、キリスト教の優遇を廃止した。

④ ネストリウス派は、キリストについて、その神的性質と人間的性質は分離するという説を唱えたが、エフェソス公会議にて異端とされた。このネストリウス派は唐代の中国に伝えられ、景教と呼ばれた。

問4 下線部(4)「ゲルマン人」の記述について、**適切ではないもの**を次の①～④のなかから一つ選び、その番号を解答欄にマークしなさい。

① ゲルマン人は最初、バルト海沿岸を原住地としていたが、ケルト人を西に圧迫しながら勢力を拡大していた。紀元前後頃には、ライン川から黒海沿岸にいたるまでの広大な地域にまで広がった。

② 紀元前後の原始ゲルマンの社会については、カエサルの『ガリア戦記』やタキトゥスの『ゲルマニア』が重要な資料である。その頃のゲルマン人のなかではすでに貴族・平民・奴隷の身分差が発生しており、重要な決定は貴族の成年男性からなる集会で決められていた。

③ ゲルマン人の大移動ののち、ゲルマン人部族が建国した国のなかでは、東ゴート、西ゴート、ブルグンドといった部族王権の多くは、アリウス派キリスト教を信奉していた。

④ フランク王国のクローヴィスは、アタナシウス派キリスト教への改宗を行うことで、ローマ人の貴族を支配層に取り込んで西ヨーロッパの中心勢力となる一因になった。

問5 下線部(5)「修道院」に関連する記述について、**適切ではないもの**を次の①～④のなかから一つ選び、その番号を解答欄にマークしなさい。

① 修道院運動は6世紀から拡大し、学問・教育や農業技術の発展に貢献した。世俗を離れて、修道院で共同生活を営みながら敬虔・禁欲を重んじ

た。

② ベネディクトゥスが開いたベネディクト修道会の「祈り、働け」というモットーは、生産労働を奴隷の仕事と考えていた労働観を変えた。のちに森林を切り開いて耕地を広げる大開墾時代に指導的立場を果たしたのは、シトー修道会であった。

③ 中世では神学が学問の最高峰であり、哲学や自然科学はより下に置かれた。当時の学者・知識人は聖職者や修道士であり、ウィリアム＝オブ＝オッカムはその代表である。オッカムはスコラ学者・論理学者であり、彼は実在論の立場から教皇を支持して信仰の基礎を固めた。

④ フランチェスコ修道会やドミニコ修道会は著名な修道会であり、これらの修道会は都市で托鉢によって生活をし、民衆に説教を行った。これらの修道会を托鉢修道会と呼ぶ。

問 6　下線部(6)「ピピン（小ピピン）」に関連する記述について、**適切ではないもの**を次の①〜④のなかから一つ選び、その番号を解答欄にマークしなさい。

① メロヴィング朝の権力は8世紀になると衰退し、王家の行政と財政の長官である宮宰（マヨル＝ドムス）が実権を掌握した。

② ピピン（小ピピン）の父であるカール＝マルテルは、教会領・修道院領を没収して王領化し、これを財源として戦士集団を編制した。彼はこの機動力の高い騎馬兵を用いて、国内の統一を進めた。

③ 7世紀にアラビア半島からイスラーム勢力が地中海世界に侵入し、フランク王国にも迫った。アッバース朝時代、アラブ人のイスラーム勢力は、まず西ゴート王国を滅ぼし（711年）、ガリアに侵攻しようとした。カール＝マルテルは732年トゥール・ポワティエ間の戦いでイスラーム軍を撃退し、西方キリスト教世界を外部勢力から守った。

④ ピピン（小ピピン）はローマ教皇の承認を得たうえでメロヴィング朝を廃し、新たな王朝であるカロリング朝を開いた。教皇への返礼にピピン（小ピピン）はイタリアのランゴバルド王国を攻め、奪ったラヴェンナ地方を教皇に寄進した。

問 7 下線部(7)「北イタリアやドイツの都市の多くは、より大きな自由と自治を手に入れた」の記述に関して、**適切ではないもの**を次の①〜④のなかから一つ選び、その番号を解答欄にマークしなさい。

① 中世都市はローマ帝政末期以来の司教座都市などが核になってできたもので、はじめ封建領主の保護と支配を受けていたが、商工業が発達するとしだいに領主社会からの自由と自治を求めはじめた。

② 北イタリアの諸都市は、自治権を持つ自治都市(コムーネ)となった。自治都市は周辺農村をも支配する事実上の領域国家を形成した。フィレンツェやジェノヴァが代表例である。

③ ドイツの諸都市は諸侯の力をおさえようとする皇帝から特許状を得て自治権を獲得し、皇帝直属の帝国都市(自由都市)となり、諸侯と同じ地位を手に入れた。帝国都市は帝国のみに納税義務を負ったが、自由都市はそれをもまぬがれていた。

④ 中世の有力な諸都市は、北イタリアのロンバルディア同盟や、北ドイツのハンザ同盟に代表される、共通の利害のための都市同盟を結んだ。ロンバルディア同盟は神聖ローマ皇帝のイタリア南下政策に協力するために2度にわたり結ばれた。

問 8 下線部(8)「教皇の権威も失墜を始めた」の記述に関して、**適切ではないもの**を次の①〜④のなかから一つ選び、その番号を解答欄にマークしなさい。

① 教皇ボニファティウス8世は聖職者への課税に反対して、イギリス・フランス国王と争ったが、最終的に三部会の支持を得たフィリップ4世にとらえられ、まもなく釈放されたが屈辱のうちに死んだ。

② フィリップ4世は教皇クレメンス5世を支配下に置き、以後約70年ものあいだ、教皇庁をローマからアヴィニョンに移した。『旧約聖書』のバビロン捕囚にちなんで、「教皇のバビロン捕囚」と呼ばれる。

③ 1378年以降、ローマでイタリア人教皇クレメンス7世が選出されたことに対して、アヴィニョンでも教皇ウルバヌス2世が立てられ、その後、イギリス、ドイツが介入し3名の教皇が正統性をめぐって対立するという混乱が生じた。これを教会大分裂(大シスマ)と呼び、教皇と教会の権威失

墜が決定的なものとなった。

④ 教皇権の衰退は、他方で教会の堕落や腐敗を批判し、教会を改革するという各地での運動を引き起こした。異端審問や魔女裁判などは、これらの運動を厳しく罰するために用いられた。

問 9 下線部(9)「コンスタンツ公会議」の記述に関して、**適切ではないもの**を次の①～④のなかから一つ選び、その番号を解答欄にマークしなさい。

① ウィクリフはオクスフォード大学教授で神学者であり、宗教改革の先駆けとされる。彼は聖書の英訳を主張し、人びとに自分の説を訴えかけた。

② プラハ大学のフスは、ウィクリフの説に共鳴し、カトリックの現状を批判した。ドイツ人司教の追放、聖書のチェコ語訳などで、チェック人たちの支持を得た。教皇から護送特権を約束されて、コンスタンツ公会議に参加した。

③ 教会大分裂とベーメンの宗教紛争の解消のために神聖ローマ皇帝ジギスムントの提唱でコンスタンツ公会議は開かれ、すべての教皇を廃して新教皇を選出し、ウィクリフとフスを異端とした。フスは喚問されたのちに焚刑に処せられた。

④ フスの処刑に対して、彼の追随者たちはカトリック教会と神聖ローマ帝国に対する反乱を起こした。これをフス戦争と呼ぶ。この戦争は長く続き、皇帝と教皇は十字軍を5回組織したが、いずれもフス派の住民に撃退された。

問10 下線部(10)「教会建築」に関連する事項の記述に関して、**適切ではないもの**を次の①～④のなかから一つ選び、その番号を解答欄にマークしなさい。

① 11世紀には厚い石壁に小さな窓を持つ重厚なロマネスク様式が登場した。この様式でピサ大聖堂は建築された。

② ロマネスク様式の建築として、アミアン大聖堂、ノートルダム大聖堂は有名である。

③ ゴシック様式は頭部の尖った尖頭アーチと空高くそびえる塔を特徴とし、窓はステンドグラスで埋められている。

④　ゴシック様式を代表するものとして、シャルトル大聖堂やケルン大聖堂が挙げられる。

〔V〕　次の文章**A**～**J**をよく読み、下線部(1)～(4)のうち、**適切ではないもの**を一つ選び、その番号を解答欄にマークしなさい。

A　17世紀後半におこったコサック出身のステンカ＝ラージンの農民反乱が鎮圧されたのちに、ロマノフ朝のピョートル1世は、自ら西欧諸国を視察し、それを参考に改革をすすめた(1)。ピョートル1世は軍備の拡大をしながら、シベリア経営をすすめ、中国の清朝とネルチンスク条約を結んで両国の境界を定めた(2)。また、清朝と通商を開き、南方ではオスマン帝国を圧迫して黒海北部のアゾフ海に進出した。さらに、ピョートル1世の事業を受け継いだエカチェリーナ2世は、ポーランド、デンマークと結び、スウェーデンを攻撃し、北方戦争が勃発した(3)。またエカチェリーナ2世は、日本に使節のラクスマンをおくった(4)。

B　リトアニア大公ヤゲウォとポーランド女王ヤドヴィガが14世紀後半に結婚してうまれた同君連合王国であるリトアニア＝ポーランド王国のヤゲウォ朝は、16世紀後半に断絶する(1)。それを受けて、ポーランドでは選挙王政が行われたが、国内の貴族間に対立がおこり、隣接する大国の干渉を招いた(2)。そのような状況下、プロイセンは1772年、オーストリアとともに、ロシアにポーランド分割を提案し、3国はそれぞれの国境に近いポーランドの領土を奪った(3)。西欧諸国の関心がフランス革命に向かうと、1793年、プロイセンはロシアと第2回の分割を強行した。アメリカ独立革命にも参加したコシューシコは、アメリカ市民権を与えられなかったため、ポーランドに帰国し1794年にクラクフにおいて蜂起を呼びかけた(4)。しかし、コシューシコの率いる義勇軍の抵抗もむなしく、プロイセン、オーストリア、ロシアの3国は1795年、残りの領土も分割し、ポーランド国家は消滅した。

C　1821年、オスマン帝国内のギリシアが独立戦争を行うと、ロシアは、イギリス、フランスとともにギリシアを支援した。ロシアは、オスマン帝国と1829年にアドリアノープル条約を結び、オスマン帝国はギリシア独立を受け入れた。(1)ロシアは、1848年革命で、オーストリアを支援してコシュートの指導するハンガリーの民族運動を制圧し、「ヨーロッパの憲兵」と呼ばれた。(2)ニコライ1世は、ロシアの立場が国際的に有利になったことを受け、南下政策を推進し、オスマン帝国内のギリシア正教徒の保護を理由に、1853年にはオスマン帝国と開戦しクリミア戦争が起こった。(3)イギリス、フランスによってオスマン帝国は支援され、戦争は欧州列強同士の戦いへと発展した。クリミア半島のセヴァストーポリ要塞をめぐる激しい攻防の末、ロシアは敗北し、1856年にロンドン条約が結ばれた。(4)

D　クリミア戦争後、ロシアは国内改革に専念した。ロシアでは専制政治と農奴制が強固であったため、ロシアのアレクサンドル2世は1861年に農奴解放令を出した。(1)ロシアの急進的な改革の担い手は都市の知識人階級であったが、彼らの一部は、1870年代に「ヴ＝ナロード(人民のなかへ)」の標語を掲げた。(2)彼らは、農村共同体を基礎にロシア再生のための社会主義的改革をおこなうことが可能であると考え、農村にはいりこんで農民を啓蒙しようとしたため、ナロードニキ(人民主義者)と呼ばれた。(3)農民の支持を獲得したナロードニキの一部は、急進化しテロリズムでの政府打倒を唱え、アレクサンドル2世を暗殺した。(4)

E　1875年、オスマン帝国下のボスニア・ヘルツェゴヴィナで農民反乱が発生し、翌年、ブルガリアでも独立を求める蜂起がおこった。(1)ロシアは蜂起側との協議を求めたのに対し、オスマン政府は武力で蜂起を鎮圧した。その後、ロシア＝トルコ(露土)戦争に勝利したロシアは1878年、サン＝ステファノ条約を結び、ブルガリアを保護下におくことを認めさせた。(2)しかし、オーストリア、イギリスがこれに反対し、ビスマルクが開いたベルリン会議にて、サン＝ステファノ条約は破棄され、ロシアの拡大は抑えられた。他方、中央アジア、東アジアへの進出につとめたロシアは東シベリア総督ムラヴィヨフのもとで中国へ(3)

の圧力を強化し、1858年には清とアイグン条約を結んで黒竜江以北、ウスリー川以西を領有した。1860年にはアロー戦争の調停の見返りとして北京条約を結び、沿海州を獲得し、海軍基地としてウラジヴォストーク港を開いた。また、イスラーム教徒の反乱を機にイリ地方に出兵し、1881年のイリ条約で清との国境を取り決めた。19世紀後半以降、ウズベク人のブハラ、ヒヴァの両ハン国を保護国とし、コーカンド=ハン国を併合し、ロシア領トルキスタンの形成に至っている。(4)

F 1890年代からロシアの資本主義はフランスからの資本導入によって発展し、都市では大工業が急成長した。(1)しかし、工業や銀行の多くは外国資本のものであり、工場での労働条件も劣悪であった。20世紀初頭、農奴解放後も地主への従属が続くことに抗議する激しい農民運動があらわれ、工場労働者のストライキも起こった。知識人、社会主義者の中からも専制体制転換を要請する声が上がり、マルクス主義を掲げるロシア社会民主労働党や、ナロードニキの流れをくむ社会革命党が結成された。(2)ロシア社会民主労働党は、創設直後、党を労働者・農民を指導する精鋭の革命集団にしようとしたレーニンらのボリシェヴィキ(多数派)と、広く大衆に基礎をおき中産階級とも妥協してゆるやかな改革を進めようとするプレハーノフらのメンシェヴィキ(少数派)に分裂した。(3)1905年、日露戦争でのロシアの戦況不利、それに伴う社会不安が広がった。それを背景に、民主化と戦争中止を掲げる請願デモがモスクワで行われたが、軍がモスクワの労働者・市民に対して発砲する血の日曜日事件が起こった。(4)

G 第一次ロシア革命では全国各地で、労働者の反政府運動や農民の土地要求闘争、ブルジョワジーの立憲運動が激化した。またモスクワでは労働者の自治組織ソヴィエト(評議会)が武装蜂起し立ち上がった。(1)これに対し、ニコライ2世は第一次ロシア革命を鎮静化するために1905年に十月宣言を発して、立法権をもつドゥーマの開設、市民的自由などを認め、自由主義者のウィッテを首相に登用した。(2)しかし、ドゥーマの立法権は制限され、選挙制度も不平等であった。またニコライ2世は、蜂起を鎮圧し、革命運動が収束していく中で、再び専制的姿勢を強化した。ウィッテは自由主義的改革に着手したが、保守派の反発によって解任された。(3)ウィッテ解任後、ニコライ2世が首相を兼任し、帝政の支持基盤を広げるため、農村共同体(ミール)の解体をすすめ、独立自営農を育成しようとした。しかし、この試みは挫折し、農村社会は動揺し、体制の基盤は不安定になった。(4)政府は、国民の注意をそらそうとするため、バルカン方面への南下政策を推進し、その結果、国際的緊張は深まった。

H　第一次世界大戦開戦以来、ロシア軍は敗北を重ね、輸送危機から都市への食糧・燃料供給が低下したが、皇帝・政府は十分な対策をとらなかった。そのため、国民のあいだで、戦争継続に反対する声が広がった。(1)1917年3月、首都ペトログラードで民衆の大規模なデモやストライキが起こり、軍隊も加わりたちまち各地に広がり、労働者・兵士はソヴィエトを組織して、革命を推進した。(2)ニコライ2世は退位し、ドゥーマの立憲民主党など自由主義諸党派議員は社会革命党らの支持を受け、臨時政府を樹立した。しかし、農村では土地を求める農民革命が、またウクライナやフィンランドでは民族革命が進行した。(3)レーニンが亡命先のスイスから帰国し、革命をすすめる四月テーゼを発表した。労働者、兵士は次第に臨時政府から離れ、(4)レーニン、ケレンスキーらが指導するボリシェヴィキは臨時政府を倒し社会主義政権を樹立し、「平和に関する布告」や「土地に関する布告」を採択した。

I　(1)1918年、ボリシェヴィキは共産党と改称され、ソヴィエト体制は事実上ボリシェヴィキの一党支配になり、地主からの土地の無償没収と農民への分配、工業、銀行、貿易の国家管理などが実行された。モスクワは、ピョートル1世がサンクト=ペテルブルクに遷都して以降も第二の首都として経済・文化の中心であったが、ほぼ200年ぶりにソヴィエト政権が首都として定めた。(2)1922年12月、シベリアから日本軍が撤退した後、ロシア、ウクライナ、ベラルーシ、ウズベクの4つのソヴィエト共和国は連合してソヴィエト社会主義共和国連邦を結成した。1924年1月には新憲法が公布された。1924年にレーニンが死去すると後継者争いが起こり、(3)一国社会主義論を掲げるスターリンが世界革命を主張するトロツキーを追放して実権を握った。(4)農業でも集団農場(コルホーズ)、国営農場(ソフホーズ)建設が強行され、集団化に抵抗する農民を逮捕、投獄するなどして、集団化を推進した。

J　フルシチョフは炭坑労働者の子として生まれ、15歳で鉛管工になり労働運動に参加した。モスクワの地下鉄建設の功績でスターリンに認められ、共産党幹部となった。1953年に共産党第一書記となったフルシチョフは、ソ連共産党第20回大会で、スターリン批判を行った。(1) そこでフルシチョフは、スターリン体制下の個人崇拝、反対派の大量処刑などを批判し、自由化を打ち出した。(2) さらに資本主義国との平和共存を提唱し、コミンフォルムを解散した。(3) この考え方を中国は「修正主義」と批判した。スターリン死後、解放感がうまれたソ連社会を「雪どけ」という言葉で表したが、この言葉はスターリン時代を生きたブハーリンの書いた小説『雪どけ』に由来する。(4)

政治・経済

（60分）

〔Ⅰ〕 次の文章を読んで、下記の問に答えなさい。

本国イギリスとその植民地であったアメリカとの関係に大きな転換点が訪れたのは18世紀後半であった。イギリスからの独立戦争が始まり、1776年にはその後、民主政治の模範となったアメリカ独立宣言(1)が出され、13の植民地が一致してイギリスから独立することを宣言した。この宣言では、すべての人が平等に創られ、生命・自由および幸福の追求を、生まれつき授けられた権利としている。その後イギリスから独立すると、連邦制、民主主義、三権分立制を基本原理とした［ア］が1787年に制定され、1789年に初代大統領にジョージ・ワシントンが就任した。また、南北戦争のさなかの1863年にゲティスバーグで行われた［イ］大統領による有名な「人民の、人民による、人民のための政治」という演説は、国民主権にもとづく民主主義の原理を端的に示したものとして知られる。

厳格な三権分立制を採用しているアメリカの大統領制では、国民は、国家元首で行政府の長である大統領と、連邦議会の議員を別々の選挙で選ぶ(2)。大統領は連邦議会からは強い独立性を有し、連邦議会から不信任を受けることはない。行政権を持つ大統領と立法権を持つ連邦議会がお互いに抑制・均衡しあう関係であり、大統領に連邦議会の解散権はない。大統領は連邦議会に対して政策を示す［ウ］を送る権限を有するが、法案の提出権を持たない。ただし、連邦議会が可決した法案への［エ］権を発動することができる。

しかし、二院制(3)を採用する連邦議会は、両院の［オ］の多数で大統領の［エ］権を覆す法案再可決権を有する。連邦議会は大統領に犯罪あるいは非行があった場合、［カ］院の訴追に基づく［キ］院の［ク］決議で、大統領を解任することができる。さらに連邦議会の［キ］院には大統領が締結した条約や行政部人事への同意権もある。それゆえ、たとえば、[ケ]大統領が提唱した国際連盟(4)だったが、提唱国アメリカは1823年の[コ]宣言の考え方が根強い[キ]院による反対のため、アメリカが自ら提唱した国際機関でありながら、国際連盟に加盟しないという事態に至った。また、連邦最高裁判所の判事についても、大統領の指名に[キ]院の承認を得て大統領が任命する仕組みである。長官を含む[サ]人の判事で構成される連邦最高裁判所には、判例により[シ]権が確立されている。それにより、連邦最高裁判所は憲法の最終的な解釈を行い、政治に積極的に影響を与えうる。

(問 1) 文中のアからシの空欄に当てはまるもっとも適切な語句・数字を解答欄に書きなさい。

(問 2) 下線部(1)に関連して、アメリカの独立宣言における革命権(抵抗権)の考え方に影響を与えた思想家の著書として、もっとも適切なものを1つ選び、そのアルファベットを解答欄にマークしなさい。

A 『リヴァイアサン』　　B 『統治二論』

C 『社会契約論』　　D 『法の精神』

(問 3) 下線部(2)に関連して、アメリカの選挙について説明した文章について、**もっとも適切でないもの**を1つ選び、そのアルファベットを解答欄にマークしなさい。

A アメリカの大統領は1951年の憲法修正第22条により、3選が禁止されている。

B アメリカの大統領選挙では、全米の一般投票の総得票数で負ければ、州の選挙人獲得数で勝てても、大統領に当選することはない。

C アメリカの連邦議会は、国民による直接選挙で選出された議員によって構成される。

D アメリカでは選挙権は18歳以上に認められている。

(問 4)　下線部(3)に関連して、二院制を採用しているアメリカとイギリスの上院・下院についての下記の説明文を読み、アメリカの説明として、もっとも適切なものを1つ選び、そのアルファベットを解答欄にマークしなさい。

A　終身任期の者がいる。

B　直接選挙で選ばれる下院の議員の任期は5年である。

C　直接選挙で選ばれる下院の議員の任期は2年である。

D　下院優越の原則が確立している。

(問 5)　下線部(4)に関連して、国際連盟が平和維持機能を十分に果たすことができずに失敗した理由を説明する下記の文章を読んで、それぞれの問に答えなさい。

①　国際連盟には総会や理事会の議決方式に問題点があったが、それはどのような議決方法であったか。もっとも適切な語句を漢字4文字で解答欄に書きなさい。

〔解答欄〕　　　　(の原則)

②　侵略国に対して国際連盟の決議は原則として「ア」にすぎず、国際連盟が行うことができた制裁は、「イ」制裁にとどまった。「ア」「イ」にもっとも適切な語句を漢字2文字でそれぞれ解答し、下線部を引いた文を完成させなさい。解答は解答欄に書くこと。

〔Ⅱ〕 次の文章を読んで、下記の問に答えなさい。

日本国憲法は、［ア］、基本的人権の尊重、［イ］の3つを基本原理としている。基本的人権の意味を端的に表現するものとして、日本国憲法は「すべて国民は、個人として尊重される」と述べ、「生命、自由及び幸福追求に対する国民の権利」に言及している(第13条)。第二次世界大戦後の日本では、社会運動や訴訟などを通じて、この条項の内容を具体化する形で、権利保障への道が模索されてきた(1)。

基本的人権は、法の下の平等という考え方を基礎とする(2)。日本国憲法では、華族や貴族などの制度を認めず、「すべて国民は、法の下に平等であつて、人種、信条、性別、社会的身分又は門地により、政治的、経済的又は社会的関係において、差別されない」と規定している(第14条1項)。男女の本質的平等(第24条)(3)、［ウ］の平等(第15条3項・第44条)と合わせて、平等権として整理される。しかし、こうした憲法の規定があるにもかかわらず、現実の社会には、被差別部落問題、アイヌ民族差別問題(4)などさまざまな差別問題が存在している。

平等権のほか、日本国憲法に規定されている基本的人権は、自由権、社会権(5)、そして、基本的人権を確保するための権利(6)に分類される。また、複雑で多様化した現代社会では、憲法制定時には予想できなかったような現象や問題が生じており、それらに対応した新しい人権の保障(7)が求められるようになってきた。

日本国憲法は、基本的人権の保障とともに、国民の義務に関する規定(8)も定めている。

基本的人権については、第二次世界大戦後、国際的に保障する動きも強まっており、人権の国際化(9)も進んできた。

(問 1)　文中の空欄ア、イ、ウの**いずれにも入らない語句**を1つ選び、そのアルファベットを解答欄にマークしなさい。

A　平和主義　　B　三権分立　　C　参政権　　D　国民主権

(問 2)　下線部(1)に関して、日本において生存権が争われた訴訟や関連する法令についての記述として、**その内容が明らかに間違っているもの**を1つ選び、そのアルファベットを解答欄にマークしなさい。

A　最高裁判所は、朝日訴訟において、憲法の生存権規定は直接個々の国民に対して具体的権利を与えたものではないと判断した。

B　最高裁判所は、憲法上の生存権規定について具体的にどのような立法措置を採用するのかについて、立法府・行政府の裁量の余地は広いと判断している。

C　堀木訴訟は、国立の療養所に入院して、医療扶助と日用品費の生活扶助を受けていた結核患者が、日用品費の生活保護基準が生存権の保障を定める憲法の規定に違反するとして争った事案である。

D　憲法は「すべて国民は、健康で文化的な最低限度の生活を営む権利を有する」(第25条1項)と定めて生存権を保障しているが、その保障は、生活保護法、健康保険法、児童福祉法などによって具体化されてきた。

(問 3)　下線部(2)に関連して、法の下の平等について述べた以下の文章の空欄エ、オ、カ、キの**いずれにも入らない語句**を1つ選び、そのアルファベットを解答欄にマークしなさい。

［　エ　］の原則の下、すべての人に平等を保障するためには、機会の平等としての［　オ　］だけでなく、結果の平等としての実質的平等の実現も必要であるという考え方がある。人種や性別などに由来する事実上の格差がある場合に、それを解消して実質的な平等を確保するための積極的な格差是正措置のことは、［　カ　］と呼ばれる。たとえば、男女間格差を端的に是正するための措置として、一方の性の割合を一定以上と定める［　キ　］がある。

A　公共の福祉

B　形式的平等

C　アファーマティブ・アクション

D　クオータ制

(問 4)　下線部(3)に関連して、女性差別の問題に関する記述として、**その内容が明らかに間違っているもの**を1つ選び、そのアルファベットを解答欄にマークしなさい。

A　第二次世界大戦後の日本国憲法の制定や民法の改正により、女性の地位や権利は戦前と比べて向上し、近年の法改正により選択的夫婦別姓の制度も導入された。

B　日本は女性差別撤廃条約に署名し、その批准のため、国籍法が父系血統主義から父母両系の平等主義に改正された。

C　1985年に成立した男女雇用機会均等法が1997年に改正され、募集・採用、配置・昇進についての機会均等の違反が禁止規定へと強化された。

D　1999年に、男女の人権を尊重して活力ある社会を実現させることを目的として、男女共同参画社会基本法が制定された。

(問 5)　下線部(4)に関連して、アイヌ民族の問題について述べた以下の文章の空欄ク、ケ、コ、サの**いずれにも入らない語句**を1つ選び、そのアルファベットを解答欄にマークしなさい。

さまざまな制約を受けてきたアイヌ民族の文化の振興と、アイヌの伝統に関する知識の普及および啓発などのため、［　ク　］年に［　ケ　］が制定され、法律上はじめてアイヌ民族が認められた。その後、2019年になり、この法律に代わって、アイヌ民族を［　コ　］と初めて明記し、差別の禁止や観光、産業を支援する交付金制度などを盛り込んだ［　サ　］が制定された。

A　1997

B　アイヌ文化振興法

C　日本国民

D　アイヌ民族支援法(アイヌ新法)

(問 6)　下線部(5)に関連して、自由権と社会権にそれぞれ該当する権利として、その内容がもっとも適切なものを1つ選び、そのアルファベットを解答欄にマークしなさい。

A　自由権　―　教育を受ける権利

B　社会権　―　勤労の権利

C　社会権　―　財産権の保障

D　自由権　―　公務員の選定罷免の権利

(問 7)　下線部(6)に関して、基本的人権を確保するための権利に関する記述として、**その内容が明らかに間違っているもの**を1つ選び、そのアルファベットを解答欄にマークしなさい。

A　憲法は、刑事裁判で抑留または拘禁された者が、裁判の結果無罪となった場合、国に対して刑事補償を請求する権利を与えている。

B　憲法は、裁判所に訴えて裁判による救済を求めることのできる権利や、公務員の不法行為などにより損害をうけたとき、その賠償を求める権利を保障している。

C　憲法は、最高裁判所裁判官の国民審査を定めているが、これまで、この制度により罷免された裁判官はいない。

D　憲法は、憲法改正の国民投票の権利を定めているが、憲法改正についての具体的な手続きを明示する法律は未だ制定されていない。

(問 8)　下線部(7)に関して、新しい人権に関する記述として、**その内容が明らかに間違っているもの**を1つ選び、そのアルファベットを解答欄にマークしなさい。

A　自分のことは自分で決めるという自己決定権は、法の下の平等との関係で広く議論されてきており、特に、先端医療技術の発達にともない、尊厳死や治療をめぐる患者の自己決定権の主張が高まってきた。

B　高度経済成長期のころから、公害や都市化にともなう生活環境の悪化が顕著になるなかで、憲法における生存権や幸福追求権を根拠として、環境権が主張されるようになった。

C マス・メディアの報道などによって、個人の私生活が侵害されたりすることが出てきたため、私生活や個人の情報がみだりに公開されない権利として、憲法における個人の尊重の原理や幸福追求権を根拠に、プライバシーの権利が主張されるようになった。

D 情報化が進んだ現代社会では、国民生活に影響を与える情報が行政機関などに集中管理され、国民には知ることができない場合も少なくないことから、主として憲法における表現の自由を根拠に、国民が国や地方公共団体などから情報を入手できる、知る権利が主張されるようになった。

(問 9) 下線部(8)に関して、国民の義務に関する規定についての記述として、**その内容が明らかに間違っているもの**を1つ選び、そのアルファベットを解答欄にマークしなさい。

A 憲法は、国民がその保護する子女に普通教育を受けさせる義務を定めている。

B 憲法は、国民一般が憲法を尊重し擁護する義務を定めている。

C 憲法は、国民が選挙において投票をする義務を定めていない。

D 憲法は、国民の納税の義務を定めている。

(問10) 下線部(9)に関して、人権の国際化やそれに対する日本の対応に関する記述として、**その内容が明らかに間違っているもの**を1つ選び、そのアルファベットを解答欄にマークしなさい。

A 第二次世界大戦後、国際連合は、ファシズムによる人権抑圧や戦争の悲惨さを教訓に、国際平和の維持と国際協力による人権の尊重を目的とした世界人権宣言(1948年)を採択した。

B 1966年、国連総会は、世界人権宣言をより具体化し、各国を法的に拘束するものとして、国際人権規約を採択し、1976年に発効している。

C 国際人権規約には、社会権的人権を保障する「経済的、社会的及び文化的権利に関する国際規約」(A規約)と自由権的人権を保障する「市民的及び政治的権利に関する国際規約」(B規約)があり、日本は、1979年に一部留保つきで両規約を批准している。

D　国際人権規約と同時に採択された「市民的及び政治的権利に関する国際規約の選択議定書」は、人権委員会が、国際人権規約の「市民的及び政治的権利に関する国際規約」(B規約)にある権利を侵害されたとする個人の通報を受理し審議することを定めており、日本はこの選択議定書を批准している。

〔Ⅲ〕 以下の問1から問3に答えなさい。

(問 1)　次の⑴から⑾の問に答えなさい。

⑴　ロシアのウクライナ侵攻や新型コロナ禍によって世界的に物価が上昇した。こうした価格の変化に対応する際に重要となるのが価格弾力性である。今、小麦がキロ400円から600円に値上がりし、その結果として需要量が800 kgから700 kgに減少したとする。価格弾力性の値を求めよ。

⑵　小麦の価格弾力性の値が0.53であった場合、もっとも適切な選択肢を下記から1つ選び、そのアルファベットを解答欄にマークしなさい。

A　小麦は弾力的な財である。

B　小麦は非弾力的な財である。

C　該当する選択肢なし。

⑶　価格が100円から80円に変化したとする。図Aと図Bの傾きから比較して、どちらがより弾力的な図かもっとも適切な選択肢を下記から1つ選び、そのアルファベットを解答欄にマークしなさい。

A　図Aがより弾力的である。

B　図Bがより弾力的である。

C　該当する選択肢なし。

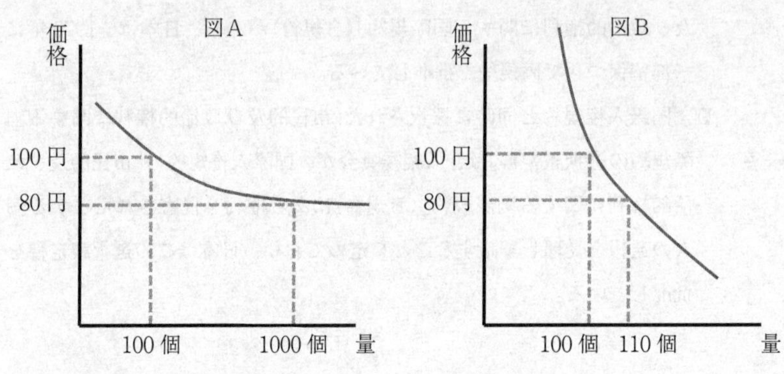

(4) 気候変動のため自然災害が以前よりひんぱんに起こるようになってきている。自然災害が起こり農作物の作付けが減少した場合、他の条件が一定ならば供給曲線はどうなるか。もっとも適切な選択肢を下記から1つ選び、そのアルファベットを解答欄にマークしなさい。

A　供給曲線は動かず、価格が上昇する。

B　供給曲線は右にシフト(移動)する。

C　供給曲線は左にシフト(移動)する。

D　該当する選択肢なし。

(5) アフリカにおける開発や援助について話し合うために、日本が1993年から国連などと共同開催し第8回目を迎えた国際会議がある。2022年には8月にチュニジアで開催された。この会議名を解答欄に記入しなさい。

(6) 道路や公園のような公共財は市場では供給されない。公共財の持つ性質を2つ解答欄に書きなさい。

(7) 公害など、ある経済主体の行動が、市場を通さないで直接に多くの人々に不利益を与えることをなんと呼ぶか解答欄に書きなさい。

(8)　企業は製品を製造する際、原材料費など費用を負担する。しかし、企業が温室効果ガスを出したり、汚水を排出して公害を発生させたりした場合、第三者が負担する費用をなんと呼ぶか解答欄に書きなさい。

(9)　商品に関して持っている情報が、売り手と買い手で差がある場合、市場が十分に機能しないことが知られている。2001年にはジョセフ・スティグリッツ教授、ジョージ・アカロフ教授、マイケル・スペンス教授がこの問題に関する研究でノーベル賞を受賞した。この問題はなんと呼ばれているか解答欄に記入しなさい。

(10)　市場による資源配分が効率的に行われるためには、いくつかの条件を満たす必要がある。その一つは、需要者・供給者とも多数であることである。これによって需要者・供給者とも価格支配力を持たなくなるためである。こうした価格支配力を持たない主体をなんと呼ぶか解答欄に記入しなさい。

(11)　(設問省略)

(問 2)　以下の文中のアからオまでの空欄に当てはまるもっとも適切な語句を解答欄に書きなさい。

1970年代の石油危機をきっかけに政府は、石油依存の低減とエネルギー源の多様化などの方策を取ってきた。この中で原子力発電が重要な柱として位置づけられ、2010年には約30％を占める基幹電源となり、温室効果ガス排出低減のために、さらに原発依存を強める方向性が打ち出された。

しかし、原発は安全性、放射性廃棄物処理などのさまざまな問題を持つことも否定できない。1979年のアメリカの［ア］原発事故、1986年旧ソ連の［イ］原発事故、日本国内では1999年に［ウ］臨界事故が発生し、2011年の［エ］原発事故などの重大な事故が起きたためである。現在は、［　エ　］原発については廃炉にむけた取り組みが行われており2050年ごろまでに廃炉を完了する方向で作業が進められている。ただ、［　エ　］原発の放射性廃棄物の最終処分は未解決のままである。

政府は［　オ　］委員会を設置、原子力利用における安全を向上しようとしている。この委員会は原子炉に関する規制や、放射線による障がいの防止に関することなどを担当する。環境省に属する合議制の機関であるが、独立して権限を行使することが保障されている。

(問 3)　次の(1)から(2)の問に答えなさい。

(1)　1994年に国連開発計画(ＵＮＤＰ)が報告書で提唱し、戦争だけでなく貧困や環境、ＨＩＶ／エイズといった多様な問題を人々の安全を脅かすものとして効果的に対処すべきとし、日本の外交政策の柱の一つにもなっている考え方は次のどれか。もっとも適切なものを１つ選び、そのアルファベットを解答欄にマークしなさい。

A　総合安全保障

B　国民の安全保障

C　国家安全保障

D　社会保障

E　人間の安全保障

F　該当する選択肢なし。

(2)　1951年にスイスのジュネーブに設立され、1991年から2000年まで緒方貞子がトップをつとめた難民支援の組織は次のどれか。もっとも適切なものを１つ選び、そのアルファベットを解答欄にマークしなさい。

A　赤十字国際委員会

B　国連開発計画危機対応局

C　国連平和維持活動(ＰＫＯ)局

D　世界銀行

E　国連児童基金

F　該当する選択肢なし。

数学

（60分）

問題は〔Ⅰ〕～〔Ⅴ〕まで５問ある。〔Ⅰ〕，〔Ⅱ〕は必ず解答すること。〔Ⅲ〕，〔Ⅳ〕，〔Ⅴ〕はいずれか２問を選択して解答すること。

〔Ⅰ〕 (1)～(5) において、Ⓐ、Ⓑ、Ⓒの値の大小関係を調べ、最大のものと最小のものを、それぞれ所定の解答欄（表面）にマークせよ。

(1) $\vec{a}=(-2,1)$, $\vec{b}=(1,-3)$ のとき、

Ⓐ $|\vec{a}+2\vec{b}|$ Ⓑ $|2\vec{a}+\vec{b}|$ Ⓒ $|2\vec{a}+2\vec{b}|$

(2) Ⓐ $\displaystyle\int_{-1}^{2}(-2x+2)dx$ Ⓑ $\displaystyle\int_{-1}^{2}|-x|dx$ Ⓒ $\displaystyle\int_{-1}^{2}(-x^2+1)dx$

(3) A, B, C はいずれも $0°$ 以上 $90°$ 以下で、

$\sin A=\cos A$

$\sin B<\cos B$

$\sin C>\cos C$

であるとき、

Ⓐ A Ⓑ B Ⓒ C

(4) 集合 X の要素の個数を $n(X)$ と表すことにする。有限集合 U を全体集合とする３つの部分集合 A, B, C の要素の個数が互いに異なり、$n(A\cap C)=n(A)$, $n(\overline{B}\cap C)=0$ であるとき、

Ⓐ $n(A)$ Ⓑ $n(B)$ Ⓒ $n(C)$

(5) 次のような２つの変量 X と Y からなるデータの相関係数の大きさ

Ⓐ

X	1	2	3	4	5
Y	5	4	3	2	1

Ⓑ

X	1	2	3	4	5
Y	2	1	4	3	5

Ⓒ

X	1	2	3	4	5
Y	1	2	3	4	5

〔Ⅱ〕 所定の解答欄（表面）に、解答をマークせよ。

問題文中の［ア］、［イ］などは解答が1ケタの数であることを表している。なお、分数で解答する場合は、それ以上約分できない形で答えること。

(1)の問題文中の i は虚数単位を表す。

(1)　a, b は整数で、x の3次方程式 $x^3-ax^2+10x-b=0$ が $x=1\pm i$ を解にもつとき、$a=$［ア］，$b=$［イ］である。また、他の解は、$x=$［ウ］である。

(2)　$\dfrac{5}{2}\leqq x\leqq\dfrac{9}{2}$ のとき、関数 $y=\log_2(5-x)+\log_8(x-2)^3$ の最大値は

$2\log_2$［エ］$-$［オ］である。また、このときの x の値は $\dfrac{［カ］}{［キ］}$ である。

(3)　異なる正の整数 a, b, c は、この順に等差数列をなし、$2b, 10a, 5c$ は、この順に等比数列をなす。また、$abc=80$ である。このとき、$a=$［ク］，$b=$［ケ］，$c=$［コ］である。

〔Ⅲ〕、〔Ⅳ〕、〔Ⅴ〕のうち2問を選択して解答せよ。(なお3問すべてに解答した場合は、高得点の2問を合計得点に含める。)

〔Ⅲ〕 所定の解答欄（表面）に、(1) と (2) については答のみを、(3) と (4) については解答経過と答をともに記せ。

曲線 $C : y = x^2$ 上の異なる2点 P, Q の x 座標をそれぞれ m, n とする。ただし、$m < n$ とする。また、点 P, Q における接線をそれぞれ l_1, l_2 とし、l_1 と l_2 の交点を R とする。このとき、次の問に答えよ。

(1) 接線 l_1 の方程式を、m を用いて表せ。

(2) 交点 R の座標を、m, n を用いて表せ。

(3) 接線 l_1, l_2 と曲線 C で囲まれた図形の面積を、m, n を用いて表せ。

(4) 交点 R が直線 $y = 2x - 3$ 上にあり、m, n がともに整数であるときの m, n の値をすべて求めよ。

〔Ⅳ〕 所定の解答欄（裏面）に、(1)〜(4) について証明を記せ。なお、n は整数とする。

(1) 連続する2つの整数の積が2の倍数であることを示せ。

(2) $n^3 - n$ が6の倍数であることを示せ。

(3) $n^5 - n$ が5の倍数であることを示せ。

(4) $9n^5 + 15n^4 + 10n^3 - 4n$ が30の倍数であることを示せ。

〔V〕 所定の解答欄（裏面）に、(1) については答のみを、(2)～(5) については解答経過と答をともに記せ。なお、答の分数は、それ以上約分できない形にすること。

A, B, C, D, E の 5 チームが図に示したようなトーナメント戦により優勝チームを決定しようとしている。トーナメントの各対戦は、1 試合制または 3 試合制で勝利チームが決定する。なお、3 試合制の場合は、先に 2 勝したチームが勝利チームとなる。また、すべての試合で引き分けはないものとする。

図
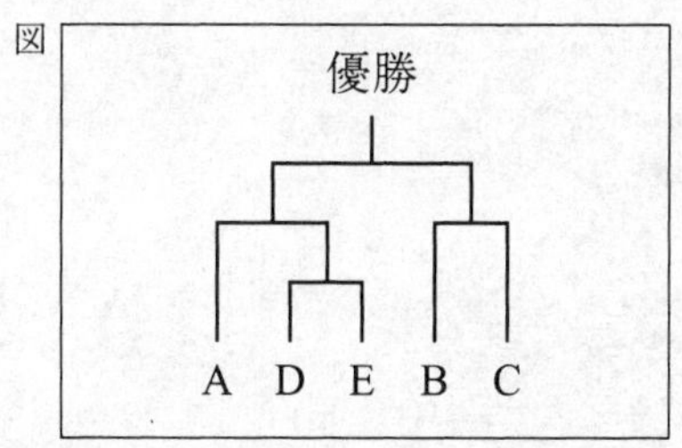

A～E の各チームには 1 以上の整数で表される「チーム力」が設定されており、各チームが試合に勝つ確率はチーム力のみによって決まる。X, Y が A～E のいずれかのチームであるとき、X, Y のチーム力をそれぞれ x, y とすると、X が試合に勝利する確率は $\dfrac{x}{x+y}$ である。このとき、次の問に答えよ。

(1) A～E のチーム力がすべて等しく、すべての対戦において 1 試合制で勝利チームを決定するとき、B が優勝する確率を求めよ。

(2) A～E のチーム力がすべて等しく、決勝は 3 試合制で、その他の対戦は 1 試合制で勝利チームを決定するとき、B が優勝する確率を求めよ。

(3) A, B, C, D, E のチーム力がそれぞれ 3, 2, 2, 1, 1 であり、決勝は 3 試合制で、その他の対戦は 1 試合制で勝利チームを決定するとき、A が優勝する確率、および D が優勝する確率をそれぞれ求めよ。

(4) (3) と同じ条件のとき、B が優勝する確率を求めよ。

(5) B, C, D, E のチーム力がそれぞれ 3, 3, 2, 2 であり、決勝は 3 試合制で、その他の対戦は 1 試合制で勝利チームを決定する。このとき、D が優勝する確率が $\dfrac{1}{20}$ 以上になる場合の A のチーム力の範囲を求めよ。

問八　文章ⅠおよびⅡの筆者と同じ時期に活躍した文学者として、**ふさわしくない**ものを次の中から一人選びなさい。

1　井原西鶴
2　式亭三馬
3　山東京伝
4　十返舎一九
5　小林一茶

3　文章Ⅰの筆者は、江戸のことしか知らずに物価の上昇を論じているが、そもそも江戸と近国とでは、物価の体系が大きく異なるから。

4　文章Ⅰの筆者は、町人たちの欲心のみによって物価が上がると考えたが、物価の上昇には幕府や大名の施策も関係しているから。

5　文章Ⅰの筆者は、町人たちが欲心から不必要な値上げを行うと考えたが、物価が上がるのには、人件費の高騰などもっともな理由があるから。

問七　文章ⅠおよびⅡについての説明としてもっとも適切なものを次の中から一つ選びなさい。

1　文章Ⅰは江戸出身者の視点から災害時の物価について論じているのに対して、文章Ⅱでは地方出身者としての意見が述べられている。

2　文章Ⅰが筆者の幼年時代からの経験に基づいた記述であるのに対して、文章Ⅱは筆者の伝聞にもとづく記述である。

3　文章Ⅰが感情的で根拠のない記述であるのに対して、文章Ⅱは筆者の実体験を交えつつ論理的な記述をおこなっている。

4　文章Ⅰが筆者自身の見聞を交えた記述であるのに対して、文章Ⅱはより客観的な見地からの記述である。

5　文章Ⅰの筆者が実際に災害による被害を受けたのに対して、文章Ⅱの筆者はそのような経験をしたことがない。

3　把握する
4　下げる
5　計算する

問五　傍線④「人気すすまず」の意味としてもっとも適切なものを次の中から一つ選びなさい。
1　家族を養えない。
2　仕事をする気がしない。
3　故郷に帰ることができない。
4　江戸に来ることができない。
5　新しい考えを取り入れない。

問六　傍線⑤「商人職人の、利欲にふける故なりとばかり思ふはたがへり」と、文章Ⅱの筆者が主張する理由として、もっとも適切なものを次の中から一つ選びなさい。
1　文章Ⅰの筆者は、幼い頃に目にして強い印象を受けた、明和の大火の際の町人の振る舞いにこだわっているが、それは特殊な例に過ぎないから。
2　文章Ⅰの筆者は、武士の家に生まれたために町人に対して偏見を持っているが、町人には町人の論理があるから。

問二　傍線①「あながち身にかからぬことの捨てがたくなげきおもはるるは」の意味としてもっとも適切なものを次の中から一つ選びなさい。

1　自分の身に関わらないことであってもひたすら見捨てることができず、悲しく思われるのは
2　必ずしもご自分の身に関わらないことを見捨てることができず、悲しくお思いになるのは
3　必ずしも自分の身に関わらないことを見捨てることができず、悲しく思われるのは
4　強く自分の身に関係することなので見捨てることができず、悲しくお思いになるのは
5　強く自分の身に関係することなので見捨てることができず、悲しく思われるのは

問三　傍線②「公のことはかしこければさしおきつ」の「公」が指し示すものとしてもっとも適切なものを次の中から一つ選びなさい。

1　社会　2　大名家　3　父　4　幕府　5　寺院

問四　傍線③「君にして物の値段をしろしめせかし」の「しろしめ」すの意味としてもっとも適切なものを次の中から一つ選びなさい。

1　強制する
2　例を示す

なりけり。

（只野真葛『独考』による）

（注）＊真葛……只野真葛（一七六三～一八二五）。江戸時代中期の女性文学者。
＊明和九年……一七七二年。明和の大火（目黒行人坂の大火）が発生した。
＊けんどんじやけん……慳貪邪険。欲深く無慈悲であること。

Ⅱ

又大工、屋根葺（ふき）、諸職人の賃銀なども、この時俄（にはか）に上る事あるは、江戸数十万戸なる武家町人の家作を一時に造り立てることなれば、江戸なる職人のみにてはなほ足らず、近国よりよびのぼする職人は、往返の路用、滞留中の諸雑費さはなるにより、定式の賃銀にては、④人気すすまず。この故に諸職人の賃銀をまして、速やかに招きあつむる謀（はかりごと）をなすにより、家を焼かれたる江戸の諸職人も、或いは妻子を田舎へつかはし、或いは残りたる所親（しよしん）が り遣はしなどして、おのおの棟梁の手につきて、働かんと欲する程に、さしも数十万戸の家作、半年ならずして同時に成就するなり。これまた⑤商人職人の、利欲にふける故なりとばかり思ふはたがへり。

（曲亭馬琴『独考論』による）

問一　空欄Ａ・Ｂには同じ動詞の活用形が入る。それぞれをひらがなで記しなさい。

三　火災の後の物価の上昇について記した文章Ⅰと、それに対する反論である文章Ⅱとを読み、後の問いに答えなさい。

Ⅰ

＊真葛生まれ付きて、右の眼の下に根ふかくいとおほきなるほくろの有りしを、みる人ごとに、「それは歎きぼくろとてよからぬことなり」、といはれつれど、生まれ付きしことにしあれば、いかにせん。今、年を［A］て思ふに、実にさるいはれは有ることとなりき。＊明和九年辰の春、江戸大火災の有りしは、真葛十のとしなりき。火事しづまりて後、万の物の値段上りて、すでに倍となりたりしを、この時はじめて値段などいふことをも聞きしりて、幼心に、「あないとをし。焼けたるうへにもののあたひさへ上りては、世人いかにくるしからめ」と、心底に歎きそめしが、物の心おぼえての愁のはじめなりき。火災有りしとて物の値の上るといふは何の故ぞと、うたがはしき心絶えず。さて、年を［B］るにつけても、物の値段のただよふことは、つながらぬ船のここちして、いとあやしく、心底に歎かれたりき。かく①あながち身にかからぬことの捨てがたくなげきおもはるるは、生まれ付きしほくろの故ならまし。これをいかなる故ぞと、臥して心中に考へ渡りしこと三十余年なり。

さて、ものの値段のただよふは、こがね争ふ軍心のしわざぞと、たしかにおもひとりて後は、②公のことはかしこければさしおきつ。あはれ、くに郡をもしろしめす君にして、さる御心有りて、その一国のみも③君にして物の値段をしろしめせかし。君にしてしろしめさるる事にしあらば、大火災のことなどあらば、御めぐみとして、「物の値段は一際下げよ」と、仰せのくだるべきを、＊けんどんじやけんなる町人共が心のままなる故、人の愁をかへりみず、吾徳つかんことのみ悦びて、かくはからふ

2　父親は昔は羽振りがよかったものの今は落ちぶれてしまい、家族に苦労を掛けていることに対して引け目を感じている。

3　弟の第一郎は、まだ自分自身で物事の判断が出来る程に成長していないため、他の家族の指図や言うことに付き随っている。

4　おっしょさんはキンの心の内を理解してくれており、小さい頃から芝居の舞台に立つための稽古をつけてくれていた。

5　シズカさんはキンの家族の誰にもない教養としとやかさがあり、キンは密かにシズカさんの取り柄から学ぼうとしている。

問九　傍線⑥「キンにとっては、この広い新世界パークの入口を入った時から、毎日の芝居ははじまっていた」とあるが、これはどういうことか。その説明としてもっとも適切なものを次の中から一つ選びなさい。

1　キンにとっては、新世界パークに入った瞬間から本番の演技に向けての真剣勝負が始まっており、寸暇を惜しんで下稽古に余念がないということ。

2　子供芝居の舞台に立つ少し前から舞台の雰囲気に呑まれないために、新世界パークのなかで準備をして落ち着く時間がキンには必要だということ。

3　新世界パークにある子供芝居は、身内の所作を模倣することで創り上げた、キンにとって身内に知られてはならない秘密の領域であるということ。

4　キンにとって新世界パークの敷地は子供芝居の舞台と地続きになっており、遊園地と舞台とをはっきりと区別することは出来ないということ。

5　家庭とは違って、芝居の世界では互いに出し抜いたり出し抜かれたりという殺伐とした人間関係が支配しており、一時も気を抜けないということ。

問十　本作の登場人物についての説明として、明らかに**誤っているもの**を次の中から一つ選びなさい。

1　母親は現在の境遇に満足しておらず、夫の甲斐性のなさにいらだっているが、持ち前の明るさで家族を引っ張っている。

も無責任であるとキン自身も思っているため。

3　キンが芝居を始めるに当たっては、親が高い月謝を払って舞の稽古をつけてくれており、キンが芝居をやめてしまうと親のそれまでの援助を無駄にしてしまうため。

4　キンはこれまで親に逆らったことは一度もなかったのに、家族が応援してくれている芝居のことで親に初めて反抗することはそれ以上ないほどの親不孝だから。

5　みんながそれぞれの年齢や能力に応じて家計を分担するのが家族の暗黙の了解であり、芝居をやめることはキンが家族の一員としての責任を放棄することになるため。

問八　傍線⑤「母親はもう娘に腹を立てているより、なにか別のことに腹が立つのか立ち上った」とあるが、「なにか別のこと」とは何か。その内容について述べた次の選択肢のうちからもっとも適切なものを一つ選びなさい。

1　昔は羽振りが良かった暮らし向きが、夫の生活力のなさのせいで現在は落ちぶれてしまっていること。

2　自分の根気のなさやふがいなさのためにキンを始め家族のみんなに迷惑を掛けてしまっていること。

3　キンの芝居を見に行くことについて夫に応援を求めているのにもかかわらず、加勢してくれないこと。

4　時の流れや世相の移り変わりの速さが舞に対するキンの気持ちの有り様をすっかり変えてしまったこと。

5　子供芝居がキンの心をすっかり虜にしてしまい、それまでの家族の結束が失われてしまったこと。

1　傍線②の「恥かし」さが、自分の演技を身内に晒すことのばつの悪さであるのに対し、傍線④の「恥かしさ」は娘の素行の悪さに対する肩身の狭さ。

2　傍線②の「恥かし」さが、自分の内面を覗かれることに対するいたたまれなさであるのに対し、傍線④の「恥かしさ」は外面（そとづら）の悪さ。

3　傍線②の「恥かし」さが、自分の所作の未熟さに対する面目のなさであるのに対し、傍線④の「恥かしさ」は身の置き所のなさ。

4　傍線②の「恥かし」さが、自分の芝居を家族に見られる照れくささであるのに対し、傍線部④の「恥かしさ」は後ろ暗い過去の行い。

5　傍線②の「恥かし」さが、芝居仲間に自分の親が分かってしまう決まりの悪さであるのに対し、傍線④の「恥かしさ」は言動の品のなさ。

問七　傍線③「キンはいってはいけないことをついにいった」とあるが、なぜ「いってはいけない」のか。その理由を述べた次の選択肢のうちもっとも適切なものを一つ選びなさい。

1　新世界パークに子供芝居を見に来る客の多くはキンの演技を楽しみにしているので、キンのわがままから芝居をやめてしまうことは客に対する裏切りであるから。

2　芝居を始めたのはキンの発案なのに、それにもかかわらず自分の都合で今度は芝居をやめてしまうことは、あまりに

問三　本文は時間の流れから考えて大きく三つの部分に分けることができる。二番目と三番目の部分の冒頭の五字をそれぞれ解答欄に書きなさい。ただし句読点も字数に含めるものとする。

問四　空欄A～Eにあてはまる言葉の組み合わせとしてもっとも適切なものを次の中から選びなさい。

1　A―トドメを刺すように　B―ふいに　C―上機嫌で　D―はっきりと　E―素知らぬ顔で
2　A―はっきりと　B―素知らぬ顔で　C―ふいに　D―上機嫌で　E―トドメを刺すように
3　A―素知らぬ顔で　B―上機嫌で　C―トドメを刺すように　D―ふいに　E―はっきりと
4　A―上機嫌で　B―はっきりと　C―トドメを刺すように　D―素知らぬ顔で　E―ふいに
5　A―ふいに　B―トドメを刺すように　C―はっきりと　D―素知らぬ顔で　E―上機嫌で

問五　傍線①「キンが噴水の前で立っているのは理由があった」とあるが、キンは何をするために立っているのか。それを説明している一文を本文から見つけて、その文の最初と最後の三字をそれぞれ解答欄に書きなさい。ただし、句読点は字数に**含めない**ものとする。

問六　傍線②「恥かしい」、傍線④「恥かしさ」とあるが、この二つの「恥かし」さの中味は異なると思われる。その違いの内容について述べた次の選択肢のうちもっとも適切なものを一つ選びなさい。

屋のなかに入ってくるひとびとには、キンは自分が盗人であるのは知られていなかった。キンのウソでかためた盗賊ぶりは、だれにも勘づかれず、ひとは子供の芝居に涙を流して帰っていった。

七色にかがやく大仕掛けの噴水の滝の前で、キンは自分のウソの尻尾をつかんでいる人間が、自分のウソをあばくためにあらわれるのをずっと待っていた。おかんがきたら、うちはほんまに今日は芝居には出えへん、とキンはもう一度自分にいってきかせた。おかんなんかきらいや、とキンは思わず口走った。

（富岡多恵子「子供芝居」より）

（注）＊エレキ……電気。
＊狐の忠信と俊徳丸……人形浄瑠璃や歌舞伎の登場人物。
＊幕内もん……芸人。

問一　傍線ａ、ｂの読みをひらがなで解答欄に書きなさい。

問二　本文中からは以下の一文が抜けている。その文が入る箇所を見つけ、その直前の七字を解答欄に書きなさい。ただし、句読点も字数に含めるものとする。

ちょうど父親が、はじめて化粧した娘から視線をそらすように。

である。なにも、無理じいに芝居にやったんとちごて、この子が舞が好きやいうから芝居にも出してもろて、向うのひとかてこの子えらいスジがええいうてほめてくれてはる。そら、うちかて、世が世やったら娘になにも芝居に出てもらわんかて、今日は舞、今日は三味線、今日は琴と稽古ごとさして、年ごろになったらお針にお茶お花とひと通りの稽古つけてもらいますで。なにもキンを幕内もんにするために舞の稽古さしてたんやなし、と母親は辻棲のあわぬことを亭主に喋っている。

舞のおっしょさんとこと芝居はちがうもん、とキンはとうとう母親にいった。芝居はうち恥かしい、とキンは涙声でいった。なに、恥かしいやて、キン、もいっぺんいうてみい。そんなあほなことあるかいな。盗人してるんやなし、まして身売りしてるわけやなし、なにが恥かしいねんな、と母親はもう娘に腹を立てているより、なにか別のことに腹が立つのか立ち上った。ええ加減にせんか、朝の朝っぱらから、と父親はいつになく怒ったように出ていった。⑤

桜の花の終るころの、埃と湿り気のある空気が地面の上を這い、なにか胸にもたれるような湿度のなかでひとがゆれ動いていた。たいていは子供づれの母親か、子供をつれない若い夫婦か、なにやらなやましげな男と女のふたりづれであった。パークのなかのところどころにある売店の、冷やし飴を売る男の呼び声、走る子供たちの甲高い叫び声、頭の上をゆくできたばかりのロープウェイを見上げる女のびっくりしたような、甘ったるいかなきり声、そのなかで、キンはずっと立っていた。

キンは、母親が本当にこの遊園地にあらわれて、子供芝居の小屋の方へいくのを見つけたら、逃げ出すのである。⑥キンにとっては、この広い新世界パークの入口を入った時から、毎日の芝居ははじまっていた。毎日通る同じ道筋、毎日見る同じ建物や風景、毎日くりかえす芝居小屋のなかのひとにする挨拶は、パークの外の出来事とはすっかり別物であった。父親や母親や弟や、長屋のひとたちは外側へ遠ざかり、ここではどんなひとも、キンの芝居のなかへ入ってくるひとびとであった。芝居小ればならないのと同じであった。だれかが、ひとりでもズラカルということは、だれもが承知できぬことであるのをキンは子供心に知っていた。もしキンが九ツでなく十九であって、子供芝居でなく、それこそ芝居の中に出てくる娘のように身売り同然にどこかの色街へ親につれていかれても、それは多分同じであった。キンは、両親の④恥かしさをひき受けていた。にもかかわらず、母親はキンの恥かしさに頓着しないで、子供芝居を、物見遊山に見物にいこうというのである。

父親は、芝居や遊芸は好きではなかった。ただ、時たま、母親が三文の値打ちもないといっては文句をいう品物を、近所の骨董屋から買ってくるぐらいの趣味しかなかったが、娘の舞ざらいをのぞいたのは、やはり親馬鹿だった。ただし、娘の出ている子供芝居、いや、娘を出している子供芝居を、この父親はのぞこうとは思わなかった。娘の出ている子供芝居は、娘の女中奉公の奉公先と同じようなものであった。父親はその奉公先で、娘が子守りをしたり雑巾がけをしているのを見るのはのぞまなかった。娘はちいさい時から、あかい着物を着て、家のかど口を蝶々のように出たり入ったりしているのが、この父親には当り前のことであった。だからこの男は、芝居に出ている娘を家の中でも眺めることは避けていた。

いつもはほとんどせわしく、喋ることもなくすませる朝食のお膳の前で、キンが叫んでいるのを父親は黙ってきいていた。近所のひとが、おキンちゃんとこのおとっつぁんの声をきいたことがない、というくらいに、父親は大声で喋らぬひとであった。たいていキンの家からひびいてくる声は、母親の声であり、その笑声であった。母親の叱る声も大きかったが、笑う声もよくひびいた。

キンは芝居に出るようになってから、なんやしらんけど偏屈になったで、と母親はいった。そやないか、あんた、せっかく親が見にいこいうてるのに、この子はきたらあかん、きたら芝居やめるいうのやさかい、と母親は亭主に応援を求めているの隅で、まだひとも入らぬ時間にまるで悪いことするようにせりふを覚え、だんだん若い男たちのからかう言葉の意味もおぼろげにわかりかけて、その恥かしさを［ D ］ききかえす術も覚えてしまったようなこと、そういうこと全部が、あのおかんに見られてしまうようで、キンはそれがとてもやりきれなかった。

その上に、芝居に出てから一年近くもたつにつれて、はじめはいやいややっていた芝居に、知らぬ間に熱中していることで、その熱中の中身を、キンは芝居の外側からふいに見られるのは、便所にしゃがんでいるのを他人にのぞかれるよりもっと屈辱に思ったのである。相手の女の子に、役の上で思い切りの悪態をつく時、恋人との別れを悲しんで泣く時、借金が返せなくて身売りをさせる親をふりかえる時、そういうどんな役も、おっしょさんや若いセンセが教えてくれた所作をし、覚えたせりふを大声でいうのに、自分でも知らぬ間に、それは時に自分のあのおかんの叱る様子の真似であり、シズカさんのものをいう時の、ちょっと首をかしげた様子であり、父親と母親のやりとりの調子があったのだ。キンは、盗人のように自分が思えた。自分が母親に叱られて泣いた時のことまでも、その夢中で泣きわめいていた時のことまでも、自分は［ E ］もう一度芝居をしていた。

おかん、芝居見にきたらあかん、おかんがくるのやったら、うちは明日芝居に出えへん、とキンはもう一度いった。おとっつぁんもきたらいややで、みなきたらあかん、ダイちゃんかてきたらあかん、とキンは叫んだ。おかんがほんまに芝居見にきたら、うちは芝居やめる、とキンは③いってはいけないことをついにいった。

キンは、芝居をやめたいと思った時も、やめたいとは一度もいったことはなかった。それは、どんなことがあっても親にいうせりふではなかった。もしもキンが芝居をやめたいといえば、父親か母親かが働くのをやめるといってもキンは承知しなけいっぺん、キンの俊徳丸を見よやないか、と母親は［A］いった。いやや、きたらあかん、とキンはいつになく［B］母親にさからった。なんでやねん、近所のひとかて子供芝居はようでけてるいうてえらい評判やがな、と母親はいった。いやや、おかんがきたらうちは芝居には出えへん、とキンはいった。おかんかてお客さんやで、ちゃんと木戸銭払うて見るのに、なにが悪いねん、と母親はいった。おかんは見たらあかん、とキンはいったが、母親は娘のいうことがわからぬから、けったいな子やな、せっかくおかんが見せてもらういうてるのに、といった。明日はダイちゃんと花見にいこで、と母親はキンに［C］いったのである。

キンは舞を習っていた時、春秋には舞ざらいの会に出て、その時はいつも母親が、時には父親もいっしょにそれを見にきた。舞ざらいの観客のおおかたは、舞を習っている女の子たちの家族であり、娘自慢の親が機嫌よくおっしょさんに礼をいい、おたがいの娘を、ほめあうことで、町家の者の一日の幸福があったのだ。そういう時のキンは、それとはいわぬまでも母親の顔を観客の中に見るのはうれしく、舞ざらいが終ると母親がおっしょさんや朋輩[a]に挨拶してくれて、化粧をおとし着物をたたんでくれるのもうれしかった。

芝居は、舞ざらいとちがう、とキンはなぜか思っていた。月謝を払って舞を習うのと、給金をもらって芝居するのとはちがう、とまではキンは考え及ばなかったけれども、そういう風に言葉でうまくいえないなにかがキンのからだの中にあった。キンはそれを、勿論うまく母親にいうことはできない。ただ、はっきりとわかるのは、母親が自分の芝居を見るのはとても恥か[②]しい気がすることだった。母親にはいわぬけれど、着物を買う心づもりで、大入袋を壁にはりつけて並べることで楽しみとし、母親には内緒でシズカさんの家に出入りしては字を教えてもらい、夜中に冷やめしに水ぶっかけてかきこみ、芝居小屋の

二　次の文章を読んで、後の問いに答えなさい。

桜の花が散りはじめて、名ごりの花見をしようとくり出すひとで新世界パークの中はいつもよりにぎわっていた。パークの中は花見の名所というほどの花もなく、アメリカのコニーアイランドを真似てつくられたとかいう広い遊園地だから、花見の酒を飲むところではないのであるが、花がひとを誘うのか、ひとが花に誘われるのか、とにかく花というのはひとの出歩く口実になりやすいものだった。

キンは昼からずっと〈音楽堂〉の後にある噴水のそばに立って、ネオンの光で照らされる七色の滝を眺めていた。キンはこの新世界パークの中にある子供芝居の小屋に出はじめてもう一年近くなるから、パークの中のものはもう見慣れていて、入口に並んでいる黒い顔をした印度人にもびっくりしないし、〈不思議館〉の前のエレキ仕掛けの大きな人形にも驚かないのであるが、光でかがやく滝だけはいつ見てもあきないのである。①しかしキンが噴水の前で立っているのは理由があった。そこはいつも大勢のひとが滝を眺めているから、その辺りにいると人目にたたないのである。他の時ならキンだって、〈一銭館〉に入ってノゾキの活動写真でも見たいと思っただろう。それに、噴水の前は、パークの入口から子供芝居の小屋へいく道筋であるから、万が一、母親がきても見のがすことはないとキンは思っていた。

昨日ふいに、母親がキンの出ている芝居を見たいといった時、キンはやめてくれといった。今度の出しものはずっと大入りつづきで、キンは狐の忠信と俊徳丸になって出ていたから、母親がきてもおもしろいにちがいなかった。母親は、明日弟の第一郎をつれて見にいくといった。いっぺん久しぶりに花見がてらに新世界パークへいってもええな、と母親はいった。そや、

4　君は性の解放者だ　　5　君は世紀の天才だ

問十　筆者は「衛生神話」についてどのように考えているか。筆者の意見とは明らかに**異なるもの**を次の中から一つ選びなさい。

1　かつて西洋崇拝の象徴だった衛生神話は、現在、日本より西洋が不潔だという逆の神話に変容している。
2　鷗外は、明治時代に日本人が陥っていた衛生神話から自由であり、独自の文化考察を行っていた。
3　日本は明治の文明開化以来、衛生神話を克服するためにたゆまぬ努力と奮闘を繰り返してきた。
4　衛生神話によって生じる自己嫌悪が反転して、逆に国粋主義などの危険な方向に進む恐れがある。
5　明治以来、日本は衛生神話に根ざしたコンプレックスを抱き、今なお衛生面で西欧の後塵を拝している。

切なものを次の中から一つ選びなさい。

1 西洋人に比べれば立ち遅れている日本人にも、追いつこうとする気概はあるということ。
2 メンツを保つために高飛車なことは言うが、物事を平等に見る視点は忘れていないこと。
3 あらゆる点において、日本に比べて西洋の方が進んでいると頭から信じ込んでいること。
4 日本の現象を理解しながらも、公的な立場から、西洋重視のふりをせざるを得ないこと。
5 時代に先んじてグローバルな視点を持ち合わせ、比較文化的に考察しているということ。

問八 傍線⑥「歴史の手触り」とはどういうことか。その説明としてもっとも適切なものを次の中から一つ選びなさい。

1 時代を超えて伝統の中に生き続けている先祖たちの霊的な生命感。
2 古文書に書かれた文字から伝わってくる歴史の生々しいまでの触感。
3 歴史上の人物が、もし今ここに出現すれば感じるであろう現実感。
4 簡単には言語化できない、当時の日常生活の細部や人々の生活感。
5 風雪を経た古い歴史の遺物や遺跡からじかに伝わってくる肌触り。

問九 空欄Bに入る適切な語句を次の中から選びなさい。

1 君は男勝りだ　2 君は日本のジャンヌ・ダルクだ　3 君は女性のトップランナーだ

問五　傍線③「衛生という神話」の「神話」とは、この場合どういう意味か。もっとも適切なものを次の中から一つ選びなさい。

1　合理的な根拠がなく、社会生活上実害を及ぼし、道徳に反するような知識や信仰。
2　客観的・科学的な説明にはよらず、超自然的な現象の解釈にもとづいた伝承。
3　ある時、特定の場所において起きた偶発的なでき事が普遍化されていった事例。
4　内容が曖昧なまま、口伝えに広がって多くの人がだまされるようになった話。
5　真相は明らかでないのに、長い間人々によって絶対的な価値として定着した事柄。

問六　傍線④「国が自らの身体に強いて靴を履かせたのだという感じ」とはどういうことか。その説明としてもっとも適切なものを次の中から一つ選びなさい。

1　草履や草鞋等の旧弊なものでは恥ずかしいので、体裁だけでも西洋の身なりをまねること。
2　ひたすら西洋に追いつくために、日本が国民に合わない無理な制度を押し付けてしまったこと。
3　帝国主義的な世界観の下、国が国民の反乱を事前に防ぐために足かせをはめたということ。
4　西欧列強の圧倒的な支配力の下、国が誤った制度や法律によって自らの首を絞めてしまったこと。
5　シンデレラ・ストーリーを巧みに利用して、国が女性の権利を強引に奪ってしまったこと。

問七　傍線⑤「鷗外のこの作品に出てくる公使に象徴されるような考え方」とはどのようなことか。その説明としてもっとも適いずれにしても、衛生学を日本に取り入れながら、衛生学を批判的に見つめる視線もいっしょに供給してくれた鷗外のエッセイと短編小説の混ざったようなテキストは、わたしにとっては「歴史小説」よりずっと歴史を感じさせてくれる。

（多和田葉子『エクソフォニー　母語の外へ出る旅』より）

問一　傍線a、bのカタカナを漢字に直しなさい。

問二　空欄Aに当てはまる適切な語を次の中から一つ選びなさい。

1　ハイブリッド　2　ペダンティック　3　アンビヴァレント
4　エキセントリック　5　サイケデリック

問三　傍線①「鷗外に「大発見」という面白い作品がある」とあるが、鷗外の作品で**ないもの**を次の中から一つ選びなさい。

1　『渋江抽斎』　2　『高瀬舟』　3　『普請中』　4　『富嶽百景』　5　『阿部一族』

問四　傍線②「当時は鷗外はたった一人で、文明開化ではなくて文化比較のようなものの可能性を探っていたのかもしれない」とあるが、鷗外が行おうとしていた「文化比較」とはどのようなものの見方か。その見方が述べてある箇所を本文中から三十字以内で抜き出し、最初と最後の五文字をそれぞれ解答欄に書きなさい。ただし、句読点も字数に含めるものとする。

と、確かに衛生を制度として定着させようとする試みがまだ進行形だった。毎日、ハンカチ、ちり紙を持っているか、爪を切ってあるか検査するなどというのも、又、「石鹸で手を洗おう」などという歌をうたわされたのも、「一等国」になろうと必死だった日本の西洋化時代のヨインだったのか、と思うと、わたしも植民地で育った野蛮人としての幼年時代を語る作家になれそうな希望が湧いてくる。反抗して手を洗わなかったのならいいが、国の政策に従って素直に手を洗ったところがいかにも植民地の子供らしい。セネガルに住むヨーロッパ人たちが「料理女たちは、手を洗うように毎日言わなければ洗わない」などとパーティの時にこぼしていたが、それと似た、いかにも植民地的な会話が明治維新の頃、日本に滞在していた西洋人の間でも交わされていたに違いない。

他人の衛生観などは無視して、自分の衛生観を作り上げればいいのだが、谷崎潤一郎の『陰翳礼讃』など数少ない試みを例外として、大抵の日本人は「西洋的だから正しい」衛生観をノイローゼになるほど徹底させることで西洋に追いつき追い越そうと必死に努力してきたのだろう。その結果、今では日本ほど道路や空港の床の綺麗な国はないし、逆に身体の洗い過ぎで病気になるようなところまで行きついている。ドイツのテレビでは「日本人の眼から見たら、わたしたちの身体の洗い方などはあまりにも不徹底で、不潔と思われてしまうかもしれません」などと言って逆の神話を作っているのを耳にしたこともある。しかし、これを聞いて明治維新の傷を癒しても、衛生神話の犠牲者であり続けることに変わりはない。女性への偏見と戦ってやっと出世した女性が「　B　」と言われても少しも嬉しくないのと同じことだ。逆に、後からとめどもない疲労感と自己嫌悪に見舞われて、鬱状態に陥るかもしれない。それだけならばいいが、急にこれまでのストレスが爆発して、国粋主義に走ったりするかもしれない。

じる描写を見つけて狂喜する。この発見こそ、華やかな科学者の発見とは縁のない自分の成し遂げた唯一の「発見」だ、という結論に達するユーモラスな作品だが、③「衛生」という神話をほぐす重要な作品だと思う。清潔さは神話化され、文明を計る物差しとして利用され、差別の道具にもなる。ナチスの思想に利用されたエセ学問に「優生学」や「人相学」があるが、「衛生学」もちょっと危ない。

日本人は足の親指と他の指の間に藁をはさんで歩くのをやめてしまった。つまり、草鞋（わらじ）とか草履（ぞうり）とかいうものを履かなくなった。現代の日本人は、その変化を自然な時代の歩みだったように感じている。人間が作っていく歴史、自分の責任で作られていく歴史というものがあるのではなく、「時の移り変わり」という自然現象があるように感じている人が多い。オタマジャクシが放っておいてもカエルになっていくように、草鞋を放っておくと勝手に靴に変身していくということだろうか。でも、鷗外を読んでいると、そうではなく、西洋が圧倒的に強く、日本が植民地化されてしまうかもしれないという大変な世界情勢のもとで、④国が自らの身体に強いて靴を履かせたのだという感じが伝わってくる。そうしなければ文明国と認められず、それを理由に不平等な契約を結ばされたまま、半植民地的な状態が続いてしまう。それでは困るので、男女混浴、裸で外に出ること、同性愛など、アメリカにとって非文明的であることが軽犯罪法によって禁止され、日本の社会から姿を消していった。自然になくなっていったのではなく、人間がやったことだ。しかし、それはアメリカのせいではない。⑤鷗外のこの作品に出てくる公使に象徴されるような考え方が、日本人自身の意識の中に生まれていったことの方が問題なのだ。公使の態度を描いたほんの小さな描写が、歴史書や歴史小説以上に⑥「歴史の手触り」のようなものを伝えてくれた。

わたしが小学校に通っていた六〇年代は明治維新からは随分時間がたっているのだが、鷗外を読んでから振り返ってみるに入ってからはロシア文学を専攻したが、早稲田の語学研究所でドイツ語を続けることができた。

森鷗外という人は結構［A］なところのある人だったかもしれないと改めて感じた。日本がプロイセンを手本に富国強兵の道をまっしぐらに進んでいる時代に、日本近代化のシナリオの登場人物になりきってドイツに留学し、衛生学などを勉強した半面、「文明開化」つまり「西洋化」に対してユーモラスで皮肉な距離を失わなかった。当時の軍人あるいは留学生には、どのくらいそういう余裕のある人がいただろう。ベルリンでは他の日本人たちのかたまって住んでいた地区から離れて、今、森鷗外記念館のあるルイーゼ通りに越したというから、他の遊学族たちとは意見の食い違う部分がたくさんあったかもしれない。

①鷗外に「大発見」という面白い作品がある。日本からベルリンに着いたばかりの主人公が公使に挨拶に行くのだが、相手が自分を「椋鳥」、つまり都会に出て来た田舎者と見て馬鹿にしているらしいのを肌で感じる。公使の頭の中で西洋と日本が、都会と田舎の構図でとらえられているらしいことが分かる。その公使に「君は何をしに来た?」と聞かれ、「衛生学を修めて来いということでござります」と答えると、「なに衛生学だ。馬鹿なことを言い付けたものだ。足の親指と二番目の指との間に縄を挟んで歩いていて、人の前で鼻糞をほじる国民に衛生も何もあるものか」と言われ、それ以来、ヨーロッパ人は本当に鼻糞をほじらないのだろうか、という疑問が頭から離れない。留学中、そのことがずっと頭のどこかで気になっているのである。ハンカチで鼻をかみ、その時に鼻糞も押し出し、そのハンカチをポケットに入れる方が非衛生的ではないか、などとも考えてみる。このような考え方は、現在ならドイツ人の口からでも聞けるが、②当時は鷗外はたった一人で、文明開化ではなくて文化比較のようなものの可能性を探っていたのかもしれない。結局、この作品の主人公はある日、ヨーロッパの小説の中に鼻糞をほ

国語

（六〇分）

一

次の文章を読んで後の問いに答えなさい。

当時の日本の外国語教育や翻訳事情について読んでいると、鷗外がドイツ語をやったということとわたしたちがドイツ語をやるということの間には大きな違いがあることに気がつく。明治維新直後、日本がヨーロッパから積極的に講師を招いて大学で講義してもらい、直接ヨーロッパの言語、技術、自然科学を取り入れようとしていたことはよく知られている。今と違って日本語のテキストもほとんどなく、教えられる日本人講師もほとんどいなかったのだろうが、それにしても、たとえば東大医学部の授業はドイツ語だったというから、その意気込みは今とは違う。そっくりまるごと飲み込んで、それを自分の未来にしようというヒソウ[a]な覚悟が感じられ、その意気込みには頭が下がる。同時に、「西洋」を相対的に見ることのできる時代、女の子も普通にドイツ語を勉強できる時代に生まれたことをありがたく思う。ちなみにわたしの通っていた都立高校は昔は旧制第二中学校と言って、当時はドイツ語が第一外国語で、もちろん男子校だった。戦後は男女共学になったが、第二外国語の選択肢としてドイツ語は残った。そこでドイツ語を習ったのがわたしのドイツ語との初めての出会いだった。早稲田大学の文学部

解答編

英語

I **解答** 問1．(1)—A　(2)—D　(3)—B　(4)—D　(5)—D
問2．A．harmful　B．choice　C．measured
D．Growing　E．comes
問3．C　問4．A　問5．B　問6．C

◆全　訳◆

≪人によって健康食品はいろいろ≫

毎年，最も一般的な新年の決意の1つは，元気で健康でいることである。ある研究では，参加者の32％が「体重を減ら」したいと回答した。しかし，人々がどのように元気で健康でいるという目標を達成しようとしているのかを見てみると，驚くべきことは，彼らの決意がその前年の行動とどう比較されるかである。例えば，アメリカ人の43％は，より健康的な食事をするようにすることで体重を減らすつもりだと述べている一方で，76％の人が減量や食事プログラムには従わないと述べた。

それは全く驚くべきことではないだろう。数週間ごとに，異なる食事が最良の選択だと主張され，時には異なる科学的根拠や理由付けのもとにまた別の計画にすぐに置き換えられているかのようだ。「肉を食べてはいけません」「乳製品を食べてはいけません」「低脂肪が正解です」「砂糖は有害です」　減量しようとしているアメリカ人が何から始めたらよいのかわからないのも無理はない。望んだ結果が得られないので減量をやめようとしている人がたくさんいる。現在，ある先駆けとなる研究を通して，我々の経験からずっとわかっていたことがあらためて明らかになっている。それは，ある一種の食事がすべての人の役に立つわけではない，ということである。

よく似た食事をした後でさえ，その後の消化の仕方は人によって異なるが，これは血糖と関係がある。簡単に言うと，ある特定の食べ物が，血糖をある特定のレベルにまで上昇させると考えられている。高血糖値は糖尿病や肥満といった健康問題と密接に関係している。この考え方に関する問題は，わずかな人の様々な食べ物に対する反応を平均とする研究に基づいているということである。人々が理解していなかったり，十分に評価していなかったりすることは，個人が相反する反応をし得るということである。

いくつかのケースでは，個人間において大きな差があり，このことへの言及は論文中では大きく欠けている。その研究の著者は，何年間もいろいろなダイエットを試したが，好ましい結果を得られなかった肥満で糖尿病を患っている中年女性を例として挙げた。彼女は自分の「健康的な」食習慣が，実際には肥満の問題の一因となっていたかもしれないということがわかった。例えば，彼女はトマトを食べるといつも血糖値が急激に上昇したのだが，調査期間中，何度もトマトを食べていた。つまり，彼女は健康的な食事の選択をしていたと誤解していたのである。彼女の場合，トマトは適切な食事に含まれなかったのだろうが，本当は彼女にとって健康的なのに，いわゆる「不健康な」とされる別の成分が多く含まれていたかもしれない。この研究が行われる前に，適切な助言を誰かが彼女にできたであろうはずはなかった。そのことは，彼女の糖尿病の進行にかなりの影響を及ぼしかねない。

研究者はまず，血液検査を含む身体検査を受けるだけでなく，健康およびライフスタイルに関する調査に回答するように参加者にお願いした。1週間にわたる一連の調査の間，参加者は日記を使って睡眠や運動，食事を正直に記録するように依頼された。さらに，彼らは丸 1 週間 5 分ごとに血糖値を測定した。その後，研究者は参加者個人の食べ物に対する反応を分析した。非常にたくさんの人を研究対象としていたので，研究者たちは，生活の最も基本的な概念の 1 つである健康的な食事をすることの重要性に関して，我々が皆いかに間違っていたのかを発見した。

実際，個人の食事から我々は高血糖値や関連する身体疾患を制御することができるかもしれない。我々の身体が食べ物を処理するまさに様々な方法を理解することへの手がかりは，我々の胃の奥深くにあり，そこには非常に多くのバクテリアが存在する。様々な型のバクテリアが体重増加や血糖，糖尿病と関係していることがますます多くの証拠からわかっており，この研究から，特定の型のバクテリアが食後どれだけ血糖が上昇するかに関係していることがわかった。それは，なぜトマトがある人にとっては完璧な健康食かもしれないのに，別の人の食事ということになると，健康問題を引き起こすかもしれないのか，ということの説明になっている。

メリーナ=ジャンポリス博士は，あなたの隣人やパートナー，親友や同僚と全く同じものを食べることで減量できるとは思えない，と考えている。彼女の新刊本には，特定の食べ物を避けることなく成功する可能性が高まるのに役立つだろう，と彼女が述べている，個々の人に応じた食事や運動，行動プランが提供されている。「中には他人より減量するのがはるかに難しい人もいる，ということは言えます」とジャンポリス氏は述べた。「我々はこの研究で論じられているように，血糖の食べ物に対する反応といったことを含めて，ますます多くの理由を常に明らかにしています」と彼女は述べた。胃の中のバクテリアに関する新たな科学は，食事を変えることでほんの数日で健康を改善できるということを示している。さらに，規則的に身体を動かすことやストレスを管理すること，適切な睡眠を取ることは血糖調節を改善することもわかっている。そしてたちまちのうちに，すべてうまくいって，新年にちょうど間に合うのである。

出典追記：One man's health food is another man's junk food, CNN on December 28, 2015 by Ben Tinker

◀解　説▶

問１．(1)空所の直後が is eye-opening is how … となっていることから，(　1　) is eye-opening が主語，is が動詞，how … が補語になることがわかる。主語になる部分は名詞節であり，空所の部分はその節内の主語になることから，A．what が正解。

(2)空所の直前の文で「よく似た食事をした後でも消化の仕方は人によって異なり，血糖と関係がある」ということが記されており，空所を含む文では「ある特定の食べ物が，血糖をある特定のレベルにまで上昇させると考えられている」と記されていることから，空所の直前で述べた文を簡単に言い換えたものだと推測できる。したがって，D．Simply put「簡単に言うと」が正解。

(3)空所を含む文の直前の文（The study's authors …）に女性のダイエットはうまくいっていなかったとあるので，「健康的」であるはずの食事が実は体重問題の「一因となって」いたかもしれない，という内容になる。選択肢はいずれも直後に to がくるが，意味からB．contributing が正解である。

(4) begin は by *doing* を伴うことで「～することから始める」という意味になる。

(5)空所の前後から「あなたに特定の食べ物を避けさせずに成功するのに役立つ」となることが推測できる。したがって，D．without が入る。

問2．A．空所の直前に Sugar is があることから，空所は補語になることがわかる。また，空所の直前では「肉や乳製品を食べてはいけないが，低脂肪は良い」という趣旨のことが記されていることから，減量に糖分は良くないものだと推測できる。したがって，harm を選択し，形容詞 harmful「有害な」にする。

B．空所の直前に a healthy food があることから，空所には名詞が入る。また，この女性にとって適切な食事にトマトが含まれないにもかかわらず，健康的な食事の選択をしていると誤って考えていたと推測できることから，choose を選択し，名詞の choice に変形する。

C．空所の直前に had their blood sugar があることから，have *A done*「*A* を～させる，～してもらう」にすればよいことがわかる。したがって，measured を正解とすることで「血糖を測定してもらう」となる。

D．空所の直後に名詞 evidence があることから，空所に Growing を入れることで，「ますます増える証拠」となる。

E．空所の直後に together があることから，空所に comes を入れることで，「(やっと) うまくいく」という意味になる。

問3．that の指す内容は，第1段最終文（For example, 43％…）の後半で「76％の人が減量や食事プログラムには従わないと述べた」ことであり，下線部で「それは全く驚くべきことではないだろう」と記されている。また，下線部の直後では，「数週間ごとに，異なる食事が最良の選択だと言われる」という趣旨のことが記されていることから，C.「減量したい人には検討するように言われる選択肢があまりにも多すぎる」が正解。

問4．下線部の this は同文前半部分の「いくつかのケースでは，個人間において大きな差がある」という内容を指しており，下線部の直訳は「このことは論文中では実に大きな欠陥である」である。これを言い換えると A.「我々にはそれぞれ異なる食べ物に対して異なる反応があるが，このことは論じられていなかった」となる。

問5．下線部の直前に「中には他人より減量するのがはるかに難しい人もいる」と記されており，下線部では「ますます多くの理由を常に明らかにしている」と記されている。why の後ろに省略されているのはその前文の内容であり，したがって，B．「なぜ他の人と比べると，体重を減らしやすい人がいるのかを，より理解できるようになっている」が正解。

問6．トマトの例がそうであるように，ある食べ物が必ずしもすべての人にとって健康食となるわけではないということ，同じものを食べても消化の仕方，胃の中のバクテリアの種類によって血糖値の上がり方が異なることなど，全体を包括したタイトルはC．「ある人の健康食は他の人のジャンクフード」である。

II 解答

1－B　2－C　3－A　4－C　5－B　6－D
7－D　8－A

◆全　訳◆

≪地震予測とは≫

2018年11月の金曜日の早朝，アラスカ州アンカレッジでマグニチュード7.1の地震が市の北部で発生し，路面が崩壊した。その日，アラスカ地震センターの通信の専門家であるイアン＝ディクソン氏は，フェイスブックやツイッターといった地震センターのソーシャルメディアチャンネルすべてに，もっと大きな地震が予測されていたと投稿する人であふれているのを，驚きながら注視していた。さらに悪いことに，「私が目にしたもののいくつかは非常に具体的で，1時間以内にマグニチュード8.4の地震が予測されていると書かれていました。科学者はそのようなことは予測できないのに，です」と述べた。

アラスカ地震センターは，州内での地震に関する情報を科学者や一般の人々に提供している。その組織は州全体にわたって一連の監視システムを稼働させており，その主な仕事は地震だけでなく津波や火山の影響を減らすことである。「人々は規模や場所や深さのような，基本的な科学的知見を我々に求めています」とディクソン氏は述べている。しかし，その日，ディクソン氏はまさに奇妙な地震の予測に注目し，そして，そういった類の予測はKTVA 11といった信頼できる地元テレビ局のニュースにまで伝わっていくということに気づいた。同局がフェイスブックに「アラスカ州国土安全保障・緊急事態管理部は，今日の午後，１度目よりも大きい地震が発生する可能性があると忠告している」と結論づけた，現在は削除されている投稿をしていたことにディクソン氏は気がついたのである。

いかなる科学者もそれほど具体的な予測は決してしないだろう。科学者は競って地震の予測を可能にしようとしているが，目標達成からは程遠い。アメリカ地質調査所（USGS）は，最近カリフォルニアで地震が起こると人々に非常に簡潔な警告を与える，シェイクアラートと呼ばれる早期警報システムを公表した。「地震の２時間前に警告することはできません」とアメリカ地質調査所の研究専門の社会学者であるサラ=マクブライド氏が述べた。「しかし，我々は数秒前に警告することはできます」 同機関は将来起こるかもしれない地震についても予測するが，その予測は過去に起きた地震からわかっていることに基づいている。

一方で，自分たちだけが，地震が発生する理由の背後に隠された秘密だけでなく地震を予測する鍵も発見したと主張する人がいる。地震陰謀論者は多くはないが，実際に存在し，彼らを信奉している人々に多大な影響を及ぼしている。さらに，ソーシャルメディアに関して彼らの勢力が増している。こういった人は，もちろん自身のことを陰謀論者だと述べてはいない。むしろ，彼らは一般の人々と情報を共有するために活動している科学者だと言い，アメリカ地質調査所のような政府の科学機関は，地震の発生を隠したり，実際に発生した規模を小さくするためにマグニチュードを変更したりしている，と主張することが頻繁にある。

そのような陰謀論者であるマイケル=ユーリ=ジャニッチ氏は最も有名で，最も信奉者が多い地震の予測者であるが，ユーチューブの登録者数は354,000 人であり，フェイスブックでは 110,000 人，ツイッターでは36,000 人，ツイッチでは 24,000 人のフォロワーがいる。彼はユーチューブの動画でお金を稼いでおり，私がそれらを見るたびに，ボートの貸し出しの同じ広告が流れ，１カ月に５～25 ドルでツイッチの有料配信をしている。さらに，彼はＴシャツや帽子を販売し，彼の名にちなんでコーヒーブランドが名づけたブレンド――その取引からお金はまったく受け取っていないと彼は言っているが――があり，フロリダのファンによって作られた２つのホットソースも生み出させ，そのうちの１つは「9.5 地震ブレンド」と呼ばれている。彼にどのような科学的訓練や背景があるのか，もしあったとすればだが，それは明らかではない。

アラスカの地震だけが最近の例ではなかった。7月4日に南カリフォルニア州カーン郡の都市リッジクレスト付近で巨大地震が発生した後，地元の消防局が，「カーン郡もしくはその付近で15分以内に再び地震が発生する」というツイッターに投稿された予測のメッセージを共有した。同日，カリフォルニア市の警察が類似した警告と不可能な予測を共有した。

地震は我々が経験する他のどんな災害とも心理的に非常に異なっている。というのも，それらは前兆もなく突然起こるからであるとマクブライド氏は説明している。彼女は地震をハリケーンと比較したが，ハリケーンの場合準備期間として7日間ある。山火事だと時間制限はより短く，自宅から避難するのに10分しかないと述べた。さらに，季節的な側面がある災害もある。「地震は1年365日いつでもどの季節でも起こる」とマクブライド氏は言う。

だから，マクブライド氏は地震を恐れ，誰を信じたら良いのかわからない人のことが理解できると述べる。実際，たとえ専門家でなくても最も高い確信を示せる人の方に流されてしまい，確信を持った人を探し求めていると，ジャニッチ氏などがそこにいることになる，と彼女は説明している。最近，朝，彼はいつものように動画を流し，地球儀上の地図をあちこちズームしながら，彼だけがわかる地震のホットスポットだと想定される場所を示していた。「怖がってはいけない」と彼は次回の毎日の緊急事態まで放送を終了する前に，視聴者に言った。「備えておきなさい」

◀解　説▶

1．「…ためにイアン=ディクソン氏は心配していた」

A．「アンカレッジでマグニチュード7.1の地震が発生した」

B．「2回目のマグニチュード8.4の地震予測が，ソーシャルメディアに投稿されていた」

C．「アンカレッジ地震センターは，マグニチュード7.1の地震を予測していなかった」

D．「マグニチュード8.4の地震がアンカレッジで発生しそうだった」

Bが第1段第2～3文（That day, Ian … can't predict that."）に一致。

2．「アラスカ地震センターの主な役割は何か？」

A．「アンカレッジでの地震活動を監視すること」

B.「アラスカ州の住民に基本的な科学の情報を提供すること」
C.「自然災害の結果を最小限にすること」
D.「地震予測に関する一般的な情報を提供すること」
Cが第2段第2文（The organization operates …）の後半（and its main …）に一致。

3.「筆者はどのように…かの一例として，マグニチュード8.4の地震に関するKTVA 11のフェイスブックへの投稿を挙げている」
A.「不正確な予測が地元のメディアに見られる」
B.「正確な予測が地元メディアの人によって行われている」
C.「不正確な予測が地元メディアの人によって行われている」
D.「正確な予測が地元メディアに見られる」
Aが第2段第4～5文（On that day, … happen this afternoon."）に一致。

4.「どのようにしてアメリカ地質調査所は地震予測をするのか？」
A.「地震予測調査を研究することで」
B.「シェイクアラートから助言を得ることで」
C.「過去の地震のデータを分析することで」
D.「オンライン上の地震予測者から助言を得ることで」
Cが第3段最終文（The agency also …）に一致。

5.「筆者はジャニッチ氏のソーシャルメディアアカウント上の広告や商品について言及している。というのも，このことは…ということを示しているからである」
A.「彼の見解は大半の政府機関から受け入れられていない」
B.「彼は自分がする地震予測から利益を得る方により興味があるだろう」
C.「他の民間企業が彼の調査を促進し投資している」
D.「彼の理論は他の多くの科学者の調査に影響を及ぼしている」
第5段（One such conspiracy …）でジャニッチ氏がソーシャルメディアでお金を稼ぐ様子が述べられ，同段最終文（It's unclear what, …）では，同氏が「どのような科学的訓練や背景があるのかは明らかではない」とあるので，Bが正解。

6.「カーン郡の消防局とカリフォルニア市の警察は何の例か？」
A.「正確な地震予測ができない無資格の科学者」
B.「政府機関から非難されている有資格の科学者」

C.「非科学的な情報と戦っている政府機関」

D.「非科学的な情報を一般の人々と共有している政府機関」

Dが第6段第2～3文（After an enormous … and impossible prediction.）に一致。

7.「筆者によると地震の唯一の特徴は何か？」

A.「他の自然災害よりもずっと頻繁に起こる」

B.「他の自然災害よりはるかに破壊力が大きい」

C.「地震を経験した後，人は心理的なダメージを受けることが多い」

D.「他の自然災害より地震に備える時間が短い」

第7段第1～2文（Earthquakes psychologically are … evacuate their house.）で地震は前兆なしに突然起こること，またハリケーンだと1週間の準備期間があり，山火事でも避難するのに10分間の猶予があることを挙げており，Dが正解。

8.「人々は…に影響されるために非科学的な地震予測を信じるとマクブライド氏は考えている」

A.「非常に自信のある陰謀論者」

B.「ソーシャルメディアを利用する陰謀論者」

C.「非常に自信のある科学者」

D.「ソーシャルメディアを利用する科学者」

最終段第2文（In fact, she …）よりAが正解。

III　解答　1―(G)　2―(F)　3―(B)　4―(D)　5―(H)

◆全　訳◆

≪時間管理をめぐる会話≫

スー：あら，ケン。私が送ったあのリンクについてどう思った？

ケン：ああ，時間管理についてのものだね。とても気に入ったよ。25分ごとの区切りで勉強したり仕事をしたりすることを勧めているのには驚いたよ。ぼくはたいてい2，3時間に1回しか休憩しないからね。

スー：そうね。彼の要点の1つは「より少なく」が「より多く」になりうるということだわ。

ケン：それは良さそうだけど，君はそんな厳格な方式に従うことができる？

スー：大体だけど，今のところそれほど問題ではないわ。実際，今で２週間，彼の方法でやっているの。たいていの場合，かなりやりやすいわよ。短時間集中するとどれだけはかどるか，びっくりするくらいよ。

ケン：本当？　ぼくは時間の制約のある中で勉強するのは好きじゃないなあ。だから，自分に合うかなあと思うね。ぼくは自分がしていることを十分に理解できるように，少しゆっくりするのが好きなんだ。

スー：そうね，司会者が説明していたように，実際にはかなり疲れるわよ。でも，私は１日に４～６時間，この方法でやっていて，だんだんやりやすくなっているわよ。しかも，課題を終えるのにかかる時間がだんだん短くなっているの。実は，来月までが締め切りのレポートがもう終わったわ。

ケン：それは良かったね。国際関係の最終プロジェクトのことかい？

スー：そう，それ。

ケン：すごい。ぼくはまだ準備を始めてさえもいないよ。君の話を聞いてると自分が怠け者に思えてくるよ。考えてはいるのだけど，図書館でかなりの時間を過ごしてしまっているね。

スー：時間管理について以前に深く考えたことがある？　私は他の人がどのようにして生産性を高めているのか聞くのが好きだわ。

ケン：実を言うと，ぼくはあまり考えていないんだ。ぼくは，毎日１つか２つ驚くようなことや予期せぬことが起こるのが好きで，だから何をすべきか計画するぎりぎりまで待つ方が好きだね。とんでもないことというのではなく，突然，映画に行ったり，長い散歩に出かけたりしようと決心することがあるということさ。単にそういう性格なんだと思うよ。

スー：刺激的だわ。だけど，私はとてもそんなふうにはできないと思う。私はいつも心配しすぎなんだと思うわ。

ケン：どういうこと？

スー：つまり，何かやらなければならないことがあると，最初に決めたいことは，それをいつ終えなければならないのかということなの。だから，それを小さな作業に分解して，それぞれのものをいつ終えるのかを決めるのね。それから，その予定に厳密に従うわけ。そういうふうにして，宿題の提出が遅れたり，締め切りを忘れたりするのを心配するということは絶対ないの。

ケン：わあー，それは素晴らしい。ぼくはそんなにきっちりとは絶対できないだろうね。

スー：ありがとう，でも私はあなたが羨ましいと言わざるをえないわ。時々私は自分が少しきっちりしすぎていて，もう少しゆったりすべきだと思うことがあるわ。あなたが言うように，前もって計画しすぎると，突然現れるチャンスを逃すかもしれないわよね。

ケン：ううん，もしそれが君にとって都合がいいのであれば，ぼくは止めないよ。ぼくはいつも予定で苦労しているんだ。先週，エッセーを書き終えるのに徹夜をしなければならなかったんだ。それから，アルバイト先へ急いで行かなきゃならなくて，結局，24時間以上，寝なかったんだよ。

スー：ええっ？　私ならそんなに長い間，起きていられないわ。

ケン：2，3度そうしなければならないことがあったよ。実際，高校生の時，親が寝るまで待って，宿題を終えるのに一晩中起きていたことも時々あってね。一度，父に見つかって，すごく怒ってた。

スー：そりゃそうよ。私はもし十分な睡眠がとれなければ，次の日はまったく使い物にならないわ。週末に夜更かしするのは好きだけど，平日は無理ね。それが私のやり方だわ。

ケン：なるほど。

◀解　説▶

1．(G)の直後でケンがLast week, I…「先週，エッセーを書き終えるのに徹夜をしなければならなかった」と発言していることから，(G)に入れることで，スケジュール管理に苦労しており，その具体例として先週の話をしている様子が読み取れる。

2．(F)を含む発言の1つ前の発言でケンが「何をすべきか計画するぎりぎりまで待つ方が好き」という趣旨のことを述べており，スーが「私はとてもそんなふうにはできないと思う」と述べた後に「自分はいつも心配しすぎる」と付け加えたものだと考えることができる。したがって，(F)に入れるのが適切である。

3．(B)の直前でスーが Actually, I've been …「実際，今で2週間，彼の方法でやっている」と発言した上で，「そうしやすい」と説明を付け加えているものだと考えることができる。したがって，(B)に入れるのが適切である。

4．(D)を含む発言の3つ前でスーが In fact, I've already finished …「レポートがもう終わった」と発言したことに対して，ケンが「自分は準備を始めてさえもいない」と発言していることから，「自分が怠け者に思えてくる」と付け加えたものだと推測できる。したがって，(D)に入れるのが適切である。

5．(H)の直前の「夜，十分に睡眠をとらなければ，翌日に何もできない。週末は夜更かしをするのが好きだけど，それ以外の日は無理だ」という旨の発言を指して，個人的な自分だけのやり方だと発言していると考えることができる。したがって，(H)に入れるのが適切である。

❖講　評

Ⅰ　健康食品に関する問題である。新年の最も一般的な決意が元気で健康的でいることであるという主張を提示し本文が展開されている。問1の空所補充問題は，2021年度以降5問のままで変更はない。問2は与えられた語を必要に応じて形を変えなければならないので注意すること。また，2022年度同様，設問は全部で6問あり，最後にタイトルを選ぶ問題が出題された。

Ⅱ　地震予測に関する英文である。フェイスブックやツイッターでは地震の予測に関して多数投稿されているが，科学者にはそのような予測はできないものだという内容であり，主張が読み取りやすい英文になっている。また，本文の記述通りに設問が並んでおり，該当箇所を見つけやすい。ただ，一部に少し紛らわしい選択肢が含まれているので注意すること。

Ⅲ　時間管理に関する会話である。2022年度は冒頭で状況説明がされていたが，2023年度は場面や状況説明がされていなかった。それ以外は例年通りの出題形式である。やや長めの会話文であり，どちらの話者の発言であるかに留意しながら，会話の流れにしっかりとついていけるようにしたい。選択肢に関しても，どちらの立場からの発言なのかを分類して考えると解答しやすい。

日本史

I

解答　問1．②　問2．④　問3．③　問4．②　問5．①
問6．④　問7．（設問省略）　問8．④　問9．①
問10．④　問11．②　問12．角倉了以　問13．③　問14．③
問15．①

◀解　説▶

≪古代～近世の交通史≫

問1．②正文。『日本書紀』から醍醐天皇の治世に編纂された『日本三代実録』までの6つの正史を六国史という。その後律令体制の衰退とともに正史の編纂は行われなくなった。

①誤文。倭王武は『日本書紀』における雄略天皇であるという説が有力である。

③誤文。『日本書紀』には552年に百済から仏教が伝えられたと記されている。

④誤文。本居宣長は『古事記』の研究に取り組み『古事記伝』を著した。「直毘霊」はその第1巻に収められていたものを刊行したものである。

問2．④正文。烽とはのろしのことで，唐・新羅の来襲に備えて設置された。

①誤文。防人は白村江の戦いで敗北した後に九州北部を警備するために設置された。

②誤文。663年の白村江の戦いに敗れた中大兄皇子は，667年に近江大津宮に遷都し，668年に即位して天智天皇となった。

③誤文。水城や大野城は，博多ではなく大宰府を防衛するための施設であった。

問3．③正文。約16kmごとに駅家が置かれ，駅鈴を持った役人が公用で駅馬を利用した。

①誤文。九州にあたる西海道は畿内と接していなかった。

②誤文。租は地方財源であるため，運脚で運ぶことはない。

④誤文。軍事や武官の人事を担当したのは兵部省。

問４．胆沢城の設置は 802 年であった。②の健児の採用は 792 年であり，長岡京が都であった時代である。

①嵯峨天皇の時代の 820 年に弘仁格式が編纂された。

③嵯峨天皇の時代の 816 年に検非違使が設置された。

④桓武天皇の時代の 803 年に志波城が築造された。

問６．④正文。天皇家に属した供御人や神社に属した神人が販売の特権を与えられて座を結成した。

①誤文。鎌倉時代に商品の保管・輸送や委託販売にあたっていた問（問丸）が，室町時代に問屋と呼ばれるようになった。

②誤文。皇朝（本朝）十二銭は 10 世紀末ごろには流通しなくなっていった。

③誤文。荏胡麻から作られる油は固化する乾性油で，水油とは呼ばれなかった。江戸時代に生産が活発化した菜種油は水油と呼ばれた。

問８．④支倉常長はキリシタンだが，伊達政宗の家臣で大名ではなかった。

問９．①が正しい。1570 年姉川の戦いに際し，敵方の味方をした延暦寺を翌年に織田信長は焼き打ちした。また 1573 年に足利義昭を追放して室町幕府を滅亡させた。その後 1576 年に安土城の築城を開始した。

問 10．豊臣秀吉が行った刀狩についての史料である。

④正文。史料の２行目から「年貢・所当を難渋せしめ，自然，一揆を企て，給人にたいし非儀の動をなすやから，勿論御成敗有るべし」とある。

①誤文。史料に「御成敗」とはあるが，「切り捨てても実施する」という内容は見られない。

②誤文。没収した刀剣は方広寺の大仏の材料にした。

③誤文。史料の７行目に，“百姓は農具を持って，耕作に専念すれば，子孫まで長く栄える”という内容が見られるが，「感謝して」いることは読み取れない。

問 11．②正文。東海道では各宿駅に 100 人 100 疋備えられていた人馬を，宿駅内の問屋場において，幕府の公用通行の者に差配した。

①誤文。東海道など五街道のすべての起点は江戸の日本橋であった。

③誤文。一般庶民は本陣・脇本陣ではなく旅籠や木賃宿に宿泊をした。

④誤文。中山道の関所は碓氷と木曽福島であった。甲州道中の関所が小仏，奥州道中と日光道中の関所が栗橋であった。

問13. ③正文。18世紀後半から19世紀にかけて江戸周辺の生産が活発化し，江戸地回り経済圏が成立した。このことにより江戸の，下り物に対する依存度が低下した。

①誤文。幕府は三貨の交換比率を定めたが，実際には相場により変動したものが用いられた。

②誤文。1732年の享保の飢饉の翌年，江戸で最初の打ちこわしが起きた。

④誤文。1868年に江戸は東京と改称され，翌年に首都機能も東京に移されていった。廃藩置県は1871年に断行された。

問14. ③正文。大坂の荷積問屋であった二十四組問屋は，江戸の荷受問屋であった十組問屋と結んで，江戸への積荷輸送を独占的に行った。

①誤文。聚楽第は京都に築かれた豊臣秀吉の邸宅である。

②誤文。大坂夏の陣で豊臣氏が滅亡した。

④誤文。糸割符仲間は，はじめに長崎・堺・京都の商人で結成され，のちに江戸や大坂の商人も加わった。

問15. 鶴屋南北による『東海道四谷怪談』は歌舞伎の脚本であるため，下線部の浮世絵や道中記に当てはまらない。

Ⅱ　解答

問1．④　問2．②　問3．③　問4．奉書　問5．②　問6．③　問7．④　問8．④　問9．①　問10. ③　問11. ③　問12. ①　問13. ②　問14. ①　問15. ①

◀解　説▶

≪近世・近代の外交と経済≫

問1．④正文。ポルトガルやスペインのような旧教国は，布教が許可された港でのみ貿易を行った。

①誤文。フランシスコ=ザビエルは京都に赴いたが，京都布教の許可を得ていない。また，この時の将軍は足利義輝であった。ガスパル=ヴィレラが京都での布教許可を得た。

②誤文。南蛮貿易で輸入されたものは中国産の生糸・鉄砲・火薬・絹織物などであった。日本から輸出したものは銀が多かった。

③誤文。高山右近は摂津国（現在の大阪府）出身で，のち高槻城主となった。

問2．②正文。徳川家康は，1600年に漂着したリーフデ号の水先案内人ウィリアム=アダムズ（イギリス人）や航海士ヤン=ヨーステン（オランダ人）を外交顧問とした。

①誤文。ポルトガル人が種子島に漂着して鉄砲を伝えた。

③誤文。萩焼は朝鮮出兵の際に連行された朝鮮人陶工によって始められた。

④誤文。イギリスやオランダからではなく，イエズス会のヴァリニャーニ（イタリア人）によって活字印刷技術がもたらされ，日葡辞書など天草版と呼ばれる印刷物が作られた。

問3．③誤文。スペインではなくオランダが島原の乱において幕府を助けた。また原城は一国一城令において廃城となったため，原城跡が正しい。

問4．下線部㈡の「鎖国」や，史料の「ほか」というキーワードから，この史料は1633年の奉書船以外の日本船の海外渡航を禁止した命令であると判断する。

問5．②正文。渋川春海（安井算哲）は，平安時代以来の宣明暦の誤りを元の授時暦を参考に修正し，貞享暦を作成した。

①誤文。山鹿素行が『中朝事実』を著した。

③誤文。野々村仁清は京焼の基礎をつくった。

④誤文。鳴滝塾は19世紀にシーボルトにより開かれた医学塾であった。『解体新書』は18世紀後半に成立した。

問7．④正文。佐藤信淵は『経済要録』などを著し，諸産業を発達させて，貿易の利益による国力の充実を説いた。

①誤文。鈴木春信は18世紀の宝暦・天明期の文化に属する人物である。

②誤文。「戊戌封事」は水戸藩主徳川斉昭が12代将軍徳川家慶に献じた意見書であった。会沢正志斎は『新論』によって尊王攘夷論を説いた。

③誤文。為永春水は水野忠邦が主導した天保の改革において処罰された。

問8．④ 1825年に出された異国船打払令の史料である。

問9．①正文。日米和親条約締結時（1854年）の老中首座は阿部正弘であった。

②誤文。阿部正弘が徳川斉昭を幕政に登用した。

③誤文。和宮降嫁が実現したのは1862年であった。

④誤文。京都守護職は，1862年に行われた文久の改革によって設置された。

問12．日露戦争後の天皇の「ことば」から，戊申詔書を想起する。戊申詔書は1908年に第2次桂太郎内閣のもとで発せられた。

問13. ②正文。青島のほかに，赤道以北のドイツ領南洋諸島の一部も占領した。

①誤文。海軍が地中海に艦隊を派遣した。

③誤文。二十一カ条の要求は，袁世凱政権に対してなされた。

④誤文。第2次大隈重信内閣が二個師団増設を承認した。

問14. ①正文。大戦景気時に工業生産額が農業生産額を上回った。

②誤文。浜口雄幸内閣は1930年前後の内閣であり，大戦景気時（1915年から1918年）の内閣ではない。

③誤文。新興財閥は1930年代に急成長した。

④誤文。昭和恐慌後，犬養毅内閣の蔵相高橋是清が円安による輸出増進を目指し，1933年に綿織物の輸出量がイギリスを抜いて世界一となった。

問15. ①正文。田中義一内閣は幣原喜重郎による協調外交とは対照的に，北伐に干渉をする積極外交を展開した。

②誤文。山東出兵は田中義一内閣の時に実行された。

③誤文。満州事変が勃発した時の内閣は，第2次若槻礼次郎内閣であった。

④誤文。南部仏印進駐は1941年に実行された。これは1943年に開かれた大東亜会議より前のことであった。

Ⅲ　解答

問1．④　問2．②　問3．②　問4．①　問5．②
問6．①　問7．②　問8．③　問9．青鞜社
問10．③

◀解　説▶

≪明治・大正時代の文化と対外関係≫

問1．④正文。甲午農民戦争が起きた時，天津条約にしたがって清は日本に出兵の事前通告をした。

①誤文。日朝修好条規で日本は朝鮮に対し領事裁判権や関税の免除を認めさせた。

②・③誤文。大院君を支持する軍隊による反乱が壬午軍乱である。金玉均ら親日派による反乱が甲申事変である。

問2．②が正しい。1871年に岩倉使節団が派遣された。1887年，井上馨が外国人内地雑居を許可した。井上馨の辞任後，大隈重信が外相となり，

大審院への外国人判事の任用を認可した。その後青木周蔵が外相となるも大津事件の責任を取って辞職した（1891年）。1894年に陸奥宗光外相のもとで日英通商航海条約が調印され，領事裁判権が撤廃された。1911年に小村寿太郎外相のもとで関税自主権が完全回復した。

問3．②正文。三宅雪嶺は欧化政策を批判し，日本的な伝統や美意識を強調した。

①誤文。徳富蘇峰は地方の実業家による近代化を達成しようとする平民的欧化主義を主張した。

③誤文。陸羯南は新聞『日本』を刊行し，国家の独立を強調した。

④誤文。高山樗牛は，日本の大陸進出を肯定した。

問5．②正しい。泉鏡花はロマン主義に属する作家であり，『高野聖』をはじめ，幻想的な世界観を表現した。

①誤り。『父帰る』は菊池寛による戯曲であるが，菊池寛は新思潮派に属する作家である。

③誤り。『或る女』は有島武郎の作品である。

④誤り。『破戒』は島崎藤村の作品である。

問7．②正しい。志賀潔は1897年，北里柴三郎が設立した伝染病研究所で働いていた時に赤痢菌を発見した。

①誤り。アドレナリンの抽出は高峰譲吉の業績である。鈴木梅太郎はオリザニン（ビタミンB_1）を抽出した人物である。

③誤り。植物の分類法は牧野富太郎によって構築された。木村栄はZ項を発見した人物である。

④誤り。原子構造の研究に寄与したのは長岡半太郎であった。大森房吉は地震計を考案した人物である。

問8．③正文。河上肇による貧困をテーマとした『貧乏物語』は，『大阪朝日新聞』に掲載されて広く読まれた。

①誤文。石橋湛山による植民地不要論は，小日本主義という。

②誤文。日本共産党結成は1922年で，山川均や堺利彦らによって非合法になされた。幸徳秋水は1910年に起きた大逆事件に関わったとして翌年処刑された。

④誤文。日本農民組合は杉山元治郎や賀川豊彦によって1922年に結成された。友愛会を結成した鈴木文治は日本農民組合の結成には関わっていな

い。

問 9．明治期に結成された女性の文学団体は平塚らいてうによる青鞜社であった。平塚らいてうはのちに政治団体である新婦人協会を設立した。

問 10. ③誤文。山田耕筰が日本初の交響楽団を組織した。

Ⅳ 解答

問 1．③ 問 2．③ 問 3．② 問 4．① 問 5．②
問 6．① 問 7．③ 問 8．③ 問 9．国権の発動
問 10. （設問省略）

◀解 説▶

≪戦後の主権回復と自衛隊≫

問 1．③誤文。極東国際軍事裁判（東京裁判）で 28 名がＡ級戦犯として起訴された。このうち 7 名が死刑となった。

問 2．③誤文。傾斜生産方式は，アメリカが占領政策を転換する前に組閣された第 1 次吉田茂内閣によって行われた。

問 3．②正文。サンフランシスコ平和条約による講和を認めるか否かをめぐって党内で対立した日本社会党は，右派と左派に分裂した。

①誤文。第 3 次吉田内閣は単独講和論の立場を取った。

③誤文。サンフランシスコ平和条約によって南西諸島や小笠原諸島はアメリカの施政権下に置かれた。小笠原諸島が日本に返還されたのは 1968 年である。

④誤文。サンフランシスコ平和条約によって占領軍は撤退することとなった。しかし，日米安全保障条約によって米軍が日本に駐留することが定められた。

問 5．②正文。岸信介内閣は日本社会党を支持している日教組（日本教職員組合）の弱体化を図るため，勤務評定を実施し，日教組が激しく抵抗した。

①誤文。いざなぎ景気は 1966 年から 1970 年におよぶ好景気で，この時の内閣は佐藤栄作内閣であった。

③誤文。警察官職務執行法は 1948 年に制定された。岸内閣は警察官の権限強化をねらってこの法の改正を試みたが，国民の猛反発によって審議未了となった。

④誤文。岸内閣は「日米新時代」を唱えて安保改定を実現した。

問6．①誤文。日米相互協力及び安全保障条約の批准をめぐり，衆議院では強行採決が行われたが，参議院では議決が行われず，自然成立した。
問8．湾岸戦争によって，国際社会に対する人的貢献の必要性を感じた日本政府はペルシア湾に自衛隊の掃海艇を派遣することを決定した。
問9．国権の発動とは，国が主権を行使すること，つまり国家の行為としての，という意味である。

❖講　評

Ⅰ　古代〜近世の交通史であるが，関連して文化史・経済史の問題が出題された。問2では防人がいつ設置されたかや水城や朝鮮式山城がどこを防衛するためのものかなど，やや詳細な知識を問う問題であった。問6の供御人は，しっかり学習しているかどうかが問われる歴史用語である。問2や問9は頭の中に年表がイメージできているかどうかを問う問題であるので，学習の際に時系列を意識してほしい。問10で史料読解問題が出題された。共通テスト対策のような初見史料を読み取るための対策もしておくべきである。

Ⅱ　近世・近代の外交と経済に関するリード文であるが，出題は主に外交史からであった。人名や内閣名，あるいは時代が違う誤文が多く，標準的な正文（誤文）選択問題が多かった。また史料の空所補充は頻出史料からであった。問3の島原の乱に関する出題はやや難。問7のように宝暦・天明期の文化と化政文化の違いは，しっかり区別をしておきたい。問14の経済的知識も，時期や年代をきちんと把握しておくことで対応できる。

Ⅲ　明治・大正時代の文化と対外関係からの出題であった。問3は，平民主義や国粋主義など，用語の暗記だけでは解答できない。それぞれの主義の内容をしっかり学習しておきたい。問4・問5・問7・問10で文化史が問われているので，自信を持って解けるように対策をしておいてほしい。

Ⅳ　戦後の主権回復と自衛隊の歴史について出題された。戦後史自体，学習不足のために難しいと感じる受験生もいると思うが，今回の出題は標準的な内容であった。問8と問9がやや難であった。

世界史

I　解答

問1．A．メンフィス　B．カフラー
C．ラメス2世〔ラメセス2世〕
D．神官文字〔ヒエラティック〕　E．プトレマイオス
問2．ノモス　問3．アスワン=ハイダム　問4．アトン
問5．カエサル〔ユリウス=カエサル〕　問6　エラトステネス

◀解　説▶

≪古代エジプト史≫

問1．B．カフラー王は第4王朝の王でクフ王の子。ギザにクフ王・メンカウラー王と共にピラミッドを建設した。

C．ラメス2世は前13世紀に即位した，大王と称されるエジプト新王国の王。シリアやヌビアに遠征し，アブシンベル神殿を建設した。アブシンベル神殿は，アスワン=ハイダム建設時に水没を避けるために，国連教育科学文化機関（UNESCO）によって遺跡全体が移築されたが，これが世界遺産の誕生する発端となった。

D．神官文字（ヒエラティック）は，神聖文字（ヒエログリフ）を簡略化し，主にパピルスに記されて行政文書・宗教文書・文学作品などに用いられた。前7世紀頃には，神官文字をさらに書きやすく簡略化した民用文字（デモティック）も生まれた。

問4．アトンは，アメンホテプ4世がテーベの守護神アモンを崇拝する神官団をおさえるため，信仰を強制した唯一神。アメンホテプ4世もイクナートン（アトンに有益なるもの）と改称して，都をテル=エル=アマルナに遷都したが，王の死で改革は終了した。

II　解答

問1．A．パンジャーブ　B．インド省　C．デリー
D．ラホール　E．カシミール
問2．パーニーパットの戦い　問3．サティー〔寡婦殉死〕
問4．カーゾン　問5．タタ　問6．インド独立法

◀解　説▶

≪近現代インド史≫

問1．A．シク王国は，18世紀末にシク教徒がパンジャーブ地方に建国したが，2度にわたるシク戦争に敗北し，1849年にイギリスが併合した。

B．インド省は，東インド会社解散後に，インドをイギリス国王の直接統治とした1858年に設置された官庁。省長はインド大臣で，イギリス領インドとインドの藩王国を支配したが，インドとパキスタンの独立により第二次世界大戦後に廃止された。

C．インド帝国の首都はカルカッタだったが，ベンガル分割令を機に民族運動が高まると，分割令の廃止とともに1911年にデリーへ遷都した。

E．カシミール藩王国は住民の多くがイスラーム教徒だったが，藩王がヒンドゥー教徒だったため，インドとパキスタンが独立すると帰属をめぐって対立し，1947年には第1次インド=パキスタン戦争が起こった。

問4．やや難。カーゾンは当時のインド総督で，ベンガル分割令の発布などの植民地政策を実施した。

問5．難問。タタはインドのタタ財閥の創始者で，国民会議派の反英独立運動を支援し，資金を提供した。

III　解答

A―(4)　B―(1)　C―(4)　D―(3)　E―(2)　F―(1)
G―(2)　H―(1)　I―(1)　J―(4)

◀解　説▶

≪東アジアの歴史≫

A．(4)誤文。始皇帝は南海郡など3郡を設けた。日南郡は前漢の武帝が初めて設置した。

B．(1)誤文。「王侯将相いずくんぞ種あらんや」は，秦末に起こった陳勝・呉広の乱の挙兵の際に，陳勝が掲げた言葉。

C．(4)誤文。寇謙之を重用して道教を国教化し，廃仏を行ったのは北魏の太武帝。

D．(3)誤文。618年に唐を建国したのは李淵（高祖）であるが，628年に中国の統一を果たしたのは2代目の李世民（太宗）。

E．(2)誤文。チベット文字は漢字ではなくインド文字を基に作られた。

F．(1)誤文。タングートはトルコ系ではなくチベット系民族。

G．(2)誤文。北宋でおこなわれた，傭兵制にかわる兵農一致の強兵策は保甲法。募役法は，力役のかわりに免役銭を出させて希望者を雇用するもの。

H．(1)誤文。緑営は，清が北京入城後に編成した漢人による正規軍。

I．(1)誤文。キリスト教の布教の自由は，アロー戦争で結ばれた 1858 年の天津条約，および 1860 年の北京条約によって認められた。

J．(4)誤文。日本は，汪兆銘を首班とする親日政権を北京ではなく南京に成立させた。

Ⅳ　解答

問1．②　問2．④　問3．②　問4．②　問5．③
問6．③　問7．④　問8．③　問9．②　問10．②

◀解　説▶

≪キリスト教史≫

問1．②誤文。前 13 世紀，ヘブライ人はモーセに率いられてエジプト新王国を脱出してカナーン（現在のパレスチナ）へ逃れたが，パレスチナの目前で死去した，と『旧約聖書』に述べられている。また，モーセは王には即位していない。

問2．④誤文。イエスの 12 人の弟子のうちの 1 人で，伝道活動を行い，教会などを設立したのはペテロ。また，パリサイ派からキリスト教に回心して布教を行ったのはパウロ。

問3．②誤文。ニケーア公会議で正統とされたアタナシウス派の説が，神と神の子キリストが同じ本質を持つとしたのであり，異端とされたアリウス派がキリストは神によって創造された人間であるとした。

問4．②誤文。ゲルマン人の重要な決定は，武装した男性の自由民で構成された民会で決定されたのであり，貴族のみ参加したものではない。

問5．③誤文。ウィリアム=オブ=オッカムは反教皇派の立場から唯名論を支持し，理性と信仰の分離を唱えた。

問6．③誤文。西ゴート王国を滅ぼし，トゥール・ポワティエ間の戦いでカール=マルテルに敗北したのはウマイヤ朝時代。

問7．④誤文。ロンバルディア同盟は，神聖ローマ皇帝のフリードリヒ 1 世，フリードリヒ 2 世によるイタリア政策に対抗するために，2 度にわたって結成された。

問8．③誤文。「教皇のバビロン捕囚」後，ローマでウルバヌス 6 世が教皇に選出されると，アヴィニョンにもクレメンス7世が教皇に立てられ，教会大分裂（大シスマ）が起こった。ウルバヌス2世は，1095年にクレルモン宗教会議を招集し，十字軍を提唱した教皇。

問9．②誤文。フスは，教皇ではなく神聖ローマ皇帝から護送特権を約束されコンスタンツ公会議に召喚されたが，異端とされ焚刑に処された。

問10．②誤文。アミアン大聖堂やノートルダム大聖堂は，ともにゴシック様式の建築。

V　解答

A―(3)　B―(4)　C―(4)　D―(4)　E―(3)　F―(4)
G―(3)　H―(4)　I―(2)　J―(4)

◀解　説▶

≪17世紀以降のロシア・ソ連史≫

A．(3)誤文。北方戦争は，ピョートル1世が1700年に起こした戦争。

B．やや難。(4)誤文。コシューシコはアメリカ独立戦争後に，アメリカ市民権を得ている。

C．(4)誤文。クリミア戦争の講和条約は，1856年のパリ条約。

D．(4)誤文。ナロードニキ運動では，インテリゲンツィア（知識人階級）が農村に入り込んで社会主義的改革を宣伝したが，農民は同調せず官憲に弾圧されて運動は挫折した。こうした中で，ナロードニキの一部がテロリズムによる政府打倒を唱え，アレクサンドル2世を暗殺した。

E．(3)誤文。ロシアは，1858年のアイグン（愛琿）条約で黒竜江以北（左岸）を領有し，ウスリー川以東（沿海州）を，共同管理地と定めた。ウスリー川以西については，特に取り決めはしていない。

F．(4)誤文。1905年の血の日曜日事件は，モスクワではなくペテルブルクで起こった。

G．(3)誤文。ウィッテ解任後に首相となったのは，ニコライ2世ではなくストルイピン。ミールの解体などの改革も進めたが，社会不安が増大する中で暗殺された。

H．(4)誤文。ケレンスキーは，三月革命（ロシア二月革命）後に臨時政府の首相となった社会革命党の人物で，十一月革命（ロシア十月革命）でレーニンやトロツキーらによって打倒された。

I．(2)誤文。ソヴィエト社会主義共和国連邦は，ロシア・ウクライナ・ベラルーシ・ザカフカースの４共和国で結成された。

Ｊ．やや難。⑷誤文。スターリン死後，1950年代の解放感が生まれたソ連社会や国際社会の緊張緩和状態を表した「雪どけ」という言葉は，エレンブルクの書いた小説『雪どけ』に由来する。ブハーリンはロシアの革命家・ソ連の政治家で，スターリンと対立した後に大粛清によって処刑された。

❖講　評

Ⅰ　古代エジプト史に関する問題で，空所補充と一問一答式の全問記述問題。問１のＢ．カフラーは少し細かいが，その他は標準的なものが多かった。

Ⅱ　18世紀以降のインド史に関する問題で，Ⅰと同じく空所補充と一問一答式の全問記述問題からなる。問１のＢ．インド省，問４のカーゾンは少し細かく，問５のタタは難問で解答するのは難しい。

Ⅲ　東アジアに関して，下線部の誤りを指摘する問題。判別する下線部が長文なため丁寧に読み進めたい。また，正誤の判断が社会史や文化史に関するものもあり，全体的にやや難しいものとなった。

Ⅳ　キリスト教に関する問題。４つの選択肢からなる誤文選択問題であり，問３のアタナシウス派，問４のゲルマン人社会，問９のフスに関する問題は，用語の詳細な内容を問うもので，やや難であった。

Ⅴ　17世紀以降のロシアとソ連に関する問題。大問Ⅲと同じ形式で，誤文選択問題が苦手な受験生は苦労したかもしれない。Ｂのコシューシコに関する問題はやや細かいが，その他は標準的な問題が多かった。

2023年度は，2022年度とほぼ同じ形式で出題された。2022年度と同じく，誤文選択問題の選択肢の文も長いものが多く，苦手とする受験生には厳しいものになったであろう。しっかりと誤文を見極め，一見して内容の難しい正文に迷わされることなく解答したい。

政治・経済

I **解答** 問1．ア．アメリカ合衆国憲法　イ．リンカーン
ウ．教書　エ．拒否　オ．3分の2以上　カ．下
キ．上　ク．弾劾　ケ．ウィルソン　コ．モンロー　サ．9
シ．違憲審査（違憲法令審査，違憲立法審査も可）
問2．B
問3．B
問4．C
問5．①全会一致　②ア．勧告　イ．経済

◀解　説▶

≪アメリカの政治制度≫

問1．ウ・エ．アメリカ大統領は，連邦議会に対して教書送付権を有するが，法案提出権は有さない。ただし，議会が可決した法案に対する拒否権を有する。

カ・キ・ク．大統領への弾劾については，下院が訴追権を持ち，上院が裁判権を有する。

コ．モンロー宣言は1823年にモンロー大統領が提唱したもので，アメリカとヨーロッパ諸国はお互いに干渉しないという考え方をモンロー主義という。

問3．B．誤文。アメリカ大統領選挙では，各州の一般投票で多数を得た候補者が，その州に割り当てられた選挙人枠を総取りする方式（勝者総取り方式）を採用しているので，全米の一般投票の総得票数で負けていても，州の選挙人獲得数で勝っていれば，大統領に当選することになる。

問4．正解はC。A・B・Dはイギリスの政治制度。

問5．国際連盟の総会や理事会は全会一致制を採用していたため，議事の決定が難しかった。また，決議は勧告にとどまり，法的拘束力がなかった。

Ⅱ　解答

問１．B　問２．B・C※　問３．A
問４．A　問５．C　問６．B
問７．D　問８．A　問９．B　問10．D

※問２については，正解とすべき選択肢が複数存在したため，いずれの選択肢も正解とする措置が取られたことが大学から公表されている。

◀解　説▶

≪日本国憲法における人権保障≫

問１．B．三権分立があてはまらない。アとイにはD．国民主権とA．平和主義（順不同），ウにはC．参政権が入る。

問２．B．誤文。堀木訴訟において最高裁判所は，どのような立法措置を講じるかについて選択決定は立法府の裁量に委ねられていると判断した。

C．誤文。堀木訴訟ではなく，朝日訴訟についての内容である。堀木訴訟は，原告である堀木文子さんが，障害福祉年金と児童扶養手当の併給を制限することは生存権に反すると国を訴えた事件で，最高裁判所は，憲法第25条に基づく立法措置のあり方は立法府の広い裁量に委ねられている（プログラム規定説）として，原告の訴えを退けた事件である。

問３．正解はA。エ：法の下の平等（あるいは平等権），オ：B（形式的平等），カ：C（アファーマティブ・アクション），キ：D（クオータ制）が入る。

問４．A．誤文。日本において選択的夫婦別姓の制度が導入されたという事実はない。

問５．正解はC。ク：A（1997），ケ：B（アイヌ文化振興法），コ：先住民族，サ：D（アイヌ民族支援法）が入る。

問７．D．誤文。憲法改正について具体的な手続きを明示する法律として，2007 年に国民投票法が制定された。

問８．A．誤文。自己決定権は，憲法第 13 条の幸福追求権との関係で広く議論されている。

問９．B．誤文。憲法が憲法尊重擁護義務を課しているのは，国民ではなく公務員である。

問10．D．誤文。日本は，B規約選択議定書を批准していない。

Ⅲ 解答

問1．⑴0.25　⑵―B　⑶―A　⑷―C
⑸アフリカ開発会議　⑹非競合性，非排除性
⑺外部不経済（外部負経済も可）　⑻外部費用　⑼情報の非対称性
⑽プライステイカー　⑾（設問省略）

問2．ア．スリーマイル　イ．チェルノブイリ　ウ．東海村JCO
エ．福島第一　オ．原子力規制

問3．⑴―E　⑵―F

◀解　説▶

≪市場のメカニズム，原発事故，人間の安全保障≫

問1．⑴需要の価格弾力性は，需要量の変化率を価格の変化率で除すると求められる。価格の変動に対して，需要量がどれだけ変動するのかを表すものである。

需要量の変化率は　$(700-800) \div 800 = -0.125$

他方で，価格の変化率は　$(600-400) \div 400 = 0.5$

したがって，価格弾力性は$-0.125 \div 0.5 = -0.25$となり，価格弾力性は絶対値で表すので，0.25となる。

⑵正解はB。価格弾力性は，1を上回ると弾力性が強く，1を下回ると弾力性が弱いと考えられる。いま小麦の価格弾力性は0.53であるから弱い。つまり小麦は非弾力的な財だと判断できる。一般に，生活必需品の価格弾力性は弱く，ぜいたく品の価格弾力性は強い。

⑶正解はA。⑴で述べた価格弾力性の求め方に従って，価格の変化率は図A・図Bとも0.25となる。一方，需要量の変化率は図Aが9であるのに対して，図Bは0.1となる。分母となる価格の変化率はともに0.25で，分子となる需要量の変化率は図Aの方が大きいので，価格の弾力性は図Aの方が大きいことになる。

⑷正解はC。農作物の作付けが減少したということは，それだけ生産量が減少したということであり，それは供給量の減少を意味する。その場合，他の条件が一定ならば，供給曲線が左にシフトする。

⑹公共財の特質として非競合性と非排除性が挙げられる。非競合性とは，同時に多くの人が利用することができ，その財・サービスの利用をめぐる競合が発生しないという特徴であり，非排除性とは，特定の人をその財・サービスの利用から排除することができないという特徴を意味する。

⑽価格支配力を持たない主体をプライステイカーという。反対に，価格支配力を持つ主体をプライスリーダーという。

問２．オ．2011年に起きた東日本大震災に伴って発生した津波によって，福島第一原子力発電所がメルトダウン（炉心溶融）し周辺地域に甚大な被害をもたらした事故に鑑みて，政府は，経済産業省の下にあった原子力安全・保安院を廃止し，新たに環境省の下に原子力規制委員会を設立した。

❖講　評

Ⅰ　アメリカの政治体制を中心に，国際連盟の失敗などについても出題されている。教科書に準拠した標準的な問題がほとんどであるが，アメリカの政治制度についての確かな知識が求められる出題であった。

Ⅱ　日本国憲法における人権保障について，かなり包括的に問う出題である。複数の空欄のいずれにも入らない語句を選べという形式は，近年見受けられない形式の問題であった。全体としては標準的な問題であった。

Ⅲ　問１は価格の弾力性に関する計算や理解を求める出題である。価格の弾力性について正確な理解がないと，完答は難しかったであろう。そのほか，市場の失敗について，外部不経済や情報の非対称性を答えさせる問題も出題されている。問２ではこれまで起きた原子力発電をめぐる事故について，問３では人間の安全保障について出題されている。全体としては標準的な問題であった。

数学

I 解答

(最大のもの・最小のものの順に) (1)―Ⓐ・Ⓑ
(2)―Ⓐ・Ⓒ　(3)―Ⓒ・Ⓑ　(4)―Ⓑ・Ⓐ　(5)―Ⓒ・Ⓐ

◀解　説▶

≪小問5問≫

(1) Ⓐ：$\vec{a}+2\vec{b}=(-2,\ 1)+2(1,\ -3)=(0,\ -5)$ より

Ⓐ$=|\vec{a}+2\vec{b}|=5$

Ⓑ：$2\vec{a}+\vec{b}=2(-2,\ 1)+(1,\ -3)=(-3,\ -1)$ より

Ⓑ$=|2\vec{a}+\vec{b}|=\sqrt{(-3)^2+(-1)^2}=\sqrt{10}$

Ⓒ：$2\vec{a}+2\vec{b}=2(-2,\ 1)+2(1,\ -3)=(-2,\ -4)$ より

Ⓒ$=|2\vec{a}+2\vec{b}|=\sqrt{(-2)^2+(-4)^2}=\sqrt{20}=2\sqrt{5}$

ゆえに　Ⓐ＞Ⓒ＞Ⓑ

(2) Ⓐ$=\int_{-1}^{2}(-2x+2)\,dx=\Big[-x^2+2x\Big]_{-1}^{2}=3$

Ⓑ$=\int_{-1}^{2}|-x|\,dx=\int_{-1}^{0}(-x)\,dx+\int_{0}^{2}xdx$

$=\Big[-\frac{1}{2}x^2\Big]_{-1}^{0}+\Big[\frac{1}{2}x^2\Big]_{0}^{2}$

$=\frac{1}{2}+2=\frac{5}{2}$

Ⓒ$=\int_{-1}^{2}(-x^2+1)\,dx=\Big[-\frac{1}{3}x^3+x\Big]_{-1}^{2}$

$=-3+3=0$

ゆえに　Ⓐ＞Ⓑ＞Ⓒ

(3) 右のグラフより

$\sin A=\cos A \iff A=45°$

$\sin B<\cos B \iff 0°\leqq B<45°$

$\sin C>\cos C \iff 45°<C\leqq 90°$

よって，$90°\geqq C>A=45°>B\geqq 0°$ であるから

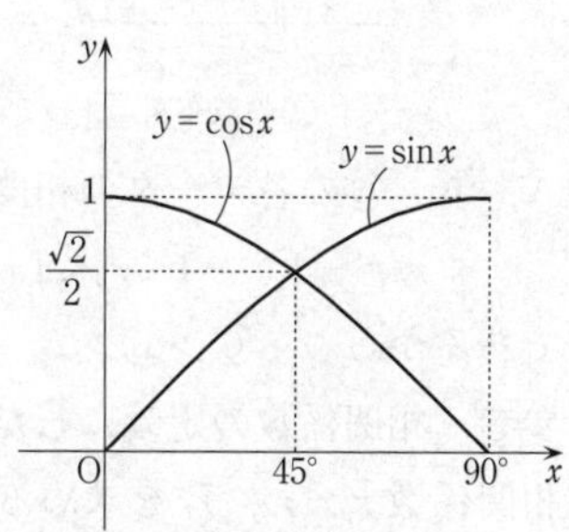

Ⓒ>Ⓐ>Ⓑ

(4)　A，B，C は有限集合 U の部分集合であるから，有限集合である。

$A\cap C\subset A$ であるから，$n(A\cap C)=n(A)$ より，$A\cap C=A$，$A\cap C\subset C$ であるから，$A\subset C$ が成り立つ（下図参照）。

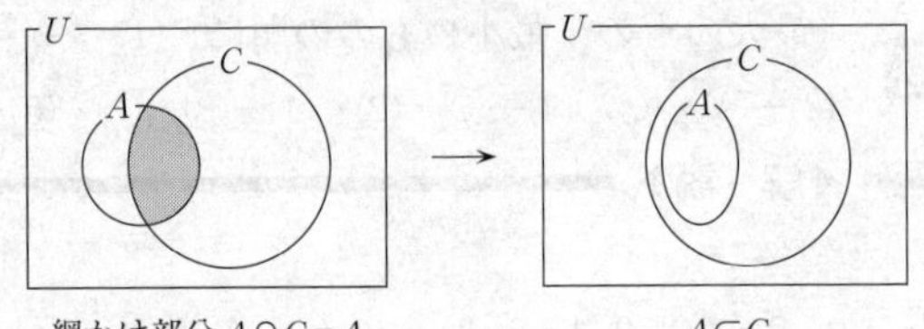

網かけ部分 $A\cap C=A$　　　　$A\subset C$

$n(\overline{B}\cap C)=0$ より　　$\overline{B}\cap C=\varnothing$

よって　　$C\subset B$（下図参照）

ゆえに，$A\subset C\subset B$ であるから　　$n(A)\leqq n(C)\leqq n(B)$

A，B，C の要素の個数は互いに異なるから

$$n(A)<n(C)<n(B)$$

よって　　Ⓑ>Ⓒ>Ⓐ

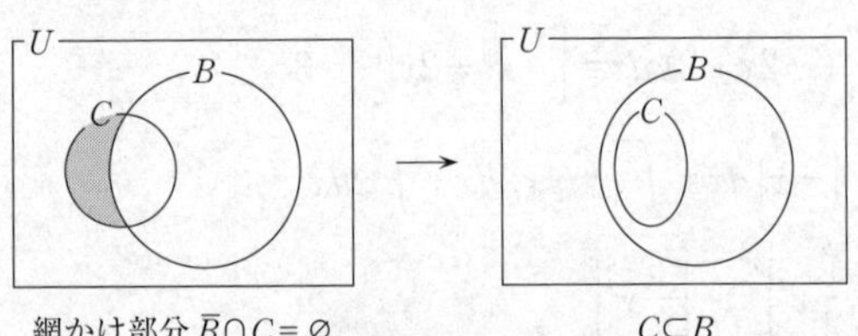

網かけ部分 $\overline{B}\cap C=\varnothing$　　　　$C\subset B$

(5)　Ⓐ，Ⓑ，Ⓒの各データの散布図は次のようになる。

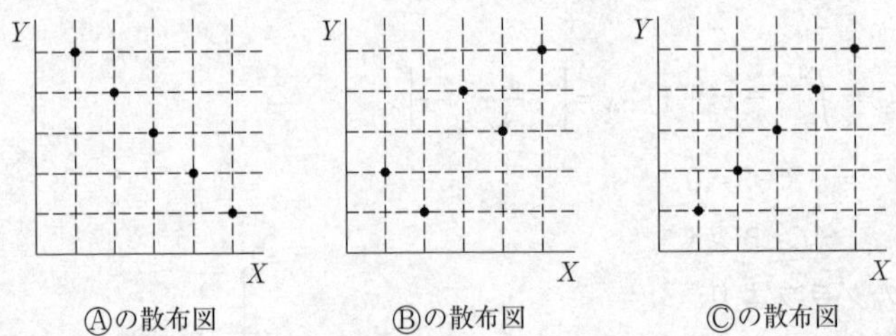

Ⓐの散布図　　Ⓑの散布図　　Ⓒの散布図

Ⓐ，Ⓑ，Ⓒの各データの相関係数を順に r_a，r_b，r_c とおけば，散布図より

$$r_a=-1,\quad -1<r_b<1,\quad r_c=1$$

であるから　　Ⓒ>Ⓑ>Ⓐ

参考　相関係数の定義にしたがって，表を用いてⒶ，Ⓑ，Ⓒの各データの相関係数 r_a，r_b，r_c を求めると次のようになる。

まず，Ⓐ，Ⓑ，ⒸのX，Yのデータの個数は５で，１，２，３，４，５からなるので，平均はいずれも $\overline{X}=\overline{Y}=\dfrac{1+2+3+4+5}{5}=3$ である。

Ⓐ	X	Y	$X-\overline{X}$	$(X-\overline{X})^2$	$Y-\overline{Y}$	$(Y-\overline{Y})^2$	$(X-\overline{X})(Y-\overline{Y})$
	1	5	−2	4	2	4	−4
	2	4	−1	1	1	1	−1
	3	3	0	0	0	0	0
	4	2	1	1	−1	1	−1
	5	1	2	4	−2	4	−4
計	15	15	0	10	0	10	−10

表より　$r_a=\dfrac{\frac{1}{5}\cdot(-10)}{\sqrt{\frac{1}{5}\cdot 10}\sqrt{\frac{1}{5}\cdot 10}}=-1$

Ⓑ	X	Y	$X-\overline{X}$	$(X-\overline{X})^2$	$Y-\overline{Y}$	$(Y-\overline{Y})^2$	$(X-\overline{X})(Y-\overline{Y})$
	1	2	−2	4	−1	1	2
	2	1	−1	1	−2	4	2
	3	4	0	0	1	1	0
	4	3	1	1	0	0	0
	5	5	2	4	2	4	4
計	15	15	0	10	0	10	8

表より　$r_b=\dfrac{\frac{1}{5}\cdot 8}{\sqrt{\frac{1}{5}\cdot 10}\sqrt{\frac{1}{5}\cdot 10}}=0.8$

Ⓒ	X	Y	$X-\overline{X}$	$(X-\overline{X})^2$	$Y-\overline{Y}$	$(Y-\overline{Y})^2$	$(X-\overline{X})(Y-\overline{Y})$
	1	1	−2	4	−2	4	4
	2	2	−1	1	−1	1	1
	3	3	0	0	0	0	0
	4	4	1	1	1	1	1
	5	5	2	4	2	4	4
計	15	15	0	10	0	10	10

表より　$r_c=\dfrac{\frac{1}{5}\cdot 10}{\sqrt{\frac{1}{5}\cdot 10}\sqrt{\frac{1}{5}\cdot 10}}=1$

よって　Ⓒ＞Ⓑ＞Ⓐ

Ⅱ　解答

(1)ア．6　イ．8　ウ．4

(2)エ．3　オ．2　カ．7　キ．2

(3)ク．2　ケ．5　コ．8

◀解　説▶

≪小問3問≫

(1)　$f(x)=x^3-ax^2+10x-b$ とおく。

3次方程式 $f(x)=0$ は $x=1\pm i$ を解にもつので，因数定理より，

$f(x)$ は $\{x-(1+i)\}\{x-(1-i)\}=x^2-2x+2$ で割り切れる。

$$
\begin{array}{r|llll}
 & x & +2-a & & \\
\hline
x^2-2x+2 & x^3 & -ax^2 & +10x & -b \\
 & x^3 & -2x^2 & +2x & \\
\hline
 & & (-a+2)x^2 & +8x & -b \\
 & & (2-a)x^2 & +(-4+2a)x & +4-2a \\
\hline
 & & & (12-2a)x & -b-4+2a
\end{array}
$$

上の割り算の余りが0であるから，$12-2a=-b-4+2a=0$ より

$a=6,\ b=8$　(→ア，イ)

このとき，$f(x)=(x-4)(x^2-2x+2)$ であるから，他の解は

$x=4$　(→ウ)

(2)　$\dfrac{5}{2}\leqq x\leqq\dfrac{9}{2}$ のとき，$5-x>0$，$(x-2)^3>0$ であるから，真数条件は成立している。底の変換公式を用いて底を2にそろえると

$$
\begin{aligned}
y&=\log_2(5-x)+3\log_8(x-2)\\
&=\log_2(5-x)+\frac{3\log_2(x-2)}{\log_2 8}\\
&=\log_2(5-x)+\log_2(x-2)\\
&=\log_2\{(5-x)(x-2)\}
\end{aligned}
$$

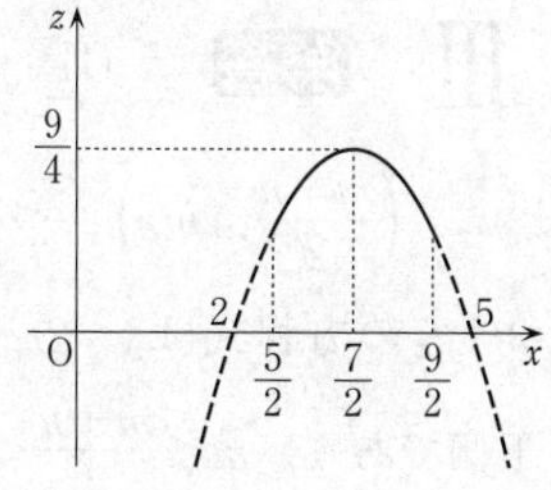

$z=(5-x)(x-2)$ とおくと，$y=\log_2 z$ であり，y は z の増加関数であるから，y が最大になるのは z が最大のときである。

$\frac{5}{2}\leqq x\leqq\frac{9}{2}$ の範囲で，$z=(5-x)(x-2)$ のグラフは右図のようになるから，z は $x=\frac{7}{2}$ のとき，最大値 $\frac{9}{4}$ をとる。

このとき

$$y=\log_2\frac{9}{4}=\log_2(3^2\cdot 2^{-2})=2\log_2 3-2$$

である。ゆえに，y の最大値は $2\log_2 3-2$ であり，このときの x の値は $\frac{7}{2}$ である。(→エ～キ)

(3)　等差中項・等比中項を考えて，与えられた条件は

$2b=a+c$　……①

$(10a)^2=2b\cdot 5c$　……②

$abc=80$　……③

と表せる。ただし，a，b，c は互いに異なる正の整数である。

②より，$bc=10a^2$ であるから，これと③より　　$a^3=8$

よって　　$a=2$

$a=2$ と①，③より　　$c=2b-2$，$bc=40$

c を消去して

$$b(2b-2)=40\iff b^2-b-20=0\iff(b+4)(b-5)=0$$

$b>0$ より　　$b=5$

これと $c=2b-2$ より　　$c=8$

よって　　$(a,\ b,\ c)=(2,\ 5,\ 8)$　(→ク～コ)

III 解答

(1)　$y=2mx-m^2$　……(答)

(2)　$\left(\dfrac{m+n}{2},\ mn\right)$　……(答)

(3)　l_2 の方程式は $y=2nx-n^2$ である。l_1，l_2 は接点以外ではともに C の下側であり，$m<\dfrac{m+n}{2}<n$ であるから，求める面積は，$r=\dfrac{m+n}{2}$ とおいて

$$\begin{aligned}&\int_m^r\{x^2-(2mx-m^2)\}dx+\int_r^n\{x^2-(2nx-n^2)\}dx\\&=\int_m^r(x-m)^2dx+\int_r^n(x-n)^2dx\\&=\left[\frac{1}{3}(x-m)^3\right]_m^r+\left[\frac{1}{3}(x-n)^3\right]_r^n\\&=\frac{1}{3}(r-m)^3-\frac{1}{3}(r-n)^3\\&=\frac{1}{3}\left(\frac{n-m}{2}\right)^3-\frac{1}{3}\left(\frac{m-n}{2}\right)^3\\&=\frac{(n-m)^3}{12}\quad\cdots\cdots(\text{答})\end{aligned}$$

(4)　$\mathrm{R}\left(\dfrac{m+n}{2},\ mn\right)$ が直線 $y=2x-3$ 上にあるので

$$mn=2\cdot\frac{m+n}{2}-3$$

よって　　$(m-1)(n-1)=-2$

m，n は整数であるから，$m<n$ に注意して -2 の約数を考えると，$(m-1,\ n-1)=(-2,\ 1)$，$(-1,\ 2)$ であるから

$(m,\ n)=(-1,\ 2)$，$(0,\ 3)$　……(答)

◀解　説▶

≪放物線とその2本の接線に囲まれる部分の面積≫

(1)　l_1 は点 $\mathrm{P}(m,\ m^2)$ を通り，$(x^2)'=2x$ より，l_1 の傾きは $2m$ であるから，l_1 の方程式は $y-m^2=2m(x-m)$，すなわち，$y=2mx-m^2$ となる。

(2)　l_1 の方程式で，m を n に置き換えると l_2 の方程式が得られる。l_1 と l_2 の方程式から y を消去して $m\neq n$ に注意すると

$$2mx-m^2=2nx-n^2 \Longleftrightarrow 2(m-n)x=m^2-n^2$$

$$\Longleftrightarrow x=\frac{m+n}{2}$$

$x=\dfrac{m+n}{2}$ を l_1 の方程式に代入して，$y=2m\cdot\dfrac{m+n}{2}-m^2=mn$ であるから，

l_1 と l_2 の交点Rの座標は $\left(\dfrac{m+n}{2},\ mn\right)$ である。

(3)　求める面積は図の網掛け部分の面積であるから，〔解答〕のような定積分で求められる。

一般に，放物線 $P：y=ax^2+bx+c$ と P 上の異なる 2 点 $(\alpha,\ \alpha^2)$，$(\beta,\ \beta^2)$ $(\alpha<\beta)$ における P の 2 本の接線は $x=\dfrac{\alpha+\beta}{2}$ で交わり，P と 2 接線が囲む部分の面積は，

$\dfrac{|a|}{12}(\beta-\alpha)^3$ となる $\left(\dfrac{1}{12}\text{公式}\right)$。

(4)　次のように求めてもよい。

$mn=2\cdot\dfrac{m+n}{2}-3$ を n について解いて

$$n=1-\frac{2}{m-1}$$

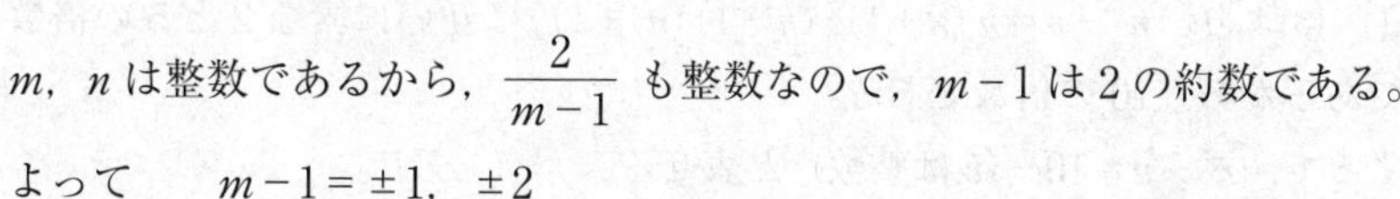

m，n は整数であるから，$\dfrac{2}{m-1}$ も整数なので，$m-1$ は 2 の約数である。

よって　　$m-1=\pm1,\ \pm2$

ゆえに，$m=-1,\ 0,\ 2,\ 3$ であるから，$n=1-\dfrac{2}{m-1}$ より

$$(m,\ n)=(-1,\ 2),\ (0,\ 3),\ (2,\ -1),\ (3,\ 0)$$

$m<n$ に注意して　　$(m,\ n)=(-1,\ 2),\ (0,\ 3)$

Ⅳ　解答

(1)　n はある整数 m を用いて，$n=2m$，$n=2m+1$ のどちらか一方で表せる。

$n=2m$ のとき，$n(n+1)=2m(2m+1)$，$n=2m+1$ のとき，$n(n+1)=2(2m+1)(m+1)$ だから，連続２整数の積 $n(n+1)$ は２の倍数である。

（証明終）

(2)　(1)より，$n(n+1)$ は２の倍数だから，$n^3-n=(n-1)n(n+1)$ は２の倍数である。

n はある整数 m を用いて $n=3m$，$n=3m+1$，$n=3m+2$ のどれか１つで表せる。

$n=3m$ のときは n が，$n=3m+1$ のときは $n-1=3m$ が，$n=3m+2$ のときは $n+1=3(m+1)$ が３の倍数であるから，$n^3-n=(n-1)n(n+1)$ は３の倍数である。

２と３は互いに素であるから，n^3-n は６の倍数である。　（証明終）

(3)　n はある整数 m を用いて，$n=5m$，$5m\pm1$，$5m\pm2$ のいずれか１つで表せる。$n^5-n=(n-1)n(n+1)(n^2+1)$ である。

$n=5m$ のときは n が，$n=5m+1$ のときは $n-1=5m$ が，$n=5m-1$ のときは $n+1=5m$ が，$n=5m\pm2$ のときは $n^2+1=5(5m^2\pm4m+1)$（複号同順）が５の倍数であるから，n^5-n は５の倍数である。　（証明終）

(4)　与式を P とおく。

(1)，(2)より，$n(n+1)=2a$，$n^3-n=6b$（a，b は整数）と表せる。

(1)，(3)より，$n^5-n=n(n+1)\cdot(n-1)(n^2+1)$ は互いに素な２と５の倍数であるから，10の倍数である。

よって，$n^5-n=10c$（c は整数）と表せる。

n^5-n，n^3-n に注目して P を変形すると

$$\begin{aligned}P&=9(n^5-n)+10(n^3-n)+15n(n+1)(n^2-n+1)\\&=90c+60b+30a(n^2-n+1)\\&=30\{3c+2b+a(n^2-n+1)\}\end{aligned}$$

であるから，P は30の倍数である。　（証明終）

◀解　説▶

≪$9n^5+15n^4+10n^3-4n$ が30の倍数であることの証明≫

(1)，(2)，(3)ともに，余りによる整数の分類（剰余類）の考え方を用いている。(3)は，次のように証明してもよい。

(1), (2)と同様に，連続する５整数 $n-2$, $n-1$, n, $n+1$, $n+2$ の中のちょうど１つが５の倍数なので，これらの積 $(n-2)(n-1)n(n+1)(n+2)$ $=n(n^2-1)(n^2-4)=n^5-5n^3+4n$ は５の倍数であるから，n^5-5n^3+4n $=5k$ （k は整数）と表せる。ゆえに，$n^5-n=(n^5-5n^3+4n)+5n^3-5n$ $=5(k+n^3-n)$ は５の倍数である。

なお，連続する r 個の整数の積は $r!$ の倍数であることが知られている。

また，一般に a, b が互いに素な整数であり，整数 c が a, b の公倍数ならば，c は a, b の積 ab の倍数である。(2), (4)の証明でこの定理を用いた。

参考に，(4)で用いた変形を詳しく書いておく。

$$\begin{aligned}P&=9n^5+15n^4+10n^3-4n\\&=9\{(n^5-n)+n\}+15n^4+10\{(n^3-n)+n\}-4n\\&=9(n^5-n)+10(n^3-n)+15n^4+15n\\&=9(n^5-n)+10(n^3-n)+15n(n^3+1)\\&=9(n^5-n)+10(n^3-n)+15n(n+1)(n^2-n+1)\end{aligned}$$

V　解答

(1)　$\dfrac{1}{4}$　……(答)

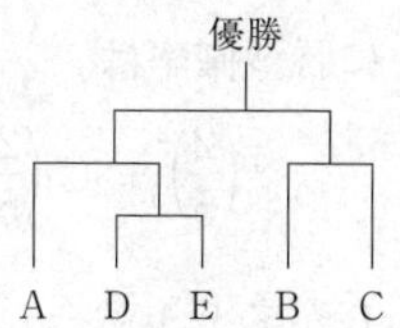

(2)　右のブロックでBがCに確率 $\dfrac{1}{2}$ で勝ち，続いてBが左のブロックで勝ち上がったA，D，Eのうちのいずれかに勝つ確率を求めればよい。

決勝戦は３試合制なので，Bが決勝戦で勝つ確率は

$$\left(\frac{1}{2}\right)^2+{}_2C_1\left(\frac{1}{2}\right)^1\left(\frac{1}{2}\right)^1\cdot\frac{1}{2}=\frac{1}{2}$$

であるから，求める確率は

$$\frac{1}{2}\cdot\frac{1}{2}=\frac{1}{4}\quad\cdots\cdots(答)$$

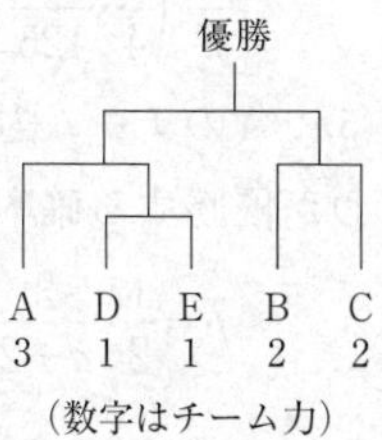

（数字はチーム力）

(3)　Aが優勝するのは，左のブロックでAがD，Eの勝者のどちらか（Xとする）に勝ち，決勝戦で右のブロックから勝ち上がったB，Cのどちらか（Yとする）に３試合制で勝つ場合である。

AがXに勝つ確率は $\dfrac{3}{3+1}=\dfrac{3}{4}$ である。

AがYと1試合して勝つ確率は，$\frac{3}{3+2}=\frac{3}{5}$ であるから，AがYに3試合制で勝つ確率は

$$\left(\frac{3}{5}\right)^2+{}_2C_1\left(\frac{3}{5}\right)^1\left(\frac{2}{5}\right)^1\cdot\frac{3}{5}=\frac{81}{125}$$

となるから，Aが優勝する確率は

$$\frac{3}{4}\cdot\frac{81}{125}=\frac{243}{500}\quad\cdots\cdots(\text{答})$$

同様にして，Dが優勝する確率は

$$\frac{1}{2}\cdot\frac{1}{4}\left\{\left(\frac{1}{3}\right)^2+{}_2C_1\left(\frac{1}{3}\right)^1\left(\frac{2}{3}\right)^1\cdot\frac{1}{3}\right\}=\frac{7}{216}\quad\cdots\cdots(\text{答})$$

(4)　右のブロックでBが勝ち上がる確率は $\frac{2}{2+2}=\frac{1}{2}$ である。

左のブロックでAが勝ち上がる確率は $\frac{3}{3+1}=\frac{3}{4}$ であり，A以外（これをZとする）が勝ち上がる確率は，$1-\frac{3}{4}=\frac{1}{4}$ である。

BがAと1試合して勝つ確率は $\frac{2}{2+3}=\frac{2}{5}$ であるから，3試合制でBがAに勝つ確率は

$$\left(\frac{2}{5}\right)^2+{}_2C_1\left(\frac{2}{5}\right)^1\left(\frac{3}{5}\right)^1\cdot\frac{2}{5}=\frac{44}{125}$$

BがZと1試合して勝つ確率は $\frac{2}{2+1}=\frac{2}{3}$ であるから，3試合制でBがZに勝つ確率は

$$\left(\frac{2}{3}\right)^2+{}_2C_1\left(\frac{2}{3}\right)^1\left(\frac{1}{3}\right)^1\cdot\frac{2}{3}=\frac{20}{27}$$

ゆえに，Bが優勝する確率は

$$\frac{1}{2}\cdot\left(\frac{3}{4}\cdot\frac{44}{125}+\frac{1}{4}\cdot\frac{20}{27}\right)=\frac{758}{3375}\quad\cdots\cdots(\text{答})$$

(5)　Aのチーム力を a（a は1以上の整数）とする。

Dが優勝する確率を p とすると

$$p=\frac{1}{2}\cdot\frac{2}{a+2}\left\{\left(\frac{2}{5}\right)^2+{}_2C_1\left(\frac{2}{5}\right)^1\left(\frac{3}{5}\right)^1\cdot\frac{2}{5}\right\}$$

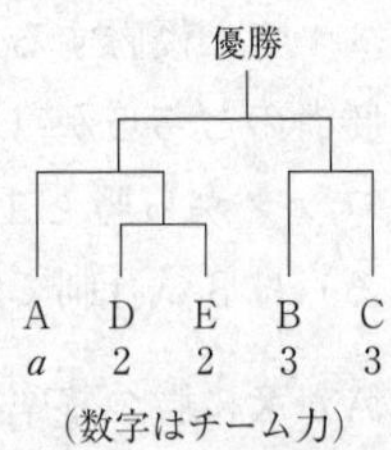

（数字はチーム力）

$$=\frac{44}{125(a+2)}$$

であるから

$$p\geqq\frac{1}{20}\Longleftrightarrow\frac{44}{125(a+2)}\geqq\frac{1}{20}\Longleftrightarrow a\leqq\frac{126}{25}=5+\frac{1}{25}$$

a は 1 以上の整数であるから　$a=1,\ 2,\ 3,\ 4,\ 5$

したがって，A のチーム力の範囲は　1，2，3，4，5　……(答)

◀解　説▶

《5 チームによるトーナメント戦に関する確率》

(1)　5 チームのチーム力はすべて等しい。求める確率は，B が右のブロックで C に勝ち，さらに，左のブロックで勝ち上がったいずれか 1 つのチームと決勝戦で勝つ確率であるから　$\frac{1}{2}\cdot\frac{1}{2}=\frac{1}{4}$

(2)　詳しくは〔解答〕のように計算できるが，実力が等しい 2 チームが戦って，1 つのチームが他方のチームに勝つ確率は，1 試合制でも 3 試合制でも同じく $\frac{1}{2}$ であることは明らかであるから，結果は(1)と同じである。

(3)　A が Y と 1 試合して勝つ確率は $\frac{3}{3+2}=\frac{3}{5}$ である。A が Y に 3 試合制で勝つのは，A が 2 連勝するか，または，1 勝 1 敗に続いて A が勝つ場合であるから，A が Y に 3 試合制で勝つ確率は，反復試行の確率を考えて

$$\left(\frac{3}{5}\right)^2+{}_2C_1\left(\frac{3}{5}\right)^1\left(\frac{2}{5}\right)^1\cdot\frac{3}{5}=\frac{81}{125}$$

となる。D が優勝する確率を求めるときにも，3 試合制で D が勝つ確率を上と同様に考える。

(4)　A のチーム力は 3，D，E のチーム力は 1 であるから，左のブロックで A が勝ち上がる場合と，その他の場合に分けて考える。

(5)　A のチーム力を a（a は 1 以上の整数）とおいて，D が優勝する確率 p を(4)と同様にして計算し，$p\geqq\frac{1}{20}$ となる a の範囲を求める。

❖講　評

大問5題の出題で，Ⅰ，Ⅱは必答，Ⅲ，Ⅳ，Ⅴから2題選択解答する。ⅠとⅡは小問集合になっており，「数学Ⅰ・Ⅱ・A・B」からまんべんなく出題されている。

Ⅰは各分野の基本を確認する問題で，5問の小問からなり，すべての小問で3つの値の大小を比較する。(1)成分によるベクトルの大きさ。(2)定積分。(3) $\sin A=\cos A$，$\sin B<\cos B$，$\sin C>\cos C$ なる $0°$ 以上 $90°$ 以下の角 A，B，C の比較。(4)有限集合 U の互いに要素の個数が異なる部分集合 A，B，C が，$n(A\cap C)=n(A)$，$n(\overline{B}\cap C)=0$ をみたすときの $n(A)$，$n(B)$，$n(C)$ の比較。(5)相関係数の比較。

Ⅱは小問3問であり，各分野の基本的・典型的な内容が問われた。「数学Ⅰ・Ⅱ・A・B」のすべての分野をもれなく学習しておきたい。

Ⅲは放物線上の2点における接線と放物線で囲まれる部分の面積を求める問題で，整数問題を絡めている。

Ⅳは「数学A」の整数の性質から，整数 n に対して，小問4問をつないで，$9n^5+15n^4+10n^3-4n$ が30の倍数であることを証明する問題である。

Ⅴは「数学A」から，5チームのトーナメント戦で1つのチームが優勝する確率を，チーム力に差があるときも含めて問う問題である。問題量が多く，近年の確率の問題同様，思考力を要する。

幅広く偏りなく学習すること，また，解答スペースが小さめなので，日頃の学習から答案をコンパクトにまとめる習慣を身につけることが大切である。

の際、特に接続詞や副詞の働きに留意する必要がある。文と文、段落と段落、意味段落と意味段落で、どのような関係性を持たせて論、場面を展開させているのかを意識するよう心がけたい。

三は、只野真葛の『独考』と、それに対する批評書である曲亭馬琴の『独考論』からの出題である。設問としては、基本的な古文の知識、読解力を問うものである。普段から重要語句・文法の定着を図り、丁寧な学習を心がけたい。また、古文では主体、客体などの省略が頻繁に起こるため、日頃から意識して読解する必要がある。

問七　1は後半の「文章Ⅱでは地方出身者としての」が、筆者の出身地が述べられておらず、不適。2は後半の「筆者の伝聞にもとづく」が、伝え聞いたという記述がないため不適。3は後半の「筆者の実体験を交えつつ」が、実体験の記述がないため不適。5は後半の「そのような経験をしたことがない」が、経験に関する記述がないため不適。よって、正解は4。

問八　1の井原西鶴は江戸時代前期の浮世草子の作者である。それ以外の人物は江戸時代中期に活躍した人物である。

❖講　評

現代文二題、古文一題の計三題で試験時間は六〇分という構成。文章量・設問数・難易度はいずれも標準的ではあるが、試験時間を計画的に配分し、迅速に解き進めていかなければならない。空所補充問題、文学史・古典常識問題が出題される傾向が続いている。

□一は、ドイツ在住の作家、多和田葉子の『エクソフォニー　母語の外へ出る旅』の随筆が出題された。森鷗外の作品を取り上げながら、現代とは異なる明治維新直後の西洋化事情を感じ取る随筆で、読みやすい文章であったと思われる。本文内容から演繹的に考えさせる問が例年出題されているため、普段の問題演習から意識的に考えておきたい。

□三は、富岡多恵子の小説「子供芝居」からの出題であった。場面や登場人物の心情は読み取りやすい文章であったが、副詞などの修飾語のつながりや、人物描写の読み取りなど、細かな記述にも留意しなければならない問題が多い。誰がどうした、こう発言した、といった筋だけを追うのではなく、さりげない描写から、昔と今の家族の境遇の変化や、登場人物の奥行きなどを読み取りたい。子供が芝居に出て給金をもらう、ということは、現代だと華やかな芸能活動のようなイメージになるが、この小説の時代背景では、家族総出で働かなくてはならない貧しさの表現になっていることが、現代の受験生にはわかりづらかったかもしれない。

□一□三ともに、空所補充問題、内容説明問題は、基本的には前後の関係から読み取るという原則に従って考える。そ田舎へ行かせ、あるいは焼け残っている親もとへ行かせるなどして（本人だけが残って）、各々が棟梁の手について、働こうとするうちに、あんなに数十万戸の家作りが、半年ならずで同時に成就するのである。これはまた商人職人が、（賃金をつり上げるのは）利欲におぼれるためであるとだけ思うのは間違っている。

◀解　説▶

問一　空欄A、Bともに直前が「年を」であるため、入る語は〝経過する〟という意味のハ行下二段活用動詞「経」となる。Aは直後が連用形接続の接続助詞「て」であるため、連用形の「へ」が正解。Bは「るにつけても」と続き、これは「ることにつけても」の「こと」が省略された形であるため、「る」は連体形活用語尾の一部とわかる。Bを含めて連体形となるので、「ふ」が正解。

問二　「あながち」は下に打消の語を伴って、副詞として、〝必ずしも〟の意味、「かから」は〝関わる〟の意味のラ行四段活用動詞「かかる」の未然形、「ぬ」は打消の助動詞「ず」の連体形、「るる」は自発の助動詞「る」の連体形であるので、以上の語意を反映している3が正解となる。

問三　「公」は〝朝廷〟を意味し、為政者を指している。筆者の只野真葛が江戸時代中期の人であることから、ここでの為政者は「幕府」である。

問四　「しろしめす」は「知る」「治める」の尊敬語である。物価変動についての文脈なので、3が正解。

問五　「人気」はここでは、〝人の気持ち〟、「人」は〝職人〟である。

問六　傍線⑤は〝商人職人が、利欲におぼれるためであるとだけ思うのは間違っている〟という口語訳になる。文章Ⅰの筆者がⅠの末尾で「けんどんじやけんなる町人共が心のままなる故、……かくはからふなりけり」と述べているのに対して、文章Ⅱの筆者はⅡの二行目以降で「江戸なる職人のみにてはなほ足らず、近国よりよびのぼする職人は、……定式の賃銀にては、人気すすまず。この故に……賃銀をまして」と述べているので、以上の二点をふまえている5が正解。

「それは嘆きぼくろと言って良くないことである」と言われたけれども、生まれついたことであるので、どうしようか、いや、どうしようもない。今、年をとって思うに、本当にそのような世間で言われていることは実際にあることであった。一七七二年の春、江戸大火災があったのは、自分が十歳の年であった。火事が鎮まって後、すべての物の値段が上がって、すべて倍となっていたのを、この時はじめて値段などということを聞き知って、幼な心に、「ああ気の毒である。焼けたうえに物の値までも上がっては、世の中の人はどんなに苦しんでいるだろう」と心の底から嘆きはじめたことが、物心ついての愁いのはじめであった。火災があったといって物の値段が上がるというのは何が原因かと、疑わしい気持ちが絶えない。そうして、年をとるにつけても、物の値段の不安定であることは、係留していない船のような心地がして、とても不可解で、心の底から自然と嘆いてしまっていた。このように必ずしも、自身に関わらないことを見捨てることができず自然と嘆いてしまうのは、生まれついたほくろが原因であるのだろう。これをどのような原因かと横になって心の中で考え続けることは三十数年である。

　そうして、物の値段が不安定であることは、金を競い合う競争心のしわざのせいであると悟って後は、幕府は畏れ多いのでそのままにしておいた。ああ、国や郡を治めなさる君主で、このような御心があって、その一国だけでも物の値段を把握してほしいものだよ。君主で治めなさることができることであるなら、大火災のようなことなどがあったら、お恵みとして、「物の値段はいちだんと下げなさい」と、命令が下るべきなのに、欲深く無慈悲な町人どもの思いのままであるため、人の愁いを顧みず、自身が利益を得るようなことだけ喜んで、このように（値段をつり上げ）とりしきったのであった。

Ⅱ　また大工、屋根葺、諸職人の賃金なども、この時急に上ることがあるのは、江戸で数十万戸である武家や町人の家作りを一時に造り立てていることであるので、江戸にいる職人だけではやはり足りず、近国から呼びよせる職人は、往復の交通費、滞在中の諸雑費が多くなることにより、一定の賃金では、その人たちの仕事をする気はおきない。このために諸職人の賃金を増して、速やかに招き集める計画を実行することによって、家を焼かれた江戸の諸職人も、あるいは妻子を

3、弟は、文中で何度か「ダイちゃん」と呼ばれているが、なにも話さない。また、現在九歳であるキン（傍線④を含む段落に「九ツ」とある）の弟であるから、まだ幼い。おそらくまだ片言しか話せない幼児か、あるいは赤ん坊であることが推測できる。

4、「おっしょさん」は舞や芝居を教えてくれているが、「キンの心の内を理解してくれて」いる描写はない。したがって、正解は4。

5、傍線②と空欄Dを含む段落に「母親には内緒でシズカさんの家に出入りしては字を教えてもらい」とあることから推測できる。

三

出典　Ⅰ、只野真葛『独考』
Ⅱ、曲亭馬琴『独考論』

解答

問一　A―へ　B―ふ
問二　3
問三　4
問四　3
問五　2
問六　5
問七　4
問八　1

◆全　訳◆

Ⅰ　真葛（＝筆者の名。自分）は生まれついて、右の眼の下に根深くとても大きなほくろがあったのを、見る人ごとに、ているのがわかるため、正解は1。

問九　傍線⑥の「入口を入った時から、……はじまっていた」というのは、不可分であるということを示している。4の「地続きになっており、……区別することは出来ない」が同義であるため、正解は4。また、傍線⑥の直後には「毎日通る同じ道筋、毎日見る同じ建物や風景、毎日くりかえす芝居小屋のなかのひとにする挨拶は、パークの外の出来事とはすっかり別物であった」とあるように、芝居そのもの以外の、道筋や風景のことも傍線⑥でいう「毎日の芝居」に含まれている。したがって、芝居そのものにしか言及していない1・2・3、芝居の世界の人間世界に限定した5は不適切。

問十　「明らかに誤っているもの」を選ぶ問題。明確に書かれていなくても、文中の描写から推測できるものを外していけばよい。

1、問八でみたように、傍線⑤を含む段落とその前の段落から「母親は現在の境遇に……いらだっている」と読み取れる。また、さらにその前の段落の「たいていキンの家からひびいてくる声は、母親の声であり、その笑声であった。母親の叱る声も大きかったが、笑う声もよくひびいた」という描写から、「持ち前の明るさで家族を引っ張っている」ことも読み取れる。

2、傍線bを含む段落に父親が描写されている。芝居や遊芸に興味はないが、娘の舞ざらいは親馬鹿でのぞきに行く。しかし芝居は奉公と同じだから見たくない。「娘はちいさい時から、あかい着物を着て、家のかど口を蝶々のように出たり入ったりしているのが、この父親には当り前のことであった」。つまり、娘がちいさい時は、きれいな着物を着せて、気ままに遊ばせたり、月謝を払う稽古ごとをさせたり、ということが当り前にできる境遇だった。今は家族総出で働かなくてはならない境遇であり、娘が働く姿は見たくない、というのだから、「引け目を感じている」ということも推測できる。また、傍線⑤で母親が暮らし向きの不満をぶちまけたのを受けて、「父親はいつになく怒ったように出ていった」のも、「引け目を感じている」ことの裏返しと取れる。

取り入れていることが記されている。そのため、空欄Eには無意識にというような意味のことばが入る。以上をふまえると正解は4となる。

問五　傍線①の三行後「母親がきても見のがすことはない」とあるように、キンは母親が通ることを注視しているのである。問三でも触れたようにこの後、時間の流れが昨日に巻き戻され、再び同じ時間の流れに戻るのは最後の三段落である。最後から三段落目の最終文に「キンはずっと立っていた」とあり、次行の「見つけたら、逃げ出すのである」が理由である。

問六　傍線②の「恥かし」さは、六行後「知らぬ間に熱中していることで、その熱中の中身を、……ふいに見られるのは、……屈辱に思ったのである」とあり、内面を見られることに対してである。一方、傍線④の「恥かしさ」は「両親の」であり、四行後に「子供芝居は、娘の女中奉公の奉公先と同じようなもの」とあるので、子供を働かせなくてはならない家庭の外面的なものである。よって、2が正解。

問七　傍線③の三行後に「だれかが、ひとりでもズラカルということは、だれもが承知できぬことであるのをキンは子供心に知っていた。……十九であって、……色街へ親につれていかれても、それは多分同じであった」とあるので、キンは年齢や能力に応じて家計を担う責任があることを自覚している。その内容に言及している5が正解。

問八　母親は、最初は傍線⑤の前の段落前半にあるように、芝居を見に行くことについて「亭主に応援を求めて」いたのだが、だんだん「そら、うちかて、世が世やったら娘になにも芝居に出てもらわんかて」と、かつてのように月謝を払って娘に稽古ごとをさせるのではなく、芝居に出て給金を稼いでもらわなければならないという、現在の暮らし向きに対する不満に移っていく。こうして話題がずれていったことが、「母親は辻褄のあわぬことを亭主に喋っている」と表現されている。さらに、傍線⑤の直前では、芝居は恥かしいと涙声でいう娘に対して、恥かしいことはない、と叱りつけ、なにも娘に恥かしい仕事をさせているわけではない、とことさらに強調している。また、傍線⑤直後で父親が「怒ったように出ていった」とあり、父親に主な責任のある「暮らし向き」の変化に母親の立腹の対象が変わっ

問七　5
問八　1
問九　4
問十　4

◆要　旨◆

家庭環境により舞のお稽古をやめて、子供芝居に出て給金をもらうようになったキンが、芝居に熱中していきながら、その内面を家族、特に母親には知られたくない、また芝居を見られたくないと悩む場面である。

▲解　説▼

問二　挿入文の末尾「ように」という比況表現の連用修飾の形に注目すると、「ように」の直前の「視線をそらす」と同義のことばに倒置の形で続くと考えられる。父親がキンから「視線をそらす」と同義の内容、ことばとしては傍線bの四行後ろに「この男は、……娘を……眺めることは避けていた」があるので、これに続くと考えられる。

問三　冒頭は、新世界パークの噴水のそばでキンが母親を見のがすまいとしている場面である。その時間の流れが途絶えるのは「昨日ふいに」で始まる第三段落からで、時間は昨日にさかのぼる。その後、最後から三つ目の段落で、再び冒頭からの時間の流れと同じ、新世界パークで立っているキンに焦点が戻る。

問四　空欄Aの二行前「母親がきてもおもしろい」や一行前「花見がてら……いってもええな」からは、母親の前向きな姿勢が見て取れる。空欄Bの直前「いやや、きたらあかん」や一行後「いやや、おかんがきたら……出えへん」からはキンの頑なに拒否する姿勢が見て取れる。そのやり取りの後、母親が空欄Cの一行前に「いこで」とあるように、相手の反対を押し切って自分の意見を重ねて主張しているので、空欄Cには「トドメを刺すように」が入る。空欄Dでは、見られたくない姿として「恥かしさを」［D］「ききかえす術も覚えてしまった」とあるので、空欄Dには平然とした態度を示すことばが入る。空欄Eは、それまでの箇所で、芝居に「自分でも知らぬ間に」身の回りのことを

問八　傍線⑥に続く段落で筆者の小学生時代の実体験が描かれているが、これについて、問七の「公使に象徴されるような考え方」の中での「西洋化時代のヨインだったのか、と思う」とあるので傍線部の「手触り」が実生活についてのものと判断できる。傍線部直後に「のようなもの」とあり、婉曲表現を避けきれないものであることからも、正解は4となる。

問九　空欄Bは、衛生観において西洋に追いつき追い越そうと努力した結果、「ドイツの……『日本人の眼から見たら、……不潔と思われてしまうかも……耳にしたこともある」となったことと「同じこと」である。つまり、追い越そうと努力しすぎるあまり、対象のものの性質をその性質の観点で勝ってしまっているということである。空欄の前に「女性への偏見と戦って」とあるが、「女性への偏見」を持つのは「男性」であるので、その点において勝っていることを述べている1が正解。

問十　最後から二段落目に「今では日本ほど……綺麗な国はないし、逆に……ところまで行きついている。ドイツの……耳にしたこともある」とあるため、5の「今なお衛生面で西欧の後塵を拝している」は筆者の意見と明らかに異なる。

二

出典　富岡多恵子「子供芝居」

解答

問一　a、ほうばい　b、こっとうや

問二　は避けていた。

問三　二番目―昨日ふいに　三番目―桜の花の終

問四　4

問五　キンは～である

問六　2

学を批判的に見つめる視線もいっしょに供給してくれた鷗外のテキストは、何よりも歴史を感じさせてくれる。

▲解　説▼

問二　空欄Aを含む文に続く、森鷗外を説明する文に「ドイツに留学し、衛生学などを勉強した半面、『文明開化』つまり『西洋化』に対してユーモラスで皮肉な距離を失わなかった」とあり、ここでは、鷗外の二面性、特に相反する二つの感情を併せ持つ状態について言及しているため、そのような意味を表す3が正解。

問三　『富嶽百景』の作者は太宰治。

問四　設問で「どのようなものの見方か」とあることに着目する。問二の〔解説〕でも述べたような鷗外の「ものの見方」、つまり、見る方法、視線の向け方についてのことばを探せばよい。そうすると、最終段落に「衛生学を日本に取り入れながら、衛生学を批判的に見つめる視線もいっしょに供給してくれた鷗外」とあるので、「視線」までを抜き出す。

問五　傍線③を含む文で「をほぐす重要な作品」とあり、「神話」は「ほぐす」対象であることがわかる。また、次文に「文明を計る物差し……差別の道具にもなる」とあるので、以上をふまえて選択肢を吟味する。1は「実害を及ぼし、道徳に反する」が不適。2は「超自然的な現象」が不適。3は「偶発的なでき事」が不適。4は「口伝えに広がって多くの人がだまされるようになった」が不適。5が正解。

問六　傍線④の比喩表現について「国が自らの身体に」は〈国が自国民に〉、「強いて…せた」は〝無理にさせる、押し付けた〟、「靴」は「草鞋とか草履とか」に対しての日本に合わないものの喩えである。当時は傍線④の直前にあるように「西洋が圧倒的に強く、……大変な世界情勢」であったため、「西洋に追いつ」こうとしていたのである。よって、2が正解。

問七　傍線①の三行後に公使の発言があるが、「足の親指と……鼻糞をほじる国民」という表現からは日本を見下している考え方が読み取れる。よって、正解は3。1は「追いつこうとする気概はある」が不適。

国語

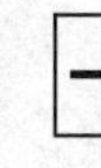

出典　多和田葉子『エクソフォニー　母語の外へ出る旅』

解答

問一　a、悲壮　b、余韻
問二　3
問三　4
問四　衛生学を日～つめる視線
問五　5
問六　2
問七　3
問八　4
問九　1
問十　5

◆要　旨◆

鷗外がドイツ語を学んだこととわたしたちがドイツ語を学ぶということの間には大きな違いがある。鷗外は日本がプロイセンを手本に富国強兵に進んでいる時代に衛生学などを勉強した半面、「西洋化」に対してユーモラスで皮肉な距離を失わなかった。西洋に追いつき追い越そうと必死に努力してきた日本人にあって、衛生学を日本に取り入れながら、衛生

//////////////////// · memo · ////////////////////

2022年度

問題と解答

■学部別入試

問題編

▶試験科目・配点

教　科	科　　目	配　点
外国語	コミュニケーション英語Ⅰ・Ⅱ・Ⅲ，英語表現Ⅰ・Ⅱ	100 点
選　択	日本史Ｂ，世界史Ｂ，政治・経済，「数学Ⅰ・Ⅱ・Ａ・Ｂ」から１科目選択	100 点
国　語	国語総合（漢文を除く）	100 点

▶備　考

「数学Ｂ」は「数列・ベクトル」から出題する。

英語

（60分）

I　つぎの英文を読み，あとの問いに答えなさい。

Jochen Menges, an expert in organizational behavior, thinks that emotions matter profoundly for employee performance and behavior. His studies bring nuance to our understanding of how employees wish to feel at work.

Happiness at work sounds like it can only be a good thing, but add the word required in front and it becomes a rather frightening concept.

It is important for people to feel happy rather than miserable in their work — research shows that satisfied employees deliver better results after all.

But some businesses regard happiness initiatives as a general solution that can be applied across an organization to increase employee well-being, as Menges explains.

"The very fact that many organizations now 'invest in happiness' means they understand that emotions matter. But what they typically do — offering benefits like relaxation zones — is rather dull and does not account for the complexity of people's emotional life."

(ア) Menges is diving deeper into our understanding of emotions at work. For example, one of his projects has asked over 10,000 employees in the USA not just how they feel, but also how they *wish* to feel at work.

The results show that while some report (　A　) happy, many say they are stressed, tired, and frustrated at work. When it comes to how people wish to feel, the study finds that most want to be appreciated, excited, and happy. "There is a considerable gap between how people feel at work and how they would like to feel," Menges explains. "Now the challenge is to find ways to (　1　) that gap."

Menges suggests that happiness may not primarily be about privileges. "The work itself, colleagues and supervisors, and the organizational structure and culture play major roles in whether or not employees are happy."

In one study, Menges found that people experience more positive emotions in organizations that are in close touch with customers.

"These organizations tend to be more loosely managed — decisions can be made at lower levels — and they (B) more attention to employees' emotional abilities in recruiting and promotion processes. Those two factors in turn are linked to how positive the employees across an organization feel."

(イ)It's not all about being positive, however.

Menges and his colleagues found in a recent study that some positive emotions — pride, for example — can be a problem.

"If employees do not identify with their organization, then pride increases their intention to leave. They think 'I am better than this place,' and look for new opportunities." By contrast, if employees identified with their organization and experienced events that made them feel angry, they were less likely to quit. They want to (2) on and improve the situation.

So any emotions can be a good thing even if they are unpleasant. "If managers suppress employees' emotions, they (3) create an environment of indifference. Employees just get on with work, but they are not as committed and invested anymore. A bit of emotion, a bit of up and down — that's what makes work meaningful."

Menges also challenges the idea that employees should pursue 'happiness.' "I think people differ in how they wish to feel at work. Although many of us simply say 'I want to be happy at work,' what we actually mean by 'happy' can differ greatly."

Menges tries to understand how people differ in the feelings they look for at work, and whether those differences affect people's choice of employer and engagement at work.

For example, someone wanting to feel safe is likely to look for a stable, predictable job, whereas someone looking for（　C　）might not care much about job security as long as the job provides a stimulating environment.

The problem, according to Menges, is that most of us are not that specific when it comes to how we want to feel. "We lack the emotional vocabulary to accurately locate our（　D　）emotions, so we just use 'happy.' If we had better search terms, perhaps the search for happiness would not be that difficult."

(ウ) Places with high positive energy are at risk of losing it. "Companies were working at too fast a pace — they increased the number and speed of activities, raised performance goals, shortened innovation cycles. They were trying to get more done with fewer people at a faster pace."

But when performance went up, too often companies tried to make this pace the new normal. The result was that employees' energy began to drain.

These companies had made the mistake of accelerating.

"Managers in accelerated companies realized that something was not right, but they took the wrong cure. Rather than giving employees some relief, they increased pressure.（　4　）, their calls for high performance led to lower performance," Menges says.

"This is still a common problem. Any uncertainty, such as Brexit*, can create a trap where companies overload and under-resource employees, and where organizational fatigue can result."

The good news is that it is possible to escape the trap. Menges looked at how leaders recognized the trap and moved their company in different directions — such as halting less-important work, being clear about strategy and changing the culture.

"When it comes to how people feel in a business, many point to the leader. And it is right that leaders play a key role in（　E　）the mood of a place," Menges explains. In particular, leaders with emotional intelligence — the ability to recognize emotions in oneself and others, and to regulate emotions in ways that help reach rather than hamper goals — are in a good position to（　5　）their team's and organization's collective emotions in the right direction.

Brexit*：英国の欧州連合離脱

問1　文脈から考えて，（　1　）～（　5　）に入る最も適切な語句をそれぞれ選びなさい。

(1)　A．open　　B．close
　　C．hide　　D．expose

(2)　A．break　　B．hang
　　C．stick　　D．turn

(3)　A．at stake　　B．by comparison
　　C．on end　　D．over time

(4)　A．Expectedly　　B．Fortunately
　　C．Roughly　　D．Ironically

(5)　A．steer　　B．predict
　　C．comprehend　　D．overcome

問2　空欄（　A　）～（　E　）には，以下の語のいずれかが入る。それぞれに最も適切なものを選び，必要な場合は文意が通るように語形を変えて，あるいは適切な品詞に変えて，解答欄に1語で記しなさい。

desire　　excite　　feel　　pay　　set

問3　下線部(ア)Menges is diving deeper into our understanding of emotions at work. とはどのような意味か。最も適切な説明を選びなさい。

A．Menges has failed to understand how we feel at work.

B．Menges has been distracted by people's emotions at work.

C．Menges is successfully manipulating people's emotions at work.

D．Menges is focused on capturing how we feel at work.

問4　下線部(イ)It's not all about being positive とあるのはなぜか。最も適切な理由を選びなさい。

A．Positivity is not the key to providing Menges with satisfactory answers.

B．Staying positive motivates Menges and his colleagues to conduct further research.

C. There are positive emotions such as pride that always lead to trouble.

D. There are additional points that need to be mentioned besides positive emotions.

問 5　下線部(ウ) <u>Places with high positive energy are at risk of losing it.</u> とあるのはなぜか。最も適切な理由を選びなさい。

A. Some organizations do not provide employees with what is really needed.

B. Some organizations underestimate hard-working employees.

C. Some employees with positive energy look for a better workplace.

D. Some employees do not meet what is expected by their companies.

問 6　この文章に合う最も適切なタイトルを選びなさい。

A. Fiction vs. Reality: The Truth of Employees' Working Environment

B. To Be, Or Not to Be: The Importance of Being a Leader at Work

C. For Better, for Worse: How Emotions Shape Our Work Life

D. Unattractive But Effective: Happiness Initiatives in the Workplace

Ⅱ つぎの英文を読み，最も適切なものをＡ～Ｄの選択肢から選びなさい。

One way of looking at human creativity is as a process of pulling balls out of a giant jar. The balls represent ideas, discoveries and inventions. Over the course of history, we have pulled out many balls. Most have been beneficial to humanity. The rest have been various shades of grey: a mix of good and bad, whose overall effect is difficult to estimate. What we haven't pulled out yet is a black ball: a technology that would destroy the civilization that invents it. That's not because we've been particularly careful or wise when it comes to innovation. We've just been lucky. But what if there's a black ball somewhere in the jar? If scientific and technological research continues, we'll eventually pull it out, and we won't be able to put it back in. We can invent but we can't un-invent. Our strategy seems to be to hope that there is no black ball.

Thankfully for us, humans' most destructive technology to date — nuclear weapons — is extremely difficult to master. But one way to think about the possible effects of a black ball is to consider what would happen if nuclear reactions were easier. In 1933, the physicist Leo Szilard got the idea of a nuclear chain reaction. Later investigations showed that making an atomic weapon would require several kilos of chemicals which are very difficult and expensive to produce. However, imagine a different history in which Szilard realized that a nuclear bomb could be made in some easy way — in a kitchen, say, using a piece of glass, a metal object and a battery.

Szilard would have faced a dilemma. If he didn't tell anyone about his discovery, he would be unable to stop other scientists from finding it themselves. But if he did reveal his discovery, he would guarantee the further spread of dangerous knowledge. Imagine that Szilard told his friend Albert Einstein, and they decided to write a letter to the president of the United States, Franklin D. Roosevelt, whose administration then banned all research into nuclear physics outside of high-security government facilities. People would then try to understand why the heavy-handed measures were used. Groups of scientists would wonder about the secret danger; some of them would figure it out. Careless or unhappy employees at government labs would let slip information, and spies would carry the secret to foreign capitals. Even if by some miracle the secret never leaked, scientists in other countries would discover it on their own.

Or perhaps the United States government would move to eliminate all glass, metal and sources of electrical current outside of a few highly guarded military bases? Such extreme measures would meet with strong opposition. However, after mushroom clouds had risen over a few cities, public opinion would shift. Glass, batteries and magnets could be seized, and their production banned; yet pieces would remain scattered across the landscape, and eventually they would find their way into the hands of people who would set off a nuclear device. In the end, many places would be destroyed or abandoned.

In contrast to the optimistic scenario, a darker outcome could see law and order breaking down entirely, and societies splitting into groups fighting nuclear wars. Society would continue to disintegrate until the world had been ruined to the point where it was impossible to make any more bombs. Even then, the dangerous knowledge would be remembered and passed down. And, even if the knowledge were forgotten, it would be rediscovered when nuclear physics research resumed.

In short, we're lucky that making nuclear weapons turned out to be hard. We pulled out a grey ball that time. Yet with each act of invention, humanity reaches one more time into the jar. Suppose that the jar of creativity contains at least one black ball. That is, there potentially exists some level of technology at which civilization would almost certainly get destroyed, unless quite extraordinary and historically unprecedented degrees of defensive policing and/or other measures to control our global society were implemented.

It would be bad news indeed, if such a technology were ever invented. However, there are several responses that could save civilization from a technological black ball. One would be to stop pulling balls from the jar altogether, stopping all technological development. That's hardly realistic though as the cost to humanity would be both too high and too difficult to implement. There are another two options for making the world safe against the possibility that the jar contains a black ball: one, extremely reliable policing that could prevent any individual or small group from carrying out highly dangerous illegal actions; and two, strong global collaboration that could solve the most serious collective action problems and ensure close cooperation between countries — even when certain countries have strong motivation to avoid agreements. However, in today's world, such measures seem difficult to achieve, and are two large weaknesses in the contemporary world order. So long as we remain unprotected, civilization remains vulnerable to a technological black ball. Unless and until such a discovery emerges from the jar, however, it's easy to overlook how exposed we are.

1. Which statement best summarizes the author's view?
   A. Civilization needs a strategy to prevent the effects of dangerous inventions.
   B. Stricter laws and more cooperation are needed to stop nuclear chain reactions.
   C. One day, terrorists will invent a technology that will destroy the world.
   D. Nuclear weapons research is the biggest threat to the future of humanity.

2. According to the passage, which of the following is true?
   A. Nuclear weapons can now be developed more easily than in the past.
   B. A nuclear chain reaction can be made with glass, metal and batteries.
   C. Szilard was the first person to discover a black ball with his idea of a chain reaction.
   D. Large amounts of several chemicals are needed to build a nuclear weapon.

3. The author believes that groups of scientists would figure out Szilard's discovery because
   A. they would wonder why Szilard did not publish his research.
   B. the change in rules related to research would make them curious.

出典追記：The Vulnerable World Hypothesis, Global Policy, Volume 10, Issue 4 by Nick Bostrom, Wiley

C. if research were banned, the scientists would become careless or unhappy.

D. the heavy-handed measures would be ignored by government employees.

4. If nuclear weapons were easy to produce, what does the author argue to be the final outcome of the optimistic scenario?

A. Public opposition to laws banning the production of glass, batteries and magnets

B. The production of nuclear weapons being restricted to guarded military bases

C. The materials needed for nuclear weapons being seized by authorities

D. Nuclear weapons causing the ruin of areas, making them unlivable for people

5. The author mentions that the knowledge needed to make atomic weapons would remain available to interested parties

A. to argue that nuclear physics research should be banned.

B. to show that society could completely disintegrate.

C. to demonstrate that dangerous inventions will always be with us.

D. to illustrate that we cannot avoid nuclear wars in the future.

6. The author states that we have only pulled grey balls from the jar of creativity because

A. strict policing and control of the global society have been successful.

B. the dangerous technologies we have invented are difficult to realize.

C. grey balls contain both benefits and disadvantages for society.

D. there does not exist any technology that could destroy civilization.

7. It would be unrealistic to stop pulling balls from the jar altogether because

A. individual researchers or small groups would cooperate to develop black balls in secret.

B. it is almost impossible for humanity to stop or totally control technological development.

C．technological development is needed to keep the world safe from nuclear weapons.

D．the cost of life without technological development would damage the global economy.

8. What is the main topic that the final paragraph discusses?

A．The negative effects that technological inventions might have on the world

B．The need for countries to learn how to cooperate more closely for world peace

C．The importance of stricter policing to prevent the invention of a black ball

D．Possible actions that could protect humanity from dangerous technologies

Ⅲ　つぎの会話文を読み，１～５の文が入る最も適切な箇所を(A)～(H)から選び，意味が通るように完成させなさい。

1. It refreshes me and gives me more motivation to finish my work once I'm done.
2. Basically, it's a condition where people tend to hurry even when it is not necessary.
3. Let's try and catch up next week.
4. They are not as focused on achieving perfection when they do something.
5. I feel like I am never on top of all the tasks that I need to get done.

Shota and Mike are college students. They have not met for several weeks and are chatting.

Shota: Hi, Mike. It's been a while. How are things with you?

Mike: Not too bad, but things have been so busy. (A)

Shota: Oh, really? I'm sorry to hear that. What have you got going on?

Mike: Just a lot of schoolwork, and I got a new part-time job.

Shota: I see.　Let's grab a quick coffee and you can tell me all about it.

Mike: That sounds nice.　However, I have a paper to turn in tomorrow, so I'd better get started on it.　(B)

Shota: You can't even spare 15 minutes?　What's the assignment?

Mike: I have to make a summary of a textbook chapter for economics.

Shota: Oh, that doesn't sound too bad.　(C)　Are you sure you don't have 'hurry sickness'?

Mike: I've never heard of that term.

Shota: I learned about it in my psychology class.　It's not an actual illness, but a pattern of behaviors.　(D)

Mike: Wow, that sounds like me.　I don't think I've stopped all day!

Shota: Well, this could be you.　Actually, hurry sickness is considered to be one feature that many people who have Type A personalities tend to have.

Mike: Type…　You've lost me.

Shota: Let me explain.　Some psychologists believe that we can classify everyone into either a Type A or a Type B personality.

Mike: Okay.　So what's a Type A personality like?　(E)

Shota: Type A people tend to be competitive and like to do things to a high standard.　Some examples of Type A people are famous business executives and sports athletes and so on.

Mike: Oh, that sounds interesting.　What about Type B?

Shota: They are quite different.　Type B personalities tend to be relaxed and easy going.　(F)　So, which do you think you are?

Mike: Well, I'm definitely a Type A personality!　I'm always trying to be the best.

Shota: In addition, Type A personalities often do two tasks at once.　For example, you study while you eat lunch, right?

Mike: I do.　It's a great way to fit in some more reading time.

Shota: This is classic behavior of someone with hurry sickness.　Me, I'm the opposite.　If I eat lunch, I want to eat slowly and enjoy it.　(G)

Mike: This is interesting!　But these things aren't always bad, are they?　People with hurry sickness are able to get things done without unnecessarily wasting time.

Shota: Sure, you're absolutely right. I think, however, the important point to remember is: You should only hurry when it is appropriate to do so. People with hurry sickness get into the habit of rushing through their lives. That can be stressful and bad for health.

Mike: Okay, I've changed my mind. (H) Let's grab that coffee!

日本史

(60分)

〔Ⅰ〕 次の文章を読み，各設問に解答しなさい。

わたしたちが生きる日本列島を，かつて疫病・感染症が襲った。それらが政治変動や社会不安につながることも多々あった。ここでは，疫病と感染症に注目しつつ，時代の様相を考察したい。以下のA・Bの文章を読み，各設問に解答しなさい。なお，設問で使用した史料は，読みやすいように改めてある。

A　延暦年間(8世紀末)に畿内(ア)で疫病が発生したことがわかっている。宮都造営と東北遠征という国家事業が続き，世の中が疲弊している中でのことであり，これによって社会不安が拡がった。人びとは，この得体の知れない病を(　イ　)の怨霊によるものと考え，各地で怨霊の祟りを鎮める祀りを実行した。当初，朝廷はそれらの動きを禁圧していたが，貞観年間(9世紀後半)(ウ)に入ると，禁圧よりも，その動きを取り込み，朝廷がコントロールする御霊会へと転化させていった。

古代，人びとは疫病にかぎらず自然災害も，怨霊のしわざと認識していた。(　イ　)や菅原道真・平将門が怨霊の最たるものとされたが，『日本三代実録』には祀るべき怨霊として，承和の変で流罪となり死没した(　エ　)をあげている。

中世に入っても疫病・感染症が人びとを襲った。鎌倉幕府の歴史を編年体で記した(　オ　)には，寛元2年(1244)(カ)に疫病が全国的に大流行した，とある。当時の人びとはこの疫病を「鬱陀鬼(うつだき)」と呼び恐れ，幕府は疫病退散の祈禱を命じた。また天文年間(16世紀前半)(キ)には，重い咳の病が畿内を中心に流行した，ともある。これはインフルエンザであろうとされている。

古代から中世にかけ，人びとは疫病や感染症の流行を怨霊や邪気のもたらす禍と理解し，国家鎮護と社会安寧の責務を担う為政者は，それらの退散・調伏のため御霊会・祈禱を実行していたのであった。

問１（設問省略）

問２　空欄（　イ　）に入る人物の説明として，**もっとも正しいもの**を，次の①〜④のうちから１つ選び，マーク解答欄にマークしなさい。

①　藤原種継暗殺事件に関して，伴善男とともに首謀者とされたが，自ら命をたった。

②　怨霊の跳梁跋扈をおそれた桓武天皇は，この人物に崇徳天皇の号を贈った。

③　光仁天皇の皇子であり，桓武天皇の即位とともに皇太子となっていた。

④　この人物の妻は新羅系氏族の系譜をもつ高野新笠であった。

問３　下線部(ウ)の頃の文化の説明として，**もっとも正しいもの**を，次の①〜④のうちから１つ選び，マーク解答欄にマークしなさい。

①　天台・真言宗がさかんとなり，密教の影響から，教王護国寺両界曼荼羅などが作られた。

②　良質な木材の枯渇から寄木造が発達し，その技法をつかった鑑真像などが作られた。

③　漢詩文を基盤にした教養をもとに国家の安寧をはかる，文章経国思想が広まり，『懐風藻』などが編纂された。

④　貴族は為政者としての自覚から子弟の教育を重視し，綜芸種智院などの大学別曹を設立した。

問４　空欄（　エ　）に入る人物として，**もっとも正しいもの**を，次の①〜④のうちから１つ選び，マーク解答欄にマークしなさい。

①　源高明　　②　長屋王　　③　橘逸勢　　④　道康親王

問5　空欄（　オ　）に入る歴史名辞を，記述解答欄に**正しい漢字3文字**で記入しなさい。

問6　下線部(カ)より後の出来事として，**もっとも正しいもの**を，次の①～④のうちから1つ選び，マーク解答欄にマークしなさい。

①　東大寺南大門金剛力士像が完成した。

②　鴨長明が『方丈記』を著した。

③　円覚寺舎利殿が建造された。

④　九条兼実が『愚管抄』を書き上げた。

問7　下線部(キ)の頃の政治・社会情勢に関する説明として，**もっとも正しいもの**を，次の①～④のうちから1つ選び，マーク解答欄にマークしなさい。

①　延暦寺の僧兵と六角定頼の軍勢が京都市中に押し寄せ，日蓮宗の寺院を焼き払った。

②　下総の守護大名結城氏朝が鎌倉公方足利持氏と謀り，関東に割拠した。

③　南山城地方で，内紛を続けていた畠山氏の勢力を国外退去させ，国人たちが自治を実現した。

④　織田信長が長年敵対していた石山本願寺を屈服させ，石山から退去させた。

B　キリスト教(ア)の伝来は既存の宗教を相対化させ，また戦国時代が長く続くなかで，軍事・土木・医術をはじめ技術は発達し，物事を合理的に理解するという風潮も広がったが，江戸時代に入っても，人びとは疫病・感染症という得体の知れないものを強く恐れ，それから逃れるために土俗的な信仰に頼っていた。

元禄年間(17世紀末)(イ)，異常な干ばつが起こり，秋から天候不順が起こる中，疫病が発生した。さらに，江戸時代には全国規模の飢饉が発生した。飢饉の恐ろしさは，飢えからくる栄養失調を原因に，疫病が蔓延することにあった。天明4年(1784)(ウ)，東国を中心とした飢饉の際に疫病が流行した。

そして，安政年間(19世紀半ば)(エ)，コレラが日本を襲った。アメリカの軍艦ミシシッピ号の船員が上海でコレラに感染し，そのまま長崎に入港，罹患した船員とともにコレラは長崎に上陸し，畿内から江戸に蔓延した。大坂の蘭学者で適塾を開いた（　オ　）が『虎狼痢治準』を刊行，全国の医師に配布しつつ，コレラ治療にあたった。

当時の人びとは，致死率が高いコレラを「つきもの」のひとつと意識し，神仏にすがり，祈禱に頼り「コレラ退散」を願っていた。また，一方，開港によって，コレラは異国からもたらされた，と漠然と考えていたようである。

近代に入っても，コレラのパンデミックは起こった。明治12年(1879)(カ)の大流行の際には「コレラ騒動」とよばれる民衆暴動が発生した。「コレラの病毒を川にながしているやつがいる」との流言が生まれ，パニックがひろがり「警察が人の生肝をとってアメリカに売っているらしい」といった煽動によって，興奮した群集が警察署を襲うという事件まで発生した。

文明開化(キ)にいたるも，民衆は無知蒙昧であったという見方もあるが，むしろ，この「コレラ騒動」には，近代化(ク)を強引に進める明治政府に対する民衆の不信感が表現されている，と考えることもできる。

問１　下線部(ア)に関連して，下記の史料を発令した人物として，**もっとも正しいもの**を，次の①～④のうちから１つ選び，マーク解答欄にマークしなさい。

一　日本国は，神国たるところ，キリシタン国より邪法を授け候ぎ，はなはだもってしかるべからず候事

（中略）

一　黒船の儀は，商売の事に候間，格別に候の条，年月を経，諸事売買いたすべき事

①　徳川家康　　　②　徳川秀忠

③　豊臣秀吉　　　④　正親町天皇

問２　下線部(イ)の頃の政治を主導した徳川将軍に関する説明として，**もっとも正しいもの**を，次の①～④のうちから１つ選び，マーク解答欄にマークしなさい。

① 紫衣事件に激怒したこの将軍は，後水尾天皇を譲位させた。

② この将軍は，百姓経営の維持をはかるため，田畑永代売買の禁止令を発令した。

③ この将軍は，朱子学者の新井白石を登用し，朝鮮との外交を積極的に推進した。

④ この将軍は，儒学にもとづいた政策を展開し，湯島聖堂を建立し，林信篤を大学頭に任じた。

問 3 下線部(ウ)の頃の政治を主導した老中に関する説明として，**もっとも正しいもの**を，次の①～④のうちから1つ選び，マーク解答欄にマークしなさい。

① 流通の円滑化を企図し「6片をもって小判1両と引き換える」と明示した計数銀貨を発行した。

② 10代将軍家治の側用人から老中となり，嫡男も若年寄に就任し，父子で権力を掌握した。

③ 商業統制と物価上昇を企図し，商人の同業者仲間の設置をはじめて認めた。

④ ロシアとの交易の独占を企図し，『赤蝦夷風説考』により民間貿易の重要性を説いた工藤平助を弾圧した。

問 4 下線部(エ)の頃の政治・社会・文化の説明として，**もっとも正しいもの**を，次の①～④のうちから1つ選び，マーク解答欄にマークしなさい。

① 薩摩藩では藩主島津久光のもと，調所広郷が藩政改革を指導し，財政立て直しに成功した。

② 尊王攘夷運動が地方にも広がり，水戸浪士のほかにも栃木地域の豪農たちが参加した桜田門外の変が発生した。

③ 通商条約の締結により自由貿易が始まり，江戸と大坂には外国人の居住地・商店ができ，綿糸輸出が始まった。

④ 江戸で大地震が発生し，甚大な被害をもたらしたが，これを素材とした鯰絵とよばれる浮世絵には「世直し」をあらわす風刺が見られた。

問5　空欄(オ)に入る人物として，**もっとも正しいもの**を，次の①～④のうちから1つ選び，マーク解答欄にマークしなさい。

①　大村益次郎　　②　橋本左内　　③　緒方洪庵　　④　大槻玄沢

問6　下線部(カ)よりも前に発生した出来事として，**もっとも正しいもの**を，次の①～④のうちから1つ選び，マーク解答欄にマークしなさい。

①　地方三新法の制定　　②　国会開設の勅諭発令

③　華族令制定　　④　『小説神髄』発刊

問7　下線部(キ)に関連した，下記の史料の(　　　)に入る人物として，**もっとも正しいもの**を，次の①～④のうちから1つ選び，マーク解答欄にマークしなさい。

古今来の一事業を立つるの人を歴観するに，みな百折かえらざるの概を抱き，把持することかたく，志をたつること確かなり(中略)，この頃，友人(　　　)訳述するところの『自助論』を出し，予に序を属す，受けてこれを読む，編中あまねく西国の辛苦して一事業を立つるの俊傑を挙ぐ。

①　福沢諭吉　　②　西周　　③　中村正直　　④　中江兆民

問8　下線部(ク)に関連した，下記の史料の(　　　)に入る語句として，**もっとも正しいもの**を，次の①～④のうちから1つ選び，マーク解答欄にマークしなさい。

第一条　今般，地租改正の儀は，不容易事業につき，実際において，反覆審按の上，調査致すべし(中略)，＊詳密整理の見据あいたて候上は，(　　　)へ申立，＊允許を得るの後，旧税法相廃し，新法施行いたし候儀とあい心得べきこと

＊詳密…詳細　＊允許…許可

①　左院　　②　会計官　　③　大蔵省　　④　農商務省

〔Ⅱ〕 次の文章を読み，各設問に解答しなさい。

中世・近世の諸政権においては，訴訟の処理が重要な課題であり続けた。鎌倉時代(ア)の初期には，源頼朝個人の強い裁断権のもとで裁決が下されていたが，北条泰時による御成敗式目の制定を契機として，法に則った裁定が行われるようになった(イ)。御成敗式目は律令に比して，形式的な整合性や手続き上の厳密さという点において緩やかなものであったが，武士の実践道徳である道理と先例を基礎に編成され，御家人の理解・納得を重視するものであった。

後醍醐天皇(ウ)は雑訴決断所に訴訟事務を担わせたが，二条河原の落書で「器用ノ堪否沙汰モナク。漏ルル人ナキ決断所」と揶揄されたように人事をめぐる混乱等から，必ずしも効率的に訴訟事務を処理できたわけではなかった。農村では，南北朝の動乱期に地縁的に結びついた農民の自治的村落である惣(エ)の形成が進み，村民自らが裁判権を行使する自検断が行われることもあった。

室町幕府は，御成敗式目をはじめとした鎌倉幕府以来の諸法令を原則として継承する一方で，建武式目によって自らの方針を示した。そこでは，裁判を公正迅速に行うことの大切さが訴えられており，訴訟の処理が引き続き幕政にとって重要な課題であったことが窺われる。のちに建武式目は御成敗式目と合わせて「貞建の式条」と呼ばれ，戦国大名の統治にも影響を与えた。例えば，赤松氏(オ)奉公人の手による『家風条々事』は当家の法のなかに女性の政治介入禁止の定めがあったことを伝えているが，建武式目にも同趣旨の条項が設けられていた。ただし，分国法(カ)には，それぞれの領国の実情に応じた条文や大名家の私的家訓が盛り込まれたものもあり，既存の法慣習を吸収・再編しつつも，領国ごとの進展を見せるようになっていった点に特徴がある。

豊臣政権下では五奉行の一人である(　キ　)が司法を担当した。とはいえ，五奉行は厳密に制度化されたものではなく，あくまでも過渡的な形態であり，五奉行の間に明確な職掌の分担が定められていたわけではなかった。

江戸時代の訴訟手続きは，刑事裁判の吟味筋と民事裁判の出入筋に大別される。領内・藩内についてはその地を支配する領主が裁判をとりしきったが，他領に関わるものや武士と庶民といった異なる身分間の争いのように管轄が異なる事

案を扱う場合は，評定所が裁判を担った。(ク)

8代将軍徳川吉宗の治世時には，(ケ)刑事裁判の基準となる公事方御定書が定められたが，(コ)享保初期には，江戸町奉行所が受け付けた訴訟の大半が金公事と呼ばれる金銭貸借訴訟であった。金公事の激増が訴訟処理を圧迫していたため，吉宗はこれを受理せず，当事者間の話し合いで解決することとしたが，結果的に金融界の混乱を招くこととなった。

問1　下線部(ア)の時期における人物と文化に関する事項の組み合わせとして，**もっとも正しいもの**を，次の①～④のうちから1つ選び，マーク解答欄にマークしなさい。

① 無住　『十訓抄』

② 高階隆兼　『春日権現験記』

③ 吉田兼倶　唯一神道

④ 康弁　『六波羅蜜寺空也上人像』

問2　下線部(イ)に関連して，この時代の裁判に関する説明として，**もっとも正しいもの**を，次の①～④のうちから1つ選び，マーク解答欄にマークしなさい。

① 訴訟事務を取り扱うために問注所が設けられ，公家出身の法律家である大江広元が長官となった。

② 六波羅探題は朝廷の動きを監視するとともに西国御家人が関わる訴訟を担当し，主に北条氏一族から長官が選任された。

③ 後深草上皇の院政時には，有力御家人が院評定衆となり，公家・武士間での訴訟を担当した。

④ 幕府は裁判を迅速・公平に行うために引付を設け，三浦泰村らの有力御家人を引付衆に任命した。

問3　下線部(ウ)の人物に離反した足利尊氏が擁立した天皇として，**もっとも正しいもの**を，次の①～④のうちから1つ選び，マーク解答欄にマークしなさい。

①　光明天皇　　②　光格天皇　　③　光孝天皇　　④　光厳天皇

問 4　下線部(エ)に関する説明として，**もっとも正しいもの**を，次の①～④のうちから1つ選び，マーク解答欄にマークしなさい。

①　寄合で決議された惣掟のなかには，窃盗，放火，殺人などを厳しい制裁の対象とし，死刑を含む重い刑罰を課すものがあった。

②　惣百姓のなかには，荘園領主への重い年貢負担を嫌い，戸籍に登録された土地を離れて浮浪・逃亡する者があらわれ，惣の弱体化が進んだ。

③　柳生の徳政碑文には，惣村が連帯した一揆勢力からの徳政要求に幕府が応じ，負債が破棄されたことが記されている。

④　惣村を構成する百姓が貨幣経済に巻き込まれ負債を負うことを避けるために，荘園領主らは菜種等の商品作物の栽培を制限した。

問 5　下線部(オ)に関する記述 a ～ c の正誤の組み合わせとして，**もっとも正しいもの**を，次の①～⑥のうちから1つ選び，マーク解答欄にマークしなさい。

a　播磨の土一揆では，蜂起した人びとが「国中侍あらしむべからず」と称し，守護赤松氏の家臣の国外退去を要求した。

b　赤松則村は正中の変において，護良親王の令旨に応じて挙兵したが失敗し，一時隠岐に流された。

c　嘉吉の乱後に赤松氏の領国を加えた山名氏は，あわせて11か国の守護を務め，「六分一殿」と呼ばれた。

①　a 正　b 正　c 誤　　②　a 正　b 誤　c 正
③　a 誤　b 正　c 正　　④　a 正　b 誤　c 誤
⑤　a 誤　b 正　c 誤　　⑥　a 誤　b 誤　c 正

問 6　下線部(カ)に関連して，以下の史料は現存する分国法のうち最多の条文数を持つものであるが，これを制定した戦国大名の支配地域として，**もっとも正しいもの**を，次の①～④のうちから1つ選び，マーク解答欄にマークしなさい。

一　たうそくに付て，おやこのとかの事，おやのとかハこにかけへし。たゝしこたりとも，とをきさかい，たんかうなすへきやうなくハ，これをかけへからす。同このとかおやにかけへからす。たゝしひとつ家に候ハゝとうさいたるへし。又時宜によるへきなり。

①　近江　　②　駿河　　③　下総　　④　陸奥

問７　空欄(　キ　)の人物の後裔は，元禄年間に江戸城中で吉良義央に斬りつけたために切腹を命じられ，後に家臣が吉良邸に討ち入るという赤穂事件で知られている。空欄(　キ　)に入る人物の姓名として，**もっとも正しいもの**を，記述解答欄に**正しい漢字**で記入しなさい。

問８　下線部(ク)に関連して，当時の幕府の職制に関する説明として，**もっとも正しいもの**を，次の①～④のうちから１つ選び，マーク解答欄にマークしなさい。

①　勘定奉行は，寺社奉行・町奉行とともに評定所の中心的な構成員であり，主に譜代大名から選任された。

②　目付は，大目付の管轄下にあり，旗本・御家人の監察にあたった。

③　京都所司代は，朝廷の監察，西日本諸大名の監視を担ったが，幕末には京都守護職の指揮下に置かれた。

④　郡代は，広域の幕府直轄地の民政全般をつかさどり，その大半は老中によって直接に統括された。

問９　下線部(ケ)に関連する人物として，**誤っているもの**を，次の①～④のうちから１つ選び，マーク解答欄にマークしなさい。

①　荻生徂徠　　②　荷田春満　　③　鈴木牧之　　④　野呂元丈

問10　下線部(コ)に関する説明として，**もっとも正しいもの**を，次の①～④のうちから１つ選び，マーク解答欄にマークしなさい。

①　公事方御定書の編纂にあたった大岡忠相は，江戸町奉行として都市行政を担い，御家人を町火消として組織することで消防体制を整えた。

② 公事方御定書の上巻は御定書百箇条，下巻は御触書寛保集成と呼ばれ，下巻では，裁判の判例が分類・整理された。

③ 金銭訴訟の受付停止は相対済し令と呼ばれたが，武士による借金踏み倒しを懸念した田中丘隅の献言を受けて，後に廃止された。

④ 明治政府が制定した刑法典である新律綱領は，中国の明・清律を模範とするとともに，公事方御定書も参考にしていた。

〔Ⅲ〕 次の文章を読み，各設問に解答しなさい。

新型コロナウイルス感染症拡大は，私たちの暮らしを支える産業，交通・通信などの社会基盤の重要性を再認識させた。ここでは，明治から大正期の産業や社会基盤整備の歴史を振り返ってみたい。

明治政府は，殖産興業に力を入れ，鉄道の敷設や道路改修(ア)，電信線の架設(イ)，飛脚に代わる郵便制度(ウ)の発足など，交通・通信の社会基盤整備に着手した。

土地制度・税制の改革では，旧幕府時代の年貢に代わる財源の安定化をはかるため，地租改正(エ)を行った。しかし，政府による不換紙幣の増発および国立銀行による不換銀行券の発行(オ)が引き起こしたインフレーションや，貿易取引における銀貨に対する貨幣の価値の下落などによって，地租を中心とする政府の歳入は減少し，財政困難が起きた。不況による重税や農村の窮迫は，各地での自由党員や農民による民権運動(カ)に大きな影響を与えた。

貿易が輸出超過に転じ，金利が低下して株式取引が活発化すると，企業勃興が起こり，紡績・製糸業を中心として産業革命(キ)が始まった。紡績・製糸業は，主に農村から出稼ぎでやってきた女工または工女と呼ばれる女性労働者によって担われた。(　ク　)の『日本之下層社会』や農商務省編『職工事情』などには，産業革命期の労働者が置かれた長時間・低賃金の劣悪な労働環境の実態が記されている。

官営事業払下げ(ケ)では，軍事・通信などを除く官営事業が，民間へ売却された。日清戦争後(コ)は，紡績・製糸業に加え，鉄道・鉱山の事業で企業勃興が進んだ。日露戦争後は，製鉄・造船業などの重工業(サ)が成長したほか，大陸での統治や社会基盤整備(シ)も推し進めた。

第一次世界大戦期(ス)には，薬品・染料・肥料などの分野で，ドイツからの輸入が途絶えたため，化学工業が発展した。また大戦景気として，海運業(セ)・造船業が好況となり，船成金が続出した。

第一次世界大戦後は，工業化と都市化の進展にともない，俸給生活者が大量に出現し，都市の景観や市民の生活様式(ソ)は大きな変貌を遂げた。

問１　下線部(ア)に関する説明として，**もっとも正しいもの**を，①～④のうちから１つ選び，マーク解答欄にマークしなさい。

①　内務省が中心となり，鉄道を敷設した。

②　鉄道は1872年，新橋・横浜間に開通した。

③　陸軍省が中心となり，道路改修を奨励し，人力車や馬車などの交通の便をはかった。

④　文明開化の風景として，東京の銀座通りに電灯が見られるようになった。

問２　下線部(イ)に関する説明として，**誤っているもの**を，①～④のうちから１つ選び，マーク解答欄にマークしなさい。

①　最初の電信線は，東京・横浜間に架設された。

②　電信線は，沖縄・上海間の海底電線を通じて欧米と接続された。

③　電話は，1877年に日本へ輸入された。

④　電信事業は，工部省が担った後，逓信省に引き継がれた。

問３　下線部(ウ)を立案・建議した人物の姓名を，記述解答欄に**正しい漢字**で記入しなさい。

問４　下線部(エ)に関する説明として，**誤っているもの**を，①～④のうちから１つ選び，マーク解答欄にマークしなさい。

①　田畑永代売買の禁止令を解き，地券を発行した。

②　納税者は，土地所有権の確認証である地券の所有者とした。

③　税率は地価の３％としたが，地租改正反対一揆を受けて，2.5％に軽

減した。

④　農民が共同利用していた山林・原野などの入会地は，すべて官有地に編入された。

問５　下線部(オ)に関する説明として，**もっとも正しいもの**を，①〜④のうちから１つ選び，マーク解答欄にマークしなさい。

①　明治通宝札に代わる不換紙幣として，太政官札・民部省札が発行された。

②　国立銀行条例は，ドイツの制度にならって定められた。

③　国立銀行は，商人・地主や華族・士族によっても設立された。

④　国立銀行条例の改正により兌換義務が解除されると，国立銀行の設立数は減少した。

問６　下線部(カ)に関する説明として，**もっとも正しいもの**を，①〜④のうちから１つ選び，マーク解答欄にマークしなさい。

①　福島事件とは，三島通庸が農民に道路の土木工事の労役を課したことに対して，農民らが抵抗した事件である。

②　加波山事件とは，困民党を組織した農民が負債の減免を求めて，高利貸・警察・郡役所などを襲撃した事件である。

③　大同団結運動とは，旧自由党左派の大井憲太郎らが朝鮮で独立党政権を樹立し，日本国民に民権運動の再興を促そうとした反政府運動である。

④　大阪事件とは，後藤象二郎らが反政府運動のために民権派勢力を結集したが，政府の保安条例によって弾圧された事件である。

問７　下線部(キ)に関する組み合わせとして，**誤っているもの**を，①〜④のうちから１つ選び，マーク解答欄にマークしなさい。

①　岩崎弥太郎　大阪紡績会社

②　臥雲辰致　ガラ紡

③　ジョン＝ケイ　飛び杼

④　豊田佐吉　力織機

問 8　空欄(　ク　)に入る人物名として，**もっとも正しいもの**を，①～④のうちから1つ選び，マーク解答欄にマークしなさい。

①　片山潜　　②　幸徳秋水

③　高野房太郎　　④　横山源之助

問 9　下線部(ケ)に関して，事業所と払下げ先の組み合わせとして，**誤っているもの**を，①～④のうちから1つ選び，マーク解答欄にマークしなさい。

①　院内銀山　古河

②　富岡製糸場　三井

③　長崎造船所　三菱

④　三池炭鉱　住友

問10　下線部(コ)に関して，日清戦争より後の出来事として，**もっとも正しいもの**を，①～④のうちから1つ選び，マーク解答欄にマークしなさい。

①　軍人勅諭　　②　甲午農民戦争

③　進歩党結成　　④　防穀令事件

問11　下線部(サ)に関して，日露戦争より前に，官営として設立された事業所・事業体として，**もっとも正しいもの**を，①～④のうちから1つ選び，マーク解答欄にマークしなさい。

①　池貝鉄工所　　②　日本製鋼所

③　日本製鉄会社　　④　八幡製鉄所

問12　下線部(シ)に関する説明として，**もっとも正しいもの**を，①～④のうちから1つ選び，マーク解答欄にマークしなさい。

①　第2次日韓協約により，京城に統監府を置いた。

②　韓国併合により，漢城に朝鮮総督府を置いた。

③　旅順に関東都督府が置かれ，大連に南満州鉄道株式会社が設立された。

④　中華民国の土地開発を目的として，東洋拓殖会社が設立された。

問13　下線部(ス)に関して，日本が第一次世界大戦に参戦する前の出来事として，**もっとも正しいもの**を，①～④のうちから1つ選び，マーク解答欄にマークしなさい。

①　石井・ランシング協定　　②　シーメンス事件

③　シベリア出兵　　④　二十一カ条の要求

問14　下線部(セ)に関して，当時の海運業の世界トップ3の順番として，**もっとも正しいもの**を，①～④のうちから1つ選び，マーク解答欄にマークしなさい。

①　アメリカ・イギリス・日本

②　アメリカ・日本・イギリス

③　イギリス・日本・アメリカ

④　イギリス・アメリカ・日本

問15　(設問省略)

〔Ⅳ〕 次の文章は，2021年4月に発表された日米首脳共同声明「新たな時代における日米グローバル・パートナーシップ」の一部である。これを読み，各設問に解答しなさい。

日米両国の歴史的なパートナーシップは，両国の国民の安全と繁栄にとって不可欠である。争いの後(ア)に結ばれた日米同盟は，日米両国にとっての基盤となった。世界は幾度も変化したが，我々の絆はより固く結ばれた。日米両国の民主主義(イ)は花開き，経済は繁栄(ウ)し，そして両国はイノベーションを先導するようになった。日米両国の文化的あるいは人的つながりはかつてなく深まり，多国間機関において，あるいは，グローバルな通商及び投資の拡大において，さらにはインド太平洋地域の平和，安全及び繁栄の推進において，両国は共に先頭に立ってきた。日米両国の長年にわたる緊密な絆を祝福し，菅総理とバイデン大統領は，消え去ることのない日米同盟，普遍的価値及び共通の原則に基づく地域及びグローバルな秩序に対するルールに基づくアプローチ，さらには，これらの目標を共有する全ての人々との協力に改めてコミットする。日米両国は，新たな時代のためのこれらのコミットメントを誓う。

自由で開かれたインド太平洋を形作る日米同盟

日米同盟は揺るぎないものであり，日米両国は，地域の課題に対処する備えがかつてなくできている。日米同盟は，普遍的価値及び共通の原則に対するコミットメントに基づく自由で開かれたインド太平洋，そして包摂的な経済的繁栄の推進という共通のビジョンを推進する。日米両国は，主権及び領土一体性を尊重するとともに，平和的な紛争解決及び威圧への反対にコミットしている。日米両国は，国連海洋法条約に記されている航行及び上空飛行の自由を含む，海洋における共通の規範を推進する。

菅総理とバイデン大統領は，このビジョンを更に発展させるために日米同盟を一層強化することにコミットするとともに，2021年3月の日米安全保障協議委員会の共同発表を全面的に支持した。日本は同盟及び地域の安全保障を一層強化するために自らの防衛力を強化することを決意した。米国は，核(エ)を含むあらゆる種類の米国の能力を用いた日米安全保障条約(オ)の下での日本の防衛に対する揺るぎない支援を改めて表明した。米国はまた，日米安全保障条約第5条が(　カ　)諸島に適用されることを再確認した。日米両国は共に，(　カ　)諸島に対する日本の施政を損おうとするいかなる一方的な行動にも反対する。日米両国は，困難を増す安全保障環境に即して，抑止力及び対処力を強化すること，サイバー及び宇宙を含む全ての領域を横断する防衛協力を深化させること，そして，拡大抑止を強化することにコミットした。日米両国はまた，より緊密な防衛協力の基礎的な要素である，両国間のサイバーセキュリティ及び情報保全強化並びに両国の技術的優位を守ることの重要性を強調した。日米両国は，普天間飛行場の継続的な使用を回避するための唯一の解決策である，(　キ　)における普天間飛行場代替施設の建設，馬毛島における空母艦載機着陸訓練施設，米海兵隊部隊の沖縄からグアムへの移転を含む，在日米軍再編に関する現行の取決めを実施することに引き続きコミットしている。日米両国は，在日米軍の安定的及び持続可能な駐留を確保するため，時宜を得た形で，在日米軍駐留経費負担に関する有意義な多年度の合意を妥結することを決意した。

菅総理とバイデン大統領は，インド太平洋地域及び世界の平和と繁栄に対する中国(ク)の行動の影響について意見交換するとともに，経済的なもの及び他の方法による威圧の行使を含む，ルールに基づく国際秩序に合致しない中国の行動について懸念を共有した。日米両国は，普遍的価値及び共通の原則に基づき，引き続き連携していく。日米両国はまた，地域の平和及び安定を維持するための抑止の重要性も認識する。日米両国は，東シナ海におけるあらゆる一方的な現状変更の試みに反対する。日米両国は，南シナ海における，中国の不法な海洋権益に関する主張及び活動への反対を改めて表明するとともに，国際法により律せられ，国連海洋法条約に合致した形で航行及び上空飛行の自由が保証される，自由で開かれた南シナ海における強固な共通の利益を再確認した。日米両国は，台湾(ケ)海峡の平和と安定の重要性を強調するとともに，両岸問題の平和的解決を促す。日米両国は，香港及び新疆ウイグル自治区における人権状況への深刻な懸念を共有する。日米両国は，中国との率直な対話の重要性を認識するとともに，直接懸念を伝達していく意図を改めて表明し，共通の利益を有する分野に関し，中国と協働する必要性を認識した。

日米両国は，北朝鮮(コ)に対し，国連安保理決議の下での義務に従うことを求めつつ，北朝鮮の完全な非核化へのコミットメントを再確認するとともに，国際社会による同決議の完全な履行を求めた。日米両国は，地域の平和と安定を維持するために抑止を強化する意図を有し，拡散のリスクを含め，北朝鮮の核及びミサイル計画に関連する危険に対処するため，互いに，そして，他のパートナーとも協働する。バイデン大統領は，拉致問題の即時解決への米国のコミットメントを再確認した。

（出典：外務省ウェブサイト　https://www.mofa.go.jp/mofaj/files/100200052.pdf　2021年4月16日）

問1　下線部(ア)は第2次世界大戦のことを指しているが，連合国による日本に対する占領政策に関する説明として，**もっとも正しいもの**を，次の①～④のうちから1つ選び，マーク解答欄にマークしなさい。

①　サンフランシスコ講和条約の締結まで，日本は連合国軍の直接軍政のもとにおかれた。

②　連合国軍の日本政府に対する要求は，法律の制定を経ずポツダム勅令により実施することができた。

③　ＧＨＱ最高司令官の諮問機関である極東委員会が東京に設置された。

④　対日理事会には連合国以外にも中国やインドが参加した。

問2　下線部(イ)について，第2次世界大戦後に日本で行われた民主化政策の説明として，**誤っているもの**を，次の①～④のうちから1つ選び，マーク解答欄にマークしなさい。

①　過度経済力集中排除法により分割された企業は，325社に上った。

②　労働組合法により，団結権，団体交渉権，争議権が保障された。

③　1945年，ＧＨＱの要求により治安維持法が廃止された。

④　教育基本法の制定により義務教育が9年間となった。

問 3　下線部(ウ)について，第2次世界大戦後の日本経済に関する説明として，**もっとも正しいもの**を，次の①～④のうちから1つ選び，マーク解答欄にマークしなさい。

①　ベトナム戦争による特需は，ドッジ＝ライン後の深刻な不況から回復するきっかけとなった。

②　1955年のＧＡＴＴ加盟に伴い，為替と資本が自由化された。

③　1968年に，ＧＮＰがアメリカ，西ドイツに次ぐ3位となった。

④　プラザ合意後円高が急速に進んだことで，日本経済は深刻な不況となった。

問 4　下線部(エ)に関わる事項の説明として，**もっとも正しいもの**を，次の①～④のうちから1つ選び，マーク解答欄にマークしなさい。

①　1954年，ビキニ環礁でソヴィエト連邦が行った水爆実験により日本の漁船第五福龍丸が被爆し，乗組員が死亡する事件が起こった。

②　1955年，第1回原水爆禁止世界大会が大阪で開催された。

③　1963年に調印された部分的核実験禁止条約は，地下を除く大気圏内外と水中における核実験を禁止するものであった。

④　1970年の核拡散防止条約調印後，第2次佐藤内閣は非核三原則を発表した。

問 5　下線部(オ)についての説明として，**誤っているもの**を，次の①～④のうちから1つ選び，マーク解答欄にマークしなさい。

①　1951年に調印された条約では，米軍の日本に対する防衛義務は明記されなかった。

②　1960年の新安保条約で，自衛隊は日本周辺有事の際に米軍を後方支援することが可能になった。

③　1978年のガイドラインは，日米の共同訓練について規定している。

④　1997年の新ガイドラインでは，平時における日米の協力について定めた。

問 6　(　カ　)諸島は1895年に日本に編入されたが，1970年代に海底油田の存在が明らかになると，中国が領有を主張するようになった。空欄(　カ　)に入る地名を，記述解答欄に**正しい漢字**で記入しなさい。

問 7　空欄(　キ　)に入る地名として，**もっとも正しいもの**を，次の①～④のうちから1つ選び，マーク解答欄にマークしなさい。

①　北谷　　②　辺野古　　③　伊江島　　④　嘉手納

問 8　下線部(ク)に関して，第2次世界大戦後の日中関係の説明として，**もっとも正しいもの**を，次の①～④のうちから1つ選び，マーク解答欄にマークしなさい。

①　幣原内閣は中国との関係改善のため，日中関税協定を結んだ。

②　第2次池田内閣のもとで準政府間貿易が開始された。

③　三木内閣は日中共同声明に調印し，中国との国交を正常化した。

④　福田康夫内閣が1978年に日中平和友好条約に調印した。

問 9　下線部(ケ)に関する記述a～cの正誤の組み合わせとして，**もっとも正しいもの**を，次の①～④のうちから1つ選び，マーク解答欄にマークしなさい。

a．国民党との内戦に敗れた共産党がこの地に逃れ，中華民国政府を存続させた。

b．中華民国政府の初代総統は袁世凱である。

c．1952年に調印された日華平和条約は，日中国交正常化にともない失効した。

①　a．正　b．誤　c．誤

②　a．誤　b．正　c．正

③　a．誤　b．誤　c．正

④　a．正　b．誤　c．正

問10　下線部(コ)に関して，小泉純一郎が日本の首相として初めて訪朝したときの北朝鮮の総書記として，**もっとも正しいもの**を，次の①～④のうちから1つ選び，マーク解答欄にマークしなさい。

① 金日成　② 金正恩　③ 金正日　④ 金与正

世界史

（60分）

〔Ⅰ〕 次の文章をよく読み，問1～6に答えなさい。

アメリカ大陸を初めて発見したのは，コロンブス一行ではなかった。アジアとアメリカ大陸の間の［　A　］海峡が地続きであった氷期に，モンゴロイド系と推測される人々がアメリカ大陸に渡来し，ほぼ1万年前には南端のフエゴ島にまで到達した。のちにヨーロッパ人により「インディオ（インディアン）」と呼ばれることになるアメリカの先住民は，南北に長い大陸の各地で，それぞれの地域の環境に適応した文化を発展させた。

アメリカ大陸には大きく2つの古代文明があったとされている。ひとつは，メキシコ高原から中央アメリカにかけて成立した［　B　］文明であり，もうひとつは南米アンデス地帯に築かれたアンデス文明である。

メキシコ北部から中央アメリカ北部にかけての熱帯・亜熱帯地域である［　B　］は，政治的に統一されず，地方色豊かな諸文明が共存した。前1200年頃までにメキシコ湾岸に<u>石造彫刻</u>(1)やピラミッド状神殿などが特徴的なオルメカ文明が成立し，その後，周辺の諸文明に影響を与えた。前1000年頃から16世紀にかけてユカタン半島にはマヤ文明が展開して，4世紀から9世紀に繁栄期をむかえ，ピラミッド状の建築物，二十進法による数の表記法，精密な暦法，マヤ文字などをもつ独自の文明を発達させた。

メキシコ高原では，前1世紀にテオティワカン文明がうまれ，その後，テオティワカン文明を継承し，10世紀から12世紀に［　C　］を中心に栄えたトルテカ文明が遠隔地や周辺地との交易を行った。また，この地に北方から進出してきた<u>アステカ人</u>(2)が14世紀にはテノチティトランを首都とするアステカ王国を興し，この王国はメキシコ湾岸から太平洋岸までの広大な地域を征服し，征服地に貢納を義務づけた。

他方，アンデス高地では，前1000年頃に北部に［ D ］文化が成立し，その後，ティワナク・ナスカ・チムーなどの各文明があらわれたが，15世紀半ばには現在のコロンビア南部からチリに及ぶ広大なインカ帝国(3)が成立した。この帝国はクスコを都として繁栄し，道路網と駅伝制をととのえ，すぐれた石造建築の技術により都市や神殿，灌漑施設を建設した。

ヨーロッパ勢力進出(4)以前のアメリカ大陸には独自の高度な文明が栄えていたが，スペインの武力によって次々に征服された。スペインは征服領土において先住民を大農園や鉱山で労働力として酷使した。またヨーロッパ人がもたらした［ E ］・ペスト・インフルエンザなどの伝染病の影響もあり先住民の人口が激減すると，アフリカの黒人を輸入して使役するようになった。やがて，先住民・白人・黒人の間の混血がすすむと，ラテンアメリカのスペイン植民地では統治者としてのヨーロッパ人を頂点とする階層秩序が形成(5)されていった。のちに，植民地生まれの白人であるクリオーリョの大地主層が独立運動を主導することになった。

問 1　空欄A～Eにあてはまる**最も適切な語句**を解答欄に記入しなさい。

問 2　下線部(1)に関連して，宗教遺跡で発見されたこの文明を代表する彫刻で支配者の顔が刻まれた像は何と呼ばれているか。解答欄に記入しなさい。

問 3　下線部(2)について，アステカ王国を建設したアステカ人は自らを何と呼んでいたか。解答欄に記入しなさい。

問 4　下線部(3)について，この帝国において最後の皇帝となったのは誰か。解答欄に記入しなさい。

問 5　下線部(4)に関連して，1500年にインド航路を航行中，西に流されてブラジルに漂着し，この地がポルトガル領となる契機を与えた人物は誰か。解答欄に記入しなさい。

問6　下線部(5)に関連して，行政府の高官や教会の高位聖職者の多くを占めたイベリア半島出身の白人は何と呼ばれたか。解答欄に記入しなさい。

〔Ⅱ〕 次の文章をよく読み，問1～6に答えなさい。

19世紀末から20世紀初めは帝国主義の全盛期とされる。帝国主義諸国による植民地化は世界各地におよび，列強間の植民地争奪競争が激化した。

アフリカ大陸では植民地化が顕著であった。19世紀半ばになると，ヨーロッパ諸国は探検や宣教(1)を通じてアフリカ内陸部にも強い関心を抱き始めた。1880年代初めにコンゴ地域をめぐってヨーロッパ諸国の対立が起こると，ビスマルクはベルリン会議を開催し，ベルギー国王である［ A ］の私有領としてコンゴ自由国の設立を認め，さらにアフリカ植民地化の原則を定めた。この後，列強によるアフリカの分割・植民地化はさらに進んだ。

イギリスは1882年にエジプトを軍事占領して実質的に保護国化した。スーダンでは，(2)マフディー運動がイギリスに激しく抵抗したが，最終的には征服された。アフリカ南部ではローズの指導で，ケープ植民地から周辺に侵攻する政策がとられた。1899年にはブール人に対する南アフリカ戦争が始まり，トランスヴァール共和国とオレンジ自由国を併合した。イギリスはさらに3C政策を進めた。

フランスは1881年に［ B ］を保護国にした後，サハラ砂漠地域を抑え，アフリカを横断してジブチ・マダガスカルと連結させるアフリカ横断政策を進めた。しかし，イギリスのアフリカ縦断政策と衝突した。1898年に両国間でファショダ事件が起こったが，フランスがイギリスに譲歩して解決した。19世紀後半の西アフリカでは，「サモリ帝国」(3)と呼ばれるイスラーム国家がサハラ砂漠から南下するフランスに激しく抵抗した。

ドイツは1880年代にカメルーンなどの植民地を獲得した。その後，1905年と1911年の2度にわたりモロッコ事件(4)を起こしてフランスのモロッコ支配に挑戦したが，いずれもイギリスがフランスを支援したため失敗した。ドイツ同様に遅れて帝国主義政策を開始したイタリアは，1880年代にソマリランド・エリトリアを獲得した。さらに，イタリアはエチオピアに侵入したが，1896年に［ C ］の戦いで大敗した。その後，1911～1912年にイタリア=トルコ戦争を起こして，オスマン帝国にリビア(トリポリ・［ D ］)を割譲させた。

アフリカは20世紀初頭までにごく一部を除いて植民地化された。しかし，19世紀から抵抗運動はアフリカ各地で起きていた。また，1900年にロンドンで［ E ］が開催され，植民地主義への抗議と人種差別への反対が叫ばれた。20世紀前半に設立された<u>アフリカ民族会議</u>(5)は，反人種主義とアフリカ人の権利擁護を目標とした。第一次世界大戦が終わると，世界の民族運動の波がアフリカ各地へも広がり，自治や独立を目指す組織が誕生した。

問1 文中の空欄A～Eにあてはまる**最も適切な語句**を解答欄に記入しなさい。

問2 下線部(1)に関して，消息を絶った宣教師・探検家リヴィングストンの発見に成功したアメリカ人ジャーナリスト・探検家は誰か。解答欄に記入しなさい。

問3 下線部(2)に関して，中国における太平天国との戦いで常勝軍を指揮したが，1885年にハルツームでのマフディー軍との戦いで戦死したイギリス軍人は誰か。解答欄に記入しなさい。

問4 下線部(3)の「サモリ帝国」を指導し，フランス軍に捕らえられた後に流刑地のガボンで病死した人物は誰か。解答欄に記入しなさい。

問5 下線部(4)に関して，第2次モロッコ事件でドイツが軍艦を派遣したモロッコ南部の港市はどこか。解答欄に記入しなさい。

問6 下線部(5)のアフリカ民族会議の指導者として南アフリカで反アパルトヘイト運動を先導し，1994年に同国で黒人初の大統領になった人物は誰か。解答欄に記入しなさい。

〔Ⅲ〕 次の文章**A**～**J**をよく読み，下線部(1)～(4)のうち，**適切ではないもの**を一つ選び，その番号を解答欄にマークしなさい。

A 前770年に平王は洛邑(現在の洛陽)に遷都した。これ以後の周を東周と呼んだ。(1)前403年以前を春秋時代，以後を戦国時代と呼ぶ。「春秋」とは孔子がその成立に関与したとされている『春秋』に由来する。(2)春秋・戦国時代の前半期は安定した外交の時代で，諸侯と諸侯が盟誓によって利害を調整した「会盟」の時代である。このころ，(3)天下を諸夏(華夏)と夷狄に分ける華夷思想が生まれ，自らを「中国」と認識しはじめた。西周の時代1800あったといわれる国は，春秋時代には数十になった。(4)戦国時代には七国となって，戦国の七雄と呼ばれた。そのひとつ燕には案邑(今の北京)がある。

B (1)戦国時代の富国策によって商工業が発展し，青銅の貨幣も用いられ，大きな富を持つ商人もあらわれた。(2)春秋・戦国時代には多様な新思想が生まれ，諸子百家と総称される多くの思想家や学派が登場した。諸子百家のなかで後世に大きな影響を与えたのは孔子を祖とする儒家の思想である。(3)孔子と弟子の言行は，孔子の死後，弟子によって『論語』としてまとめられた。(4)老子は性善説や仁義を唱え，力による統治である覇道に対し，徳による統治である王道をよりすぐれたものと説いた。孔子の思想は，礼による規律維持を強調する性悪説の荀子など，戦国時代の儒家たちによって受け継がれていった。

C 唐の滅亡とともに，(1)華北における短命な5つの王朝と華中・華南で10あまりの国が興亡をくりかえす五代十国の時代を迎えた。(2)五代最初の王朝は，907年に唐の哀帝を廃して唐を滅ぼし即位した節度使の朱全忠が建てた後梁である。その後，後唐・後晋・後漢と続き，次の後周まで5王朝が交替した。(3)後唐を除きその都は汴州(開封)に置かれた。五代十国の戦乱の時代には，旧貴族は没落していった。(4)かわって力を強めた新興の地主層が，荘園を設けて直接経営をおこなう方式で経済力をのばした。

D　黄河と大運河の接点に置かれた宋(北宋)の都は，古くからの城壁都市をもとに市場・繁華街が広がってできた都市であり，その経済的に繁栄した様子は張択端作の「清明上河図」などに描かれている。(1)都市商業の繁栄を背景に庶民文化も発展し，小説・雑劇や詞(宋詞)が盛んにつくられ，大都市には演芸場も出現した。(2)宋代はまた，新技術の開発と普及がすすんだ時期でもあり，工芸面では，唐代を代表する陶磁器の唐三彩とくらべて，色彩豊かで具象的な特徴をもつ白磁・青磁の名品が作られ，海外に輸出された。(3)科学技術の分野では，唐代頃に始まった木版印刷が普及し，同じ頃にすすんだ羅針盤や火薬の実用化の技術は，イスラーム世界をつうじてヨーロッパに伝わった。(4)

E　16世紀以降の朝鮮では，科挙制度のなかで両班という有力な家柄が官僚の大部分を占め，政治上の実権をめぐる党争がさかんであったが，(1)この党争は朱子学の内部の学派争いとも強く結びついていた。朝鮮では，豊臣秀吉の侵攻のさいに明から受けた救援への恩義の意識が強かったため，明の滅亡後は清との朝貢関係から離脱した。(2)また，朝鮮こそが明を引き継ぐ正統な中国文化の継承者だという「小中華」の意識は強く，両班層のあいだでは儒教の儀礼が中国以上に厳格に守られた。(3)この対抗意識の背景には，清が中国を統治するにあたり，科挙・官制など，明の制度をほぼ受け継ぎ，儒学を振興して中国王朝の伝統をまもる姿勢を示したことが影響していた。(4)

F　清朝は中期に領土も拡大し，人口も増えたが，土地不足で農民の貧困化と開墾による環境破壊が社会不安を生んだ。このなかで18世紀末には四川を中心とする新開地で白蓮教徒の乱が起こり，鎮圧のために清朝の財政は不安定になった。(1)また18世紀後半にはヨーロッパ勢力が東アジアに積極的に進出した。もともと，ロシアと清のあいだには，康熙帝の時代のネルチンスク条約(1689年)や雍正帝の時代のキャフタ条約(1727年)に基づく，国境での交易がなされていた。(2)ロシアは，エカチェリーナ2世の使節ラクスマンを北海道の根室に送り，日本にも通商を求めた。(3)1792年にイギリスはマカートニーを清朝に派遣して広州の開港など自由貿易を要求した。乾隆帝はこの要求を認めなかった。(4)

G 洪秀全は広東でキリスト教伝道に接し，キリストの弟と自称して拝上帝会という宗教結社を結成した。(1) 拝上帝会は偶像破壊運動を開始し，清朝と対立した。1851年に洪秀全らが建てた太平天国は，1853年に南京を占領してここを首都と定めた。また，南京は天京と改称された。(2) 太平天国は「滅満興漢」を掲げて清朝打倒を目指し，天朝田畝制度を実施して土地均分を実行した。(3) 太平天国鎮圧の主力となったのは，曾国藩の湘軍や李鴻章の淮軍など漢人官僚が組織した郷勇であった。(4) 西洋諸国の清朝支援もあり，1864年に太平天国は滅亡した。

H 中国では辛亥革命後の政治的混迷が続く中，民衆の自覚に基づく根本的な社会改革をめざす知識人の間で，文学革命と呼ばれる啓蒙運動が始まった。陳独秀の刊行した『新青年』は，「民主と科学」を旗印に儒教道徳や旧い形式的な文学を批判して，(1) 青年知識人層の間で支持を広げた。胡適は同誌上で「文学改良芻議」を発表して，白話(口語)文学を提唱した。(2) 魯迅はアメリカ留学から帰国後，『狂人日記』や『阿Q正伝』などの小説を発表し，中国近代文学の基礎を築いた。(3) 文学革命の中心となった北京大学では，李大釗がマルクス主義の研究を行った。(4)

I 1949年毛沢東を国家主席とし，周恩来を首相として中華人民共和国が成立した。(1) このため第二次世界大戦中に米英ソ三大国が合意したヤルタ協定が事実上無効になった。毛沢東は，向ソ一辺倒を唱え，ソ連との間に中ソ友好同盟条約を結んだ。(2) 朝鮮半島は南北各々に政府が成立していたが，1950年6月北朝鮮軍が北緯38度線を越えて侵攻し，朝鮮戦争となった。(3) 毛は国内で強引な工業化と農業集団化を進めたため，共産党支配への批判も現れた。国際的にも1950年代半ば以降に，ソ連のとった平和共存路線を批判し，中ソ対立が起こった。(4) そして1969年には中ソ国境で軍事衝突が起こるまでになった。

J 文化大革命が終わると，失脚していた鄧小平が中国の指導者となった。(1) 鄧小平を中心とする指導部は改革・開放政策を進め，社会主義市場経済化を実行して，その後の経済成長の基盤を整えた。しかし共産党の一党支配体制は変わる(2)

ことなく続き，1989年に民主化を要求する民衆を武力弾圧し，いわゆる天安門事件を起こした。この事件のあと胡錦濤が党総書記になり，1997年には香港がイギリスから返還された。(3) その後も急速な経済成長を続け，2010年代初めには国内総生産の規模が日本を越え，世界第2位の経済大国となった。(4) 2012年には習近平が共産党総書記となったが，徐々に強引な外交政策が目立つようになり，東シナ海，南シナ海などで周辺諸国と緊張を高めている。

〔Ⅳ〕 次の文章をよく読み，本文の下線部(1)～(10)について，以下の問いに答えなさい。

1980年代に入ると，ソ連の社会主義体制は行き詰まりを見せていたが，1985年ゴルバチョフが共産党書記長に就任し，様々な改革を推進しようとした。「ペレストロイカ」と言われる国内改革と，情報公開（グラスノスチ）を進め，外交についても柔軟な政策をとった。同年11月には，アメリカ合衆国のレーガン大統領(1)とゴルバチョフのあいだで首脳会談が開かれ，戦略核兵器の削減(2)などについて合意した。1987年には中距離核戦力（INF）全廃条約が締結され，限定的ではあるが，史上初めて実質的な核軍縮が行われた(3)。こうして米ソ間の緊張緩和が進み，1989年にはソ連軍がアフガニスタンから撤兵した。そして同年12月，ブッシュ大統領とゴルバチョフは，地中海のマルタ島で首脳会談を行い，冷戦の終結を宣言した。第二次世界大戦終結の直後から始まった冷戦(4)が，約半世紀の時を経て終わったのである。

マルタでの米ソ首脳会談と前後して，ヨーロッパでは巨大な政治的変動が起こっていた。1988年3月にゴルバチョフは，東ヨーロッパの社会主義諸国に対する内政干渉を否定する宣言を出し(5)，これをきっかけにして東欧諸国では共産党などによる一党支配体制が次々と倒れていった(6)。さらに東ドイツでは1989年10月にホネカー書記長が退陣し，11月にはベルリンの壁が開放された。東ドイツで初の自由選挙が行われると，ドイツ統一を求める連合勢力が勝利し，1990年10月，西ドイツは東ドイツを吸収してドイツが統一された。翌年になると，コメコンやワルシャワ条約機構も解消され，いわゆる東欧社会主義圏は消滅した(7)。

ソ連国内でも改革が進められ，1990年には強力な権限を持つ大統領制が導入され，ゴルバチョフが大統領に就任した。(8)1991年8月に保守派によるクーデタが起こったが失敗に終わった。その後，連邦内の共和国が連邦を離脱し，ソ連共産党も解散した。そして1991年12月には，ロシア連邦を中心にして旧ソ連内にあった11の共和国が独立国家共同体(CIS)を結成したことにより，ソ連邦は解体したのである。ソ連の社会主義体制は1917年の革命から70数年で終わりを告げた。

(9)冷戦が終結すると，新しく平和な国際社会がおとずれると期待されたが，地域紛争が無くなることはなく，さらにはテロも相次いだ。一方アジア諸国では冷戦終結前後から，民主化が進むようになった。韓国では1992年末の選挙で文民出身の金泳三候補者が当選し，その後の民主化をもたらすきっかけとなった。台湾でも2000年の総統選挙で初めて国民党に属さない陳水扁が当選して，民主的な政治が定着するようになった。さらには2010年末から北アフリカでも民主化運動が起こり，チュニジア・リビア・エジプトなどで独裁政権が倒れた。(10)アメリカ合衆国では2008年の大統領選挙で，米国史上初めてアフリカ系出身のオバマが当選した。現在の世界は，インターネットの発達など情報通信手段の技術革新もあり，グローバリゼーションが進んだが，地球温暖化による気候変動など人類全体に関わる脅威にもさらされるようになっている。

問 1. 下線部(1)のレーガン大統領について，以下の文章の中から**適切ではないもの**を一つ選び，解答欄にマークしなさい。

① 大統領に就任直後は，対ソ強硬策をとり，戦略防衛構想(SDI)を推進した。

② イギリスのサッチャー首相と並んで，新自由主義の視点から，アメリカ経済の再建を進めた。

③ 「強いアメリカ」の復活を訴え，ソ連を「悪の帝国」と呼んだ。

④ 冷戦時代にソ連の指導者と直接首脳会談を行った，最初の大統領となった。

問 2. 下線部(2)の戦略核兵器の削減と関連して，以下の文章の中から**適切ではな**

いものを一つ選び，解答欄にマークしなさい。

① 1963年に部分的核実験禁止条約が締結されたが，その後も米ソは核実験を進めた。

② 1968年には，米英ソなど62か国が核拡散防止条約(NPT)に調印した。

③ 1973年には核戦争防止協定が結ばれた。

④ 1985年11月にはレーガンとゴルバチョフの間で，戦略核兵器の全廃をめざすことが合意された。

問 3. 下線部(3)に関連して，以下の文章の中から**適切ではないもの**を一つ選び，解答欄にマークしなさい。

① アメリカの中距離核戦力の配備については，西ヨーロッパで不安が広がり大規模な反核運動が起こった。

② この条約によって，イギリスとフランスの核兵器も部分的にではあるが削減された。

③ 2020年現在，アメリカとロシアは，このINF全廃条約から離脱している。

④ 冷戦が終結すると，他の兵器についても軍縮が進み，1993年には化学兵器禁止条約が締結された。

問 4. 下線部(4)について，以下の文章の中から**適切ではないもの**を一つ選び，解答欄にマークしなさい。

① 1946年チャーチルは，アメリカで「鉄のカーテン」演説を行った。

② アメリカの外交官ケナンは，「封じ込め政策」を提唱した。

③ アメリカのマーシャル国務長官の提唱によって，北大西洋条約機構(NATO)ができた。

④ 1948年，ソ連はドイツの西側占領地区と西ベルリンでの通貨改革に対抗してベルリン封鎖を行った。

問 5. 下線部(5)について，この宣言の正しい名称は何か，以下の語句の中から**適切なもの**を一つ選び，解答欄にマークしなさい。

① 新ベオグラード宣言

② ブレジネフ＝ドクトリン

③ 新世界秩序宣言

④ モスクワ宣言

問 6. 下線部(6)について，以下の文章の中から**適切ではないもの**を一つ選び，解答欄にマークしなさい。

① ポーランドでは労働組合「連帯」が選挙で勝利した。

② ルーマニアだけは，チャウシェスクによる独裁が，彼の病死まで続いた。

③ 東欧諸国では，1968年のチェコスロヴァキアの例など，以前にも自由化路線を求める動きがあった。

④ 東欧諸国は計画経済から市場経済に移行した。

問 7. 下線部(7)について，以下の文章の中から**適切ではないもの**を一つ選び，解答欄にマークしなさい。

① コメコンは1949年1月に創設され，1950年には東ドイツが参加した。

② ワルシャワ条約機構は，1955年に東ヨーロッパ諸国の共同防衛を目的として設置された。

③ コメコンには，地理的に東ヨーロッパの国々だけでなく，モンゴルも参加していた。

④ ワルシャワ条約機構には，ティトー指導下のユーゴスラヴィアも加盟していた。

問 8. 下線部(8)のクーデタについて，以下の文章の中から**適切なもの**を一つ選び，解答欄にマークしなさい。

① このクーデタによりゴルバチョフは影響力を失った。

② ゴルバチョフはクーデタで幽閉されたが脱出し，クーデタを鎮圧した。

③ プーチンはゴルバチョフを助けることで影響力を持つことになり，やがてロシア連邦の初代大統領になった。

④　クーデタの後，ロシアで総選挙が行われ，エリツィンとプーチンが立候補し，エリツィンが勝利した。

問 9. 下線部(9)について，以下の文章の中から**適切ではないもの**を一つ選び，解答欄にマークしなさい。

①　2001年9月11日には，乗っ取られた旅客機がニューヨークの貿易センタービルとワシントン近郊の国防総省ビルに突入する同時多発テロ事件が起こった。

②　ティトーの死去や冷戦の終結をきっかけにして，1991年にクロアティア・スロヴェニアなどがユーゴスラヴィア連邦からの分離，独立を宣言した。

③　アメリカ合衆国のクリントン大統領は，対テロ戦争を指導し，イラクのフセイン政権を攻撃し，同政権を打倒した。

④　スリランカではシンハラ系多数派とタミル系少数派の内戦がおこり，インドネシアでも東ティモールが分離，独立した。

問10. 下線部(10)について，以下の文章の中から**適切ではないもの**を一つ選び，解答欄にマークしなさい。

①　オバマ大統領はプラハで核兵器廃絶演説を行い，やがてノーベル平和賞を授けられた。

②　オバマは，アメリカ合衆国大統領として初めて広島を訪問し，被爆者と会見した。

③　オバマ政権は，同時多発テロの首謀者とされるビン＝ラーディンを殺害した。

④　オバマ政権の下でも対テロ戦争は継続され，イラクやアフガニスタンに駐留していたアメリカ軍の兵力を増強した。

〔V〕 次の文章**A**～**J**をよく読み，下線部(1)～(4)のうち，**適切でないもの**を一つ選び，その番号を解答欄にマークしなさい。

A フランク王国ではカール大帝が皇帝に戴冠した800年頃，陸上は西のフランク帝国と東のビサンツ帝国がほぼ同じ広さの地域を支配していたが，海上ではビサンツ艦隊が圧倒的であった。814年にカール大帝が死んだのち，フランク王国では内紛が起こり，(1)843年のヴェルダン条約と870年のメルセン条約により，フランク王国は三つに分裂した。ヴェルダン条約によってルートヴィヒ1世の息子たちの間で領土の境界線が引かれたが，最終的には(2)ロタール1世の死後に締結されたメルセン条約により，彼が治めていた中部フランク王国は分割された。イタリア王国を除いた(3)領地の東側をルートヴィヒ2世が東フランク王国として獲得し皇帝位に就き，領地の西側をシャルル2世が西フランク王国として獲得した。以降，東フランク王国がドイツとして，西フランク王国がフランスとしてそれぞれ発展を遂げたが，(4)いずれも10世紀末にはカロリング家の血筋は途絶え，前者においてはザクセン家が，後者においてはカペー家が力を持ち始めた。

B 神聖ローマ帝国内に多数の領邦が分立していたドイツでは，主権国家の形成が遅れていた。1618年にオーストリアの属領ベーメン(ボヘミア)の新教徒が(1)ハプスブルク家のベーメン王フェルディナントによるカトリック信仰の強制策に反抗したことをきっかけに三十年戦争が始まった。翌年，フェルディナントは神聖ローマ皇帝フェルディナント2世となったが，この時点での戦いの図式は，神聖ローマ帝国の旧教側の皇帝対新教諸侯であった。しかし，1625年に(2)新教国デンマークのクリスチャン4世がドイツに侵入したあと，スウェーデン国王グスタフ=アドルフも参戦するなど，外国勢力もこれに加わった。(3)その後，フランスが神聖ローマ帝国側に立って参戦したが，軍事的には決着がつかず，1648年ウェストファリア条約の締結をもって，三十年戦争は終結した。この戦争は「最後の宗教戦争」と呼ばれることもあり，対立軸の一つは旧教対新教であったが，宗教以外の世俗的利害も関係していた。(4)フェルディナント2世と戦おうとしなかった新教諸侯もおり，同じ新教側でもデンマークとスウェーデンは協調して戦うことが難しかった。

C　三十年戦争の後，北ドイツで勢力を伸ばし始めたのがプロイセンである。この国は，15世紀以来ホーエンツォレルン家の支配下にあったトリーア選帝侯国がプロイセン公国と結びついて，17世紀に初めて成立したものである。(1) 1701年に始まったスペイン継承戦争で神聖ローマ皇帝を助けてプロイセンは王国となったが，絶対王政の基礎を作ったのは2代目の王にあたるフリードリヒ=ヴィルヘルム1世であった。1740年，フリードリヒ2世はオーストリアのマリア=テレジアがハプスブルク家の全領土を継承したことに異議をとなえて，シュレジエンを占領した。フリードリヒ2世は，バイエルン公やフランス王らとともに，イギリスに支えられたオーストリアと戦い(オーストリア継承戦争)，シュレジエンを得た。(2) シュレジエンを取り戻すためにマリア=テレジアは，長年敵対関係にあったフランスとも同盟し，ロシアも味方に付けた。(3) このため，フリードリヒ2世が1756年に起こした七年戦争では，イギリスと結んだプロイセンは苦戦したが，1763年，オーストリアと有利な和平を結び，強国の地位についた。他方でフリードリヒ2世は，ヴォルテールらの啓蒙思想の影響を受けて，国民の福祉向上を目指した。またフリードリヒ2世は繊細優美なロココ美術を愛し，彼がポツダムにたてたサンスーシ宮殿はこの様式を代表する建築である。(4)

D　フランス革命とナポレオンをめぐる戦争のあと，1814年，オーストリア外相メッテルニヒの主導でウィーンにおいて戦後処理が進められたが，議論が進まず，ウィーン議定書の制定まで半年を要した。この議定書に基づく国際秩序をウィーン体制と呼ぶ。この体制の基本理念は，フランス外相タレーランの提唱により，革命以前の領土・主権・社会秩序に復帰することを主張する「正統主義」であった。(1) この方針にしたがう国際秩序の維持のために，列強間では神聖同盟と四国同盟という2つの同盟が結ばれた。前者はロシア皇帝アレクサンドル1世が提唱した君主間の同盟であり，後者はイギリス・オーストリア・プロイセン・フランスの4国が結成した軍事同盟で，のちにロシアも参加を許されて五国同盟となった。(2) しかし，ウィーン体制の理念である「正統主義」は，フランスからヨーロッパ各地に展開した「自由主義」と「ナショナリズム」という新しい思潮によって揺さぶられた。この方向性を決める別の要因が，18世紀に始まる産業革命と市民革命からなる二重革命であった。フランスではナポレオンの後に復古王政を開いたルイ18世を継いだシャルル10世のときに七月革命が起き，ルイ＝フィリップが王位に就き自由主義的な立憲君主政が始まった。本格化した産業革命により政治的安定がもたらされたが，(3)参政権の拡大や男性普通選挙制度の採用など選挙制度改革を求める運動に小ブルジョワジーや民衆が参加し始めた。1845年以降の不作がきっかけとなって農民の困窮が経済危機を招いた結果，各地で騒擾が発生した。1848年2月，不況に不満を抱いていたパリ民衆は武装蜂起し，国王ルイ＝フィリップに退位と亡命を強いた。これが二月革命であり，ただちに(4)社会主義者であるルイ＝ブランや労働者を含んだ臨時政府が樹立され，男性普通選挙制度の採用が決められた。

E　ドイツではウィーン会議後，ドイツ・オーストリアを含む39の領邦・自由市からなるドイツ連邦が，自由主義思想と立憲国家樹立を抑圧する傾向を保っていた。しかし，(1)1848年，プロイセンの首都であるベルリンで民衆が男性普通選挙制度を求めて三月革命を引き起こした。国王は議会を招集して選挙制度改革を約束した。その後，自由主義的改革が行われ，(2)ドイツ統一をめざすフランクフルト国民議会がパウロ教会で行われた。国民議会では大ドイツ主義か，小ドイツ主義かが焦点となり，最終的には後者が選ばれ，連邦制・立憲君主政・世襲皇帝制度を採択した。その後，ドイツでは政治的反動の時期が続いたが，1850～70年代初めは，プロイセンを中心に経済成長は続いていた。そのなかで(3)1861年にプロイセン摂政であったヴィルヘルム1世が国王に就任すると，軍制改革に着手し始め，議会と対立を始めた。このなかで国王は，強硬な保守派でユンカー出身のビスマルクを首相として登用した。1863年以降，ドイツ連邦では，シュレスヴィヒ・ホルシュタインをめぐって，対外的にも対内的にも争いが続いた。その結果，1866年にプロイセンは北ドイツ諸領邦とともにドイツ連邦を脱退し，オーストリアに開戦し，これを破った。プロイセンはオーストリアと同盟関係にあったハノーヴァー王国を併合して北ドイツ諸邦と北ドイツ連邦を結成し，南ドイツの国家とも同盟関係を結んで，統一ドイツの基礎を作った。(4)フランスではナポレオン3世が，プロイセンの勢力拡大を危惧していたが，彼の内外の苦境を利用してビスマルクは挑発をしかけ，ナポレオン3世は1870年に宣戦を布告し，プロイセン＝フランス戦争となった。プロイセンは同盟諸邦軍とともにフランスを圧倒し，その間も統一ドイツのための交渉を続けた。そして，連邦制のドイツ帝国設立が合意され，1871年1月，パリ包囲戦が続くなかで，敵地のヴェルサイユ宮殿でプロイセン国王ヴィルヘルム1世は，ドイツ皇帝となった。

F プロイセン＝フランス戦争敗北後成立した第三共和政下のフランスは，1880年代から植民地拡大政策を実行し，インドシナ・アフリカに植民地を作り上げた。(1) フランスは，工業力ではドイツ，アメリカに及ばなかったが，富裕層である中産階級に支えられた銀行の資本力をもとに，帝国主義政策を追求した。ビスマルク体制下でフランスは国際的に孤立していたが，1890年代以降，露仏同盟や英仏協商を結びドイツに対抗した。(2) 国内では，1880年代以降，共和政攻撃の動きが起こった。その中でもドレフュス事件では，ユダヤ系の軍人ドレフュスが，ドイツに軍事機密を売ったというスパイ容疑で死刑を宣告されるが，のちに誤審と判明した。(3) 作家のゾラらが世論に再審を訴え，1898年，新聞に「私は弾劾する」と題する記事を書き，フランス政府・軍部を批判した。(4) 1906年，最終的にドレフュスは無罪となった。

G 19世紀，文芸においては，リアリズム(写実主義)が，スタンダール，バルザックなどフランス文学から始まり，フロベールの『ボヴァリー夫人』で確立された。(1) また，自然主義においては，フランスのモーパッサンが『女の一生』を発表した。(2) 絵画ではフランスのドラクロワや自然を神秘的に描いたドイツの風景画家フリードリヒなどロマン主義絵画も生まれ，自然主義のルノワールや写実主義のクールベなどが続いた。(3) 18～19世紀初めのイギリス産業革命の発明や改良をもたらしたのは，現場の職人や技術者であった。19世紀には，大学，企業の研究所などが新技術を体系的な科学にまとめようとした。例えば，ドイツのベルリン大学に代表される近代的大学，また，フランス革命のなかで設立された理工科学校(エコール＝ポリテクニク)などが，近代的な知の体系を伝達・継承する場となった。(4)

H　1914年，ドイツ・オーストリアなどの同盟国側と，フランス・ロシア・イギリスなどの協商国(連合国)側に分かれて戦った第一次世界大戦が起こった。(1) その後，オスマン帝国・ブルガリアが同盟国側で参戦し，三国同盟から離れたイタリア，さらに大戦後期にアメリカ合衆国が連合国側に加わった。(2) 第一次世界大戦の最大の特徴は長期戦かつ総力戦になったことである。ドイツは，シュリーフェン計画に基づき，当初，軍を西方に集中させ，短期間でパリを陥落させようとした。(3) そのため，戦争はドイツの中立国ベルギーへの侵入で始まった。しかし，その後，さらにドイツ軍は北フランスに侵攻したが，英仏軍がタンネンベルクの戦いでドイツ軍をくいとめた。(4) 以後は，西部戦線では両軍とも塹壕にたてこもり，新兵器を投入し，多くの死傷者をだしながら一進一退をくりかえす戦況になった。

I　スペインでは，1930年にプリモ＝デ＝リベラ将軍の独裁政権が倒され，1931年に王政が倒れた後，政局が混乱した。1936年の選挙で人民戦線派が勝利し，人民戦線政府が成立した。人民戦線政府の成立によって，大きな勢力を有していた軍部・保守派・カトリック教会などの危機意識の高まりを背景に，1936年7月，フランコが旧王党派や地主層など保守派の支持を得て反乱を起こした。(1) イギリス・フランスは紛争をスペインに限定させようとし，不干渉委員会を設置させた。ドイツ・イタリアは不干渉委員会に加入していたが，フランコへの援助をつづけた。(2) 政府側には，ソ連の援助，欧米の社会主義者や知識人の国際義勇軍の支援があった。(3) スペイン出身の画家ピカソは，ソ連空軍が無差別爆撃でゲルニカ市街を壊滅させたことへの抗議と反戦表明のため「ゲルニカ」という壁画を描いた。(4) 1939年フランコ側がマドリードを陥落させ勝利した。

J　2度の世界大戦後の1950～1960年代，西欧諸国でも経済復興がすすんだ。ドイツ連邦共和国(西ドイツ)では，初代首相であるアデナウアーの指導する政権のもとで，「経済の奇跡」といわれるほどの経済成長が実現した。(1) 西ドイツは，ドイツ西側を分割占領していたアメリカ，イギリス，フランスとパリ協定を結び主権回復を実現した。(2) パリ協定は，北大西洋条約機構(NATO)への加盟を条件に，ドイツの再軍備を認めた。ドイツはパリ協定に基づいて再軍備をはかったが，1956年ドイツ国内では反対もあり，一般兵役義務法(徴兵制法)は否決された。(3) ソ連は西ドイツのNATO加盟に対抗してワルシャワ条約機構を組織した。(4)

政治・経済

（60分）

〔Ⅰ〕 次の文章を読んで，下記の問に答えなさい。

日本国憲法は，国家権力を立法権，行政権，司法権の三権に分けて，それぞれ国会，内閣(1)，裁判所という異なる機関に分別して与えている。立法権とは，国家が法を制定する作用や権限のことをいう。憲法第41条は「国会は，国権の最高機関であつて，国の唯一の立法機関である」と定めている。(2)国会が「唯一の立法機関」とされているのは，立法権を独占することを意味するが，これには憲法で定められた例外もある。

日本の国会は二院制を採用しており，衆議院と参議院で構成されている。二院制の利点は，民意を問う機会を多くし，幅広く国民の意見を国政に反映することのほか，予算や法律案などの審議をより慎重に行うことができる点にある。しかし，(3)いわゆる「ねじれ国会」の現象が生じると，国政が停滞するという問題がある。

また，国会には3つの種類があるが，そのうち，内閣またはいずれかの議院の［ア］の4分の1以上の要求で召集されることがあるのは［イ］国会である。

国会は立法機関であるが，法律案の議決だけではなく，予算の議決，内閣総理大臣の指名や条約の承認の議決など，さまざまな事項を議決する権限がある。国会の議決は，原則として，衆参両院の一致の議決によって成立するが，両院が異なった議決をしたときは，(4)両院協議会が開かれる。しかし，(5)意見の一致をみない場合，重要な事項については衆議院の議決をもって国会の議決とすることができる。これを衆議院の優越という。

国会の権限には，二院が対等な権限と，それぞれの院が独自に行使できる権限がある。たとえば，憲法改正の発議は，二院が対等な権限を持っており，衆参両院の［ア］の3分の2以上の賛成で，国会が発議する。他方，国政調査権や規則制定権は，各院が独自に行使することができる。(6)

国会を構成する両議院は，全国民を代表する選挙された議員で組織される。国会議員には，この全国民の代表として，不逮捕特権，免責特権，歳費特権といった幾つかの特権が与えられている。(7)

法律案は，国会議員だけでなく，内閣が提出することもできる。国会議員が立案し提出する法律案およびそれによって成立した法律を議員立法という。内閣が法案を提出する場合，各省庁で立案され，内閣総理大臣が主催する［ウ］で決定された後，内閣総理大臣の名前で衆議院，参議院のどちらかに先に提出される。国会での審議では委員会制度が採用されており(8)，国会の実質的な審議はそれぞれの委員会で行われ，その結果が［エ］に報告され，採決される。定足数を満たした上で，［オ］の過半数の賛成を得れば，一方の議院に送られ，同じく委員会の審議を経て，［エ］で可決されれば，法案成立となる。

(問 1)　文中のアからオの空欄にあてはまるもっとも適切な語句を，それぞれ漢字で，アは3文字，イは2文字，ウは2文字，エは3文字，オは4文字の文字数で，解答欄に記入しなさい。

(問 2)　下線部(1)に関して，内閣の首長である内閣総理大臣に関する記述として，その内容が**適切でないもの**を1つ選び，そのアルファベットを解答欄にマークしなさい。

A　国会は，国会議員のなかから内閣総理大臣を指名するが，指名の対象には衆議院議員だけでなく，参議院議員も含まれる。

B　日本では，内閣総理大臣を国民が直接選挙で選ぶことができる首相公選制は採用されていない。

C　内閣総理大臣は，国務大臣を任命する権限を有しているが，罷免する場合には国会の決議が必要である。

D　内閣総理大臣は，内閣を代表して法律案や予算案などの議案を国会に提出する。

E　内閣総理大臣は，シビリアン・コントロールの観点から，文民でなければならない。

(問 3)　下線部(2)に関しては，国会が立法権を独占することの憲法に規定される例外がある。その例外にあたるものとして**適切でないもの**を1つ選び，そのアルファベットを解答欄にマークしなさい。

A　内閣が政令を制定すること

B　最高裁判所が裁判所規則を制定すること

C　地方公共団体が条例を制定すること

D　最高裁判所が裁判において判決を出すこと

E　各議院が議院規則を制定すること

(問 4)　下線部(3)に関して，「ねじれ国会」とはどのような現象か。**「最大会派」および「現象」という2つの語句を用いることを条件**に，30字以内で解答欄に記入しなさい。

(問 5)　下線部(4)に関して，両院協議会は，両院の意思が異なったときに開かれる場合がある。いくつかの事項については，必ず開かれるが，必要に応じて任意に開催される事項もある。以下のうち，両院協議会が任意に開催される事項はどれか。もっとも適切なものを1つ選び，そのアルファベットを解答欄にマークしなさい。

A　法律案の議決

B　内閣総理大臣の指名

C　条約締結の承認

D　予算の議決

(問 6)　下線部(5)に関して，衆議院の優越が認められている理由について，**「任期」および「解散」という2つの語句を用いることを条件**に，50字以内で解答欄に記載しなさい。

(問 7)　下線部(6)に関して，国政調査権や規則制定権のように各院が独自に行使することができる権限について述べた記述として，その内容が**適切でないもの**を1つ選び，そのアルファベットを解答欄にマークしなさい。

A　各議院は国政調査権に基づいて，国政に関する調査を行い，これに関して，証人の出頭および証言ならびに記録の提出を要求することができる。

B　国政調査権は，立法機関としての活動の範囲に限定される必要はないものの，司法権に対しては，三権分立を守るために，慎重になされなければならない。

C　国政調査権や規則制定権のほか，内閣不信任決議についても，各院が独自に行使することができる。

D　各議院の規則制定権の行使について，内閣による承認手続きは不要である。

(問 8)　下線部(7)に関して，不逮捕特権，免責特権，歳費特権について述べた記述として，その内容が**適切でないもの**を１つ選び，そのアルファベットを解答欄にマークしなさい。

A　国会議員には不逮捕特権があり，院外における現行犯罪の場合を除いては，会期中，その所属する院の許諾がなければ逮捕されない。

B　国会議員には免責特権があり，院内で行った演説，討論，表決について，院外において責任を問われないのが原則であるが，名誉毀損などの刑事責任については法的責任を負う。

C　国会議員には不逮捕特権があり，会期前に逮捕された場合でも，所属する議院の要求があれば，会期中は保釈される。

D　国会議員には歳費特権があり，給料に当たる歳費を，国から支給される。

(問 9)　下線部(8)に関して，国会の審議において委員会制度が導入されている利点について，**「複雑かつ専門的」および「大量」という２つの語句を用いることを条件**に，解答欄に40字以内で記載しなさい。

〔Ⅱ〕 以下の問1から3に答えなさい。

（問 1） 以下の文中の①から⑥までの空欄に当てはまるもっとも適切な選択肢を下記から1つ選び，そのアルファベットを解答欄にマークしなさい。なお，同じアルファベットを複数回以上選んでも構わない。

第二次世界大戦後の世界経済は，戦前とは根本的に異なる体制のもとにおかれるようになった。1944年のブレトンウッズ協定により，ＩＭＦ（国際通貨基金）と国際復興開発銀行（ＩＢＲＤ，世界銀行）が設立された。さらに，1947年にはＧＡＴＴ（関税および貿易に関する一般協定）の発足が決まった。これらを総称して，ＩＭＦ・ＧＡＴＴ体制という。ＧＡＴＴは，自由，無差別（最恵国待遇，［①］待遇），多角主義などを理念とし，関税［②］，非関税障壁の撤廃を推進して，貿易の［③］を目標とした。ＧＡＴＴは多国間協定であるが，発展改組されたＷＴＯは［④］である。また，ＷＴＯの違反国への報復は［⑤］によって決まる。

こうした自由貿易に対して理論的根拠を与えたのが［⑥］の比較生産費説であった。

（選択肢）

A．自由化　　B．保護化
C．内国民　　D．引き上げ
E．国際機関　　F．コンセンサス方式
G．国際間協定　　H．ネガティブ・コンセンサス方式
I．自国化　　J．アダム・スミス
K．リスト　　L．該当する選択肢なし

（問 2） 以下の文中のアからクまでの空欄に当てはまる最も適切な語句を解答欄に書きなさい。

第二次世界大戦が終結した後，アメリカは資本主義世界経済再建のため，ヨーロッパに対してマーシャル・プランを実施した。この援助の受け入れ機関として設けられたのが［ア］である。そして日本に対してはアメリカの軍事予算を財源とした［イ］で援助を行なった。

発展途上国の多くは1960年代前半までに政治的独立を達成したが，南北問題は深刻な課題となった。南北問題を改善するため国連総会は1961年に［ウ］を採択した。1964年には「援助よりも貿易を」の実現を目指して［エ］が創設された。しかし，1980年代には途上国において累積債務問題が表面化しデフォルトの危機が生じた。ＩＭＦは緊縮財政などの条件(コンディショナリティー)を設定した上で救済に乗り出した。世界銀行も［オ］融資を提供した。ＩＭＦと世界銀行が救済の条件として強く求めた［オ］改革は，各国の事情を考慮せず画一的な押し付けになったため，かえって経済は混乱した。

途上国では自国通貨の為替レートをドルに対して連動させるドル・ペッグ制を採用している国もある。例えば中国もそうであったが，人民元改革の問題があり，2005年に人民元は一定の幅で変動させる管理フロート制に移行した。しかし，アメリカは中国が最大の経常収支赤字の相手国になったため，その後もさらなる人民元の［カ］を求めた。

外国為替の売買にさいしては，自国通貨と外国通貨の交換比率が問題となる。この交換比率を［キ］という。現在，ドルや円などの主要通貨の［キ］は外国為替市場で需要と供給の関係によって決められている。これを［ク］という。

(問 3)　次の(1)から(2)の問に答えなさい。

(1)　1919年にベルサイユ条約にもとづいて設立され，国際連合の下で活動を行い，国際開発労働基準の設定と条約・勧告を通じて国際的な労働条件の改善を進めてきた組織は次のどれか。もっとも適切なものを1つ選び，そのアルファベットを解答欄にマークしなさい。

Ａ．世界労働組合連盟

B．国際労働組合総連合

C．国際労働者協会

D．世界労働機関

E．該当する選択肢なし

(2) 現在，進んでいる地域経済統合でミャンマーが参加しているものはどれか。もっとも適切なものを1つ選び，そのアルファベットを解答欄にマークしなさい。

A．ASEAN10

B．APEC

C．NAFTA

D．MERCOSUR

E．該当する選択肢なし

〔Ⅲ〕 次の文章を読んで，下記の問に答えなさい。

経済成長と環境問題の両立は国際的にも重要な政策課題となっている。両者は必ずしも矛盾するものではなく，適切にデザインされた環境規制は技術革新を促し企業の競争力を向上させる(1)という考え方もある。

日本では1973年に排出ガス規制が成立し，その後，段階的に規制を強化・拡大して，2年間の猶予期間を経て1978年に，米国のマスキー法(1970年改正法)の目標値を規制値として設定するに至った。当時の米国では実現を見送られたこの厳しい自動車排気ガス規制基準を，日本の自動車メーカーが技術開発により達成することで，日本車は米国市場においても高い評価を受け大幅に売上を伸ばした。その後も日本では排出ガス規制の強化が継続的に行われ，日本車の国際競争力は向上していった。

環境問題への国際的な対応については，1972年にストックホルムで［ア］会議が開催された。この中で［イ］が採択され，国連の中に［ウ］を設置することも決定した。1984年には日本の提案で「環境と開発に関する世界委員会」が設立された。その後も深刻の度を増す地球環境問題(2)に対処するため，1992年に［ エ ］会議が開催され，［ ① ］がスローガンとして採択された。また，日本を含め155カ国がこの会議で［ オ ］に署名した。他方で，この会議では，環境保護を優先させようとする先進国に対して，発展途上国は，先進国に追いつくための開発の権利を主張して対立した。1997年には［ オ ］の第3回締約国会議が開催された。この中で［ ② ］が採択され，温室効果ガス削減の具体的数値目標が設定された。しかし2001年にアメリカが脱退するなど，先進国間，途上国間ともに足並みの乱れが指摘されている。

よりミクロの視点では，近年，企業は利益を追求するだけでなく，様々な利害関係者に配慮し，社会的な責任も負うべきとの考えが強まっている。そこでは例えば，企業は法令遵守，従業員の待遇改善，地域社会への貢献，多様性の確保などの他，環境への配慮も強く求められている。もちろん，企業が社会的な責任を果たしていくには，存続し続けられるだけの十分な利潤を上げていく必要がある。会社法(3)においても，会社は「営利を目的とする社団法人」と解釈されることが多い。すなわち，一定の目的を持つ人が集まり，法人格を持ち，利益を目的に活動を行い，それによって得た利益を構成員に分配するものと考えることができる。経済学でも多くの場合，企業は利潤を最大にするよう行動することを前提として議論が行われている。消費者が企業の供給する製品・サービスを需要するのは，消費者が抱える課題を解決するためと捉えれば，社会的な課題を解決することも長期的には企業の利潤最大化と矛盾するものではないだろう。

環境保護の側面から，企業の社会的責任に対する活動を促す仕組みとしては，規制や税金(4)，社会的評価を通じたインセンティブなどの他，市場メカニズムを利用した制度もある。環境問題は外部性の一種であるため市場の失敗が起こりやすく，政府による介入の必要性が高い。しかし，政府が適切な規制や税率の設定を行うためには多くの情報が必要となり，社会効率を最大にするのは現実的には難しい側面もある。それに対し，例えば，企業間における排出量取引制度(5)は，政府が必要とする情報量は少なくてすみ，各企業に排出量削減への投資インセンティブを与えられる。

また，情報技術の進展も環境負荷の低減に貢献する可能性がある。情報技術による省エネ化，輸送の効率化，人の移動機会の削減，スマートシティ化などは，二酸化炭素を発生させる活動を抑制することが期待される。一方で，情報機器の使用時・待機時の電力や，情報機器の製造やサーバーの冷却等のための電力消費の抑制も新たな課題として認識されるようになってきている。

(問 1)　下線部(1)のような考え方は「ポーター仮説」と呼ばれているが，以下の記述のうち，<u>環境問題に限らず，規制による制約を乗り越えるための投資がイノベーションを促進する例</u>としてもっとも適切なものを１つ選び，そのアルファベットを解答欄にマークしなさい。

A　新型コロナウイルス感染症の流行により遠隔医療のニーズが高まったことで，遠隔モニタリングや遠隔診療に役立つ技術に対する投資が増加し，より効率的な遠隔医療サービスが可能となった。

B　高速・大容量，低遅延，多数接続を特徴とする５Ｇについて，電力消費量の抑制に対するニーズの高まりから，新たな技術規格の検討や研究開発が進んだ。

C　先端技術の事業化においては，現在の規制が当該ビジネスモデルを想定していなかったケースも多く，将来の規制の動向によって事業の収益性が大きく左右されることから，規制の概要が早期に明確化されることで事業への参入を促す効果もある。

D　化学物質の使用量に対する規制が厳格化されたことに対応するため，生産技術の改善や素材開発に対する大規模な投資を迫られたが，化学物質の使用を抑えた新製品は市場に受け入れられ大きな利潤を得ることができた。

E　家電のＩｏＴ化について，既存の電力線を通信に利用する技術があるが，その技術が省令で定められた基準を満たすか曖昧であったため，技術開発や投資の妨げになっていた。

(問 2)　文中のアからオの空欄に当てはまるもっとも適切な語句を，以下の選択肢から１つずつ選び，その**<u>アルファベットを解答欄にそれぞれ記入しなさい</u>**。

選択肢

A	気候変動枠組み条約	B	リオ宣言
C	国連人間環境	D	アジェンダ21
E	国連気候環境	F	生物多様性条約
G	オゾン層保護ウィーン条約	H	世界環境宣言
I	バーゼル条約	J	人間環境宣言
K	パリ協定	L	ロッテルダム条約
M	ワシントン条約	N	国連環境計画
O	国際自然保護連合	P	地球環境ファシリティ
Q	国連環境開発	R	国連環境・生物保護計画

(問 3)　文中の①と②の空欄に当てはまるもっとも適切な語句を，解答欄にそれぞれ記入しなさい。

(問 4)　下線部(2)に関連して，以下の記述における空欄①と②に当てはまるもっとも適切な国名を選択肢から1つ選び，そのアルファベットを解答欄にマークしなさい。

『エネルギー・経済統計要覧(2021年版)』によれば，2018年時点において二酸化炭素排出量が最も多い国は［　①　］であり，世界の総排出量の約28.4％を占めている。次いで多いのは［　②　］で世界の総排出量の14.7％を占め，日本は5番目で総排出量の3.2％を占めている。他方で，人口一人当たりの排出量でみると，最も多いのは［　②　］の15.1トンであり，日本は8.5トンとなっている。

選択肢

A	アメリカ	B	ロシア	C	中国	D	ブラジル
E	インド	F	ドイツ	G	オランダ	H	韓国

(問 5)　下線部(3)に関連して，持分会社(合名会社，合資会社，合同会社)の社員の責任についての以下の組合せのうち，もっとも適切な語句の組合せを以下の中から1つ選び，そのアルファベットを解答欄にマークしなさい。

A　合名会社：無限責任，合資会社：有限責任，合同会社：無限責任と有限責任

B　合名会社：無限責任，合資会社：無限責任と有限責任，合同会社：有限責任

C　合名会社：無限責任と有限責任，合資会社：有限責任，合同会社：無限責任

D　合名会社：有限責任，合資会社：無限責任，合同会社：無限責任と有限責任

E　合名会社：有限責任，合資会社：無限責任と有限責任，合同会社：無限責任

F　合名会社：無限責任と有限責任，合資会社：無限責任，合同会社：有限責任

(問 6)　下線部(4)に関連して，ある財の価格をp，数量(需要量，供給量)をxとするとき，市場の需要関数が$p = -\frac{1}{4}x + 250$，供給関数が$p = 2x + 25$で表されるものとする。このとき，以下の(1)及び(2)の問における①から③の空欄に当てはまるもっとも適切な数字を，それぞれ解答欄に記入しなさい。

(1)　この財の均衡取引量は［　①　］であり，均衡価格は［　②　］である。

(2)　この財の生産は二酸化炭素を発生させるため，取引量を(1)で求めた均衡取引量の80％に抑えるべく，すべての企業に対して生産1単位当たり一定額の環境税を課すことにした(その他のすべての条件は不変とする)。このとき，課すべき環境税は生産1単位当たり［　③　］となる。

(問 7)　下線部(5)に関連して，排出量取引制度に関する以下の記述のうち，もっ

とも適切なものを1つ選び，そのアルファベットを解答欄にマークしなさい。

A この制度は，各企業の年間の温室効果ガス排出量に応じて，当該企業の取引にかかる税率を変える制度である。

B この制度は，各企業に温室効果ガス排出量の枠を設定し，他の企業との排出枠の取引も認める制度である。

C この制度は，各企業の取引によって発生する温室効果ガスの排出量を計算し，その年間排出量に一定額の課税を行う制度である。

D この制度は，排出する温室効果ガスの量を各企業が自治体に申請し，その量に応じて定められた金額を税金として支払う制度である。

E この制度は，各企業に温室効果ガス排出量の枠を設定し，枠を超える排出量に課税する制度である。

数学

(60分)

問題は〔Ⅰ〕～〔Ⅴ〕まで5問ある。〔Ⅰ〕,〔Ⅱ〕は必ず解答すること。〔Ⅲ〕,〔Ⅳ〕,〔Ⅴ〕はいずれか2問を選択して解答すること。

〔Ⅰ〕 (1)～(5)において，Ⓐ，Ⓑ，Ⓒの値の大小関係を調べ，最大のものと最小のものを，それぞれ所定の解答欄（表面）にマークせよ。

(1) $90^\circ < \theta < 180^\circ$ とする。$\sin\theta = \dfrac{2}{3}$ のとき，

Ⓐ $\sin(180^\circ - \theta)$　　Ⓑ $\cos(180^\circ - \theta)$　　Ⓒ $\tan(180^\circ - \theta)$

(2) x についての整式 $x^3 + ax^2 + bx + c$ が $x-1$ で割っても，$x+1$ で割っても，$x+2$ で割っても -1 余るとき，

Ⓐ a　　Ⓑ b　　Ⓒ c

(3) Ⓐ $\log_{\frac{1}{2}}(\sin 30^\circ)$　　Ⓑ $\log_2(\cos 45^\circ)$　　Ⓒ $\log_3(\tan 60^\circ)$

(4) 実数 x，y に関する次の4つの命題

- $x^2 + y^2 = 0$ ならば $x = y$
- $x^2 - y^2 = 0$ ならば $x = y$
- $(x + y)^2 = 0$ ならば $x = y$
- $(x - y)^2 = 0$ ならば $x = y$

について，

Ⓐ その命題が真であり，かつその命題の対偶が偽である命題の数

Ⓑ その命題が真であり，かつその命題の対偶も真である命題の数

Ⓒ その命題が偽であり，かつその命題の逆が真である命題の数

(5)　原点を中心とする半径 r の円 C と直線 $l: 2x + y = k$ は第 1 象限内の点 P で接する。点 P の x 座標を t とするとき，

Ⓐ r　　　　　　Ⓑ t　　　　　　Ⓒ k

〔Ⅱ〕 所定の解答欄（表面）に，解答をマークせよ。

問題文中の［カ］，［キ］は解答が 1 ケタの数であることを，［アイ］などは解答が 2 ケタの数であることを，［ウエオ］は解答が 3 ケタの数であることを表している。

なお，分数で解答する場合は，それ以上約分できない形で答えること。

(1)　初項 -85，公差 4 の等差数列 $\{a_n\}$ において，初項から第 n 項までの和 S_n は，$n =$［アイ］のとき最小値 $-$［ウエオ］をとる。

(2)　$|\overrightarrow{\mathrm{OA}}| = 2$，$|\overrightarrow{\mathrm{OB}}| = \sqrt{7}$，$\overrightarrow{\mathrm{OA}} \cdot \overrightarrow{\mathrm{OB}} = 5$ のとき，△OAB の面積は $\dfrac{\sqrt{\boxed{\text{カ}}}}{\boxed{\text{キ}}}$ である。

(3)　ある大学生の集団 A および B について，過去半年に読んだ本の冊数を集計したところ，それぞれの集団の人数，平均，分散は下の表のとおりになった。このとき，集団 A，集団 B を合わせた集団の平均は［クケ］，分散は［コサ］.［シス］である。

	人数	平均	分散
集団 A	30	24	10
集団 B	50	16	16

〔Ⅲ〕,〔Ⅳ〕,〔Ⅴ〕のうち2問を選択して解答せよ。(なお3問すべてに解答した場合は，高得点の2問を合計得点に含める。)

〔Ⅲ〕 所定の解答欄（表面）に，(1) については答のみを，(2) と (3) については解答経過と答をともに記せ。

定数 a，b は実数で，$a \neq 0$，$b \neq 0$ であり，$a \neq b$ とする。

3次関数 $f(x) = x^3 + ax^2 + bx + c$ が $x = a$，$x = b$ で極値をとり，極小値が0であるとき，次の問に答えよ。

(1) $x = a$ で極値をとることを利用して，a を用いた式で b を表せ。

(2) a，b を求めよ。

(3) c を求めよ。

〔Ⅳ〕 所定の解答欄（裏面）に，(1) と (2) については証明を，(3) については解答経過と答をともに記せ。

n，p はともに2より大きな自然数である。また，p は素数である。このとき，次の問に答えよ。

(1) $2n + 1$ が p で割り切れるとき，n は p で割り切れないことを示せ。

(2) n と $2n + 1$ は互いに素であることを示せ。

(3) $n^3 + 8n$ が $2n + 1$ で割り切れるときの n の値をすべて求めよ。

〔V〕 所定の解答欄（裏面）に，(1) については答のみを，(2)～(4) については解答経過と答をともに記せ。ただし，分数はそれ以上約分できない形とすること。

ある箱の中に1から6までの異なる数字が一つずつ重複せずに書かれた6枚のカードが入っている。この箱の中からカードを箱に戻すことなく1枚ずつ無作為に取り出し，自然数を作る。自然数は，カードを取り出した順番に一の位，十の位，……と割り当てて作ることとする。このとき，次の問に答えよ。

(1) 3枚のカードを取り出してできた3ケタの自然数の百の位が4である確率を求めよ。

(2) 4枚のカードを取り出してできた4ケタの自然数が15で割り切れる確率を求めよ。

(3) 奇数が書かれたカードを取り出したときにはカードをもう1枚取り出すことができるが，偶数が書かれたカードを取り出したときにはそれ以上カードを取り出すことができないとする。このとき，できた自然数が3の倍数になる確率を求めよ。

(4) 5枚のカードを取り出してできた5ケタの自然数が，取り出されずに残ったカードに書かれた数字が示す1ケタの自然数で割り切れる確率を求めよ。

（以上問題終）

おり、Ⅱの文章の筆者もそれを認めている。

2　Ⅰの文章中の女房の一人は、女性は歌を詠むことには向かないと主張しており、Ⅱの文章の筆者も実例を挙げながら男性の歌人の能力を評価している。

3　Ⅰの文章中の女房の一人は、女性の歌を不当に低く評価する歌集の男性撰者を非難しており、Ⅱの文章の筆者もそのような過去の差別を批判している。

4　Ⅰの文章中の女房の一人は、女性が男性に比べて活躍の機会が少ないことを嘆いており、Ⅱの文章の筆者も過去の歴史においてはそうした不合理な差別が存在したことを述べている。

5　Ⅰの文章中の女房の一人は、女性が男性に比べて活躍の機会が少ないことを嘆いており、Ⅱの文章の筆者は性別によって活躍の場を限定することの不合理性を述べている。

4　A―されば　　B―されば
5　A―されども　B―さらば

問六　傍線⑤「隠ろへばみたらむはさることにて」の意味としてもっとも適切なものを次の中から一つ選びなさい。
1　人目につかないように読書をしている方は、そういうこととして
2　人目につかないように見ている方は、そういうこととして
3　人目につかずに過ごしている方は、そういうこととして
4　人目につかないことに満足している方は、そういうこととして
5　人目につかなくてはいられない方は、そういうこととして

問七　文章Ⅱについて、次の問に答えなさい。
(ア)　空欄Cに入る人名を漢字で答えなさい。
(イ)　『源氏物語』の現代語訳でも知られる、この文章の筆者の名を漢字で答えなさい。

問八　文章ⅠとⅡについて記された内容として正しいものを次の中から一つ選びなさい。
1　Ⅰの文章中の女房の一人は、高貴な女性たちよりも、自分たち女房の方がより文学的才能に恵まれていると主張して

2　彼女が、いまだに歌集の撰者になることがないのは、とても残念です。

3　女が、いまだにどの歌集に歌を入れるか自分で選べないのは、とても残念です。

4　女が、いまだに歌集の撰者になることがないのは、とても残念です。

5　女たちが、いまだに歌集に撰ばれるかどうかに無頓着なのは、とても残念です。

問四　傍線部④「多くは女のしわざにはべらずや」の意味としてもっとも適切なものを次の中から一つ選びなさい。

1　多くは女の手によるものではありませんか。

2　多くは女の手によるものではないのです。

3　多くは女のために作られたものではありませんか。

4　多くは女のために作られたものではないのです。

5　多くの女を描いたものではありませんか。

問五　空欄A、Bに入る言葉の組み合わせとして正しいものを次の中から一つ選びなさい。

1　A―されば　　B―さらば

2　A―さらば　　B―されば

3　A―さらば　　B―されども

1　あまり歌人たちとの関係がよくなかったためか、それほど良いとも思えない歌が、多く入っているようです。
2　あまりにも歌人たちに遠慮をなさったのか、それほど良いとも思えない歌が、多く入っているようです。
3　あまりにも歌人たちの実力を評価しすぎたせいか、それほど良いとも思えない歌が、多く入っているようです。
4　あまりにも歌人たちの感覚とのずれが大きくて、それほど良いとも思えない歌が、多く入っているようです。
5　あまりにも世間の感覚とのずれが大きくて、それほど良いとも思えない歌が、多く入っているようです。

問二　傍線②「山彦の跡絶えず、柿の本の塵尽きず」に用いられている和歌的な修辞技法を次の中から一つ選びなさい。

1　掛詞
2　枕詞
3　序詞
4　縁語
5　見立て

問三　傍線③「女の、いまだ集など撰ぶことなきこそ、いと口惜しけれ」の意味としてもっとも適切なものを次の中から一つ選びなさい。

1　彼女の歌が、まだ歌集に撰ばれたことがないのは、とても残念です。

Ⅱ

政治や軍事は昔から男子の専任のように思っていますけれども、我国の歴史を見ただけでも、女帝があり、女子の政治家があり、女兵があり、幕末の勤王婦人等があって、それが「女子の中性化」の実例として批難されていないのみならず、＊神功皇后（じんぐう）は神として奉祀（ほうし）され、その他の女子も倫理的の価値を以て、それぞれ国民の尊敬を受けています。また現在の世界には、女子の代議士、知事、市長、学者、芸術家、社会改良家、教師、評論家、新聞雑誌記者、飛行家、運転手、車掌、官公吏、事務員等があって、従来は男子の領域であるとされていた活動に多数の女子が従事しています。（略）

もし男女して見ると、男子のする事を女子もするからといって、「女らしさ」を失うという批難は当らないことになります。もし男女の性別に由（よ）って歴史的に定まった分業の領域が永久に封鎖されているものなら、男子が裁縫師となり、料理人となり、洗濯業者となり、紡績工となることは、女子の領域を侵すものとして、「男子の中性化」が論じられなければならないはずです。「女のする日記というもの」を書いた　C　も、同じ理由から、その「男らしさ」を失った人間として批難されねばなりませんが、歌人として、また国語を以て文章を書いた先覚者として尊敬されているのはどうした訳でしょうか。

（注）＊神功皇后……仲哀天皇の皇后で、朝鮮半島の新羅・百済・高句麗を征服したという伝説を持つ人物。今日では実在が疑問視されている。

問一　傍線①「あまりに人にところを置かるるにや、さしもおぼえぬ歌どもこそ、あまた入りてはべるめれ」の意味としてもっとも適切なものを次の中から一つ選びなさい。

納言が『枕草子』を書き集めたるより、*さきに申しつる物語ども、④多くは女のしわざにはべらずや。［A］、なほ捨てがたきものにて我ながらはべり」と言へば、「［B］、などか、世の末にとどまるばかりの一ふし、書きとどむるほどの身にてはべらざりけむ。人の姫君、北の方などにて隠ろへばみたらむはさることにて、⑤宮仕人とてひたおもてに出で立ち、なべて人に知らるばかりの身をもちて、『このころはそれこそ』など人にも言はれず、世の末までも書きとどめられぬ身にてやみなむは、いみじく口惜しかるべきわざなりかし。

昔より、いかばかりのことかは多かめれど、あやしの腰折れ一つ詠みて、集に入ることなどだに女はいとかたかめり。まして、世の末まで名をとどむばかりの言葉、言ひ出で、し出でたるたぐひは少なくこそ聞こえはべれ。いとありがたきわざなめり」など言へば、例の若き人、「さるにても誰々かはべらむ。昔、今ともなく、おのづから心にくく聞こえむほどの人々思ひ出でて、その中に、少しもよからむ人のまねをしはべらばや」と言へば、「ものまねびは人のすまじかなるわざを。淵に入りたまひなむず」と言ひて笑ふ。

（『無名草子』による）

（注）　*三位入道……藤原俊成。

*色を好み……ここでは、風流を好むこと。

*さきに申しつる物語ども……この文章のこれよりも前の部分で批評された複数の物語のこと。

問九　本文の作者は、「第三の新人」と呼ばれた小説家、吉行淳之介である。次の中から「第三の新人」には属さない小説家を選びなさい。

1　遠藤周作　2　北杜夫　3　安岡章太郎　4　小島信夫　5　庄野潤三

三

女房たちによる対話形式で、和歌や物語について論じた鎌倉時代の文章Ⅰと、大正時代の女性歌人による文章Ⅱとを読み、後の問に答えなさい。

Ⅰ

「あはれ、折につけて、＊三位入道（さんみ）のやうなる身にて、集を撰びはべらばや。『千載集』こそは、その人のしわざなれば、いと心にくくはべるを、①あまりに人にところを置かるるにや、さしもおぼえぬ歌どもこそ、あまた入りてはべるめれ。何事もあいなくなりゆく世の末に、この道ばかりこそ、②山彦の跡絶えず、柿の本の塵（ちり）尽きず、とかやうけたまはりはべれ。まことに、聞き知らぬ耳にもありがたき歌どもはべるを、主の、ところにはばかり、人のほどに片去る歌どもにはかき混ぜず撰り出でたらば、いかにいみじくはべらむ。

いでや、いみじけれども、女ばかり口惜しきものなし。昔より色を好み、道を習ふ輩多かれども、③女の、いまだ集など撰ぶことなきこそ、いと口惜しけれ」と言へば、「必ず、集を撰ぶことのいみじかるべきにもあらず。紫式部が『源氏』を作り、清少

3　前半ではAとBの普段の関係が描かれ、中盤ではその関係が具体的な出来事により確認される。後半では、その人間関係が崩れる。

4　前半では風景と人物の即物的な描写で始まり、中盤では自然の描写が中心となる。後半では、人間の深層心理が描かれる。

5　前半では作者の視点から語られ、中盤では心の中での独白が主となり、後半では登場人物の視点が交代しながら語られる。

問七　傍線③「その赤く腫れた肉は、Bに対して償いをした跡のように、Aの眼に映ってきた」とあるが、この「償い」によって何が補償されたのか。本文中の六字の言葉を抜き出しなさい。

問八　AとBの関係について述べた次の選択肢のうち正しいものを一つ選びなさい。

1　AとBは子供の世界と大人の世界を自在に往復しつつ、大人への第一歩を踏み出そうとしている。

2　AとBは表面的にはライバル関係にあるように見えるが、実は汚れた世間に対して共闘している。

3　AとBは大人の作り出した社会的階層からは影響を受けない、子供だけのユートピア的空間で遊んでいる。

4　AとBはお互いに良好で対等な関係を保とうとしているが、大人の世界の事情がそれを妨げている。

5　AとBは小鳥の死を通じて、生命の神秘と尊さに目覚め、お互いの人生を大切にしようと思い始めている。

5　ア―遠慮　イ―満足　ウ―思案　エ―感動　オ―回避

問五　傍線②「その日、異変は地面の上で起った」とあるが、何が起こったのか。もっとも適切なものを次の中から一つ選びなさい。

1　地面が濡れていてメンコができなかったこと
2　雀の仔が落ちていたのを見つけたこと
3　AがBの手にけがをさせたこと
4　ふたりの友情が深まったこと
5　ふたりの関係が険悪になったこと

問六　本文は二か所の空白を境に、前半・中盤・後半の三つの部分に分かれている。三つの部分の関係について述べた次の選択肢のうち、正しいものを一つ選びなさい。

1　前半ではゆっくりとしたテンポで描かれ、中盤では物語の緊迫の度合いが増し、後半では、二人の関係の緊張が弛緩する。
2　前半では現在のことが描かれ、中盤では時間を遡行して過去のことが描かれる。後半では、もう一度話が現在に戻る。

4 X―Bが喜んでいてくれる　Y―Bに恩恵を施した
5 X―Bは物を大切にしてくれる　Y―Bに次は何をあげようか

問三 傍線①「その言葉に、むしろ救われた気持になり」とあるが、その説明としてもっとも適切なものを次の中から一つ選びなさい。

1 雪の積もった屋根に登ることが怖くて言い出せなかったことを、Bが言ってくれたから。
2 Bに対する凝視によって、Bの顔を強張らせた原因を、Aがそれ以上穿鑿せずにすむから。
3 混じり合っていた自分のまとまらない気持ちが、Bの言葉によって一挙に形を取ったから。
4 自分が思っていたことを言ってくれたBに対して、改めて深い友情を感じたから。
5 Bの思いやりのある言葉によって、気まずい沈黙を破ることができたから。

問四 空欄ア～オにはそれぞれ態度の感情を表す語が入る。その組み合わせとして正しいものを次の中から一つ選びなさい。

1 ア―遠慮　イ―吐息　ウ―吟味　エ―嘆息　オ―無視
2 ア―憂慮　イ―失望　ウ―反論　エ―賞賛　オ―拒絶
3 ア―配慮　イ―安堵　ウ―反撥　エ―感嘆　オ―拒否
4 ア―心配　イ―安心　ウ―反芻　エ―反応　オ―否定

「厭だ」

Bの頬は、赤く染まっていた。その赤さは、さっきの屋根の上でのものとは、違った赤さである。Bの胸もとに伸ばしたAの手は、Bの片手で烈しく振払われた。BはAに背中を向けると、黙って坂の上に向って歩き出した。Aを［オ］している厳しい線が、その背中に露（あら）わになっていた。

胸の前に、Bは大事な雀の仔を捧げもって歩いてゆく。

取り残されたAは、坂道の途中で棒立ちになっていた。Bに烈しく振払われた手の甲は、赤く腫（は）れていた。口惜（くや）しさが、Aの心の中で疼（b）いた。と同時に、③その赤く腫れた肉は、Bに対して償いをした跡のように、Aの眼に映ってきた。

（吉行淳之介「子供の領分」より）

（注）＊ベエゴマ……貝独楽（ばいごま）の転じたもの。バイの貝殻に鉛を流し込んで作った独楽。

問一　傍線a、bの漢字の読み方を答えなさい。

問二　空欄X、Yに入る章句の組み合わせとして正しいものを次の中から一つ選びなさい。

1　X―Bは思ったより単純なやつだ　Y―Bの行動は不可解だ
2　X―Bに自分が勝った　Y―Bに借りを作った
3　X―Bは僕の従者である　Y―Bはやっぱり僕の主人なのだ

「あれはもういいよ」

むしろAは機嫌よく答えた。二人の少年の上機嫌は、依然として続いていた。そのとき、短い叫び声が、AとBの口から同時に出た。

雪が消え、白く乾いたセメントの石畳がのぞいている歩道の隅に、雀の仔が落ちていたのだ。どうしてそんな場所にいるのか分らぬが、死体ではない。かすかに羽根を動かしているのが見える。

Aは背をかがめ、その雀の仔に手をのばした。なまあたたかい体温が指先に触れたしゅんかん、Aの軀は烈しく突きとばされた。

二、三歩、前にのめって踏みとどまったAが振向くと、両手の掌で雀をしゃくい上げたBが脚を踏張って立っていた。

「その雀、ぼくにくれよ」

Aは、それが当然の口調で言った。言い終ったしゅんかん、いま自分の背に加えられたBの力の荒々しさを鮮やかにおもい浮べた。

「厭だ」

Bは雀の仔を載せた二つの掌を胸もとに引きよせて、きっぱりと言った。

「なんだ、ぼくが先に見付けたんだぞ」

「ちがう、ぼくが先だ」

「こっちへくれよ」

しかし、②その日、異変は地面の上で起った。

機嫌よく、AとBは屋根から降りた。灰白色の薄い雲が切れて、しばらくの間、太陽の直射光が雪の上を照らしていたが、すでに時刻は夕方になった。太陽は光を弱め、だいだい色の陽が薄くあたりに拡がっていた。

「日が暮れてきた」

Aが言うと、

「でも、まだ暗くなるまでには時間があるよ。Aちゃん、ベエゴマ*をしようか」

と、Bが誘った。

路地に棲(す)む少年たちの遊びは、ベエゴマとかメンコである。そしてBは、その種の遊戯でも路地の王者である。Aが及ぶわけはない。塀の上屋根の上では、Bの腕前に混じり気なく［エ］するAも、地面の上のこれらの遊戯でBに打ち負かされると、無性に腹立たしくなる。

「負けるから、厭(いや)だ」

とAは答える。

「それじゃ、メンコをしようか」

「地面が濡(ぬ)れているから、ダメだよ」

「困ったな。おすもうの写真が、いつまで経っても借りっぱなしになってしまうな」

BはAをメンコの遊戯で負かして、その借りを消そうと考えているらしい。

細い眼があった。

「はっはっは、失敗、失敗」

機嫌よくBは言い、塀から屋根に移ってきた。

「だいじょうぶかあ」

「だいじょうぶさ。下もいっぱい雪が積っていてね、ふとん綿の上にストンと落ちたみたいなものだった」

Bの頬の赤さは、寒気のためばかりでなく、愉快な冒険をした昂奮の色のように、Aの眼に映った。Bが無事だったことに、Aは［イ］し、Bの愉快さがそのまま素直にAに伝わってきた。

「はっは、びっくりしたよ。だけど、さっきの君の恰好は、なかなか傑作だったよ」

海水浴場の飛込台の上に、背筋を伸ばして立つ。周囲の眼を意識して、ゆっくりと両手を前に水平に挙げる。颯爽[a]としたダイビング、とおもったしゅんかん、空間に投げ出したその男の手足がばらばらになり、尻から海面にストンと落ちる。そのような光景をAは連想し、そういうBに、Aは暖い友情を持った。

その滑稽な恰好は、Bが勇者であることを傷つけてはいない。かえって、「Bは冒険のできる男だ」ということが、［ウ］することなくAの心に収まるのに役立つ。

AとBとは、あらためて腹の底から笑い合い、雪の積もった屋根の上で、二人の少年の人間関係はこの上なく滑らかであり、陽に照らされて銀色に輝いていた。

二人の少年の視線は、遠くの方からしだいに近くに移り、やがて自分たちの足もとに戻ってきた。

「いいスロープができているなあ」

Bは銀色の斜面に眼を落して、

「ちょっと、滑ってみようか」

と言い、はやくも軀(からだ)の位置を動かしはじめた。

「あぶないよ」

Aが言ったときには、すでにBは立上がって、足もとにひろがっている白い勾配に眼を落していた。幾分ふざけ気味にスキーをしている姿勢を取ったしゅんかん、腰がくだけて尻もちをつき、そのまま斜面をずるずると滑り落ちて行った。そして、腰をおとした姿勢のままその軀が軒から飛び出し、あっけなく消え失せた。

「わあ――」

Bの叫び声が空間に残り、そのまま静かになってしまった。平たく綺麗(きれい)に降り積った屋根の雪の上に、Bの滑った尻の跡が、真一文字に幅広く残っている。

「おーい――」

Aは大声で呼び、おもわず立上がったが、よろめいてすぐに屋根の稜線の上に腰をおとした。しばらく、雪に覆われた風物と白い屋根のひろがりの中に、すべての音が吸い取られてしまう時間があった。

すると、屋根のすぐ傍の塀の上に、ひょっくりBの頭が浮び上ってきた。健康な色で赤く盛り上った頬(ほほ)の上に、笑っている

「あの子は、可愛いところのある子だね。去年あげた手袋を、今年もちゃんとはめているよ」

そこで、AははじめてBの仕草の意味が分った。前の年の冬、やはり雪の積った日、AとBは雪だるまを作っていた。Aは手袋を嵌めていたが、Bの素手は赤く腫れて、霜焼けていた。祖母がそれをみて、Bに手袋を贈った。新しい手袋ではなく、Aの嵌めている手袋をBに渡し、Aには新しい手袋を与えてくれたのである。

そして一年経った積雪の日、窓から覗いていた祖母を喜ばしたBの仕草は、

「貰った手袋は大切に取っておいて、今年もはめていますよ」

というものだった。

あらためて、AはBの笑顔を眺めた。「　X　」というよろこばしさと、「　Y　」という気持とが、Aの心の中で混じり合って動いた。しかし、そのとき心で動いたものは、その二つの感情だけではないようにAにはおもえた。それが何か、たしかめようと考えながらBの笑顔に相変わらず眼を向けていると、Bの顔が笑顔のままかすかに強張ったようにおもえた。

そのしゅんかん、Bが言った。

「Aちゃん、屋根に登ろうよ。雪の積った屋根って、きっと面白いぜ」

①その言葉に、むしろ救われた気持になり、Aはいそいで屋根に登った。

雪は降りやんで薄日が射しており、平屋建の家屋の屋根は銀いろに光る斜面になっていた。AとBは、屋根の二つの斜面が交わる稜線に跨がって、あたりの雪景色を眺めまわした。

とは塀の上で遊んでいた。

地面から離れた場所では、Bは勇者である。高い石崖を這い登り、さらにその上に立っている蔦で覆われた塀を登り、塀から歯科医院の屋根に移る冒険を成功させたのは、Bだけである。その離れ業はAにはできず、そういうBの姿を感嘆の眼で追いつづけた。その感嘆には、混じり気はなかった。一方、苔の生えた滑りやすい石崖に平たく貼り付き、手の先と足の先で崖の割れ目を探りながら、少しずつ登ってゆくBの心にも、Aにたいする ［ア］ はなかった。いくら鮮やかな離れ業を見せても、そのことでAに気兼ねすることは必要なかった。

地面から離れた場所では、Bが主人でAは従者だった。そして、そのことによって、二人の少年の人間関係は、丁度具合良く保たれていた。といって、BはAに威張るわけではない。地面の上と同じ温和な表情で、ときおり足を踏みはずしそうになるAに、気を配っているのだ。

やがて冬になった。

ある日積雪があった。

AとBは、雪だるまをつくった。二人とも、手袋を嵌めて、雪の球をころがしていた。

その様子を、Aの祖母が窓から首を出して眺めていた。その祖母に気づくと、Bは手袋を嵌めた手を差し示して、笑顔をつくった。

祖母がAをさし招いた。そして、小声で言った。

二　次の文を読んで後の問いに答えなさい。

AとBは小学五年生の同級生で遊び友達である。Aは屋敷町の大邸宅に住んでいるが、Bは貧しい長屋に住んでいる。以下にあげるのは、この短編小説の最後の三つの断章である。

坂の途中にあるAの家は、高い石崖の下にあった。崖の上も、住宅地である。庭に立って崖の上を見上げると、瓦屋根の家と洋風の歯科医院と、空地にある材木置場が眼に映ってくる。

その歯科医は下手という評判で、患者は少なく、しばしば窓から首を出して戸外の景色を眺めている医者の顔が見られた。青くむくんだ顔で、鼻下に四角く髭をはやしたその医者と、庭に立っているAと視線が合ったとき、

「坊ちゃん、いいものをあげようか」

と彼が言い、使い古しの注射器を窓から投げてよこした。

その注射器は水鉄砲のかわりになったが、やはりAの遊び場は、塀の上や屋根の上だ。学校から帰ると、ランドセルを家の中に投げこんで、隣家との境をつくっている木の塀によじ登ってしまう。

塀の上は、足裏の幅よりも狭い。その上に立ってあやうい均衡を保ちながら歩いてゆく。落ちないための配慮で一ぱいになって、他のことはなにも心に浮んでこない。それが、Aにとって快い。

地面の上でのAの友だちもほとんどBだけだが、塀の上屋根の上の友だちはB唯一人である。犬屋へ行った翌日も、AとB

問八　空欄A〜Dには、次に示した慣用句が入るが、一つだけ空欄に入る事例に相応しくない慣用句がある。その慣用句の番号をマークしなさい。

1　まぐれ当り　　2　行当たりばったり　　3　廻り合わせ
4　仕合わせ　　5　天の配剤

問九　傍線④「運命とは偶然の内面化されたものである」とあるが、この場合の「偶然の内面化された」事例として不適切なものを次の中から一つ選びなさい。

1　西郷隆盛が江戸や京都ではなく薩摩で生を受けた。
2　キャピュレット家主催のパーティーでロミオがジュリエットに出会った。
3　崖下の道を歩いているときに、崖崩れが起きて即死してしまった。
4　梨園の家庭に生まれ、歌舞伎俳優となった。
5　齢二十にして不治の病を患ってしまった。

問十　本文は、哲学者である九鬼周造の「偶然と運命」と題された講演記録である。次の中から九鬼周造の著作を一つ選びなさい。

1　『三太郎の日記』　　2　『風土』　　3　『善の研究』
4　『懺悔道としての哲学』　　5　『いきの構造』

4　X—ゆくりなく　Y—端なくも
5　X—あいなく　Y—甲斐なくも

問六　空欄（ア）と（イ）に入る語を本文から見つけて解答欄に書きなさい。ただし、（ア）に入る語は二字、（イ）に入る語は三字である。

問七　傍線③「偶然の三つの性質」とあるように、本文では「第一」から「第三」までの「偶然」の「三つの性質」が区別されている。次に挙げる事例はそれぞれ「偶然」のどの「性質」に該当するか。該当する「性質」の種類と同じ番号をマークシート欄に記しなさい。例えば、「第一」の「性質」に該当する場合には①を、「第二」の「性質」に該当する場合には②を、「第三」の「性質」に該当する場合には③を、それぞれマークしなさい。

イ　四つ葉のクローバーを河原で見つけた。
ロ　最寄りの販売店で買った宝くじで一等が当たった。
ハ　ゴルフを始めてすぐにグリーンに出て、最初のホールでホールインワンを出した。
ニ　明日の天気を占おうと下駄を蹴り上げたら表が出た。
ホ　サイコロを二つ入れた壺を振って開けてみると、サイコロが積み重なっていた。

中から一つ選びなさい。

1　一つの可能な出来事の系列と、それとは独立した別の可能な出来事の系列とが、特定の時間と空間において交叉してしまうこと。

2　ある偶然の事実が実際に起こっているのに、あまりに突拍子がなさ過ぎて誰もその事実を現実の出来事とは信じられないこと。

3　実際に出来事が起こってしまうのに先立って、出来事が起こったときの様子をまず心の中で可能性として思い描いてみること。

4　ある出来事が起こってしまったとしても、それはその後に起こる出来事の前触れに過ぎず、やはり一つの可能性を示すものだということ。

5　ある出来事が現実に起こったとしても、それとは別の出来事も起こり得た以上、どんな出来事も多くの可能性の一つに過ぎないということ。

問五　空欄XとYに入る言葉の組み合わせとして正しいものを次の中から一つ選びなさい。

1　X―そこはかとなく　　Y―要なくも

2　X―いかんなく　　Y―寝汚くも

3　X―あやなく　　Y―味気なくも

ます。そうして大きい意味というのは外面的なことにも内面的なことにもどちらでも考えられるのでありますが、人間にあって生存全体を揺り動かすような力強いことは主として内面的なことでありますから、④運命とは偶然の内面化されたものである、というようにも解釈されるのであります。

（『九鬼周造随筆集』より）

問一　傍線ａ、ｂのひらがなを漢字に直しなさい。

問二　本文からは次の一文が抜けている。この文が入る箇所の直前の十文字を抜き出しなさい。ただし、句読点も字数に含むものとする。

もっともそれはある意味では偶然でないといえるでありましょう。

問三　傍線①「なおもう一段高い立場に立って考えてみれば、そこにはやはり依然として偶然がある」とあるが、同じ内容を言い換えた二十八字の言葉を本文から探し、その最初と最後の五字を書きなさい。ただし、句読点は字数に含めないものとします。

問四　傍線②「可能が可能のままで実現される」とあるが、これはどういうことか。その説明としてもっとも適切なものを次のているのであります。「ま」とは「間（あいだ）」であって空間的な隔りまたは時間的な隔りを指しているのであります。従って「まれ」なものが理解されているのであります。「まれ」というのも「間有れ（まあれ）」がつまったのであります。ともかくも「ま」というものは始終はない。稀れなものであるから「ま」が偶然ということを意味するようになったのであります。「まがわるい」というのは現れた偶然の事態が自分にとって適合性を欠いていることであります。「こんなまになった」というのはこういう偶然の事態に成り行ったことを意味しています。「ま」の音便で「ん」をつけて「まん」という場合がありますが、「まん」というのは偶然を表わしている著しい言葉であります。陶器を焼く人が、何か特別に面白い色合（いろあい）などが出るのは窯（かま）の「まん」だなどということを言いますが、あの「まん」というのは、知らないうちに偶然に出来たものをいっているのであります。それで、いま挙げました幾つかの言葉が偶然ということを表わしていながら、「稀れにしかない」ということからきているのでもわかるように、偶然ということは稀れな場合に特に浮き出てきて目にとまるのであります。稀れな場合というのは可能性の少ない場合であります。可能的ではあるけれども不可能に近いようなことが、どうかしたはずみで実現された場合に偶然が特に鋭く目立ってきて認識されやすいのであります。偶然は［（ア）］の方へは背中を向け、［（イ）］の方へ顔を向けているといってもいいのであります。

これで③偶然の三つの性質を考えてみたのであります。一つにまとめて言いますならば、あることもないこともできるようなもの、それがめったにないものならばなお目立ってくるわけでありますが、そういうものがヒョッコリ現実面へ廻り合わせると、それが偶然なのであります。

次に運命が何であるかということをお話いたします。運命ということは偶然ということさえわかっていればすぐにわかることなのであります。偶然な事柄であってそれが人間の生存にとって非常に大きい意味をもっている場合に運命というのでありいうのはみんななんらか二つのものが合って一つになるということを表わしているのであります。

　これで偶然の第一と第二の性質のことを考えてみたのですが、もう一つ第三の性質として何か稀れにしかないことというのが残っております。この性質は第一の性質を更に限定しているので、偶然の偶然さを尖(とが)らかしているとでもいいましょうか、偶然の方向を示しているとでもいいましょうか、これによって偶然が特に目立ってくるのであって、偶然を認識する場合に重要な意味をもってくる性質であります。例えば同じ工場につとめている者がその工場の建物のなかで、別段、遇うつもりもなく遇ったとすれば、それは偶然であります。しかしそれはチョイチョイ起りがちなことであって偶然にはちがいありませんが、いわば必然の方向を向いた偶然、従ってあまり目立たない偶然であります。それに反して二人が工場の所在地からずっと離れたどこかの町で思いがけずピッタリ遇ったとすれば、その場合には偶然ということが特に鋭く目立ってくるのであります。稀れにしか起り得ないことだからであります。稀れにしか起らないこと、というのは遇いにくいこと、という意味であります。賽ころを振って三なら三が出るのもそれは偶然でありましたが、六回振って六回とも三が出たとすれば、それはきわめて稀れにしか起らないことでありますから大きな偶然と考えられるのであります。三が六回も続けて互いに顔を合わせるということはめったにない偶然であります。偶然ということを表わすのに「わくらばに」という万葉あたりの古い言葉がありますが、わくら葉というのは夏のうちに既に赤や黄色に色づいてうら枯れた木の葉のことであって、そういうわくら葉はもちろん稀れにしかないものでありますから、偶然を表わすようになったのであります。そのほか「たまたま」という言葉も偶然を意味していますが、これもやはり「稀れ」という意味をもっているのであります。「たまたま」というのは「たま」というのを二度繰返していますが「たま」とは何のことかというのに「手(て)の間(ま)」と書いて「たま」と読むのであって、「ま」というのが意味の中心をなしります。偶然が成立するためには②可能が可能のままで実現される、必然に移らないで可能のままで実現される、といった風のことがなくてはならないのであります。偶然の第二の性質として挙げておいた何かと何かとが遇う、というのがそこで意味をもってくるのであります。出逢ったというそのしゅんかんに可能が実現されて偶然となるのであります。ただしその遇い方がかんじんです。遇い方を規定しているのがちょうど第一の性質であって、遇うことも遇わないこともあり得るような遇い方でなくてはならないのであります。必ず遇うにきまっているような遇い方では偶然ではないのです。例えば病人の見舞に行くとしまして、その病人に遇うことは偶然ではない。わざわざ遇いに行ったのですから偶然ではない。しかしそこへ見舞に来合わせた誰それに、思いがけず、遇うことは偶然であります。その人に遇うということにはなんらの必然性がないのであります。なるほど、そこへ行けばその人に遇うことも可能であったには違いありませんが、遇わないことも可能であったのです。遇ったとすればそれは偶然です。すなわち必ず遇うにきまっていない、遇うことも遇わないこともできるような遇い方をするのが偶然であります。空を飛んでいる隕石が白熱の状態で地球へ落ちてきて、石油の発源地に火を起したとすればその隕石と石油との遇い方は偶然であります。『朝顔日記』(馬田柳浪作の読本。浄瑠璃、歌舞伎に脚色され、たびたび上演される。文化八年刊。)に出てくる島田の宿で盲目の深雪が旅人の駒沢にめぐり合ったという遇い方も偶然であります。私が賽ころを振って三が出たとすればその三の印と私の眼との出逢い方も偶然であります。遇わなければならないという必然性が間へ入らないで可能が可能のままで出逢うのが偶然であります。偶然の「偶」の字は人偏でありますが、之繞に書いた遇うという字と同じ意味でありまして、二つのものが遇うことを意味しているのであります。配偶の偶であります。我と汝とが出逢うということが偶然の根本的な意味であります。偶然に関係している言葉で「　A　」とか「　B　」とか「　C　」とか「　D　」とから三が出たとすればそれには三の面が出る原因が物理的に必ずなければならないのであります。従ってそれは偶然ではないと考えられる。しかしそれでもなお①もう一段高い立場に立って考えてみれば、そこにはやはり依然として偶然があるのであります。いま現に一定の因果系列に支配されて必然的に三の面が出たとしても、その因果系列が必ず存在しなければならないという理由はどこにもないのであります。他の因果系列に支配されて五なら五の面が出ることもあり得たのであります。六つの各々違った因果系列が論理的に同等の価値をもって考えられるうちである一つの因果系列が現実として実現されたという点に依然として偶然があるのであります。物理的必然の裏になお論理的または形而上的偶然が潜んでいるのであります。このことをはっきり認識することが[a]かんじんであります。賽ころを振った場合に出る面が一でも二でも三でも四でも五でも六でもあり得るという可能性が論理的または形而上的偶然性を根拠づけるのであります。要するに何かあることもないこともできるようなものが偶然であります。「もののはずみ」ということをいいますが、あの「はずみ」というのはものがはずんだ拍子にこっちへ飛ぶかあっちへ飛ぶかわからない、この面が出るかあの面が出るかわからないという意味で偶然を表わしている言葉であります。また、あることもないこともできるというのは、必ずなければならないという絶対的理由の欠けていることでありますから、従って偶然とは理由がなくて生じたもの、原因がなくて生じたものというように考えられる場合もあるのであります。「　X　」とか「　Y　」とかいうような言葉は「なく」という打消しによって理由や原因のないことが言い表わされているのであります。

今まで述べましたところではまだ少し曖昧なところがあったのであります。あることもないこともできるというだけではまだ単に可能という性質でありまして、偶然ということの成立に必要なものではありますが、それだけではまだ足りないのであす。第三に何か稀れにしかないことが偶然であります。

まず、第一の性質である、何かあることもないこともできる、ようなもの、ということから考えてみるならば、必ずあるという必然的なことでもなければ、決してないという不可能なことでもなく、あることもないこともできるというところが偶然にはなくてはならないのであります。賽ころを墨壺の中へはめてどの面もすっかり真黒にしてしまって、それを振って黒い面が出てもそれは必然的なことで偶然ではないのであります。またその場合、白い面が出るということは不可能なことであって偶然起り得るようなことではないのであります。こんどは墨壺へはめない普通の賽ころを振って三なら三が出たとすれば我々はそれを偶然と考えるのであります。三が必ず出るという必然性もないし、三は決して出ないという不可能性もない。三が出ることも出ないこともあり得る。出ることも出ないこともあり得るものが出たからそれが偶然なのであります。しかし賽ころの面は六つになっていますから、三が出るのは六分の一の確かさがあるわけであります。そういうと何か偶然さが減じたような感じがしますが別に減じてはいないのであります。六分の一の確かさがあるということは六回賽ころを振れば一回は三が出てもいいはずだというだけのことです。それは何百回、何千回と非常に多く振ってみた場合に全体の六分の一の割合で三が出るというだけのことであって、振る回数が少なければ必ずしもその割合にはならない。六回振って三が一度も出ないこともあるし、六回のうち三度くらいは同じ三が出ることもあるのは皆さんもよく御承知のことと思います。確かさ、すなわち確率という理論上の数量関係は実際には非常に多くの場合の総和に関して妥当するのであって、各々の場合にどの目が出るかということは全く偶然であります。賽ころを振ったその場合場合に賽ころの現わす面は、賽ころそのものだの、それを受ける平面だの、投げ方だの、空気の抵抗だのの物理的性質によって必然的に決定されたと考えなければならないのでありましょう。三な

国語

（六〇分）

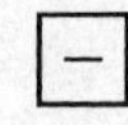

一 次の文を読んで後の問いに答えなさい。

「偶然と運命」という題で、お話いたすのでありますが、まず偶然とはどういうものであるかということから先にお話をしようと思います。日本で新聞や雑誌で偶然ということがしきりに問題にされたのは今からいえばもう一昨年(おととし)でありまして今では誰もあまりそんな問題を顧みない、という風であります。しかし、この偶然という問題は決して一時の流行とか何とかいうような性質のものではないので、その証拠として、古くは印度(インド)では紀元前五世紀のマッカリ・ゴーサーラ(Makkhali Gosāla)あたりが偶然を問題としていたのでありますし、支那(シナ)では東漢の王充(おうじゅう)が問題としていましたし、ギリシアではアリストテレスが問題としていたのであります。昔から今に至るまで或(あるい)は表に出たり或は裏にかくれたりして常に思索の対象となっているのであります。一時だけ流行してあとはすたれてしまうというような問題ではないのであります。

それならば偶然とはどういうものであるかといいますのに、偶然ということには三つの性質があるように思われるのであります。第一に何かあることもないこともできるようなものが偶然であります。第二に何かと何かとが遇(あ)うことが偶然でありま

解答編

英語

I **解答** 問1．(1)―B　(2)―B　(3)―D　(4)―D　(5)―A

問2．A．feeling　B．pay　C．excitement

D．desired　E．setting

問3．D　問4．D　問5．A　問6．C

◆全　訳◆

≪よい時も悪い時も：どのように感情が我々のワークライフを形成するか≫

組織的行動に関する専門家であるヨッヘン=メンゲスは，感情は従業員の業績や行動に非常に重要であると考えている。彼の研究は，従業員が職場でどのように感じたいのかに関する我々の理解と少し差が生じている。

職場で喜びを感じることはよいことにしかなりえないように聞こえるが，最も必要とされているその語を含めて，かなりぞっとするような概念になる。

人々が仕事で惨めさよりも喜びを感じることが重要である――研究から満足している従業員は最終的によりよい結果をもたらすということがわかっている。

しかし，メンゲスが説明しているように，幸せ構想が従業員の幸福度を高めるのに組織中で応用できる一般的な解決策だとみなしている企業もある。

「多くの組織が今『幸せにお金を投じている』というまさにその事実は，感情が重要だということを理解していることを意味している。しかし，彼らが一般的にすること――緩和領域のように利益を提供すること――はかなりつまらなく，人々の生活の感情的側面の複雑さを説明することにはなっていない」

メンゲスは我々の職場での感情理解について深く探っている。例えば，彼のプロジェクトの一つで，アメリカの１万人以上の従業員に，職場でどのように感じるかだけではなく，どのように感じたいかについても質問してきた。

その結果から，喜びを感じていると報告する人がいる一方で，職場でイライラしたり，疲れていたり，失望したりしていると述べる人が多くいることがわかっている。人々がどのように感じたいのかということになると，研究から，ほとんどの人は認めてもらったり，心が弾んだり，喜びを感じたりしたいということがわかっている。「職場での感じ方とどう感じたいのかとの間にはかなり隔たりがある」とメンゲスが説明している。「今の課題は，その隔たりを埋める方法を見出すことである」

メンゲスは，喜びは本来特権に関することではないかもしれないと示唆している。「仕事そのもの，同僚，上司，そして組織構造や風土が，従業員が満足しているかどうかに大きな役割を果たしている」

ある研究から，メンゲスは顧客と密接に関わっている組織で，人々はより肯定的な感情を経験するということがわかった。

「これらの組織はよりゆったりと管理される傾向にある――決定はより低いレベルでなされうる――そして，採用や昇進といった過程で，従業員の感情面での能力により注意を払う。こういった二つの要因が今度は，組織全体の従業員がどれだけ肯定的に感じているのかということと繋がっている」

しかし，必ずしも肯定的に関わっているわけではない。

メンゲスと彼の同僚は，最近の研究から，肯定的な感情――例えば，自尊心――が問題になりうるということがわかった。

「もし従業員が組織と一体と考えなければ，自尊心から組織を去りたいという思いが強くなる。彼らは『ここにいるよりもよい』と考え，新たな機会を探す」 対照的に，もし従業員が組織と一体と考え，怒りを感じさせるような出来事を経験したとしても，辞めそうにないだろう。彼らは我慢し，状況を改善したいと思う。

ゆえに，たとえ不愉快なものだとしても，いかなる感情もよいことになりうる。「もし管理者が従業員の感情を押さえつければ，ゆくゆくはよそよそしい環境を作り出すことになる。従業員は仕事をなんとかやってはいくが，献身的であったり精力的であったりすることはない。少しの感情，少しよかったり悪かったり——それが仕事を有意味なものにする」

メンゲスは，従業員は「喜び」を追い求めるべきだという考えにも異議を唱えている。「人々は職場でどのように感じたいのかという点で異なっていると思う。我々の多くは単に『職場で満足したい』と言うけれども，実際に『満足』という言葉が意味していることは非常に異なっている」

メンゲスは人々が職場で求めている感情という点でいかに異なっているのか，そういった違いがどこでどのくらい働くのかを選択することに影響を及ぼしているのかを理解しようとしている。

例えば，安心感を得たい人は安定した予測できる仕事を探す可能性があるが，刺激を求める人はその仕事が刺激的な環境を提供しさえすれば，職業の安定についてはあまり気にしないかもしれない。

メンゲスによると，問題はどう感じたいかということになると，我々のほとんどはそれほど明確ではないということである。「我々には強く望んでいる感情を正確に突き止めるための感情的表現が欠けているので，我々は単に『満足』という言葉を用いている。もし我々がその言い方を探るべきであれば，おそらく満足探しはそれほど困難なことではないだろう」

高い前向きなエネルギーのある場所はそれを失うという危険に瀕している。「会社はあまりにも早いペースで進んでいた——活動数やスピードを増やし，業績目標を上げ，革新サイクルを短くした。より少ない人で，より早いペースで，より多くのことをしようとしていた」

しかし，業績が上がると，会社は多くの場合，このペースを新しい日常にしようとした。その結果，従業員のエネルギーが徐々に尽き始めた。

これらの会社は加速という間違いを犯してしまった。

「加速した会社の管理者は何かが正しくないとわかっていたものの，間違った解決策を取ってしまった。従業員に安心感を与えるよりもむしろ，重圧を増やすことになった。皮肉なことに，彼らが高い業績を求めたことがより低い業績へと繋がってしまった」とメンゲスは述べている。

「これは今もなおよくある問題である。英国の欧州連合離脱のようないかなる不確実性も，会社が従業員に負担をかけすぎて，うまく機能せず，組織的に機能が麻痺してしまうというワナを創り出すことになる」

よい知らせは，そのワナから逃れることができるということである。メンゲスはどのようにリーダーがそのワナを認識し，会社を異なる方向へと動かしたのかを目にした――例えば，あまり重要ではない仕事を中断したり，戦略について明確にしたり，風土を変えたりした。

「人々の仕事での感じ方ということになると，リーダーを指摘する声が多い。そして，リーダーが場の雰囲気をつくることにおいて，重要な役割を果たしているということは正しい」とメンゲスは説明している。特に，感情的知性――自分自身や他者の感情を理解し，目標を妨げるというよりも到達するのに手助けするようなやり方で感情をコントロールできる能力――を備えたリーダーは，チームや組織の集団感情を正しい方向へと導くよい立場にいる。

◀解　説▶

問1．(1)空所の直前の第7段第3文（“There is a …）に「職場での感じ方とどう感じたいのかとの間にはかなり隔たりがある」と記されていることから，今の課題はその隔たりを埋める方法を見つけることだと推測できる。したがって，B．close を正解とする。close a gap で「隙間をふさぐ，差を埋める」という意味になる。A．「～を開ける」 C．「～を隠す」 D．「～をあらわにする」

(2)空所の直前の第13段第3文（By contrast, if …）に「従業員が職場を辞めそうにない」という趣旨のことが記されていることから，彼らは我慢し，状況を改善したいと望んでいると推測できる。したがって，B．hang を正解とする。hang on「頑張り通す」

(3)空所を含む文の前半に“If managers suppress employees' emotions「もし管理者が従業員の感情を押さえつければ」と記されていることから，D．over time を正解とすることで「ゆくゆくはよそよそしい環境を作り出す」となる。A．「賭けられて」 B．「比較すると」 C．「続けて」

(4)空所の直後で「彼らが高い業績を求めたことがより低い業績へと繋がってしまった」と記されていることから，D．Ironically「皮肉にも」を正解とする。A．「予期されて」 B．「幸運にも」 C．「おおよそ」

(5)空所を含む文の最終部に in the right direction があることから，A．steer を正解とすることで「正しい方向へと導く」となる。B．「～を予言する」 C．「～を理解する」 D．「～を克服する」

問2．A．空所の直前に report があることから，動詞 feel を動名詞 feeling の形に変える。report *doing*「～と報告する」

Ⅰの出典追記：How emotions shape our work life, Research, University of Cambridge

B．pay attention to ～で「～に注意を払う」という意味になる。

C．空所を含む文の前半の someone wanting to feel safe「安心感を得たい人」と対比になっていることから，excite の名詞形 excitement を空所に入れることで「刺激を求める人」となる。

D．desired で「強く望まれた」という意味になり，直後の名詞 emotions を修飾する。

E．空所の直後に the mood of a place があることから，空所に set（直前に前置詞があるので動名詞にする）を入れることで「雰囲気をつくる」という意味になる。

問3．下線部(ア)は「メンゲスは我々の職場での感情理解について深く探っている」という意味になることから，D.「メンゲスは職場で我々がどのように感じているかをとらえることに集中している」を正解とする。

問4．下線部(イ)の直後の第12段（Menges and his …）に「肯定的な感情が問題になりうるということがわかった」とあることから，D.「肯定的な感情の他に言及されるべきさらなる点がある」を正解とする。

問5．第22段第2文（Rather than giving …）に「従業員に安心感を与えるよりもむしろ，重圧を増やすことになった」と記されていることから，A.「従業員に本当に必要とされるものを提供していない組織もある」を正解とする。

問6．職場での感じ方やどのように感じたいのかということが，本文のポイントになっているから，C.「よい時も悪い時も：どのように感情が我々のワークライフを形成するか」が適切である。

A.「虚構か現実か：従業員の労働環境の真実」

B.「このままでよいのか否か：職場でリーダーになることの重要性」

D.「つまらないが効果的：職場での幸せ構想」

II　解答　1－A　2－D　3－B　4－D　5－C　6－B　7－B　8－D

◆全　訳◆

≪脆弱な世界仮説≫

人の創造性を見る一つの方法は，巨大なつぼからボールを取り出す過程にある。そのボールは考えや発見，発明を表している。歴史の中で，我々は多くのボールを取り出してきた。ほとんどは人類にとって有益なものである。残りのものには様々なグレーの色合い，つまり善と悪とが入り混じったものがあり，その全体的な影響は見積もりがたい。我々がまだ取り出していないものは黒いボールであり，それを創り出す文明を破壊するだろう科学技術である。革新ということになると，我々が特に注意深いわけでも賢明なわけでもない。単に幸運なだけだ。しかし，つぼのどこかに黒いボールがあればどうなるだろうか。もし科学技術の研究が続けば，最終的にそれを取り出すことになるだろう。そして，それを元に戻すことはできないだろう。我々は創り出すことはできるが創り出さないことはできない。我々の戦略は黒いボールがないことを願うことのようだ。

ありがたいことに，今までのところ人類の最も破壊的な科学技術――核兵器――に精通するのは極めて難しい。しかし，黒いボールの起こりうる影響について考える一つの方法は，もし核反応がより簡単であればどうなるだろうかと考えることである。1933年，物理学者のレオ=シラルドは核分裂連鎖反応という考えを得た。後の調査から原子力兵器を作るには，生産が非常に困難でお金がかかる数キログラムの化学薬品を必要とすることがわかった。しかしながら，核爆弾はある簡単な方法で――例えば，台所でガラスや金属体や電池を使って作ることができるとシラルドがわかったという異なる歴史を想像してみよう。

シラルドはジレンマに直面しただろう。もし彼が自分の発見について誰にも言わなければ，他の科学者自身がそれを発見するのをやめさせることはできないだろう。しかし，もし彼が実際にその発見を明らかにすれば，危険な知識の更なる広がりを保証するだろう。シラルドが友達であるアルバート=アインシュタインに話したとしてみよう。彼らはアメリカ合衆国の大統領であるフランクリン=デラノ=ルーズベルトに手紙を書くことを決意し，その行政で厳重な警備の庁舎以外で原子核物理学のすべての研究が禁止された。そうすれば人々はなぜ過酷な措置がとられたのか理解しようとするだろう。科学者集団はその内密な危険について思いを巡らすだろう。そしてその何人かは理解するだろう。政府研究所の軽率か不幸な従業員がうっかり情報を漏らしてしまうだろう。そして密偵が他国にその秘密を漏らすだろう。たとえ奇跡的にその秘密が漏れなかったとしても，他国の科学者が彼ら自身の手でそれを発見するだろう。

もしくは，おそらく，アメリカ合衆国政府は厳重に警備された少しの軍事基地以外で，すべてのガラスや金属や電流源を除去することに着手するだろうか。そのような極端な措置は強い反対にあうだろう。しかし，少しの都市の上空できのこ雲が上がった後，世論は変わるだろう。ガラス，電池，磁石は没収され，その生産は禁止されるだろうが，いくつかは点在し，結局は，核爆発装置に着手する人の手中に収まるだろう。最後には，多くの場所が破壊されたり滅ぼされたりするだろう。

楽観的な筋書きと対照的に，より暗い結果では，法と秩序が完全に機能しなくなり，社会が核戦争をする集団に分裂するだろう。爆弾をもはや作れなくなるところまで世界が破滅されるまで社会は崩壊し続けるだろう。その時でさえ，危険な知識が思い出され伝えられるだろう。そして，その知識が忘れ去られても，核物理学の研究が再開した時に再発見されるだろう。

要するに，核兵器を作るのが難しいと判明して幸運である。我々は当時グレーのボールを取り出した。しかし，それぞれの発明とともに，人類はもう一度つぼの中に手を伸ばしている。創造性というつぼに少なくとも一つの黒いボールが含まれているとしたらどうなるだろうか。つまり，かなり並外れた歴史的に先例のない程度の防御的な取り締まりと国際社会を統制する他の措置の両方，またはいずれか一方がとられない限り，文明がほぼ確実に破壊されるだろう水準の科学技術が存在するかもしれない。

そのような科学技術が今までに発明されたとなれば，実際は，悪い知らせだろう。しかし，文明を科学技術の黒いボールから救えるかもしれないいくつかの反応がある。一つはつぼからボールを取り出すのを完全に止め，すべての技術開発を止めることだろう。それは人類が払う代償としては高く難しすぎるので，ほぼ現実的ではないが。そのつぼには黒いボールが含まれているという可能性から世界を安全な場所にするあと二つの選択肢がある。一つ目は，個人や小さな団体が非常に危険な違法行為を実行しないようにする極めて信頼できる取り締まりをすることであり，二つ目は，数カ国が合意を避ける強い動機がある時でさえも，最も深刻な集団行動問題を解決し，国家間の緊密な協力を確実にする強固な世界的協力である。しかし，今日の世界では，そのような措置は成し遂げるのが難しいようであり，現代の世界秩序において二つの大きな弱点でもある。我々が無防御である限り，文明は科学技術の黒いボールに攻撃されやすいままである。しかし，つぼの中からそのような発見が現れない限り，そして現れるまで，我々がどの程度危険にさらされているのかを見落とすのは簡単である。

◀解　説▶

1．「筆者の見解を要約しているものは次のどれが最適か」

A．「文明には危険な発明の影響を防ぐ戦略が必要である」

B．「核分裂連鎖反応を止めさせるためにはより厳しい法律やより多くの協力を必要とする」

C．「いつかテロリストが世界を破壊することになる科学技術を発明するだろう」

D．「核兵器研究は人類の未来にとって最大の脅威である」

Aが第1段第9～12文（But what if … no black ball.）と全体的内容から一致。

2．「本文によると，正しいのは次のどれか」

A．「昔と比べて，核兵器はより簡単に開発される」

B．「核分裂連鎖反応はガラスや金属や電池で作られる」

C．「シラルドは連鎖反応という考えから黒いボールを発見した最初の人だった」

D．「核兵器を作るためには，いくつかの化学薬品を大量に必要とする」

Dが第2段第4文（Later investigations showed …）に一致。

3．「…だから，科学者の集団はシラルドの発見を理解するだろうと筆者は信じている」

A．「彼らはなぜシラルドが自分の研究を公表しなかったのかと思うだろう」

B．「研究に関する規則の変化から彼らは好奇心を抱くだろう」

C．「もし研究が禁止されれば，科学者は軽率になったり不満になったりするだろう」

D．「政府の役人によってぞんざいな措置は無視されるだろう」

Bが第3段第4～5文（Imagine that Szilard … measures were used.）に一致。

4．「もし核兵器を作るのが簡単であれば，楽観的な筋書きの最終的な結果はどのようなものだと筆者は示しているか」

A．「ガラス，電池，磁石の製作を禁じる法律に対する一般市民の反対」
B．「警備された軍事基地にだけ制限される核兵器の製作」
C．「権威者により没収された核兵器に必要な材料」
D．「地域を破滅させ人々が暮らせないような所にする核兵器」
Dが第４段最終文（In the end, …）に一致。
5．「筆者の意見によると，…ために，原子力兵器を作るのに必要となる知識は関係者にとって利用できるままだろう」
A．「核物理学研究は禁じられるべきだと主張する」
B．「社会は完全に崩壊するかもしれないということを示す」
C．「危険な発明は常に我々のそばにあるということを証明する」
D．「将来，核戦争が勃発するのを避けられないと説明する」
Cが第５段第３～４文（Even then, the … physics research resumed.）に一致。
6．「筆者は…だから，創造力のつぼの中からグレーのボールだけを取り出してきたと述べている」
A．「国際社会に対する厳しい取り締まりと統制が上手くいった」
B．「我々が発明した危険な科学技術をはっきり理解するのが難しい」
C．「グレーのボールには社会にとって利益も不利益も含んでいる」
D．「文明を破壊するような科学技術は全く存在しない」
Bが第６段第１～２文（In short, we're …ball that time.）に一致。
7．「…だから，つぼの中からボールを取り出すのを完全に止めてしまうのは非現実的だろう」
A．「個人の研究者や少数団体が黒いボールを密かに開発するのに協力するだろう」
B．「人類が技術開発を止めたり完全に統制したりするのはほぼ不可能である」
C．「技術開発は世界を核兵器から安全な場所にするために必要である」
D．「技術開発のない生活の代償は世界経済に害を及ぼすだろう」
Bが最終段第３～４文（One would be … difficult to implement.）に一致。
8．「最終段で論じられている主題は何か」
A．「技術的発明が世界に及ぼすかもしれない否定的影響」

B.「国々が世界平和のためにより緊密に協力する方法を習得する必要性」
C.「黒いボールの発明を防ぐためのより厳しい取り締まりの重要性」
D.「人類を危険な科学技術から守るとりうる行動」

Aは本文にある内容ではあるが,「主題」ではない。Bのような記述は本文中にはない。Cは最終段第6文（However, in today's …）に「そのような措置は成し遂げるのが難しい」とあるので不可。Dが全体的内容から一致。

III 解答　1―(G)　2―(D)　3―(B)　4―(F)　5―(A)

◆全　訳◆

≪せっかち病をめぐる会話≫

ショウタとマイクは大学生である。数週間ぶりに会い，おしゃべりをしている。

ショウタ：やあ，マイク。久しぶりですね。いかがお過ごしですか。
マイク　：悪くないですが，とても忙しかったです。しなければならないことのすべてをうまくこなせているようには思えません。
ショウタ：ああ，そうですか。お気の毒です。どのようなことを進めているのですか。
マイク　：学校でのたくさんの勉強と新しいアルバイトを始めたところです。
ショウタ：なるほど。少しコーヒーでも飲んで，そのことについて話しましょう。
マイク　：いいですね。けど，明日提出しなければならないレポートがあるので，それを早く始めた方がよさそうです。来週に会いましょう。
ショウタ：15分でも無理ですか。課題って何ですか。
マイク　：経済学の教科書にある章を要約しなければなりません。
ショウタ：ああ，それほど大変ではなさそうです。「せっかち病」にかかっていると思いませんか。
マイク　：そんな言葉を今までに聞いたことがありません。
ショウタ：心理学の授業でそれについて聞きました。それは実際の病気ではなく行動のパターンのことなんです。基本的には必要がない時でさえも急ぐ傾向にある状態です。

マイク　：わあ，それは僕のことのように聞こえます。一日中動きっぱなしでした。

ショウタ：ええと，あなたのことになりそうですね。実際，せっかち病はA型人間の多くがなりやすい一つの特徴だとみなされています。

マイク　：型…　話がわからなくなってしまいました。

ショウタ：説明させてください。全ての人がA型人間かB型人間に分類できると考えている心理学者がいます。

マイク　：なるほど。A型人間とはどのような感じですか。

ショウタ：A型人間は競争的で高水準で物事をするのを好む傾向にあります。A型人間の例として有名な事業経営者やスポーツ選手などがいます。

マイク　：ああ，それは興味深いです。B型人間はどうですか。

ショウタ：かなり異なっています。B型人間はリラックスしてのんびりしがちです。何かをする時，熟達することにそれほど焦点をあてていません。それで，あなたはどちらだと思いますか。

マイク　：ええと，明らかにA型人間です。いつも最善を尽くそうとしています。

ショウタ：さらに，A型人間は二つの用事を同時にこなすことがよくあります。例えば，食べながら勉強するとかですね。

マイク　：はい，します。読書時間を増やすのに素晴らしい方法です。

ショウタ：これはせっかち病の人の古典的挙動です。私は逆ですが。もしお昼を食べるなら，ゆっくり食べて楽しみたいです。食べ終わると，気分をリフレッシュさせてくれて，やらなければならないことを終えようとするやる気をさらに与えてくれます。

マイク　：これは面白いですね。けど，これらのことは必ずしも悪いことではないですよね。せっかち病の人は不必要に時間を無駄にせずに物事をすることができます。

ショウタ：もちろん，全くその通りです。けど，覚えておくべき重要な点は，急いでするのに相応しい時だけそうするべきだということだと思います。せっかち病の人は終生急ぐのが癖になっていま

　　　す。それはストレスが多いことで健康にもよくありません。

マイク　：わかりました。気持ちを変えます。コーヒーでも飲みましょう。

◀解　説▶

1．(G)を含む発言の2つ前の発言（In addition, Type … eat lunch, right?）で，ショウタが「A型人間の人は二つのことを同時にする」と説明した後に，(G)を含む発言で，「自分は逆の性格で，昼食を食べるならばゆっくり楽しみたい」と発言したうえで，「食べ終わったら，リフレッシュしてやる気が出る」と発言したものだと推測できる。したがって，(G)に入れるのが適切である。

2．ショウタが「せっかち病」について，(D)の直前の発言（It's not an …）で，「実際の病気ではなく行動様式である」と説明し，さらに，「基本的には必要がない時でも急ぎがちな状態である」と説明を付け加えたものだと推測できる。したがって，(D)に入れるのが適切である。

3．「コーヒーでも飲んで話そう」というショウタの3番目の発言（I see. Let's …）に対して，マイクは「いいですね。けど，明日レポートを提出しなければならないから，早く取り掛からなければならない」とショウタの誘いを断り，その代わりに，来週会うことを提案していることが推測できる。したがって，(B)に入れるのが適切である。

4．(F)の直前の発言（Type B personalities …）で，ショウタはB型人間の人を「リラックスしてのんびりしがちである」と説明し，「何かをする時，熟達することにそれほど焦点をあてていない」と付け加えたと推測できる。したがって，(F)に入れるのが適切である。

5．マイクの最初の発言（Not too bad, …）の直後でショウタが「ああ，そうですか。お気の毒です。何を進めているのですか」と答えていることから，「しなければならないことのすべてをうまくこなせているようには思えない」というマイクの発言を受けての応答だと考えることができる。したがって，(A)に入れるのが適切である。

❖講　評

Ⅰ　人は職場でどのように感じているか，どのように感じたいのかということに関する問題である。よくも悪くも感情は従業員の業績や行動に影響を及ぼすという主張を提示し，本文が展開されている。問1の空所補充問題は例年5問。問2は与えられた語を必要に応じて形を変えなければならないので注意すること。なお，2020 年度に出題されたタイトルを選ぶ問題は，2021 年度は出題されなかったが，2022 年度では再び出題された。

Ⅱ　仮説を頻繁に用いながら，展開していく英文である。人の考えや発見，発明をボールにたとえ，そのボールが巨大なつぼの中に入っており，そのボールに手を伸ばすという内容であるが，主張が読み取りやすい英文になっている。また，本文の記述通りに設問が並んでおり，該当箇所を見つけやすい。少し紛らわしい選択肢が含まれていることがあるので注意すること。

Ⅲ　久しぶりに会った大学生2人の会話である。例年通りの出題形式であるが，2020 年度は双方の発言が 10～11 回だったのが，2021 年度は 14～15 回，2022 年度は 13 回と発言回数が増え，やや長めの会話文になっている。どちらの発言であるかに留意しながら，会話の流れにしっかりとついていけるようにしたい。選択肢に関しても，どちらの立場からの発言なのかを分類して考えると解答しやすい。

日本史

I **解答** A．問１．（設問省略）　問２．③　問３．①
問４．③　問５．吾妻鏡　問６．③　問７．①
B．問１．③　問２．④　問３．②　問４．④　問５．③　問６．①
問７．③　問８．③

◀解　説▶

≪古代～近代の感染症の歴史≫

A．問２．空欄イに入る人物は，桓武天皇の弟である早良親王である。
③正文。桓武天皇と早良親王は，光仁天皇を父に，高野新笠を母にもつ兄弟である。
①誤文。伴善男が首謀者とされたのは，藤原種継暗殺事件ではなくて応天門の変である。
②誤文。早良親王に追贈された天皇号は，崇徳天皇ではなく崇道天皇。崇徳天皇は平安時代末に実際に即位した天皇である。
④誤文。高野新笠は新羅系氏族ではなく百済系氏族である。
問３．下線部(ウ)の頃の文化とは，平安時代初期の弘仁・貞観文化である。
①正文。この文化では，奈良時代の南都六宗に加えて空海や最澄らがもたらした密教が朝廷によって保護された。南都六宗（顕教）に加えて，天台・真言宗（密教）を合わせた八宗は顕密仏教と呼ばれる。
②誤文。寄木造は国風文化期に定朝によって完成された手法である。この手法により，末法思想を背景とした仏像の需要増加に応えるための大量生産が可能となった。また，鑑真（和上）像は天平文化期に作成された乾漆像である。
③誤文。『懐風藻』は，天平文化期に編纂された日本で最初の漢詩集である。
④誤文。綜芸種智院は空海によって設立された庶民を対象とした教育機関であり，貴族の一族のために設けられた大学別曹ではない。
問５．「鎌倉幕府の歴史を編年体で記し」ているのは『吾妻鏡』。作者不詳ではあるが，鎌倉時代の事績が記された基本史料のうちの一つである。

問６．寛元２（1244）年は，４代執権北条経時，５代執権北条時頼が中心となって幕政を担当していた時期である。

③正文。円覚寺は８代執権北条時宗が禅僧の無学祖元を招いて創建した寺院である。したがって，寛元２（1244）年より後の出来事となる。

①誤文。東大寺南大門金剛力士像は，鎌倉時代初期に運慶・快慶らが中心となって完成させた。

②誤文。鴨長明が無常観を説いた随筆『方丈記』を著したのは鎌倉時代初期である。

④誤文。『愚管抄』は承久の乱の直前に，九条兼実ではなくその弟である慈円によって著された，道理によって歴史の解釈を試みた歴史書である。

①や②の時期の判断がつかなくとも，③が北条時宗によるものであるとわかれば，正答を導くことができる。

問７．①正文。1536 年に起こった天文法華の乱についての説明である。

②誤文。鎌倉公方の足利持氏は，15 世紀中ごろの永享の乱で自害している。

③誤文。山城の国一揆についての説明で，15 世紀後期の出来事である。

④誤文。織田信長が顕如を中心とする石山本願寺を屈服させたのは 16 世紀後半である。

B．問１．この史料は，豊臣秀吉によって発令されたバテレン追放令であり，「日本国は，神国たるところ」という書き出しが特徴的である。豊臣秀吉は，キリシタン大名の大村純忠が長崎をイエズス会の教会に寄進していたことを知って，キリスト教への統制を強めていく。

問２．下線部(イ)の頃の政治を主導した将軍とは，５代将軍徳川綱吉である。

①誤文。紫衣事件の頃の将軍は，３代将軍徳川家光である。なお，家光が後水尾天皇を譲位させたのではなく，天皇自身が幕府への相談もなく子の興子(おきこ)内親王（のちの明正天皇）に譲位した。

②誤文。田畑永代売買の禁止令は，３代将軍徳川家光のころに発令された。

③誤文。朱子学者の新井白石を侍講として登用したのは６代将軍徳川家宣である。新井白石が側用人の間部詮房とともに政治を主導した時代を「正徳の治（政治）」と呼ぶ。

問３．下線部(ウ)の頃の政治を主導した老中は，田沼意次である。

②正文。「嫡男」とは田沼意知のことであるが，のちに佐野政言に江戸城

で襲撃されて死亡した。

①誤文。「計数銀貨」とは，田沼意次が流通の円滑化を図るために鋳造させた南鐐二朱銀である。計数貨幣である金貨は，小判1両＝4分＝16朱の四進法を採用しており，「二朱銀」であるなら二朱銀8枚で小判1両（16朱）と同価値となるので，「6片」ではなく「8片」が正しい。

③誤文。同業者仲間（株仲間）をはじめて公認したのは，仲間を通じて物価を統制しようと試みた8代将軍徳川吉宗である。

④誤文。田沼意次は，工藤平助の意見を取り入れて最上徳内らを蝦夷地へ派遣した。

問4．やや難。④正文。この大地震は安政の大地震と呼ばれており，江戸を中心に発生した。安政の大地震自体は教科書にほとんど記載されていないが，その他の選択肢を判断することで消去法で解答できる。

①誤文。調所広郷は，島津久光ではなく島津斉興のもとで藩政改革を担った。なお，島津久光が薩摩藩主になった事実はない。

②誤文。桜田門外の変は主として水戸脱藩浪士によって起こされたもので，栃木の豪農が参加したという事実はない。

③誤文。居留地の置かれた横浜などとは違い，大坂・江戸は開市扱いで，原則外国人の居住は認められなかった。また，開港当時の輸出の中心となった貿易品は，綿糸ではなく生糸である。

問6．①正しい。1878年に施行された地方三新法は，郡区町村編制法・地方税規則・府県会規則の総称である。

②誤り。国会開設の勅諭が出されたのは，明治十四年の政変後の1881年。

③誤り。華族令の制定は，伊藤博文が憲法調査から帰国した後の1884年。

④誤り。『小説神髄』は坪内逍遙による文学理論書で，1885年から1886年にかけて発表された。

問7．設問文にある「『自助論』を出し」から，イギリスのスマイルズが書いたものを『西国立志編』として発表した中村正直が答えとなる。

問8．この史料は1873年に出された地租改正条例についての一部である。地租改正は明治政府が行った税制改革であるから，空欄にあてはまる部署として最も正しいのは予算編成，税関係などを担当する大蔵省と推測できる。

①左院は，1871年に置かれた立法上の諮問機関である。1875年に元老院

が置かれたことから，廃止された。

②会計官は，明治時代初めに政体書によって定められた太政官七官のうちの一つである。なお，会計官は1869年に大蔵省と改称されたので，地租改正事業が行われた時期には存在しない。

④農商務省は，1881年に置かれた農林・水産・商工に関して担当した中央行政機関である。

II 解答

問1．②　問2．②　問3．①　問4．①　問5．④　問6．④　問7．浅野長政　問8．③　問9．③　問10．④

◀解　説▶

≪中世～近世の政治組織・法≫

問2．②正文。六波羅探題は，承久の乱を契機として西国御家人や朝廷の監視のために置かれた。それまで，京都の治安維持や朝幕間の交渉役を担っていたのは京都守護であったが，六波羅探題の設置にともない消滅した。

①誤文。問注所の初代長官は大江広元ではなく三善康信である。

③誤文。院評定が置かれたのは後深草上皇の院政時ではなく，後嵯峨上皇の院政期である。また，院評定衆は有力御家人ではなく，原則公卿で構成された。

④誤文。三浦泰村は，引付が設けられる前に宝治合戦（1247年）で三浦氏一族と共に滅ぼされた。

問4．①正文。惣村では，村民が守るべき規約の惣掟が定められ，秩序維持のために自らが警察権を行使する地下検断（自検断）が行われた。

②誤文。戸籍に人々を登録して個別に支配するのは7世紀後半から10世紀ごろまでのことで，中世の時期に国が公式に作成した戸籍は存在しない。

③誤文。「柳生の徳政碑文」は，正長の徳政一揆（1428年）の際に徳政を実力によって勝ち取った惣村の住民によって刻まれた遺構である。正長の徳政一揆に際して，幕府が正式に徳政要求に応じた事実はない。

④誤文。この頃には年貢の代銭納も行われており，荘園領主らが特に商品作物の栽培を制限した事実はない。また，当時の灯明の燃料としては菜種油ではなく荏胡麻（えごま）油が一般的である。

問5．a．正文。播磨の土一揆は正長の徳政一揆に影響されて発生したものであるが，徳政などの経済的要求だけでなく，守護軍の退去も要求したことがポイントである。

b．誤文。赤松則村は正中の変ではなく，元弘の変の際に護良親王の令旨を受けて挙兵した。また，隠岐へ流された事実もない。

c．誤文。嘉吉の乱後に赤松氏の領国を得たのは確かに山名氏ではあるが，山名氏が「六分一殿」と呼ばれたのは 14 世紀末の明徳の乱以前であり，嘉吉の乱後ではない。

したがって，答えは④となる。

問 6．設問文にある「最多の条文数」を手がかりに『塵芥集』であると導きたい。『塵芥集』は伊達稙宗が制定した分国法であり，戦国期に伊達氏が支配していたのは陸奥である。『塵芥集』は 16 世紀前半に定められたもので，全部で 171 条にも及び，御成敗式目の影響を強く受けていることが特徴である。

問 7．リード文にある「五奉行の一人」「司法を担当」ということから，答えは浅野長政となるが，これだけだと少々詳細な知識なので，設問文も参考にしよう。「後裔」とは浅野長矩（ながのり）のことで，18 世紀初頭に起きた赤穂事件のきっかけを作った播磨国赤穂藩の藩主である。

問 8．③正文。京都守護職は文久の改革によって設置された。最初の京都守護職には会津藩主の松平容保が就任し，京都所司代を配下に京都の治安維持にあたった。

①誤文。寺社奉行は原則譜代大名から選ばれるが，町奉行や勘定奉行は譜代大名ではなく旗本から選ばれる。

②誤文。目付は大目付ではなく若年寄の管轄下にある。一方，大目付は老中の管轄下にある。

④誤文。郡代は幕府の直轄領（10 万石以上）の租税徴収や民政を担当し，老中ではなく勘定奉行によって統括されていた。

問 9．③鈴木牧之は江戸時代後期の文人で，徳川吉宗の治世期にはあてはまらない。①荻生徂徠，②荷田春満，④野呂元丈はいずれも吉宗と同時期で，吉宗と関係があった人物である。

問 10．④正文。1870 年に定められた新律綱領は，随時内容の修正や補充が行われ，これらの集積を経て 1873 年に改定律例として制定されたが，いずれも 1880 年に刑法が施行されると廃止された。

①誤文。町火消として組織されたのは御家人ではなく，町人であった。

②誤文。御定書百箇条は，公事方御定書下巻の通称である。また，御触書寛保集成は，公事方御定書とは直接関係はない。

③誤文。田中丘隅は徳川吉宗によって登用された農政家であるが，相対済し令には直接関係がない。

III 解答

問1．②　問2．②　問3．前島密　問4．④
問5．③　問6．①　問7．①　問8．④　問9．④
問10．③　問11．④　問12．③　問13．②　問14．④
問15．（設問省略）

◀解　説▶

≪明治・大正期の社会経済史≫

問1．②正文。鉄道の敷設事業は，イギリス人のモレルのもとで行われた。当時は陸蒸気（おかじょうき）と呼ばれていた。

①誤文。内務省ではなく工部省が正しい。

③誤文。陸軍省ではなく内務省が正しい。

④誤文。明治時代初期の頃，最初に東京の銀座に普及したのは電灯ではなくガス灯。電灯が日本の都市部に一般に普及するのは，大正時代以降である。

問2．②誤文。電信線は当初沖縄・上海間ではなく，長崎・上海間で接続され，次いで欧米と接続された。

問4．④誤文。入会地のすべてが政府によって官有地に編入されたわけではなく，所有者が不明確な入会地のみ官有地に編入された。

問5．③正文。国立銀行は，1876年に国立銀行条例が改正されて兌換義務が取り除かれると，商人・地主を中心に，金禄公債証書などを元手に出資する華族・士族によって続々と設立され，1879年までには153行の国立銀行が設立された。

①誤文。「明治通宝札」と「太政官札・民部省札」を入れ替えると正文となる。

②誤文。国立銀行条例は，ドイツではなくアメリカのナショナルバンクの制度にならって定められた。

④減少ではなく増加である。

問 6．①正文。福島事件は，1880 年代に自由党員や農民が起こした激化事件の一つである。県令の三島通庸に対抗した自由党員の河野広中もあわせて覚えておこう。

②誤文。困民党を組織した農民が高利貸や警察を襲撃するのは，加波山事件ではなく秩父事件である。

③・④誤文。③と④の説明が逆である。大同団結運動とは，憲法制定や国会開設を目前に控えて民権各派の再結集をはかった運動であり，星亨（とおる）や後藤象二郎を中心に展開された。③は 1885 年の大阪事件の説明であり，これを企図した大井憲太郎らは逮捕された。

問 7．①大阪紡績会社は渋沢栄一が出資の中心となって設立された蒸気力を駆使した近代的紡績工場である。一方で，岩崎弥太郎はのちの三菱財閥の創始者である。

問 9．④三池炭鉱は福岡県にある炭鉱で，住友ではなく三井に払い下げられた。

問 10．日清戦争（1894 年）より後の出来事を選ぶ問題である。

①軍人勅諭（1882 年）は，西南戦争（1877 年）の恩賞に不満をもつ兵卒が起こした竹橋事件を契機に出されたもので，軍人の天皇に対する絶対的服従や軍人による政治不関与を説いたものである。

②甲午農民戦争（1894 年）は，日清戦争のきっかけとなったものなので，当然日清戦争直前の出来事となる。

④防穀令とは，1889 年に朝鮮政府が米・大豆などの穀物輸出を禁止した命令である。これにより日本人の大豆商人が打撃を受けたとして損害賠償などを朝鮮側に要求した一連の事件を防穀令事件といい，1893 年に解決した。

以上より，③進歩党結成（1896 年）が正答となる。

問 11．日露戦争（1904～05 年）前に官営として設立された事業所・事業体を選ぶ問題である。

①池貝鉄工所は，1905 年に設立された工作機器製作を中心とする民間の会社である。

②日本製鋼所は，1907 年に三井とイギリスが共同で出資して設立された民間兵器製造企業である。

③日本製鉄会社は，1934 年に八幡製鉄所を中心に民間の製鉄会社が合併

して設立された国策会社である。
以上より，1897年に日清戦争の賠償金を使用して設立された④八幡製鉄所が正答となる。
問12. ③正文。関東都督府も南満州鉄道株式会社（満鉄）も，ポーツマス条約によって譲渡された満州における統治機関・株式会社であった。
①誤文。第2次日韓協約において統監府が置かれたのは京城ではなく漢城。
②誤文。韓国併合により朝鮮総督府が置かれたのは漢城ではなく京城。漢城・京城ともに現在のソウルにあたるが，韓国併合を契機に漢城から京城へと名称が変更された。
④誤文。東洋拓殖会社（東拓）は，中華民国ではなく朝鮮の土地経営・開発を目的として設立されたものである。
問13. 第一次世界大戦に参戦（1914年）する前の出来事を選ぶ問題である。近現代の年代に絡む問題は，西暦年代を覚えるより，時の内閣と関連付けて覚えていくと解きやすくなる。第一次世界大戦参戦時の日本の内閣は，第2次大隈重信内閣である。
①石井・ランシング協定は，大戦中に結ばれた日本の中国における特殊権益の承認とアメリカの主張する門戸開放などの原則を認め合ったもので，当時の日本の内閣は，寺内正毅内閣である。
③シベリア出兵は，大戦中に起こったロシア革命に対する軍事干渉のことで，これも寺内正毅内閣の時期である。
④二十一カ条の要求は，第一次世界大戦中に第2次大隈重信内閣の外務大臣加藤高明が中心となって中国の袁世凱に提出した要求である。
①・③・④はいずれも大戦中の出来事であるので，②シーメンス事件が正答となる。シーメンス事件は，ドイツのシーメンス社と海軍高官が起こした贈収賄事件で，第1次山本権兵衛内閣はこの事件をきっかけに総辞職した。

Ⅳ 解答

問1．②　問2．①　問3．④　問4．③　問5．②
問6．尖閣　問7．②　問8．②　問9．③
問10．③

◀解　説▶

≪日米関係を中心とした戦後外交史≫

問1．②正文。最高司令官の指令・勧告は，日本国憲法の制定前はポツダム勅令という形で，制定後はポツダム政令という形で出された。

①誤文。日本は連合国軍の直接統治ではなく，最高司令官が日本政府に指令・勧告を出して，日本政府がそれに基づく命令を公布して政策を実施する間接統治方式が採用された。ただし，千島や南樺太，小笠原諸島などは直接軍政が敷かれていたことに注意しよう。

③誤文。最高司令官の諮問機関は，極東委員会ではなく対日理事会である。極東委員会はワシントンに置かれ，対日理事会は東京に置かれた。

④誤文。中国やインドが参加したのは，対日理事会ではなく極東委員会である。対日理事会に参加したのは，アメリカ・イギリス・ソ連・中国の4国であった。

問2．①誤文。財閥解体を行う際に，過度経済力集中排除法によって分割対象となったのは325社であったが，冷戦の激化を背景に，実際は日本製鉄や三菱重工業などの11社が整理されるに留まった。

問3．④正文。1985年にドル高の是正に向けて各国が為替市場への協調介入を行うことが合意された（プラザ合意）。その結果，1ドル240円台から翌年には160円台にまで急激に円高が進行した。そのため，輸出産業を中心に深刻な不況が日本を襲った（円高不況）。

①誤文。ドッジ=ライン後の深刻な不況から回復するきっかけとなったのは，ベトナム戦争ではなく朝鮮戦争。これにより，日本は繊維・金属を中心に輸出が伸びて特需景気に入った。

②誤文。日本は1955年にGATTに加盟したが，為替と資本の自由化が達成されたのは，1964年にIMF8条国へ移行するとともにOECDに加盟した時である。

③誤文。1968年には，日本のGNPは西ドイツを抜いて世界2位となり，名実ともに経済大国の1国となった。

問4．③正文。1962年に発生したキューバ危機が解決すると，1963年に部分的核実験禁止条約，1968年に核兵器拡散防止条約が調印されて核軍縮への動きが始まったが，実質的な軍拡競争への歯止めにはならなかった。

①誤文。ビキニ環礁で水爆実験を行ったのはソ連ではなくアメリカである。

②誤文。ビキニ環礁での水爆被災を背景に，第 1 回原水爆禁止世界大会が開催されたのは，大阪ではなく広島である。

④誤文。第 2 次佐藤栄作内閣が非核三原則を発表したのは 1967 年。一方，日本が核兵器拡散防止条約に調印したのは 1970 年であり，順序が逆である。

問 5．②誤文。自衛隊が日本周辺有事の際に米軍の後方支援が行えるように取り決められたのは，新安保条約ではなく新ガイドライン関連法（1999 年）である。

問 7．リード文に「普天間飛行場代替施設の建設」とあることから，②辺野古であると判断する。普天間基地を解答させる問題が 2021 年度に出題されており，沖縄基地問題に絡む出題は 2 年連続となる。

問 8．②正文。「準政府間貿易」とは，廖承志と高碕達之助による LT 貿易のことを指す。正式な国交がないものの，政府保証の融資を利用して行われていたところが特徴である。

①誤文。日中関税協定は，1930 年（浜口雄幸内閣）に調印された。中国の関税自主権を承認するもので，時期が異なる。

③誤文。日中共同声明に調印したのは，三木内閣ではなく田中角栄内閣である。

④誤文。日中平和友好条約に調印したのは，福田康夫内閣ではなく福田赳夫内閣である。福田赳夫は，福田康夫の父にあたる。

問 9．a．誤文。中華民国政府を存続させたのは共産党ではなく国民党である。

b．誤文。中華民国政府の初代総統は袁世凱ではなく蔣介石である。

c．正文。1972 年に田中角栄内閣の日中共同声明による日中国交正常化によって無効となった。

したがって，③が正答となる。

❖講　評

2022 年度は大問 1 つの問題数が減り，その減少した分が大問Ⅳとして独立して 4 題構成となった。しかし，変化したのは問題構成だけであり，全体の問題数や難易度は，2021 年度以前と特に変化はなかった。

Ⅰ　古代～近代の感染症に関するテーマを題材として政治史や文化史

など幅広い分野から出題された。正文（誤文）選択問題や空所補充問題，時期を判断させる問題，史料問題など様々な出題形式で構成されている。とりわけ15問中，正文（誤文）選択問題が約半数に及んでいるので，過去問演習などでしっかり対策をする必要がある。史料問題については，B．問１「バテレン追放令」や問８「地租改正条例」が出題されており，史料発令者や史料中の空所補充という形式であった。史料中のキーワードに着目して，何についての史料かを判断しつつ，落ち着いて問題を解いていこう。

Ⅱ　中世～近世の諸政権の訴訟処理や法をテーマに出題された。やはり正文（誤文）選択問題が中心となるが，問５では正誤の組み合わせ問題が出題された。選択肢も６通りに及び，受験生にとっては少々難しく感じられたかもしれないが，「時期」が誤っているのか，それとも「語句」が誤っているのか，などを意識して正誤の判断をしていこう。問６では『塵芥集』から史料が出題されたが，読解ではなく設問文からでも十分答えが推測できるものであり，難易度はそこまで高くなかった。

Ⅲ　主に明治・大正期の社会経済史をテーマに出題された。正文（誤文）選択問題の割合が少し減り，語句の組み合わせ問題や時期を問う問題が目立つ。年代の配列という形式ではないが，問10・問11・問13のような，ある出来事と比べて，選択肢の時期を判断させる問題が出題された。しかし，このような問題では西暦年代の暗記自体は必ずしも必要なく，時の為政者や内閣ごとに行われた政策や出来事を整理して対処していこう。

Ⅳ　戦後の日米関係を軸とした外交史をテーマに出題された。2022年度も例年通り現代史が出題され，この問題構成は大問が増えても変化はしなかった。情報コミュニケーション学部の特徴が色濃く出たといってもいいだろう。現代史を苦手とする受験生も多いだろうが，難易度自体はそこまで高くはないので，基礎基本の学習を徹底しよう。特に，問５の新ガイドライン関連法，問６の尖閣諸島，問７の辺野古基地移設問題など，我が国の安全保障問題や領土問題はニュースでもよく報道されている。日頃から新聞やニュースなどによく目を通しておこう。

世界史

I 解答

問1．A．ベーリング　B．メソアメリカ
C．トゥーラ　D．チャビン　E．天然痘〔はしか〕
問2．巨石人頭像　問3．メシーカ　問4．アタワルパ　問5．カブラル
問6．ペニンスラール

◀解　説▶

≪古代～16世紀のアメリカ史≫

問1．A．ベーリングはデンマーク出身の探検家で，18世紀前半にピョートル1世の命でアジア・アメリカ大陸間を探検し，海峡を確認したことから，のちにベーリング海峡と名づけられた。

B．メソアメリカ文明は，メキシコ高原から中央アメリカにかけて成立した古代文明。オルメカ文明・テオティワカン文明・アステカ文明・マヤ文明などが代表的である。

C．難問。トゥーラは広範な地域との交易を通して栄えたトルテカ文明の中心都市である。

E．天然痘は，ヨーロッパ人との接触以前はアメリカ大陸になかったといわれ，そのために天然痘に対する免疫がなく，人口激減の一因となったと考えられている。

問3．難問。メシーカ（Mexica）はアステカ人の自称。

問4．やや難。アタワルパはインカ帝国の最後の皇帝で，インカ帝国を滅ぼしたピサロによって絞首刑に処された。

問6．ペニンスラールは，スペイン植民地におけるイベリア半島出身の白人の呼称。17世紀以降，植民地生まれの白人であるクリオーリョと対立した。

II 解答

問1．A．レオポルド2世　B．チュニジア
C．アドワ　D．キレナイカ　E．パン=アフリカ会議
問2．スタンリー　問3．ゴードン　問4．サモリ=トゥーレ
問5．アガディール　問6．マンデラ

◀解　説▶

≪近現代アフリカ史≫

問1．A．レオポルド2世は，スタンリーの探検を援助して植民地化の基礎をつくり，ベルリン会議（ベルリン=コンゴ会議）でコンゴの領有を承認させ，コンゴ自由国と称して王の私的植民地とした。その後，現地住民に対する非人道的経営が国際的に批判を受け，1908年にコンゴはベルギー政府の統治下に移り，ベルギーの正式な植民地となった。

E．パン=アフリカ会議は，パン=アフリカニズム推進のため，1900年にロンドンで最初の会議が開かれた。

問4．やや難。サモリ=トゥーレは，1880年代に西アフリカ内陸部でイスラーム国家のサモリ帝国を形成したが，アフリカ内陸部に進出したフランス軍に武力抵抗し，捕らえられて流刑地ガボンで病死した。

III　解答

A―(4)　B―(4)　C―(4)　D―(3)　E―(2)　F―(4)
G―(3)　H―(3)　I―(2)　J―(3)

◀解　説▶

≪東アジアの歴史≫

A．難問。(4)誤り。燕の支配下時代，今の北京の名称は薊（けい）である。

B．(4)誤り。性善説や仁義を唱え，王道政治を説いたのは孟子である。老子は道家の祖とされる人物である。

C．(4)誤り。唐末から貴族に代わって台頭した新興地主層は，荘園を直接経営するのではなく，所有する広大な土地を佃戸（小作人）に貸して小作料をとって経営した。

D．(3)誤り。宋代に作製された白磁や青磁などの宋磁は，素地に釉薬を塗ったもので，すっきりとした造形に機能性と理知的な美しさを備えている。

E．(2)誤り。清の侵攻を受けた朝鮮は，明の滅亡（1644年）より先に清に服属（1637年）して，朝貢関係をとった。朝鮮が清との朝貢関係から完全に離脱するのは，1895年の下関条約締結時である。

F．(4)誤り。イギリスは，マカートニーを派遣して広州以外の港の開放など自由貿易を要求した。

G．(3)誤り。天朝田畝制度は，男女の別なく土地を均分するとした制度であったが，実施されることはなかった。

H．(3)誤り。魯迅はアメリカではなく日本に留学した。

I．(2)誤り。中ソ友好同盟条約ではなく，正しくは中ソ友好同盟相互援助条約。

J．(3)誤り。天安門事件の後，党総書記となったのは江沢民。胡錦濤が党総書記となったのは2002年である。

Ⅳ 解答

問1．④　問2．④　問3．②　問4．③　問5．①
問6．②　問7．④　問8．①　問9．③　問10．④

◀解　説▶

≪冷戦の終結とその後の世界≫

問1．④誤文。冷戦時代にソ連の指導者と最初に直接首脳会談を行ったのは，アイゼンハワー大統領（在任1953～61年）。1959年にソ連のフルシチョフが訪米して会談が実現した。

問2．やや難。④誤文。1985年の会談は，核兵器の制限と削減をめざすことに合意したもので，全廃をめざしたものではない。

問3．②誤文。中距離核戦力（INF）全廃条約はアメリカ合衆国とソ連が締結したもので，イギリス・フランスは条約に参加していない。

問4．③誤文。アメリカ合衆国のマーシャル国務長官が提唱したのはマーシャル=プラン（ヨーロッパ経済復興援助計画）である。

問6．②誤文。ルーマニアではチャウシェスクの独裁体制が続いていたが，1989年に反体制運動が勝利を収めると，同年末に夫妻で処刑された。

問7．④誤文。ユーゴスラヴィアは，1948年にコミンフォルムを除名され独自路線を進むことになり，1955年に発足したワルシャワ条約機構にも加盟していない。

問8．①正文。ソ連では，共産党の保守派が連邦存続の危機から1991年にクーデタを起こしたが，エリツィンら急進改革派によって鎮圧され失敗した。この結果，ゴルバチョフは党書記長を辞任し，ソ連共産党は解散され，ゴルバチョフは実権を失った。

②誤文。共産党のクーデタでは，ゴルバチョフはクリミア半島に幽閉され，クーデタの鎮圧後に解放された。

③誤文。プーチンではなく，エリツィンが正しい。

④誤文。ロシアでは，クーデタ後の1996年に大統領選挙が行われ，エリ

ツィンとシュガーノフが立候補し，エリツィンがロシア連邦大統領に再選された。エリツィンは1999年，首相であったプーチンを後継者に指名し引退した。

問9．③誤文。2003年にアメリカのブッシュ（子）大統領がイラク戦争をおこし，イラクのフセイン政権を打倒した

問10．④誤文。アメリカ合衆国はオバマ政権下でイラクから，バイデン政権下でアフガニスタンから撤退した。

V 解答

A―(3) B―(3) C―(1) D―(2) E―(1) F―(3)
G―(3) H―(4) I―(4) J―(3)

◀解 説▶

≪中世以降のヨーロッパ史≫

A．(3)誤文。ローマ皇帝位は，843年のヴェルダン条約によって，長兄ロタール1世が継承した。ロタール1世の支配下だった中部フランク王国は，870年のメルセン条約によって，イタリア王国を除き西部は西フランク，東部は東フランクに分割されたが，東フランク王となったルートヴィヒ2世は，皇帝には即位していない。

B．(3)誤文。三十年戦争で，旧教国フランスは新教国側に立って参戦し，神聖ローマ帝国と対立した。

C．(1)誤文。プロイセン公国は，17世紀前半にホーエンツォレルン家支配下のブランデンブルク選帝侯国と合邦した。

D．(2)誤文。四国同盟は，イギリス・オーストリア・ロシア・プロイセンで結成され，フランスは加盟していない。後にフランスが加盟して五国同盟となった。

E．(1)誤文。1848年のベルリン三月革命では，国王は選挙制度改革ではなく，憲法制定を約束した。

F．やや難。(3)誤文。ドレフュスは，死刑ではなく終身刑を宣告された。

G．(3)誤文。自然主義の画家としてはフランスのミレーがあげられる。ルノワールは，自然主義ではなく印象派の画家である。

H．(4)誤文。英仏軍がドイツ軍をくいとめたのは，マルヌの戦い。タンネンベルクの戦いは，ヒンデンブルク将軍率いるドイツ軍が，ロシア軍を破った戦い。

I．⑷誤文。ゲルニカの空爆は，ドイツ空軍が行った。

J．やや難。⑶誤文。一般兵役義務法（徴兵制法）は可決されている。

❖講　評

Ⅰは，古代から16 世紀頃までのアメリカ史に関する問題で，空所補充と一問一答式の全問記述問題。問１Cのトゥーラ，問３のメシーカといった細かい用語が問われており，初見で解答するのは難しい。

Ⅱは，近現代アフリカ史に関する問題で，Ⅰと同じく空所補充と一問一答式の全問記述問題からなる。問４のサモリ=トゥーレは少し細かいが，その他は標準的なものが多かった。

Ⅲは，東アジアに関して，下線部の誤りを指摘する問題。誤文・正文選択問題であり，判別する下線部が長文なため丁寧に読み進めたい。また，正誤の判断が社会史や文化史に関するものもあり，全体的にやや難しいものとなった。

Ⅳは，冷戦の終結とその後の世界に関する問題。４つの選択肢からなる誤文・正文選択問題であり，しかも冷戦終結後の現代史であることから，十分な学習ができていない受験生も多かったのではないだろうか。得点差が出る大問であった。

Ⅴは，中世から現代までのヨーロッパ史に関する問題。大問Ⅲと同じ形式で，誤文・正文選択問題が苦手な受験生は苦労したかもしれない。また，Ｆのドレフュス事件やＪのパリ協定に関する誤文判断は，内容まで細かく覚えている必要があり，やや難しい。

2022 年度は，2021 年度よりも記述問題が増加した。また，誤文・正文選択問題の選択肢の文も長いものが多く，苦手とする受験生には厳しいものになったであろう。一見して内容の難しい正文に迷わされることなく，しっかりと誤文を見極める力が必要になる。

政治・経済

I

解答　問1．ア．総議員　イ．臨時　ウ．閣議　エ．本会議　オ．出席議員

問2．C　問3．D

問4．衆議院の最大会派と参議院の最大会派が異なっている現象。(30字以内)

問5．A

問6．参議院議員に比べ，衆議院議員の任期は4年で短く，また解散もあって，民意を反映しやすいから。(50字以内)

問7．C

問8．BまたはC

問9．大量で，複雑かつ専門的な国会の審議事項を，能率よく審議できるようにするため。(40字以内)

※問8については，複数の選択肢を正解として扱ったことが大学から公表されている。

◀解　説▶

≪国会の仕組みおよび権能≫

問1．ウ．閣議は非公開で行われ，全会一致制をとっている。

エ．本会議は議院全体の会議のこと。ただし，国会では委員会中心主義を採択しており，実質審議は委員会で行われる。

問2．C．内閣総理大臣は国務大臣に対する任命権だけでなく罷免権も有しているので，国会の決議は不要である。

問3．D．最高裁判所が判決を出すことは司法権の行使であり，国会が立法権を独占することの例外には当たらない。

問4．近年の「ねじれ国会」の現象は，1989年の参議院議員選挙後，1998年の参議院議員選挙後，2007年の参議院議員選挙後，2010年の参議院議員選挙後，2012年の衆議院議員選挙後に起きた。

問5．法律案の議決については，衆議院と参議院の意思が異なった場合の両院協議会の開催は義務づけられていない。

問6．衆議院は参議院に比べて民意を反映しやすいので，優越するという

ことと，その根拠として，「任期が短い」という点と「解散がある」という点を述べるとよい。

問７．C．「各院が」という点が誤り。内閣不信任決議権を有しているのは衆議院のみである。

問８．B．「名誉棄損などの刑事責任については法的責任を負う」という点が誤り。院内における自由な審議を保障するため，院内で行った演説，討論，表決については，院外において，民事・刑事を問わず，いかなる法的な責任も問われない。ただし，政治的な責任はマスコミなどによって追求されることはあるだろう。

C．「保釈される」という点が誤り。保釈ではなく，釈放されるというのが正しい。保釈とは，保釈保証金を裁判所に納付したうえで，裁判所が，被告人の証拠隠滅や逃亡などの恐れがないと判断した場合に，いったん被告人の身柄を解放するという制度である。国会議員の不逮捕特権の場合，会期前の逮捕でも，議院の要求があれば，会期中は釈放され，その場合，保釈保証金などは必要ない。

問９．日本の国会では，アメリカに倣って，委員会中心主義を採用している。これは国会の大量で，複雑かつ専門的な審議事項をできるだけ能率よく審議できるという利点がある。現在，日本の場合，衆参両議院にそれぞれ 17 の常任委員会を置き，さらにそれとは別に必要に応じて特別委員会が置かれている。

Ⅱ 解答

問１．①－C　②－AまたはL　③－A　④－E　⑤－H　⑥－L

問２．ア．欧州経済協力機構（OEEC）　イ．エロア・ガリオア基金

ウ．国連開発の 10 年　エ．国連貿易開発会議（UNCTAD）

オ．構造調整　カ．切り上げ　キ．為替相場（為替レート）

ク．変動為替相場（変動相場）制

問３．(1)－E　(2)－A

※問１②については，複数の選択肢を正解として扱ったことが大学から公表されている。

◀解　説▶

≪第二次世界大戦後の世界経済≫

問１．①内国民待遇とは，輸入品を国内品と同等に扱うということである。最恵国待遇と並んで，GATT（そしてWTO）の原則の一つである「無差別」に基づく制度である。

②複数正解が成立するのは設問の文章の意味が二通りに理解できるからである。つまり，「関税［②］，非関税障壁の撤廃を推進して」という部分が，「〔関税［②］〕と〔非関税障壁の撤廃〕を推進する」という意味と，「〔関税［②］と非関税障壁〕の撤廃を推進する」という意味の両方の読み方ができる。前者の意味であれば，②に入るのはＡの「自由化」であり，後者の意味であれば「障壁」ということになるが，「障壁」という語句は選択肢にないので，Ｌの「該当する選択肢なし」になる。

③GATT（そしてWTO）の原則の一つである「自由」に基づいて，貿易の自由化を目指している。

⑥正解はＬの「該当する選択肢なし」である。比較生産費説を唱えたのは，イギリスの経済学者リカードである。比較生産費説とは，各国が，国内の他の財に比べ相対的に安く生産できる財の生産に特化してそれを貿易し合う方が，資源や労働力，資金を有効に活用できるというものであり，自由貿易推進の理論的支柱となる考え方である。

問２．ア．欧州経済協力機構（OEEC）は，マーシャル・プランの受け入れ体制を整備するために設立された。これが発展改組され，1961年に経済協力開発機構（OECD）が設立された。

エ．国連貿易開発会議（UNCTAD）の初代事務局長になったプレビッシュは，第１回総会で提出した報告書「開発のための新しい貿易政策を求めて」（プレビッシュ報告）の中で，発展途上国に対する先進国の対し方として「援助よりも貿易を」と述べた。

オ．構造調整融資とは，世界銀行（国際復興開発銀行）が1980年に打ち出したプログラム借款の一種である。発展途上国の政策や制度改革への支援を目的にしている。

カ．空所直前に「アメリカは中国が最大の経常収支赤字の相手国になった」とある。アメリカの経常収支赤字を改善するためには，アメリカの対中国貿易赤字を改善することが求められる。そのためには人民元の「切り上げ」が有効である。人民元の価値が上昇すれば，中国からの輸出品の価格が上がり，競争力が弱くなるからである。

キ・ク．為替相場（為替レート）を，外国為替市場における需要と供給の関係によって決める制度を変動為替相場（変動相場）制という。

III **解答**

問1．D

問2．ア―C　イ―J　ウ―N　エ―Q　オ―A

問3．①持続可能な開発　②京都議定書

問4．①―C　②―A　問5．B

問6．①100　②225　③45　問7．B

◀解　説▶

≪地球環境問題≫

問1．D．適切。「化学物質の使用量に対する規制が厳格化されたことに対応するため，生産技術の改善や素材開発に対する大規模な投資」という記述が，「規制による制約を乗り越えるための投資」にあたる。また「化学物質の使用を抑えた新製品は市場に受け入れられ大きな利潤を得ることができた」という記述が「イノベーションを促進する例」に当たる。

A・B．不適当。いずれも「規制による制約」に関する記述がない。

C．不適当。「イノベーション」に関する記述がない。

E．不適当。「規制による制約」「イノベーション」の両方に関する記述がない。

問2．ア～ウ．1972年にストックホルムで開かれた国連人間環境会議は，「かけがえのない地球」をスローガンとし，人間環境宣言の採択や国連環境計画（UNEP）の設置を決定した。

エ・オ．1992年にリオデジャネイロで開かれた国連環境開発会議（地球サミット）は，「持続可能な開発」を理念として掲げ，気候変動枠組み条約や生物多様性条約などが採択された。「1997年には［オ］の第3回締約国会議が開催された」とあることから，オはAの「気候変動枠組み条約」となる。

問4．『エネルギー・経済統計要覧（2021年版）』によれば，二酸化炭素排出量は全体で約335億トン，国別でみると，1位中国（28.4％），2位アメリカ（14.7％），3位インド（6.9％），4位ロシア（4.7％），5位日本（3.2％）となっている。

問６．①・②需要関数が$p=-\frac{1}{4}x+250$，供給関数が$p=2x+25$であり，均衡取引量と均衡価格は，この２つの関数の交点に等しいので，$-\frac{1}{4}x+250=2x+25$となり，均衡取引量（x）$=100$，均衡価格（p）$=225$となる。

③取引量を均衡取引量の80％に抑えるのだから，取引量（x）は80になる。取引量（x）を80にするために，$x=80$を需要関数に代入し価格を調べる。すると，価格（p）は230となる。一方，供給を考えると，環境税を課すと供給価格は環境税分だけ押し上げられる。したがって，環境税額をtとすると，供給関数は$p=2x+25+t$となる。ここで$x=80$を供給関数に代入すると，価格（p）は$185+t$となる。よって，$185+t=230$で，$t=45$となる。

問７．（国内）排出量取引制度とは，自社の排出枠の余剰分を他者に売却する制度である。

❖講　評

Ⅰ　日本の統治機構に関する文章をもとに，国会や内閣の権能や，国会議員の特権，国会の仕組み，衆議院の優越などについて問うている。いずれも教科書に準拠した標準的な問題であり，高得点を狙える。論述問題が３問出題されており，ここで差がつくかもしれない。

Ⅱ　第二次世界大戦後の世界経済について，主にGATT・WTO体制と外国為替相場について出題している。問２の空所オは難問であるが，その他の問題はいずれも標準的な問題だといえるだろう。

Ⅲ　地球環境に関する問題が出題されている。問１はいわゆる思考問題であるが，設問文の下線と選択肢の内容を丁寧に読み比べれば，それほど難しくはない。問６は市場のメカニズムを用いた計算問題が出題された。問題自体はそれほど難しくはないが，空所③の課すべき環境税の値を正確に求める問題は難易度が少し高かったかもしれない。

数学

I 解答

（最大のもの・最小のものの順に）(1)―Ⓒ・Ⓐ
(2)―Ⓐ・Ⓒ　(3)―Ⓐ・Ⓑ　(4)―Ⓑ・Ⓐ　(5)―Ⓒ・Ⓑ

◀解　説▶

≪小問5問≫

(1)　$\varphi=180°-\theta$ とおく。$90°<\theta<180°$ より，φ は鋭角であり，$\sin\varphi=\sin(180°-\theta)=\sin\theta=\dfrac{2}{3}$ であるから，三平方の定理を用いて下図の直角三角形を得る。図より

$$Ⓐ=\sin\varphi=\frac{2}{3}=\frac{10}{15}=\frac{\sqrt{100}}{15}$$

$$Ⓑ=\cos\varphi=\frac{\sqrt{5}}{3}=\frac{5\sqrt{5}}{15}=\frac{\sqrt{125}}{15}$$

$$Ⓒ=\tan\varphi=\frac{2}{\sqrt{5}}=\frac{2\sqrt{5}}{5}=\frac{6\sqrt{5}}{15}=\frac{\sqrt{180}}{15}$$

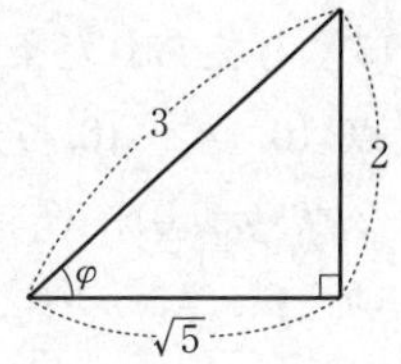

ゆえに　Ⓒ＞Ⓑ＞Ⓐ

(2)　与えられた条件から

$$x^3+ax^2+bx+c=(x-1)(x+1)(x+2)-1=x^3+2x^2-x-3$$

係数を比較して　$(a,\ b,\ c)=(2,\ -1,\ -3)$

よって　Ⓐ＞Ⓑ＞Ⓒ

(3)　$Ⓐ=\log_{\frac{1}{2}}(\sin 30°)=\log_{\frac{1}{2}}\dfrac{1}{2}=1$

$$Ⓑ=\log_2(\cos 45°)=\log_2 2^{-\frac{1}{2}}=-\frac{1}{2}$$

$$Ⓒ=\log_3(\tan 60°)=\log_3 3^{\frac{1}{2}}=\frac{1}{2}$$

よって　Ⓐ＞Ⓒ＞Ⓑ

(4)　条件命題 $p\Longrightarrow q$ とその対偶 $\overline{q}\Longrightarrow\overline{p}$ の真偽は一致するので，Ⓐ$=0$ であり，Ⓑは真である命題の個数である。よって，各命題とその逆の真偽を定めればⒷ，Ⓒがわかる。以下，x，y は実数とする。

• $x^2+y^2=0$ ならば $x=y$ について

$x^2+y^2=0$ とする。$x^2\geqq 0$, $y^2\geqq 0$ より　$x^2=y^2=0$

よって，$x=y=0$ であるから　$x=y$

ゆえに，この命題は真である。逆は，反例 $(x,\ y)=(1,\ 1)$ によって偽。

• $x^2-y^2=0$ ならば $x=y$ について

反例 $(x,\ y)=(1,\ -1)$ によって，この命題は偽。逆は真。

• $(x+y)^2=0$ ならば $x=y$ について

反例 $(x,\ y)=(1,\ -1)$ によって，この命題は偽。逆は，反例 $(x,\ y)=(1,\ 1)$ によって偽。

• $(x-y)^2=0$ ならば $x=y$ について

$(x-y)^2=0 \Longleftrightarrow x-y=0 \Longleftrightarrow x=y$ であるから，この命題と逆ともに真。

以上より，Ⓐ$=0$, Ⓑ$=2$, Ⓒ$=1$ であるから　Ⓑ＞Ⓒ＞Ⓐ

(5)　与えられた条件より右図を得る。y 軸上の2点 $(0,\ k)$, $(0,\ r)$ に注目して，$k>r$。x 軸上の2点 $(r,\ 0)$, $(t,\ 0)$ に注目して，$r>t$。

ゆえに，$k>r>t$ となり　Ⓒ＞Ⓐ＞Ⓑ

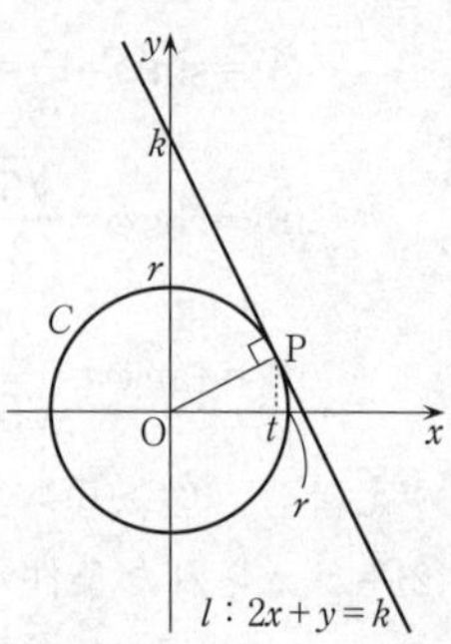

(注)　r, t, k の比を求めてもよい。直線 l の傾きは -2 であり，$\mathrm{OP}\perp l$ であるから，直線OPの傾きは $-\dfrac{1}{-2}=\dfrac{1}{2}$ であり，直線OPの方程式は $y=\dfrac{1}{2}x$ である。よって，点Pの座標は $\left(t,\ \dfrac{t}{2}\right)$ $(t>0)$ である。

$r=\mathrm{OP}=$（点Oと直線 l の距離）より　$r=\sqrt{t^2+\left(\dfrac{t}{2}\right)^2}=\dfrac{|-k|}{\sqrt{2^2+1^2}}$

よって，$r=\dfrac{\sqrt{5}}{2}t$, $k=\sqrt{5}r$ であるから　$r:t:k=\dfrac{\sqrt{5}}{2}:1:\dfrac{5}{2}$

II　解答

(1)アイ．22　ウエオ．946　(2)カ．3　キ．2

(3)クケ．19　コサ．28　シス．75

◀解　説▶

≪小問3問≫

(1)　$a_n=-85+(n-1)\cdot 4=4n-89$　$a_n<0 \Longleftrightarrow n<\dfrac{89}{4} \Longrightarrow n\leqq 22$

同様に　$a_n>0 \Longleftrightarrow n \geqq 23$

したがって，S_n は，$n=22$（→アイ）のとき，最小値 -946（→ウエオ）をとる。

(2)　$\triangle \mathrm{OAB}=\dfrac{1}{2}\sqrt{|\overrightarrow{\mathrm{OA}}|^2|\overrightarrow{\mathrm{OB}}|^2-\left(\overrightarrow{\mathrm{OA}}\cdot\overrightarrow{\mathrm{OB}}\right)^2}=\dfrac{1}{2}\sqrt{2^2\cdot(\sqrt{7})^2-5^2}=\dfrac{\sqrt{3}}{2}$

（→カ，キ）

(3)　一般に変量 x のデータについて，その大きさを n_x，平均を $\overline{x}$，2 乗平均を $\overline{x^2}$，x^2 の総和を $T(x^2)$，分散を $s_x{}^2$ で表すことにする。

$s_x{}^2=\overline{x^2}-(\overline{x})^2$ が成り立ち，したがって，$T(x^2)=n_x\overline{x^2}=n_x\{s_x{}^2+(\overline{x})^2\}$ が成り立つ。

さて，集団 A，B を合わせた集団を U とし，A，B，U に属す学生が過去半年に読んだ本の冊数をそれぞれ変量 a，b，u とすると

$$n_a=30,\ n_b=50,\ n_u=80,\ \overline{a}=24,\ \overline{b}=16,\ s_a{}^2=10,\ s_b{}^2=16$$

$$\overline{u}=\frac{n_a\times\overline{a}+n_b\times\overline{b}}{n_a+n_b}=\frac{30\times24+50\times16}{80}=\frac{1520}{80}=19 \quad (\text{→クケ})$$

$$T(a^2)=n_a\{s_a{}^2+(\overline{a})^2\}=30(10+24^2)=17580$$

同様に，$T(b^2)=50(16+16^2)=13600$ より

$$T(u^2)=T(a^2)+T(b^2)=17580+13600=31180$$

よって　$\overline{u^2}=\dfrac{T(u^2)}{n_u}=\dfrac{31180}{80}=389.75$

ゆえに　$s_u{}^2=\overline{u^2}-(\overline{u})^2=389.75-19^2=28.75$　（→コサ，シス）

III　解答

(1)　$b=-5a^2$

(2)　$f(x)=x^3+ax^2+bx+c$　　$f'(x)=3x^2+2ax+b$

$f(x)$ が $x=b$ で極値をとるので　$f'(b)=0$

よって　$3b^2+2ab+b=0$

両辺を $b\,(\neq 0)$ で割って，(1)より

$$-15a^2+2a+1=0 \Longleftrightarrow (5a+1)(3a-1)=0 \Longleftrightarrow a=-\frac{1}{5},\ \frac{1}{3}$$

再び(1)より　$(a,\ b)=\left(-\dfrac{1}{5},\ -\dfrac{1}{5}\right),\ \left(\dfrac{1}{3},\ -\dfrac{5}{9}\right)$

ここで，$a\neq b$ より　$(a,\ b)=\left(\dfrac{1}{3},\ -\dfrac{5}{9}\right)$　……(答)

(3)　$f'(a)=f'(b)=0$ であるから，因数定理より

$$f'(x)=3(x-a)(x-b)$$

(2)より，$b<a$ であるから，$f(x)$ の増減は右表のようになる。$f(x)$ の極小値が0であるから

x	$\cdots$	b	$\cdots$	a	$\cdots$
$f'(x)$	$+$	0	$-$	0	$+$
$f(x)$	↗	極大	↘	極小	↗

$$f(a)=0 \Longleftrightarrow 2a^3+ab+c=0$$

よって(2)より　$c=-2a^3-ab=\dfrac{1}{9}$　……(答)

◀解　説▶

≪極値に関する条件から3次関数を決定≫

(1)　$f'(x)=3x^2+2ax+b$ で，$f(x)$ は $x=a$ で極値をとるから

$$f'(a)=0 \Longleftrightarrow 3a^2+2a^2+b=0 \Longleftrightarrow b=-5a^2$$

(2)　$f'(b)=0$ と(1)の結果から，$b\neq 0$，$a\neq b$ に注意して $(a,\ b)$ を求める。

(3)　$f'(a)=f'(b)=0$ より，$f'(x)=3(x-a)(x-b)$ $(b<a)$（因数定理より）であるから，$f(x)$ の増減表を書くことができ，極小値は $f(a)$ となる。これが0であるから，c が求められる。

Ⅳ　解答

(1)　n が p で割り切れると仮定する。

$2n+1=kp$，$n=lp$（k，l は自然数）と書けるので，n を消去して $2lp+1=kp$ となるから，$1=p(k-2l)$。よって，1は素数 p の倍数となり，$1\geqq p\geqq 2$ という矛盾を生ずる。ゆえに，$2n+1$ が p で割り切れるとき，n は p で割り切れない。　（証明終）

(2)　n と $2n+1$ が互いに素でないと仮定すると，n と $2n+1$ は共通の素因数をもつので，そのうちの1つを p とすると，n と $2n+1$ はともに p で割り切れ，(1)の結果と矛盾する。ゆえに，n と $2n+1$ は互いに素である。

（証明終）

(3)　a，b，c を整数とする。一般に，a，b が互いに素のとき，a が bc を割り切ることと a が c を割り切ることは同値である。よって，「$2n+1$ が n^3+8n を割り切る」（これを(＊)とおく）が成立する整数 $n\,(\geqq 2)$ をすべて求めればよい。

$n^3+8n=n(n^2+8)$ と(2)の結果より，(＊)$\Longleftrightarrow$「$2n+1$ が n^2+8 を割り切る」である。奇数 $2n+1$ は，4と互いに素であるから，さらに，(＊)

$\Longleftrightarrow$「$2n+1$ が $4(n^2+8)$ を割り切る」となり，$4(n^2+8)=(2n+1)(2n-1)+33$ より，($*$) $\Longleftrightarrow$「$2n+1$ が 33 を割り切る」が成り立つ。ゆえに，$2n+1$ は 5 以上の 33 の約数 11，33 であるから

$n=5,\ 16$　……(答)

◀解　説▶

≪n^3+8n が $2n+1$ で割り切れるときの 2 以上の自然数 n ≫

(1)　背理法を用いる。n が p で割り切れると仮定して矛盾を導く。$2n+1=kp$，$n=lp$（k，l は自然数）と書ける。n を消去すると $1=p(k-2l)$ となるので，$1\geqq p\geqq 2$ となって矛盾を生じる。

(2)　背理法を用いる。n と $2n+1$ が互いに素でないと仮定すると，n と $2n+1$ は共通の素因数をもつので，(1)の結果に反する。

(3)「a，b が互いに素のとき，a が bc を割り切ることと a が c を割り切ることは同値である」(この性質を($*$)とおく)。($*$)は整数の問題を考えるとき，基本的で重要である。

($*$)を証明してみよう。a，b がともに正の場合を考えれば十分である。

「a が bc を割り切るとき，a は c を割り切る」を示す。a，b は互いに素なので，a，b の最大公約数は 1 であるから，ユークリッドの互除法より，$ax+by=1$ なる整数 x，y が存在する。よって

$$c=c\cdot 1=c(ax+by)=acx+bcy$$

a は bc を割り切ることより，$bc=la$（l は整数）と書けるので

$$c=acx+bcy=acx+lay=a(cx+ly)$$

よって，a は c を割り切る。

逆を示す。a が c を割り切るとすると，$c=ka$（k は整数）と書けるので，$bc=b(ka)=a(kb)$ より，a は bc を割り切る。

よって，「a が c を割り切るとき，a は bc を割り切る」が成り立つ。

したがって，($*$)が示された。

　なお，難関校過去問シリーズの『東大の理系数学 25 カ年』などの付録の中に整数の基礎についてのまとめがあるので参照するとよい。その中に($*$)の別証明がある。自然数 a，b の最大公約数を g，最小公倍数を l とするとき，$ab=gl$ が成り立つことを示したのち，これを用いて($*$)を示している。

V 解答

(1) $\dfrac{1}{6}$

(2) 作った数 x を $DCBA$ とする。x が15の倍数となるのは，x が3の倍数かつ5の倍数であるから，$A=5$ かつ $5+B+C+D$ が3で割り切れる。つまり，$\{B,\ C,\ D\}=\{1,\ 2,\ 4\}$，$\{1,\ 3,\ 6\}$，$\{3,\ 4,\ 6\}$ のときだから，求める確率は

$$\frac{1\times 3\times 3!}{{}_6\mathrm{P}_4}=\frac{1}{20}\quad\cdots\cdots(\text{答})$$

(3) 偶数のカードを k 番目に取り出すとする。k の値に応じて作った数 x が3の倍数となる場合およびその確率 p_k は次のようになる。ただし，［　］の中のカードの順は任意であるとする。

$k=1$ のとき

$x=$[6] の場合で　$p_1=\dfrac{1}{6}$

$k=2$ のとき

$x=$[2][1]，[6][3]，[4][5] の場合で　$p_2=\dfrac{3}{6\times 5}=\dfrac{1}{10}$

$k=3$ のとき

$x=$[2]［[3][1]］，[6]［[5][1]］，[4]［[5][3]］ の場合で

$$p_3=\frac{3\times 2}{6\times 5\times 4}=\frac{1}{20}$$

$k=4$ のとき

$x=$[6]［[5][3][1]］ の場合で　$p_4=\dfrac{3!}{6\times 5\times 4\times 3}=\dfrac{1}{60}$

ゆえに，求める確率は

$$p_1+p_2+p_3+p_4=\frac{1}{60}(10+6+3+1)=\frac{1}{3}\quad\cdots\cdots(\text{答})$$

(4) 残ったカードの数を l とし，できた5ケタの数 $EDCBA$ を x とし，x が F で割り切れる確率を q_l とする。

$l=1$ のとき

x は1で割り切れるから　$q_1=\dfrac{1}{6}$

$l=2$ のとき

Aが4か6であればよいので　$q_2=\dfrac{1}{6}\times\dfrac{2}{5}=\dfrac{1}{15}$

$l=3$のとき

xの各ケタの数の和$A+B+C+D+E=1+2+4+5+6=18$は3で割り切れるので，xは3で割り切れるから　$q_3=\dfrac{1}{6}$

$l=4$のとき

xの下2ケタBAが4の倍数12，16，32，36，52，56（6通り）であればよいから

$$q_4=\frac{1}{6}\times 6\times\frac{1}{5}\times\frac{1}{4}=\frac{1}{20}$$

$l=5$のとき

xの末尾の数Aは5でないので，xは5で割り切れないから　$q_5=0$

$l=6$のとき

xの各ケタの数の和$A+B+C+D+E=1+2+3+4+5=15$は3で割り切れるので，xは3で割り切れる。よって，xが偶数（つまり，Aが2か4）であればよいから

$$q_6=\frac{1}{6}\times\frac{2}{5}=\frac{1}{15}$$

以上より，求める確率は

$$q_1+q_2+q_3+q_4+q_5+q_6=\frac{1}{60}(10+4+10+3+0+4)=\frac{31}{60}\quad\cdots\cdots(\text{答})$$

◀解　説▶

≪カードを並べてできる数がある数で割り切れる確率≫

(1)　1，2，…，6のどのカードについても，百の位になる確率は等しく$\dfrac{1}{6}$であるから，求める確率は　$\dfrac{1}{6}$

❖講　評

例年，大問5題が出題され，Ⅰ・Ⅱは必答，Ⅲ，Ⅳ，Ⅴから2題選択解答となっている。ⅠとⅡは小問集合になっており，「数学Ⅰ・Ⅱ・A・B」からまんべんなく出題されている。

Ⅰは，すべての小問で3つの値の大小関係を求める問題であった。(1)

は $\sin\theta=\dfrac{2}{3}$ をみたす鈍角 θ に対する $180°-\theta$ の三角比の値，(2)は x^3+ax^2+bx+c を3つの1次式 $x-\alpha$（$\alpha=1,\ -1,\ -2$）で割ったときの余りがすべて -1 であるときの $a,\ b,\ c$，(3)は三角比の対数の値，(4)は与えられた4つの条件命題のうち指定した条件をみたすものの個数，(5)は円 $x^2+y^2=r^2$ と直線 $2x+y=k$ が $x=t\ (t>0)$ で接するときの $r,\ t,\ k$ であり，各分野の基本を確認する問題であった。

Ⅱは，小問3問であり，各分野の基本的・典型的な内容が問われた。「数学Ⅰ・Ⅱ・A・B」のすべての分野をもれなく学習しておきたい。

Ⅲは，極値に関する条件から3次関数を決定する問題であった。

Ⅳは，「数学A」の整数の性質から，2以上の自然数 n に対して，n^3+8n が $2n+1$ で割り切れるときの n を求める問題であった。

Ⅴは，「数学A」から，6枚のカード[1]，[2]，…，[6]の中の何枚かのカードを並べてできる数が与えられた数で割り切れる確率を問う問題であった。制限時間の割に問題量が多く，近年の確率の問題同様，思考力を要する。

幅広く偏りなく学習すること，また，解答スペースが狭いので，日頃の学習で答案をコンパクトにまとめる習慣を身につけることが大切である。

三は、『無名草子』と与謝野晶子の文章からの現・古融合問題の出題である。設問としては、基本的な古文の知識、読解力を問うものである。普段から重要語句・文法の定着を図り、丁寧な学習を心がけたい。また、古文では主体、客体などの省略が頻繁に起こるため、日頃から意識して読解する必要がある。

うジャンルで女性仮託して『土佐日記』を著した紀貫之が入る。

（イ）大正時代の女性歌人で、『源氏物語』の現代語訳を書き記したのは、与謝野晶子である。

問八　文章Ⅰでは、第二段落最初の二行に「女ばかり口惜しきものなし。…いと口惜しけれ」とあり、また、第三段落に「あやしの腰折れ一つ詠みて、集に入ることなどだに女はいとかたかめり。まして…」とあって、女性の活躍の難しさが嘆かれている。文章Ⅱでは、第一段落で男性の領域とされていた活動に多数の女性が従事していることを示し、第二段落で「男子のする事を女子も…、『女らしさ』を失うという批難は当らない」と、性別による分業に疑問を呈する主張をしている。つまりは、性別による活動の限定を批判している。以上から正解は5。

❖講　評

現代文二題、現・古融合一題の計三題で試験時間は六十分という構成。文章量・設問数・難易度はいずれも標準的ではあるが、試験時間を計画的に配分し、迅速に解ききる必要がある。空所補充問題、文学史・古典常識問題が出題される傾向が続いている。

□一は、九鬼周造の随筆集に収載されている「偶然と運命」についての文章が出題された。偶然の性質を三つに分類して説明を展開している文章である。読みやすい文章ではあるが、本文内容から演繹的に考えなくてはならない問七・問九はかなり難しい。

□二は、吉行淳之介の小説「子供の領分」からの出題で、場面や登場人物の心情は読み取りやすい文章であった。全体的には易しい設問であるが、問七の内容説明に関する抜き出し問題はかなり難しい。

□一□二ともに、空所補充問題、内容説明問題は、基本的には前後の関係から読み取るという原則に従って考えるとよい。その際、特に接続詞や副詞の働きに留意する必要がある。文と文、段落と段落、意味段落と意味段落で、どのような関係性をもたせて論を展開しているのかを意識するよう心がけたい。

問二　傍線②で言わんとしていることは「絶えず」と「尽きず」であり、「山彦の跡」は「絶えず」を、「柿の本の塵」は「尽きず」を導き出すための文言である。現代語訳に反映されないような表現で、かつ、特定のことばを導き出すための六音以上のことばは3の「序詞」である。ちなみに、「枕詞」は五音以下である。

問三　傍線③の「女の」の「の」は主格の「の」。「撰ぶことなきこそ」の「なき」はク活用形容詞「なし」の連体形で、この後にくるべき「こと」が省略されている。「集など撰ぶことなき」で〝歌集などを撰ぶことがないこと〟の意味である。つまりは、〝歌集の撰者になっていないこと〟とも解釈できる。以上をふまえると正解は4。

問四　傍線部④の「しわざ」は〝仕業、成したこと〟の意味。「にはべらずや」の「に」は断定の助動詞「なり」の連用形、「はべら」は丁寧語の補助動詞、「ず」は打消の助動詞、「や」は疑問の係助詞である。以上をふまえると正解は1。

問五　冒頭から傍線③までは一人の女房の発言で、歌集の撰者に女性がいないことを残念に思う気持ちが述べられている。続く発言では、それに対し、別の女房が女性による優れた文芸作品を例示し、女性のすばらしさを説いている。空欄Aをはさんで、「なほ…」とあり、主張を強めているので、先に述べたことを根拠に論を展開させる順接の確定条件（已然形に「ば」が接続）が空欄Aには入ると考えられる。そのため、空欄Bには、相手の発言を受け入れつつ、それを仮定として論を展開させる表現の順接の仮定条件（未然形に「ば」が接続）が入ると考えられる。以上をふまえると正解は1。

問六　傍線⑤は〝隠れている・見え隠れする〟の意味の「隠らふ」の連用形、〝…の性質・状態がそなわる〟の意味の接尾語「ばむ」の連用形、存続の助動詞「たり」の未然形、婉曲の助動詞「む」の連体形、その後ろに「人」が省略されており、〝そのような〟の意味の連体詞「さる」、格助詞「にて」が続いている。以上をふまえると正解は3。

問七　（ア）空欄Cの直前に「『女のする日記といふもの』を書いた」とあるのは、『土佐日記』の冒頭の「男もすなる日記といふものを女もしてみむとてするなり」を受けている。よって、男性の書くものという固定観念のあった日記といども、女が、まだ歌集などを撰ぶことがないのは、とても残念です」と言うと、「必ずしも、歌集を撰ぶことがすばらしいはずということでもありません。紫式部が『源氏物語』を作り、清少納言が『枕草子』を書き集めたものより、前に申し述べた複数の物語などは、多くは女の手によるものではありませんか。そうであるので、やはり（女であることは）捨てがたいもので自分の思っている通りでございます」と言うので、「それなら、どうして、（私は）後世に残るほどの一編を、書き残すぐらいの身ではなかったのでしょうか。姫君や、北の方などで人目につかずに過ごしている方はそういうこととして、宮仕え人として顔を隠さずに出して出仕をし、すべて人に知られるほどの身をもって、『この頃はあの人こそ（がすばらしい）』などと人にも言われず、後世まで書きとめられない身で終わってしまうのは、ひどく残念でならないことであるのですよ。

昔から、どれほどのことか（いやそれほどでもない）というものが多いようだけれども、つまらぬ腰折れの和歌一首を詠んで、歌集に（その歌が）入ることなどさえ女はとてもむずかしいようです。まして、後世まで名をとどめるほどの言葉を、詠み出し、作り出しているような例は少ししか耳にしておりません。本当にめったにないことであるようです」などと言うと、例の若い女が、「それにしても誰がいるのでしょうか。昔、今に関係なく、ひとりでに奥ゆかしいと評判になるようなほどの人たちを思い出して、その中で、少しでもよいような人のまねをしたいものです」と言うので、「ものまねは人がしてはいけないということですのに。きっと淵にはまりなさるでしょう」と言って笑う。

◀解　説▶

問一　傍線①の「ところを置か（置く）」は〝遠慮する〟の意味、「るる」は藤原俊成が主語で俊成に対しての筆者からの敬意を示す尊敬の助動詞「る」の連体形。「に」は断定の助動詞「なり」の連用形、「や」は疑問の係助詞で「あらむ」が省略されている。「さ」は指示副詞、「しも」は強調の副助詞、「さしも」で〝それほどとも〟の意味。「ぬ」は打消の助動詞「ず」の連体形。「はべる」は丁寧語の補助動詞「はべり」の連体形。「めれ」は婉曲の助動詞「めり」の、「こそ」の係り結びによる已然形である。以上をふまえると正解は2。

三の新人」ではない。

三

出典　Ⅰ、『無名草子』
Ⅱ、与謝野晶子「『女らしさ』とは何か」（鹿野政直・香内信子編『与謝野晶子評論集』岩波文庫）

解答

問一　2
問二　3
問三　4
問四　1
問五　1
問六　3
問七　(ア)紀貫之　(イ)与謝野晶子
問八　5

◆全　訳◆

Ⅰ「ああ、機会を得て、三位入道のような身で、歌集を撰びたいものです。『千載集』こそは、その人（＝三位入道）の編纂であるので、とても奥ゆかしくございますが、あまりにも歌人たちに遠慮なさったのであろうか、それほどとも思えない歌が、たくさん入っているようです。何事もつまらなくなっていくこの末世に、この歌の道ばかりは、絶えることがなく、尽きることもない、とか承っていることですよ。本当に、見聞のない（私の）耳にもめったにないほどすばらしいと聞ける歌々がありますが、撰者が、地位に気がねをし、人の身分に遠慮をする歌々とは一緒にせずに撰び出したなら、どれほどすばらしいことでしょう。

それにしても、すばらしいけれども、女ほど残念なものはありません。昔から風流を好み、芸道を習う人々は多いけれた」と書かれている。中盤は、積雪のあったある日の出来事が具体的に描かれ、この時点での関係も空欄ウの次の行に「二人の少年の人間関係はこの上なく滑らかで」とあるように、変化は見られない。しかし、後半は「しかし」の逆接で始まることからもわかるように一変する。問五の説明でも指摘したように関係は悪化している。よって、正解は3。

問七　中盤にAの祖母の言動によって貧富の格差を意識しかけたAであったが、後半までは、「二人の少年の人間関係は…滑らかで」あった。ところが、空欄エ直後の「地面の上の…Bに打ち負かされると、無性に腹立たしくなる」や、落ちていた雀の仔をめぐっての、「『その雀、ぼくにくれよ』…当然の口調で言った」などからは、無意識的にBを見下すAの姿勢が読み取れ、Aが一方的に関係を崩している。Bに振払われ、腫れた手を受け入れることは、そのようなBとの関係を対等なものとして認識し直すということである。このことによって「補償（＝つぐない、埋め合わせ）」されるのは、〈良好であるかのように見えて崩れやすい状態であった二人の関係〉である。塀の上でのAの状態を説明していた表現、第四段落の「あやうい均衡」が二人の関係を象徴的に示していたととらえられ、設問の指示にも合致する。

問八　問六の説明でも指摘したように、中盤までのAとBの関係は良好で、後半に悪化してしまう。その原因は直接的には雀の仔をめぐってのそれぞれの対応であるが、根本のところには、問七の説明でも指摘した、AのBを見下す意識が関係している。この意識については、まえがきにある「Aは屋敷町の大邸宅に…Bは貧しい長屋に住んでいる」ことが関係しており、中盤のAの祖母の言動、そのときのAの思慮にもあらわれている。出自による貧富の格差、つまり「大人の世界の事情」が影響していると考えられるので、正解は4。

問九　「第三の新人」とは、昭和三十年前後に芥川賞を受賞した安岡章太郎、吉行淳之介、遠藤周作などを指す。私小説的な伝統の上に立って、自己の資質や感性を深く掘り下げる特質をもつ。山本健吉の評論に由来する呼び名である。歌人で医師の斎藤茂吉を父に持つ北杜夫は、小説家でありながらエッセイスト、医師でもあり、作風も多様で、「第祖母に愛想を送るBに対してのAの抱く心情は好意的なものである。よって、1・2・3は不適。一方、Yはわざわざ X と分けて記述されているので、好意的なXとは対照的な内容と考えられる。また、X・Yと、「心で動いたものは、その二つの感情だけではな」く、それをたしかめようとするAの表情を見て、Bが強張ったことを考慮すると5も不適。正解は4。

問三　傍線①の「その言葉」とは、問二の説明にも書いた、好意的な心情の空欄Xと、対照的な心情のY、その二つの感情だけではない感情を抱いて凝視するAに対し、Bの表情が強張った場面で発せられたものである。この発言後、Aが自身の心情を省思することをやめ、屋根の上の遊びに興じる記述が続くので、2が正解。5は「思いやりのある言葉」が不適。

問四　空欄アの周辺部分の換言が、次の文に「Aに気兼ねすることは必要なかった」とあるので、アには、「遠慮」か「配慮」が入る。イは、Bが屋根から落ち、心配するAの呼びかけにBが返答し、Bが無事だったことに対してのAの心情であるので「安堵」か「安心」か「満足」が入る。ウに関しては、失敗したBから連想される光景より引き起こされる心情について、普通ならBの評価を落とすところであるが、実際は逆になったことに対しての心の反応についてのものである。想定外の思考の流れに対してであるので、「反撥」するはずであるが、そうでなかったということである。ウは「反撥」が入る。エは、「塀の上屋根の上」でのBの腕前に対しての心情であるが、アの二行前に「Bの姿を感嘆の眼で…」とあるので、「感嘆」が入る。オについては、Aの手を振払い、Aに背を向けるBの心情であるので、「拒否」である。正解は3。

問五　傍線②の前の行までの場面では、②の二行前にあるように「二人の少年の人間関係はこの上なく滑らかであ」った。それが、②から始まる場面では、最終段落に「取り残されたAは、…口惜しさが、Aの心の中で疼いた」とあるように、関係が悪化している。よって、正解は5。

問六　前半では、A・Bの日常とその関係が、空欄アの二行後に「二人の少年の人間関係は、丁度具合良く保たれてい

二

出典　吉行淳之介「子供の領分」（『子供の領分』中公文庫）

解答

問一　a、さっそう　b、うず
問二　4
問三　2
問四　3
問五　5
問六　3
問七　あやうい均衡
問八　4
問九　2

◆要　旨◆

大邸宅に住むAの遊び場は、塀の上や屋根の上で、あやうい均衡を保ちながら歩く。Aの友だちはほとんど、貧しい長屋に住むBだけだが、地面から離れた場所では、Bが主人でAは従者だった。そのことによって、二人の少年の人間関係は、ちょうど具合良く保たれていた。Aの祖母の言動により関係が不安定になりそうなこともあったが、颯爽とふるまうBにAは友情を持ち、二人の少年の人間関係は滑らかであった。しかし、雀の仔が落ちていて、その扱いを巡ってとったBの行動により、Aの心の中でこれまでとは違う心情が疼いたのであった。

▲解　説▼

問二　空欄X・Y前後の場面を含む中盤の場面では、空欄ウの次の行にあるように「二人の少年の人間関係はこの上なく滑らかであ」った。X直後に「というよろこばしさ」とあり、Aの祖母から貰った手袋を嵌めて笑顔をつくり、Aの

問六　空欄（ア）直後の「の方へは背中を向け」に注目すると、（ア）には否定される内容が入るとわかる。問四の説明でも注目したが、「必然に移らない」「必然性がない」のが偶然であるので、（ア）には「必然」が入る。空欄（イ）直後の「の方へ顔を向けて」というのは、性質がそちらの側に「近い」ということを示す表現である。（ア）（イ）を含む文は直前の文「可能的ではあるけれども不可能に近いようなことが、…実現された場合に偶然が…」の言い換えであるので、「近い」と言及されている「不可能」が（イ）に入る。

問七　本文中で述べられている偶然の性質について、第一の性質①は「理由や原因がなく生じたもので、あることもないこともできるようなもの」、第二の性質②は「必然性なく、複数の可能性を残したまま出逢うもの」、第三の性質③は「稀れにしか起らない、可能ではあるが不可能に近いことが実現されたようなもの」である。イは主体とクローバーの出逢いであるため②、ロは宝くじで一等が当たるのはめったにないことなので③、ハもホールインワンはめったに出ないので③、ニはあることもないこともできるようなものであるため①、ホは壺の中の振られたサイコロが積み重なることは不可能に近いため③である。

問八　空欄Ａ～Ｄの直前に「偶然に関係している言葉で」とあるので、〝善には善果、悪には天罰というように、天は物事を適切に配するということ〟という意味の5の「天の配剤」は該当しない。

問九　3の「崖崩れが起きて即死してしまった」は外面的に生存全体を揺り動かすできごとであるが、「即死」しているので、「内面化された」事例にはあたらない。3以外はいずれも、「偶然」によって内面的に大きな意味がもたらされた（または、これから意味がもたらされうる）と考えることができる。

問十　1『三太郎の日記』は阿部次郎、2『風土』は和辻哲郎、3『善の研究』は西田幾多郎、4『懺悔道としての哲学』は田辺元の執筆したものである。正解は5。

うな力強い内面的なことである。

▲解　説▼

問二　挿入文の文頭「もっとも」は前の事柄を肯定しつつ、一部相反する内容を補足するときに用いる接続詞であり、続きで「それはある意味では偶然でないといえる」と部分的に否定しているため、挿入文の直前は強い肯定的表現と考えられる。前言を撤回しているわけではないので、後ろで「偶然でない」説明をしつつ、直前で強く「偶然である」と肯定する箇所を探すと、傍線①の三行前に「…ことは全く偶然であります」とあり、その後の文に「必然的に決定されたと考えなければ…」とあるので、ここが欠文挿入箇所である。

問三　三文前からの内容をふまえると、傍線①の「なおもう一段高い立場」とは、物理的思考とは異なる立場であり、「そこ」とは、二行前の「物理的性質によって必然的に決定された」ことである。それぞれの換言を満たす箇所としては、傍線①の四行後、「物理的必然の裏になお論理的または形而上的偶然が潜んでいる」がある。

問四　直後で「必然に移らないで可能のままで実現される」と傍線部を繰り返しているが、「必然に移らないで」が付け加えられており、これが偶然の第二の性質の要点であるとわかる。具体的に述べられている箇所としては、傍線bの四行後以降に「その人に…必然性がない…遇うことも遇わないこともできるような遇い方をするのが偶然」とあるので、これを参考にすると正解は5。

問五　空欄XとY直後に「『なく』という打消しによって理由や原因のないことが…」とあるので、X・Yともに「理由や原因のない」という意味になるものを選ぶ。1は「要なくも」が〝必要がない・無用である〟の意味であるので不適。2は「いかんなく」が〝心残りになることなく・十分に〟の、「寝汚く」が〝寝坊である〟の意味であるので不適。3は「味気なくも」が〝道にはずれていてどうにもならない・努力する意味がない〟の意味であるので不適。5は「あいなく」が〝不都合である・よくない〟の、「甲斐なくも」が〝意気地がないけれども〟の意味であるので不適。正解は4。

国語

一

出典　九鬼周造「偶然と運命」（菅野昭正編『九鬼周造随筆集』岩波文庫）

解答

問一　a、肝心〔肝腎〕　b、瞬間
問二　全く偶然であります。
問三　（最初）物理的必然　（最後）潜んでいる
問四　5
問五　4
問六　（ア）必然　（イ）不可能
問七　イ―②　ロ―③　ハ―③　ニ―①　ホ―③
問八　5
問九　3
問十　5

◆要　旨◆

偶然には三つの性質がある。第一は何かあることもないこともできるようなもの、必然でも不可能でもないというもの。第二は遇わなければならないという必然性が間へ入らずに可能が可能のままで何かと何かが出逢うというもの。第三は遇いにくい、稀れにしか起こらないというものである。次に運命とは、偶然な事柄であり、人間の生存全体を揺り動かすよ

· memo ·

//////////////////// · memo · ////////////////////

//////////////////// · memo · ////////////////////

教学社 刊行一覧

2025年版 大学赤本シリーズ

国公立大学（都道府県順）

374大学556点 全都道府県を網羅

全国の書店で取り扱っています。店頭にない場合は，お取り寄せができます。

1 北海道大学（文系－前期日程）
2 北海道大学（理系－前期日程） 医
3 北海道大学（後期日程）
4 旭川医科大学（医学部〈医学科〉） 医
5 小樽商科大学
6 帯広畜産大学
7 北海道教育大学
8 室蘭工業大学／北見工業大学
9 釧路公立大学
10 公立千歳科学技術大学
11 公立はこだて未来大学 総推
12 札幌医科大学（医学部） 医
13 弘前大学 医
14 岩手大学
15 岩手県立大学・盛岡短期大学部・宮古短期大学部
16 東北大学（文系－前期日程）
17 東北大学（理系－前期日程） 医
18 東北大学（後期日程）
19 宮城教育大学
20 宮城大学
21 秋田大学 医
22 秋田県立大学
23 国際教養大学 総推
24 山形大学 医
25 福島大学
26 会津大学
27 福島県立医科大学（医・保健科学部） 医
28 茨城大学（文系）
29 茨城大学（理系）
30 筑波大学（推薦入試） 医 総推
31 筑波大学（文系－前期日程）
32 筑波大学（理系－前期日程） 医
33 筑波大学（後期日程）
34 宇都宮大学
35 群馬大学 医
36 群馬県立女子大学
37 高崎経済大学
38 前橋工科大学
39 埼玉大学（文系）
40 埼玉大学（理系）
41 千葉大学（文系－前期日程）
42 千葉大学（理系－前期日程） 医
43 千葉大学（後期日程） 医
44 東京大学（文科） DL
45 東京大学（理科） DL 医
46 お茶の水女子大学
47 電気通信大学
48 東京外国語大学 DL
49 東京海洋大学
50 東京科学大学（旧 東京工業大学）
51 東京科学大学（旧 東京医科歯科大学） 医
52 東京学芸大学
53 東京藝術大学
54 東京農工大学
55 一橋大学（前期日程）
56 一橋大学（後期日程）
57 東京都立大学（文系）
58 東京都立大学（理系）
59 横浜国立大学（文系）
60 横浜国立大学（理系）
61 横浜市立大学（国際教養・国際商・理・データサイエンス・医〈看護〉学部）
62 横浜市立大学（医学部〈医学科〉） 医
63 新潟大学（人文・教育〈文系〉・法・経済科・医〈看護〉・創生学部）
64 新潟大学（教育〈理系〉・理・医〈看護を除く〉・歯・工・農学部） 医
65 新潟県立大学
66 富山大学（文系）
67 富山大学（理系） 医
68 富山県立大学
69 金沢大学（文系）
70 金沢大学（理系） 医
71 福井大学（教育・医〈看護〉・工・国際地域学部）
72 福井大学（医学部〈医学科〉） 医
73 福井県立大学
74 山梨大学（教育・医〈看護〉・工・生命環境学部）
75 山梨大学（医学部〈医学科〉） 医
76 都留文科大学
77 信州大学（文系－前期日程）
78 信州大学（理系－前期日程） 医
79 信州大学（後期日程）
80 公立諏訪東京理科大学 総推
81 岐阜大学（前期日程） 医
82 岐阜大学（後期日程）
83 岐阜薬科大学
84 静岡大学（前期日程）
85 静岡大学（後期日程）
86 浜松医科大学（医学部〈医学科〉） 医
87 静岡県立大学
88 静岡文化芸術大学
89 名古屋大学（文系）
90 名古屋大学（理系） 医
91 愛知教育大学
92 名古屋工業大学
93 愛知県立大学
94 名古屋市立大学（経済・人文社会・芸術工・看護・総合生命理・データサイエンス学部）
95 名古屋市立大学（医学部〈医学科〉） 医
96 名古屋市立大学（薬学部）
97 三重大学（人文・教育・医〈看護〉学部）
98 三重大学（医〈医〉・工・生物資源学部） 医
99 滋賀大学
100 滋賀医科大学（医学部〈医学科〉） 医
101 滋賀県立大学
102 京都大学（文系）
103 京都大学（理系） 医
104 京都教育大学
105 京都工芸繊維大学
106 京都府立大学
107 京都府立医科大学（医学部〈医学科〉） 医
108 大阪大学（文系） DL
109 大阪大学（理系） 医
110 大阪教育大学
111 大阪公立大学（現代システム科学域〈文系〉・文・法・経済・商・看護・生活科〈居住環境・人間福祉〉学部－前期日程）
112 大阪公立大学（現代システム科学域〈理系〉・理・工・農・獣医・医・生活科〈食栄養〉学部－前期日程） 医
113 大阪公立大学（中期日程）
114 大阪公立大学（後期日程）
115 神戸大学（文系－前期日程）
116 神戸大学（理系－前期日程） 医
117 神戸大学（後期日程）
118 神戸市外国語大学 DL
119 兵庫県立大学（国際商経・社会情報科・看護学部）
120 兵庫県立大学（工・理・環境人間学部）
121 奈良教育大学／奈良県立大学
122 奈良女子大学
123 奈良県立医科大学（医学部〈医学科〉） 医
124 和歌山大学
125 和歌山県立医科大学（医・薬学部） 医
126 鳥取大学 医
127 公立鳥取環境大学
128 島根大学 医
129 岡山大学（文系）
130 岡山大学（理系） 医
131 岡山県立大学
132 広島大学（文系－前期日程）
133 広島大学（理系－前期日程） 医
134 広島大学（後期日程）
135 尾道市立大学 総推
136 県立広島大学
137 広島市立大学
138 福山市立大学 総推
139 山口大学（人文・教育〈文系〉・経済・医〈看護〉・国際総合科学部）
140 山口大学（教育〈理系〉・理・医〈看護を除く〉・工・農・共同獣医学部） 医
141 山陽小野田市立山口東京理科大学 総推
142 下関市立大学／山口県立大学
143 周南公立大学 新 総推
144 徳島大学 医
145 香川大学 医
146 愛媛大学 医
147 高知大学 医
148 高知工科大学
149 九州大学（文系－前期日程）
150 九州大学（理系－前期日程） 医
151 九州大学（後期日程）
152 九州工業大学
153 福岡教育大学
154 北九州市立大学
155 九州歯科大学
156 福岡県立大学／福岡女子大学
157 佐賀大学 医
158 長崎大学（多文化社会・教育〈文系〉・経済・医〈保健〉・環境科〈文系〉学部）
159 長崎大学（教育〈理系〉・医〈医〉・歯・薬・情報データ科・工・環境科〈理系〉・水産学部） 医
160 長崎県立大学 総推
161 熊本大学（文・教育・法・医〈看護〉学部・情報融合学環〈文系型〉）
162 熊本大学（理・医〈看護を除く〉・薬・工学部・情報融合学環〈理系型〉） 医
163 熊本県立大学
164 大分大学（教育・経済・医〈看護〉・理工・福祉健康科学部）
165 大分大学（医学部〈医・先進医療科学科〉） 医
166 宮崎大学（教育・医〈看護〉・工・農・地域資源創成学部）
167 宮崎大学（医学部〈医学科〉） 医
168 鹿児島大学（文系）
169 鹿児島大学（理系） 医
170 琉球大学 医

2025年版　大学赤本シリーズ

国公立大学 その他

171 〔国公立大〕医学部医学科 総合型選抜・学校推薦型選抜※ 医 総推
172 看護・医療系大学〈国公立 東日本〉※
173 看護・医療系大学〈国公立 中日本〉※
174 看護・医療系大学〈国公立 西日本〉※
175 海上保安大学校／気象大学校
176 航空保安大学校
177 国立看護大学校
178 防衛大学校 総推
179 防衛医科大学校（医学科） 医
180 防衛医科大学校（看護学科）

※No.171～174の収載大学は赤本ウェブサイト（http://akahon.net/）でご確認ください。

私立大学①

北海道の大学（50音順）

201 札幌大学
202 札幌学院大学
203 北星学園大学
204 北海学園大学
205 北海道医療大学
206 北海道科学大学
207 北海道武蔵女子大学・短期大学
208 酪農学園大学（獣医学群〈獣医学類〉）

東北の大学（50音順）

209 岩手医科大学（医・歯・薬学部） 医
210 仙台大学 総推
211 東北医科薬科大学（医・薬学部） 医
212 東北学院大学
213 東北工業大学
214 東北福祉大学
215 宮城学院女子大学 総推

関東の大学（50音順）

あ行（関東の大学）

216 青山学院大学（法・国際政治経済学部－個別学部日程）
217 青山学院大学（経済学部－個別学部日程）
218 青山学院大学（経営学部－個別学部日程）
219 青山学院大学（文・教育人間科学部－個別学部日程）
220 青山学院大学（総合文化政策・社会情報・地球社会共生・コミュニティ人間科学部－個別学部日程）
221 青山学院大学（理工学部－個別学部日程）
222 青山学院大学（全学部日程）
223 麻布大学（獣医、生命・環境科学部）
224 亜細亜大学
226 桜美林大学
227 大妻女子大学・短期大学部

か行（関東の大学）

228 学習院大学（法学部－コア試験）
229 学習院大学（経済学部－コア試験）
230 学習院大学（文学部－コア試験）
231 学習院大学（国際社会科学部－コア試験）
232 学習院大学（理学部－コア試験）
233 学習院女子大学
234 神奈川大学（給費生試験）
235 神奈川大学（一般入試）
236 神奈川工科大学
237 鎌倉女子大学・短期大学部
238 川村学園女子大学
239 神田外語大学
240 関東学院大学
241 北里大学（理学部）
242 北里大学（医学部） 医
243 北里大学（薬学部）
244 北里大学（看護・医療衛生学部）
245 北里大学（未来工・獣医・海洋生命科学部）
246 共立女子大学・短期大学
247 杏林大学（医学部） 医
248 杏林大学（保健学部）
249 群馬医療福祉大学・短期大学部
250 群馬パース大学 総推
251 慶應義塾大学（法学部）
252 慶應義塾大学（経済学部）
253 慶應義塾大学（商学部）
254 慶應義塾大学（文学部） 総推
255 慶應義塾大学（総合政策学部）
256 慶應義塾大学（環境情報学部）
257 慶應義塾大学（理工学部）
258 慶應義塾大学（医学部） 医
259 慶應義塾大学（薬学部）
260 慶應義塾大学（看護医療学部）
261 工学院大学
262 國學院大學
263 国際医療福祉大学 医
264 国際基督教大学
265 国士舘大学
266 駒澤大学（一般選抜T方式・S方式）
267 駒澤大学（全学部統一日程選抜）

さ行（関東の大学）

268 埼玉医科大学（医学部） 医
269 相模女子大学・短期大学部
270 産業能率大学
271 自治医科大学（医学部） 医
272 自治医科大学（看護学部）／東京慈恵会医科大学（医学部〈看護学科〉）
273 実践女子大学 総推
274 芝浦工業大学（前期日程）
275 芝浦工業大学（全学統一日程・後期日程）
276 十文字学園女子大学
277 淑徳大学
278 順天堂大学（医学部） 医
279 順天堂大学（スポーツ健康科・医療看護・保健看護・国際教養・保健医療・医療科・健康データサイエンス・薬学部） 総推
280 上智大学（神・文・総合人間科学部）
281 上智大学（法・経済学部）
282 上智大学（外国語・総合グローバル学部）
283 上智大学（理工学部）
284 上智大学（TEAPスコア利用方式）
285 湘南工科大学
286 昭和大学（医学部） 医
287 昭和大学（歯・薬・保健医療学部）
288 昭和女子大学
289 昭和薬科大学
290 女子栄養大学・短期大学部 総推
291 白百合女子大学
292 成蹊大学（法学部－A方式）
293 成蹊大学（経済・経営学部－A方式）
294 成蹊大学（文学部－A方式）
295 成蹊大学（理工学部－A方式）
296 成蹊大学（E方式・G方式・P方式）
297 成城大学（経済・社会イノベーション学部－A方式）
298 成城大学（文芸・法学部－A方式）
299 成城大学（S方式〈全学部統一選抜〉）
300 聖心女子大学
301 清泉女子大学
303 聖マリアンナ医科大学 医
304 聖路加国際大学（看護学部）
305 専修大学（スカラシップ・全国入試）
306 専修大学（前期入試〈学部個別入試〉）
307 専修大学（前期入試〈全学部入試・スカラシップ入試〉）

た行（関東の大学）

308 大正大学
309 大東文化大学
310 高崎健康福祉大学
311 拓殖大学
312 玉川大学
313 多摩美術大学
314 千葉工業大学
315 中央大学（法学部－学部別選抜）
316 中央大学（経済学部－学部別選抜）
317 中央大学（商学部－学部別選抜）
318 中央大学（文学部－学部別選抜）
319 中央大学（総合政策学部－学部別選抜）
320 中央大学（国際経営・国際情報学部－学部別選抜）
321 中央大学（理工学部－学部別選抜）
322 中央大学（5学部共通選抜）
323 中央学院大学
324 津田塾大学
325 帝京大学（薬・経済・法・文・外国語・教育・理工・医療技術・福岡医療技術学部）
326 帝京大学（医学部） 医
327 帝京科学大学 総推
328 帝京平成大学 総推
329 東海大学（医〈医〉学部を除く－一般選抜）
330 東海大学（文系・理系学部統一選抜）
331 東海大学（医学部〈医学科〉） 医
332 東京医科大学（医学部〈医学科〉） 医
333 東京家政大学・短期大学部 総推
334 東京経済大学
335 東京工科大学
336 東京工芸大学
337 東京国際大学
338 東京歯科大学
339 東京慈恵会医科大学（医学部〈医学科〉） 医
340 東京情報大学
341 東京女子大学
342 東京女子医科大学（医学部） 医
343 東京電機大学
344 東京都市大学
345 東京農業大学
346 東京薬科大学（薬学部） 総推
347 東京薬科大学（生命科学部） 総推
348 東京理科大学（理学部〈第一部〉－B方式）
349 東京理科大学（創域理工学部－B方式・S方式）
350 東京理科大学（工学部－B方式）
351 東京理科大学（先進工学部－B方式）
352 東京理科大学（薬学部－B方式）
353 東京理科大学（経営学部－B方式）
354 東京理科大学（C方式、グローバル方式、理学部〈第二部〉－B方式）
355 東邦大学（医学部） 医
356 東邦大学（薬学部）

2025年版　大学赤本シリーズ

私立大学②

357 東邦大学（理・看護・健康科学部）
358 東洋大学（文・経済・経営・法・社会・国際・国際観光学部）
359 東洋大学（情報連携・福祉社会デザイン・健康スポーツ科・理工・総合情報・生命科・食環境科学部）
360 東洋大学（英語〈3日程×3カ年〉）
361 東洋大学（国語〈3日程×3カ年〉）
362 東洋大学（日本史・世界史〈2日程×3カ年〉）
363 東洋英和女学院大学
364 常磐大学・短期大学 総推
365 獨協大学
366 獨協医科大学（医学部） 医

な行（関東の大学）

367 二松学舎大学
368 日本大学（法学部）
369 日本大学（経済学部）
370 日本大学（商学部）
371 日本大学（文理学部〈文系〉）
372 日本大学（文理学部〈理系〉）
373 日本大学（芸術学部〈専門試験併用型〉）
374 日本大学（国際関係学部）
375 日本大学（危機管理・スポーツ科学部）
376 日本大学（理工学部）
377 日本大学（生産工・工学部）
378 日本大学（生物資源科学部）
379 日本大学（医学部） 医
380 日本大学（歯・松戸歯学部）
381 日本大学（薬学部）
382 日本大学（N全学統一方式−医・芸術〈専門試験併用型〉学部を除く）
383 日本医科大学 医
384 日本工業大学
385 日本歯科大学
386 日本社会事業大学 総推
387 日本獣医生命科学大学
388 日本女子大学
389 日本体育大学

は行（関東の大学）

390 白鷗大学（学業特待選抜・一般選抜）
391 フェリス女学院大学
392 文教大学
393 法政大学（法〈I日程〉・文〈II日程〉・経営〈II日程〉学部−A方式）
394 法政大学（法〈II日程〉・国際文化・キャリアデザイン学部−A方式）
395 法政大学（文〈I日程〉・経営〈I日程〉・人間環境・グローバル教養学部−A方式）
396 法政大学（経済〈I日程〉・社会〈I日程〉・現代福祉学部−A方式）
397 法政大学（経済〈II日程〉・社会〈II日程〉・スポーツ健康学部−A方式）
398 法政大学（情報科・デザイン工・理工・生命科学部−A方式）
399 法政大学（T日程〈統一日程〉・英語外部試験利用入試）
400 星薬科大学 総推

ま行（関東の大学）

401 武蔵大学
402 武蔵野大学
403 武蔵野美術大学
404 明海大学
405 明治大学（法学部−学部別入試）
406 明治大学（政治経済学部−学部別入試）
407 明治大学（商学部−学部別入試）
408 明治大学（経営学部−学部別入試）
409 明治大学（文学部−学部別入試）
410 明治大学（国際日本学部−学部別入試）
411 明治大学（情報コミュニケーション学部−学部別入試）
412 明治大学（理工学部−学部別入試）
413 明治大学（総合数理学部−学部別入試）
414 明治大学（農学部−学部別入試）
415 明治大学（全学部統一入試）
416 明治学院大学（A日程）
417 明治学院大学（全学部日程）
418 明治薬科大学 総推
419 明星大学
420 目白大学・短期大学部

ら・わ行（関東の大学）

421 立教大学（文系学部−一般入試〈大学独自の英語を課さない日程〉）
422 立教大学（国語〈3日程×3カ年〉）
423 立教大学（日本史・世界史〈2日程×3カ年〉）
424 立教大学（文学部−一般入試〈大学独自の英語を課す日程〉）
425 立教大学（理学部−一般入試）
426 立正大学
427 早稲田大学（法学部）
428 早稲田大学（政治経済学部）
429 早稲田大学（商学部）
430 早稲田大学（社会科学部）
431 早稲田大学（文学部）
432 早稲田大学（文化構想学部）
433 早稲田大学（教育学部〈文科系〉）
434 早稲田大学（教育学部〈理科系〉）
435 早稲田大学（人間科・スポーツ科学部）
436 早稲田大学（国際教養学部）
437 早稲田大学（基幹理工・創造理工・先進理工学部）
438 和洋女子大学 総推

中部の大学（50音順）

439 愛知大学
440 愛知医科大学（医学部） 医
441 愛知学院大学・短期大学部
442 愛知工業大学 総推
443 愛知淑徳大学
444 朝日大学 総推
445 金沢医科大学（医学部） 医
446 金沢工業大学
447 岐阜聖徳学園大学 総推
448 金城学院大学
449 至学館大学 総推
450 静岡理工科大学
451 椙山女学園大学
452 大同大学
453 中京大学
454 中部大学
455 名古屋外国語大学 総推
456 名古屋学院大学 総推
457 名古屋学芸大学 総推
458 名古屋女子大学 総推
459 南山大学（外国語〈英米〉・法・総合政策・国際教養学部）
460 南山大学（人文・外国語〈英米を除く〉・経済・経営・理工学部）
461 新潟国際情報大学
462 日本福祉大学
463 福井工業大学
464 藤田医科大学（医学部） 医
465 藤田医科大学（医療科・保健衛生学部）
466 名城大学（法・経営・経済・外国語・人間・都市情報学部）
467 名城大学（情報工・理工・農・薬学部）
468 山梨学院大学

近畿の大学（50音順）

469 追手門学院大学 総推
470 大阪医科薬科大学（医学部） 医
471 大阪医科薬科大学（薬学部） 総推
472 大阪学院大学 総推
473 大阪経済大学 総推
474 大阪経済法科大学 総推
475 大阪工業大学 総推
476 大阪国際大学・短期大学部 総推
477 大阪産業大学 総推
478 大阪歯科大学（歯学部）
479 大阪商業大学 総推
480 大阪成蹊大学・短期大学 総推
481 大谷大学 総推
482 大手前大学・短期大学 総推
483 関西大学（文系）
484 関西大学（理系）
485 関西大学（英語〈3日程×3カ年〉）
486 関西大学（国語〈3日程×3カ年〉）
487 関西大学（日本史・世界史・文系数学〈3日程×3カ年〉）
488 関西医科大学（医学部） 医
489 関西医療大学 総推
490 関西外国語大学・短期大学部 総推
491 関西学院大学（文・法・商・人間福祉・総合政策学部−学部個別日程）
492 関西学院大学（神・社会・経済・国際・教育学部−学部個別日程）
493 関西学院大学（全学部日程〈文系型〉）
494 関西学院大学（全学部日程〈理系型〉）
495 関西学院大学（共通テスト併用日程〈数学〉・英数日程）
496 関西学院大学（英語〈3日程×3カ年〉） 新
497 関西学院大学（国語〈3日程×3カ年〉） 新
498 関西学院大学（日本史・世界史・文系数学〈3日程×3カ年〉） 新
499 畿央大学 総推
500 京都外国語大学・短期大学 総推
502 京都産業大学（公募推薦入試） 総推
503 京都産業大学（一般選抜入試〈前期日程〉）
504 京都女子大学 総推
505 京都先端科学大学 総推
506 京都橘大学 総推
507 京都ノートルダム女子大学 総推
508 京都薬科大学 総推
509 近畿大学・短期大学部（医学部を除く−推薦入試） 総推
510 近畿大学・短期大学部（医学部を除く−一般入試前期）
511 近畿大学（英語〈医学部を除く3日程×3カ年〉）
512 近畿大学（理系数学〈医学部を除く3日程×3カ年〉）
513 近畿大学（国語〈医学部を除く3日程×3カ年〉）
514 近畿大学（医学部−推薦入試・一般入試前期） 医 総推
515 近畿大学・短期大学部（一般入試後期） 医
516 皇學館大学 総推
517 甲南大学 総推
518 甲南女子大学（学校推薦型選抜） 新 総推
519 神戸学院大学 総推
520 神戸国際大学 総推
521 神戸女学院大学 総推
522 神戸女子大学・短期大学 総推
523 神戸薬科大学 総推
524 四天王寺大学・短期大学部 総推
525 摂南大学（公募制推薦入試） 総推
526 摂南大学（一般選抜前期日程）
527 帝塚山学院大学 総推
528 同志社大学（法、グローバル・コミュニケーション学部−学部個別日程）

共通テスト対策関連書籍

共通テスト対策 も 赤本で

❶ 過去問演習

2025年版

共通テスト 赤本シリーズ

全12点

A5判／定価1,320円
(本体1,200円)

- 英国数には新課程対応オリジナル実戦模試 掲載！
- 公表された新課程試作問題はすべて掲載！
- くわしい対策講座で得点力UP
- 英語はリスニングを10回分掲載！赤本の音声サイトで本番さながらの対策！

- 英語 リーディング／リスニング DL
- 数学I, A／II, B, C
- 国語
- 歴史総合, 日本史探究
- 歴史総合, 世界史探究
- 地理総合, 地理探究
- 公共, 倫理
- 公共, 政治・経済
- 物理
- 化学
- 生物
- 物理基礎／化学基礎／生物基礎／地学基礎

DL 音声無料配信

❷ 自己分析

赤本ノートシリーズ 過去問演習の効果を最大化

▶共通テスト対策には

赤本ノート
(共通テスト用)

赤本ルーズリーフ
(共通テスト用)

共通テスト赤本シリーズ
新課程攻略問題集
全26点に対応!!

▶二次・私大対策には

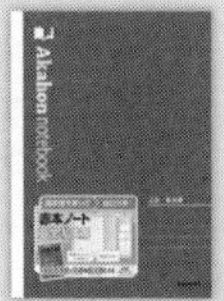

大学赤本シリーズ
全556点に対応!!

赤本ノート(二次・私大用)

❸ 重点対策

共通テスト赤本プラス

新課程攻略問題集

基礎固め&苦手克服のための分野別対策問題集!!
厳選された問題でかしこく対策

共通テスト 新課程 攻略問題集 情報I

- 英語リーディング
- 英語リスニング DL
- 数学I, A
- 数学II, B, C
- 国語(現代文)
- 国語(古文, 漢文)
- 歴史総合, 日本史探究
- 歴史総合, 世界史探究
- 地理総合, 地理探究
- 公共, 政治・経済
- 物理
- 化学
- 生物
- 情報I

DL 音声無料配信

全14点 好評発売中！

A5判／定価1,320円(本体1,200円)

手軽なサイズの実戦的参考書

目からウロコのコツが満載！

直前期にも！

満点のコツシリーズ

赤本ポケット

いつも受験生のそばに―赤本

大学入試シリーズ+α
入試対策も共通テスト対策も赤本で

入試対策

赤本プラス

赤本プラスとは，**過去問演習の効果を最大にする**ためのシリーズです。「赤本」であぶり出された弱点を，赤本プラスで克服しましょう。

大学入試 すぐわかる英文法 DL
大学入試 ひと目でわかる英文読解
大学入試 絶対できる英語リスニング DL
大学入試 すぐ書ける自由英作文
大学入試 ぐんぐん読める 英語長文〔BASIC〕 DL
大学入試 ぐんぐん読める 英語長文〔STANDARD〕 DL
大学入試 ぐんぐん読める 英語長文〔ADVANCED〕 DL
大学入試 正しく書ける英作文
大学入試 最短でマスターする 数学I・II・III・A・B・C
大学入試 突破力を鍛える最難関の数学
大学入試 知らなきゃ解けない 古文常識・和歌
大学入試 ちゃんと身につく物理
大学入試 もっと身につく 物理問題集（①力学・波動）
大学入試 もっと身につく 物理問題集（②熱力学・電磁気・原子）

入試対策

英検®赤本シリーズ

英検®（実用英語技能検定）の対策書。
過去問集と参考書で万全の対策ができます。

▶過去問集（2024年度版）
英検®準1級過去問集 DL
英検®2級過去問集 DL
英検®準2級過去問集 DL
英検®3級過去問集 DL

▶参考書
竹岡の英検®準1級マスター DL
竹岡の英検®2級マスター CD DL
竹岡の英検®準2級マスター CD DL
竹岡の英検®3級マスター CD DL

CD リスニングCDつき　DL 音声無料配信
新 2024年新刊・改訂

入試対策

赤本プレミアム

赤本の教学社だからこそ作れた、
過去問ベストセレクション

東大数学プレミアム
東大現代文プレミアム
京大数学プレミアム〔改訂版〕
京大古典プレミアム

入試対策

赤本メディカルシリーズ

過去問を徹底的に研究し，独自の出題傾向をもつメディカル系の入試に役立つ内容を精選した実戦的なシリーズ。

〔国公立大〕医学部の英語〔3訂版〕
私立医大の英語〔長文読解編〕〔3訂版〕
私立医大の英語〔文法・語法編〕〔改訂版〕
医学部の実戦小論文〔3訂版〕
医歯薬系の英単語〔4訂版〕
医系小論文 最頻出論点20〔4訂版〕
医学部の面接〔4訂版〕

入試対策

体系シリーズ

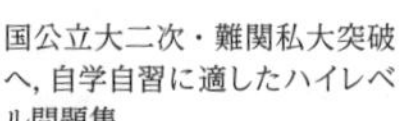

国公立大二次・難関私大突破へ，自学自習に適したハイレベル問題集。

体系英語長文　体系世界史
体系英作文　体系物理〔第7版〕
体系現代文

入試対策

単行本

▶英語
Q&A即決英語勉強法
TEAP攻略問題集 CD
東大の英単語〔新装版〕
早慶上智の英単語〔改訂版〕

▶国語・小論文
著者に注目! 現代文問題集
ブレない小論文の書き方 樋口式ワークノート

▶レシピ集
奥薗壽子の赤本合格レシピ

入試対策　共通テスト対策

赤本手帳

赤本手帳（2025年度受験用）プラムレッド
赤本手帳（2025年度受験用）インディゴブルー
赤本手帳（2025年度受験用）ナチュラルホワイト

入試対策

風呂で覚えるシリーズ

水をはじく特殊な紙を使用。いつでもどこでも読めるから，ちょっとした時間を有効に使える！

風呂で覚える英単語〔4訂新装版〕
風呂で覚える英熟語〔改訂新装版〕
風呂で覚える古文単語〔改訂新装版〕
風呂で覚える古文文法〔改訂新装版〕
風呂で覚える漢文〔改訂新装版〕
風呂で覚える日本史〔年代〕〔改訂新装版〕
風呂で覚える世界史〔年代〕〔改訂新装版〕
風呂で覚える倫理〔改訂版〕
風呂で覚える百人一首〔改訂版〕

共通テスト対策

満点のコツシリーズ

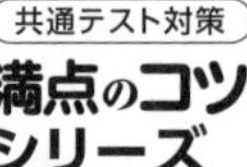

共通テストで満点を狙うための実戦的参考書。
重要度の増したリスニング対策は
「カリスマ講師」竹岡広信が一回読みにも
対応できるコツを伝授！

共通テスト英語〔リスニング〕 満点のコツ〔改訂版〕 新 DL
共通テスト古文 満点のコツ〔改訂版〕 新
共通テスト漢文 満点のコツ〔改訂版〕 新

入試対策　共通テスト対策

赤本ポケットシリーズ

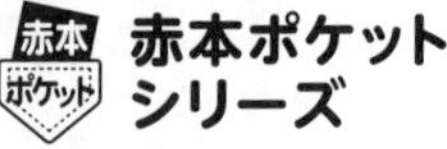

▶共通テスト対策
共通テスト日本史〔文化史〕

▶系統別進路ガイド
デザイン系学科をめざすあなたへ

2025年版　大学赤本シリーズ　No. 411

明治大学（情報コミュニケーション学部－学部別入試）

2024年6月25日　第1刷発行
ISBN978-4-325-26470-5
定価は裏表紙に表示しています

編　集　教学社編集部
発行者　上原 寿明
発行所　教学社
〒606-0031
京都市左京区岩倉南桑原町56
電話　075-721-6500
振替　01020-1-15695
印　刷　太洋社